国家社会科学基金
中国社会转型研究协同创新中心
资助出版

斯土斯民

湘赣边区移民、土著与区域社会变迁

（1600—1949）

谢宏维　著

人民出版社

目 录

前　言 ··001

第一章　明末清初社会动荡与移民迁入 ···001

　　第一节　明末清初社会动荡 ···001

　　第二节　移民迁入及其生计 ···013

　　第三节　"棚乱"与驱棚运动 ···037

第二章　清前期国家认同、移民发展与地方社会重建 ······························062

　　第一节　棚民政策的出台与落实 ··062

　　第二节　里甲组织与土著抵制 ···092

　　第三节　早期移民的入籍与入学考试 ··123

第三章　清中期土客冲突与族群认同 ··154

　　第一节　清中期湘赣边区经济的发展与"棚民印象" ····························154

　　第二节　土客学额纷争 ···174

　　第三节　书院的兴盛与土客竞争 ··208

　　第四节　《土著志》的出台与土著集团的形成 ·····································230

　　第五节　"东洲籍"与客籍集团的形成 ···256

第四章　晚清及民国时期国家治理与土客融合 ···266

　　第一节　晚清至民国初期土客关系的松动 ··266

　　第二节　国民政府的政权建设与土客关系 ··307

第五章 结 语 ···370

参考文献 ···380

前　言

一、课题缘起与学术基础

1928 年 11 月，毛泽东同志在著名的《井冈山的斗争》中指出，"(湘赣)边界各县还有一件特别的事，就是土客籍的界限"。"土籍的本地人和数百年前从北方移来的客籍人之间存在着很大的界限，历史上的仇怨非常深，有时发生很激烈的斗争。这种客籍人从闽粤边起，沿湘、赣两省边界，直至鄂南，大概有几百万人。"土客籍存在着激烈的矛盾，对土地革命及区域社会发展带来了不利的影响。[①] 本书以明末清初以来湘赣边区的移民问题为切入点，通过对这一区域 300 多年间土客冲突的细致展现，把土客矛盾所引发的一系列冲突事件纳入区域社会的发展脉络及国家的权力关系中，以揭示土客关系演变的内在机制、基层社会与国家政权之间的互动关系以及由此带来的区域社会变迁。

湘赣边区的土客矛盾问题，受到中外学者的广泛关注，尤其自 20 世纪80 年代以来，已经取得了丰硕的成果，为本书研究奠定了坚实的基础。在此重点对中国移民史研究和湘赣边区区域社会史研究进行简要论述。

[①] 毛泽东：《井冈山的斗争》(1928 年)，《毛泽东选集》第一卷，人民出版社 1991 年版，第 73—75 页。毛泽东对 20 世纪 20 年代湘赣边界土客籍问题的论述，具有重要的学术价值与社会文化意义。不过，需要指出的是，这段话中的"客籍人"确实是在"数百年前"的明末清初迁入的，但并不是从"北方"移来的，而是从东南方向的福建和广东移来的。参见饶伟新：《区域社会史视野下的"客家"称谓由来考论——以清代以来赣南的"客佃"、"客籍"与"客家"为例》，《民族研究》2005 年第 6 期。其他有关这一时期土客籍问题的记述，可参见陈丕显：《赣南三年游击战争》，人民出版社 1982 年版，第 60—64 页；陈正人：《毛泽东同志创建井冈山革命根据地的伟大实践》，《江西文史资料选辑》(第一辑)，江西人民出版社 1980 年版，第 49—51 页；康克清：《康克清回忆录》，解放军出版社 1993 年版，第 35 页。

1. 中国移民史研究

关于土客问题的研究，多与移民史紧密相连。目前，中国移民史研究达到了较高的水平，取得了丰富的成果。

1932 年，谭其骧先生完成了论文《中国内地移民史·湖南篇》（后改为《湖南人由来考》）[①]，此文为研究湖南移民问题的最早力作，也是近代中国移民史研究的开山之作。以后因种种原因，谭先生未能按其设想写成一部中国移民史的专著，这一学术传统与追求为其弟子们所继承。1997 年，由复旦大学葛剑雄教授主编的六卷本《中国移民史》问世。这部著作是目前国内最完整、系统的中国移民通史，论述了自先秦至 20 世纪 40 年代我国境内的移民，对其中主要的移民运动，一般都说明其起因、迁移对象、迁移时间、迁入地、迁出地、迁移路线及方向、定居过程和产生的影响，并尽可能作定量分析，总结其规律。[②] 在第五、六卷关于清代和民国时期的移民研究中，作者曹树基教授着眼于"求证本期各次移民的数量和规模"，围绕着战乱——人口损失——移民浪潮这一基本线索展开。[③] 通过《中国移民史》及《中国人口史》[④] 等著作，葛剑雄教授等人确立了人口史、人口历史学框架下的移民史研究的一般模式。此外，作者也深入地讨论了其他一些极有意义的论题，如移民与土著的关系、"客家"移民社会的形成等问题。这种类型的移民史可称为"人口史视野下的移民史"。

就在同一年，香港科技大学学者郑锐达完成名为《移民、户籍与宗族：清代至民国期间江西袁州府地区研究》的论文[⑤]，首次以一个区域和一个家族为个案，考察了赣西袁州府（以萍乡县为重点）的移民如何入籍、参加科

[①] 谭其骧：《中国内地移民史·湖南篇》，《史学年报》第 1 卷第 4 期（1932 年）；《湖南人由来考》，《方志月刊》第 6 卷第 9 期（1933 年）；谭其骧：《长水集》上册，人民出版社 1987 年版。这篇文章发表 60 年之后，谭先生的高足曹树基教授以更为翔实的资料和科学的统计方法，对前文得出的"明确之概念"作了修订，以使其更为精确。参见曹树基：《湖南人由来新考》，载《历史地理》第九辑，上海人民出版社 1990 年版。

[②] 见《中国移民史》各卷封底所作的介绍。

[③] 曹树基：《中国移民史》第六卷《卷后记》，福建人民出版社 1997 年版，第 648 页。

[④] 全书 300 余万字，分为六卷，复旦大学出版社 2000 年版。

[⑤] 郑锐达：《移民、户籍与宗族：清代至民国期间江西袁州府地区研究》，香港科技大学 1997 年硕士学位论文，本文经作者修改后于 2009 年 3 月由生活·读书·新知三联书店出版。

考并逐渐产生地方精英的过程。其研究不仅将里甲制度引入移民入籍问题的
讨论，同时也将移民能否入籍及其户籍类别纳入移民地区各个社群权利关系
的视野。这一研究显示了与上述中国移民史研究不同的学术旨趣和风格：葛
剑雄、曹树基教授等人的研究具有宽广的视野，以及对一般理论模式和规律
的追求与努力；而郑锐达的研究则表明还有转换研究视角的空间与必要，进
行更多微观层面的个案分析，将移民的历史置于地方社会的具体情境中，探
讨其内部关系及运作机制。这种研究取向的移民史可称为"社会史视野下的
移民史"。①

　　郑锐达的移民史研究在很大程度上受益于自 20 世纪 80 年代尤其是 90
年代以来区域社会经济史研究的不断深入。

　　20 世纪 80 年代末以前的移民史研究，与中国历史上的农民起义和资本
主义萌芽这两大主题密切相关。从农民起义的视角与农民革命的话语出发，
研究者大多将明末清初的赣西地区"棚民"的活动视为"反清起义""农民
革命运动"等②。为了探讨中国传统社会后期社会经济的发展与资本主义萌
芽问题，傅衣凌先生较早从人口流动尤其是工商业人口流动的角度入手，并
高度评价"棚民"在山区开发中作用，指出其在山区的开发活动不仅推动了
农业商品化，而且促使新的生产关系即资本主义的萌芽。③ 类似的观点也存
在于许涤新、吴承明、冯尔康、刘秀生等学者的论著当中。④

　　这些在农民战争史和资本主义萌芽史研究影响下的移民史成果，虽然具

---

①　参见梁勇：《清代四川移民史研究的回顾与前瞻》，《西华师范大学学报》（哲学社会科
　　学版）2011 年第 4 期。

②　段从光：《赣西棚民的抗清斗争》，《历史教学》1955 年第 1 期；郑喜夫：《雍正元年江
　　西万载县"棚民"抗清事件初探》，《台湾文献》第 29 卷第 4 期（1978 年）；薛瑞录《清
　　初赣西棚民起义领袖朱益吾的籍贯和反清活动》，载《清史论丛》第六辑，中华书局
　　1985 年版；张桂林：《赣西棚民与福建佃农》，《福建师范大学学报》（哲学社会科学版）
　　1986 年第 3 期。

③　傅衣凌：《明清社会经济史论文集》，人民出版社 1982 年版，第 187—197、101、145—
　　175 页。可参见刘永成：《傅衣凌先生在中国资本主义萌芽问题研究上的成就》，《中国
　　社会经济史研究》1991 年第 1 期。

④　许涤新、吴承明主编：《中国资本主义发展史（第一卷）——中国资本主义的萌芽》，
　　人民出版社 1985 年版，第 246—249 页；冯尔康：《试论清中叶皖南富裕棚民的经营方
　　式》，《南开大学学报》1978 年第 2 期；刘秀生：《清代闽浙赣皖的棚民经济》，《中国社
　　会经济史研究》1988 年第 1 期。

有较为强烈的意识形态色彩，但其关注下层民众和重视经济因素的取向，与此时正在兴起的区域社会经济史研究不谋而合。① 自 80 年代初以来，移民史与区域社会经济史研究开始自觉、自然地结合起来，上述傅衣凌先生的研究可为范例。此外，这一趋势在曹树基、刘敏、万芳珍、张建民等学者的研究成果上也有体现，研究主题侧重在移民与山区开发、移民入籍与土客籍之间的矛盾等方面。②

　　进入 20 世纪 90 年代尤其是 21 世纪以来，随着社会经济史研究的继续深化以及区域社会史逐渐成为中国史学研究的重点③，中国移民史研究的视野更加广阔，方法更加多样，内容也更加丰富。其中较重要者，如牛建强教授对明代人口流动与社会变迁的研究④，方志远教授对明清时期湘鄂赣地区的人口流动与城乡商品经济及其他变化的研究⑤，曹树基教授对明清移民宗族的人口增长及特点、闽粤赣三省毗邻地区社会变动与客家形成的研究⑥，张国雄教授对明清两湖移民的研究⑦，杨国安教授在基层组织与乡村社会视野下对明清两湖地区土客冲突的研究⑧，刘正刚、孙晓芬、陈世松等学者对"湖广填四川"、

① 对中国农民战争史和资本主义萌芽史研究的学术回顾与评价，可参见黄志繁：《"贼""民"之间：12—18 世纪赣南地域社会》第一章《导言》，生活·读书·新知三联书店 2006 年版，第 1—13 页；仲伟民：《资本主义萌芽问题研究的学术史回顾与反思》，《学术界》2003 年第 4 期；王学典：《五朵金花：意识形态语境中的学术论战》，《文史知识》2002 年第 1 期。

② 曹树基：《明清时期的流民与赣南山区的开发》，《中国农史》1985 年第 4 期；《明清时期的流民与赣北山区的开发》，《中国农史》1986 年第 2 期；刘敏：《论清代棚民的户籍问题》，《中国社会经济史研究》1983 年第 1 期；万芳珍：《清前期江西棚民的入籍及土客籍的融合和矛盾》，《江西大学学报》1985 年第 2 期；张建民：《清代湘赣边山区的棚民与经济社会》，《争鸣》1988 年第 3 期。

③ 参见赵世瑜、邓庆平：《二十世纪中国社会史研究的回顾与思考》，《历史研究》2001 年第 6 期。

④ 牛建强：《明代人口流动与社会变迁》，河南大学出版社 1997 年版。

⑤ 方志远：《明清时期湘鄂赣地区的人口流动与城乡商品经济》第四章、第六章，人民出版社 2001 年版。

⑥ 曹树基：《明清时期移民氏族的人口增长——长江中下游地区族谱资料分析之一》，《中国经济史研究》1991 年第 4 期；《闽粤赣三省毗邻地区的社会变动与客家形成》，《历史地理》第 14 辑，上海人民出版社 1998 年版。

⑦ 张国雄：《明清时期的两湖移民》，陕西人民教育出版社 1995 年版。

⑧ 杨国安：《明清两湖地区基层组织与乡村社会研究》第三章第三节，武汉大学出版社 2004 年版。

四川客家及清代闽粤移民台湾和四川的比较研究①，陈锋教授对四川、西南的移民政策与移民的研究②，蓝勇教授对历史时期三峡地区移民与经济开发、清代西南移民会馆的研究③，谭红、梁勇等学者对巴蜀移民史尤其是清代巴县移民社会的研究④，苍铭教授的云南移民史研究⑤，刘永华教授对闽西土客之争与佃农斗争的研究⑥，林国平、邱季端教授的福建移民史研究⑦，安介生教授的山西移民史研究⑧，刘德增教授的山东移民史研究⑨，张士尊博士的东北移民史研究⑩，池子华教授的中国近代流民史研究⑪等。刘平教授对咸丰、同治年间广东土客大械斗作了细致而出色的研究⑫。作为一名影响较大的移民史专家，葛剑雄教授对自己及整个团队所作的移民史研究表达了某种反省和自我批判的态度。他指出："10 年前我曾主编出版了六卷《中国移民史》，但我们清醒地认识到，这只是一种概括性的通史，对中国移民历史来说，至多只是一个有限的概括。由于大量的移民事实未见于正史或官方史料的记载，真正的移民史有待于大量区域性的、阶段性的、具体的移民史实方能构建。"⑬

① 刘正刚：《闽粤客家人在四川》，广西教育出版社 1997 年版；《东渡西进：清代闽粤移民台湾和四川的比较》，江西高校出版社 2004 年版；孙晓芬：《清代前期的移民填四川》、《四川的客家人与客家文化》、《明清的江西湖广人与四川》，分别为四川大学出版社 1997 年、2000 年、2005 年版；陈世松：《大迁徙："湖广填四川"历史解读》，四川人民出版社 2005 年版。
② 陈锋：《明清以来长江流域社会发展史论》第一编第一章，武汉大学出版社 2006 年版。
③ 蓝勇：《历史时期三峡地区移民与经济开发》，《中国史研究》1993 年第 2 期；《清代西南移民会馆名实与职能研究》，《中国史研究》1996 年第 4 期。
④ 谭红主编：《巴蜀移民史》，巴蜀书社 2006 年版；梁勇：《移民、国家与地方权势：以清代巴县为例》，中华书局 2014 年版。
⑤ 苍铭：《云南边地移民史》，民族出版社 2004 年版。
⑥ 刘永华：《宋元以来闽西社会的土客之争与佃农斗争》，《中国社会经济史研究》1993 年第 2 期。
⑦ 林国平、邱季端主编：《福建移民史》，方志出版社 2005 年版。
⑧ 安介生：《山西移民史》，山西人民出版社 1999 年版。
⑨ 刘德增：《山东移民史》，山东人民出版社 2011 年版。
⑩ 路遇：《清代和民国山东移民东北史略》，上海社会科学院出版社 1987 年版；张士尊：《清代东北移民与社会变迁》，东北师范大学 2003 年未刊博士学位论文。
⑪ 池子华：《中国近代流民》，浙江人民出版社 1996 年版。
⑫ 刘平：《被遗忘的战争——咸丰同治年间广东土客大械斗研究》，商务印书馆 2003 年版。参见李恭忠：《客家：社会身份、土客械斗与华南地方军事化——兼评刘平著〈被遗忘的战争〉》，《清史研究》2006 年第 1 期。
⑬ 文见葛剑雄教授的博客，地址为 http://blog.sina.com.cn/s/blog_4747d16b01000c34.html。

　　社会文化史、历史人类学研究取向的提倡与实践，对于移民史研究的深入大有裨益。郑振满教授对明清福建家族组织的研究，^① 对于认识移民宗族组织的形成与发展，具有重要的意义。刘志伟教授在明清广东里甲赋役制度的研究中，把国家的户籍制度理解为地域社会建构过程中的一种国家话语^②。他还提出："面对史籍中的移民记载，作为历史学家，要清楚自己是在处理历史事实的问题，还是历史记忆的问题，不能把二者混为一谈……我们研究'移民'，必须先清楚要研究什么，是研究当时移民的历史，还是在研究作为一种历史记忆的移民概念？"^③ 赵世瑜教授关于明清以来华北移民传说的研究，对于移民史的研究提出了新的课题和挑战，如移民族谱的深度阅读、移民传说的解读甚至所谓"移民"的建构和解构等。^④ 邵鸿教授对嘉庆二十四年湖南湘潭县的土客仇杀事件进行深入的研究，探讨清代江西商帮在经商地与土著居民的关系、地方士绅和清政府对土客矛盾的基本立场和态度，以及此类事件对于社会变迁、商帮发展及其与家乡社会关系的影响等问题。^⑤ 梁洪生教授运用"怀远文献"等地方性史料重新审视了雍正二年宁州移民要求入籍和土著罢考事件及清初袁州府的"驱棚"运动，提出应超越以往"农民战争"研究的视角，理解和重视土著民众的苦难遭遇及利益诉求。^⑥ 谢宏维教授将目光投向了赣西山区的万载县，细致地展现这个蕞尔小县 300 多年间跌宕起伏的土客冲突—国家应对的历史过程，把土、客矛盾所引发的一系列冲突事件纳入地方社会的发展

---

① 郑振满：《明清福建家族组织与社会变迁》，湖南教育出版社 1992 年版。

② 刘志伟：《在国家与社会之间——明清广东里甲赋役制度研究》，中山大学出版社 1997年版；《地域社会与文化的结构过程——珠江三角洲研究的历史学与人类学对话》，《历史研究》2003 年第 1 期。

③ 刘志伟：《"移民"——户籍制下的神话》，《华南研究资料中心通讯》2001 年 10 月第 25 期。

④ 赵世瑜：《祖先记忆、家园象征与族群历史——山西洪洞大槐树传说解析》，《历史研究》2006 年第 1 期；《传说·历史·历史记忆——从 20 世纪的新史学到后现代史学》，《中国社会科学》2003 年第 2 期。参见王明珂：《历史事实、历史记忆与历史心性》，《历史研究》2001 年第 5 期。

⑤ 邵鸿：《利益与秩序：嘉庆二十四年湖南省湘潭县的土客仇杀事件》，《历史人类学学刊》第 1 卷第 1 期，2003 年 4 月。

⑥ 梁洪生：《从"异民"到"怀远"——以"怀远文献"为重心考察雍正二年宁州移民要求入籍和土著罢考事件》，《历史人类学学刊》第 1 卷第 1 期，2003 年 4 月；《重评清初"驱棚"——兼论运用地方性史料对清史研究的检讨》，《社会科学》2013 年第 5 期。

脉络和权利关系中，以揭示在国家的影响下土客关系演变的机制与逻辑。[①]
黄志繁教授展现了赣南山区长达六百年的地方动乱与社会变迁历史，加深
了对中国历史上"动乱"的理解。[②] 饶伟新教授对赣南土地革命的历史背
景进行了深入研究，认为土地革命前夕，各种复杂的因素如生态的、族群
的、阶级的矛盾进一步激化，深刻影响了赣南土地革命的发展进程。[③] 这
些成果结合具体的国家制度与区域历史情境，从不同的角度，以不同时期
的区域研究和精彩、具体的个案促进了移民史研究的深层次发展。这批具
有历史人类学视角的移民史研究成果，收集、整理和利用了大量的地方文
献、民间文书和口述资料，强调文献解读与实地调查的结合，强调"地点
感"和"时间序列"的重要性，追寻和把握区域社会发展内在脉络，体现
了"回到历史现场"的追求。[④]

　　与移民史研究有密切联系的是客家研究。中国大陆客家研究开展得如
火如荼，已有专门的学术研究机构和学术刊物，成果颇多，在此不详加
论述。[⑤]

[①] 谢宏维：《和而不同：清代及民国时期江西万载县的移民、土著与国家》，经济日报出
版社 2009 年版。

[②] 黄志繁：《"贼""民"之间：12—18 世纪赣南地域社会》，生活·读书·新知三联书店
2006 年版。

[③] 饶伟新：《生态、族群与阶级——赣南土地革命的历史背景分析》，厦门大学博士学位
论文，2002 年。《论土地革命时期赣南农村的社会矛盾——历史人类学视野下的中国
土地革命史研究》，《厦门大学学报》（哲学社会科学版）2004 年第 5 期。

[④] 陈春声：《走向历史现场》（"历史·田野丛书"总序），第 3 页，生活·读书·新知
三联书店 2006 年版。此文亦刊于《读书》2006 年第 9 期。

[⑤] 江西、广东、福建三地分别设有专门的研究机构，如赣南师范学院客家研究院、嘉应
学院客家研究院、龙岩学院闽台客家研究院等，并创办了专门的刊物，如《客家研究
辑刊》《客家学刊》等。近年来的重要研究著作以钟文典先生总主编的《客家区域文化
丛书》为代表。这套丛书于 2007 年开始由广西师范大学出版社出版，周建新等著《江
西客家》、杨宗铮著《湖南客家》值得参考。相关研究综述与评论可参见丘菊贤：《客
家研究综述》，《嘉应大学学报》1997 年第 5 期；陈支平：《大陆客家研究的功利与学术
趋向》，《客家文化研究通讯》1999 年第 2 期；张侃：《21 世纪客家学研究的几点思考——
历史学的视野》，《中国人类学会通讯》2001 年第 1 期；饶伟新：《区域社会史视野下的
"客家"称谓由来考论：以清代以来赣南的"客佃"、"客籍"与"客家"为例》，《民族
研究》2005 年第 6 期；黄志繁《什么是客家——以罗香林〈客家研究导论〉为中心》，《清
华大学学报》2007 年第 4 期；王东：《客家研究：范式的转移及其思考》，刊于《客家学
刊》创刊号，中国社会科学出版社 2009 年；周建新：《文化人类学与中国客家研究》，《赣
南师范学院学报》2012 年第 1 期等。

　　以上就中国大陆史学界移民史研究的学术传统和有关研究成果作了简要回顾。由于 20 世纪 80 年代以来国内外学术交流合作的加强和一批优秀的大陆史学研究者的努力和悟性，大陆史学界关于中国移民史研究的整体水平与港台及海外学术界相比，并不存在较明显的差异。故在此不拟对港台及海外的中国移民史研究进行系统的梳理和专门评述，仅择其较著名者加以评述。科大卫（David Faure）教授认为宗族是明清社会文化变迁过程中的一种文化创造，强调了宗族与地方社会的国家认同。[①] 台湾地区的移民史研究水平主要可以透过"客家"研究得到反映。在资料的搜集整理、学术理念、学科对话、研究方法及已有成果等方面，台湾移民史研究都堪称典范。[②] 美国学术界以何炳棣教授关于明初以来中国人口特别是移民的研究 [③]、赵冈、Stephen Averill 等教授关于棚民与山地开发、生态环境变迁的研究 [④]，澳大利亚学者以 Sow-Theng Leong 教授关于移民及族群形成的

① 　科大卫、刘志伟：《宗族与地方社会的国家认同——明清华南地区宗族发展的意识形态基础》，《历史研究》2000 年第 3 期。科大卫著，卜永坚译：《皇帝与祖宗：华南的国家与宗族》，江苏人民出版社 2009 年版。David Faure, *The Lineage as a Cultural Invention: The Case of the Pearl River Delta. Modern China* 15.no.1（1989）:4-36；David Faure and Helen Siu（eds.）, *Down to Earth: The Territorial Bond in South China*. Standford: Stanford University Press, 1995；David Faure, *Emperor and Ancestor: State and Lineage in South China*. Standford: Standford University Press, 2007.

② 　近十几年来客家研究在台湾各界的推动下不断升温，俨然已成为一种专门学问——客家学。2008 年 3 月 8 日，台湾客家委员会主任委员李永得在台湾大学客家研究中心揭牌典礼上说，台湾现有中央、交大、联合等大学设有客家学院，总计有 15 所大学设有客家系、所与中心，期许台大客家研究中心与其他客家学院系所合作，把客家本土研究推向国际，使台湾成为世界客家文化的研究总中心。台湾大学客家研究中心邱荣举表示未来拟采取"台湾客家运动、客家政策、客家研究"三合一模式推动客家研究，进而建构"客家学"学术领域。目前台湾地区发行《客家研究》《全球客家研究》等刊物。台湾、香港地区关于客家研究的成果甚多，兹不一一列举，可参考相关研究综述与评论，如谢剑：《香港地区的客家研究及其影响》，载徐正光主编《第四届国际客家学研讨会论文集》，台湾"中央研究院"民族学研究所 1998 年出版；庄英章《试论客家学的建构：族群互动、认同与文化实作》，《广西民族学院学报》2002 年第 4 期；徐正光主编：《台湾客家研究概论》，台湾客家委员会 2007 年出版；刘锡涛：《客家学研究综述》，《台湾源流》第 40 期，2007 年 9 月；丘昌泰：《台湾客家》，广西师范大学出版社 2011 年版。

③ 　何炳棣：《明初以降人口及其相关问题：1368—1953》，第 7 章，生活·读书·新知三联书店 2000 年版。

④ 　赵冈：《中国历史上生态环境之变迁》，中国环境科学出版社 1996 年版，第 53—66 页；Averill Stephen, The Shed People and the Opening of the Yangzi Highlands, *Modern China*, 9.1（1983）：84—126.

研究 ① 影响较大。日本学术界较出色者，如山田贤教授对清中期四川移民社会的分析，菊池秀明教授对广西移民社会的调查与研究，濑川昌久教授对客家的调查与研究等。②

以往的研究成果表明，中国移民史是一个非常重要的研究领域，具有十分丰富的内容和复杂多变的面相，没有固定不变的研究模式。因此，研究这一复杂的历史现象，必须搜集尽可能完备的资料，运用各种不同的理论和方法，进行多面、立体的综合分析，才有可能得到较为全面和深入的认识。

2. 湘赣边区社会史研究

湘赣边区社会史的研究成果，内容丰富多彩，视角也各有不同。这一区域的移民史研究成果较为丰富，如前述曹树基教授关于明清中国特别是江西、湖南移民的研究，郑锐达先生关于江西袁州府的移民与里甲制度研究。从土客矛盾的角度研究成果主要有：张建民教授关于清代湘赣边山区的棚民与经济社会的研究，梁洪生教授关于清初江西宁州移民入籍和土著罢考事件的研究，许怀林教授、刘经富教授、赖文峰先生关于江西修水"怀远人"尤其是陈寅恪家族的研究 ③，黄志繁教授关于江西上犹县的神明信仰与土客关系及商镇发展与民俗创造等方面的研究。前述杨宗铮先生著《湖南客家》对湖南东部地区的客家有较详细的研究。谢宏维教授等关于明清时期湘赣边区的秩序变动与社会控制、湘赣边区的社会矛盾与苏区革命研究及江西万载县

① Sow-Theng Leong, Igration and Ethnicity in Chinese History:Hakkas, Penmin, and Their Neighbors, Stanford University Press, 1997. 梁肇庭：《中国历史上的移民与族群性：客家人、棚民及其邻居》，社会科学文献出版社 2013 年版。

② 参见山田贤：《移住民の秩序——清代四川地域社会史研究》，名古屋大学出版会 1995 年版；菊池秀明：《广西移民社会と太平天国》，风响社 1998 年版；濑川昌久：《客家：华南汉族の族群性及其边界》，社会科学文献出版社 2013 年版。日本的客家研究可参见河合洋尚主编：《日本客家研究的视角与方法：百年的轨迹》，社会科学文献出版社 2013 年版。

③ 许怀林：《棚民·客籍·客家意识——义宁州客家的历史实际》，《嘉应大学学报》2000 年第 1 期。刘经富：《〈护仙坑磜上合众分关〉解读——一个客家移民群体的社会经济关系》，《中国经济史研究》2012 年第 4 期；《陈宝箴家族分家文书解析》，《中国社会经济史研究》2012 年第 1 期；《江西修水客家陈姓拟制宗族的个案分析》，《江西社会科学》2012 年第 11 期。赖文峰：《宁州怀远人渊源稽考》，《宜春学院学报》（社会科学）2005 年第 3 期。

的土客冲突与国家应对的研究①，肖小华教授对土客籍矛盾与井冈山斗争的
研究②；王才友博士关于江西"剿共时期"遂川县的地方自治与官绅矛盾研
究③。社会经济史研究的成果主要有方志远教授关于明清湘鄂赣地区的人口
流动与城乡商品经济的研究、张桂林教授关于赣西棚民与福建佃农方面的研
究。从"反清起义""农民革命运动"或"阶级斗争"角度研究湘赣边区的
成果主要有：段从光教授关于清初赣西棚民的抗清斗争研究、郑喜夫先生关
于江西万载县棚民抗清事件研究、薛瑞录先生关于赣西棚民起义领袖朱益
吾的籍贯和反清活动研究、李木子先生对明末清初赣西北棚民问题的研究
等④。潮龙起教授研究了晚清湘赣边区的会党及基层社会结构演变⑤。罗艳春
博士对 16 世纪以来江西万载县的宗族、祠堂与地域社会进行了精彩研究。⑥
杨吉安博士对苏区革命后江西万载县地方社会重建统治秩序、国民政府实施
有效的地方控制进行了深入研究。⑦ 从经济、城市发展及社会文化等角度开
展的研究，如王娟教授关于近代湖南浏阳城市发展与城市文化的研究⑧、杨
永俊教授关于江西万载客家书院、宗教文化的研究⑨、朱芳女士关于清代以

---

① 李友静、谢宏维：《明清时期湘赣边区的秩序变动与社会控制》，《九江学院学报》2009
年第 2 期；谢宏维、叶丽燕：《湘赣边区的社会矛盾与苏区革命研究》，《江西师范大学
学报》2013 年第 1 期。

② 肖小华：《土客籍矛盾与井冈山斗争》，《井冈山大学学报》（社会科学版）2011 年第
3 期。

③ 王才友：《"赤"、"白"之间——赣西地区的中共革命、"围剿"与地方因应》，复旦大
学历史学系 2011 年博士学位论文；《"水炭不容，安敢协作"——江西"剿共时期"遂
川县的区联自治与官绅矛盾》，《近代史研究》2014 年第 1 期。

④ 李木子：《明末清初赣西北棚民问题研究》，《宜春学院学报》2005 年第 5 期。

⑤ 潮龙起：《晚清湘赣边区基层社会结构的演变》，《江西社会科学》1997 年第 3 期；
《湘赣边界的哥老会与邓海山起义》，《南昌大学学报》（社会科学版）1997 年第
1 期。

⑥ 罗艳春：《宗族、祠堂与地域社会：以十六世纪以来的江西万载县为中心》，南开大学
2007 年博士学位论文。

⑦ 杨吉安：《权力、话语与社会控制——以江西万载为个案（1934—1945）》，南京大学
2011 年博士学位论文，2014 年专著题为《民国时期万载县基层政权建设研究（1930—
1945）》由中国社会科学出版社出版。

⑧ 王娟：《近代浏阳城市文化初探》，湖南师范大学 2008 年硕士学位论文。

⑨ 杨永俊：《江西万载客家东洲书院"乐输"材料论析》，《江西社会科学》2009 年第 11 期；
《迁徙地客家文化及其本土化趋势——赣西北万载民间佛、道度亡醮仪式对比研究》，
《江西社会科学》2008 年第 10 期。

来江西义宁州万寿宫职能的研究[①]，陈立中教授关于湖南客家方言方面的研究[②]，陈艳芳女士对浏阳客家山歌的研究[③]，等等。从湘赣边区社会史研究的总体情况来看，学界对于江西西部的研究要比湖南东部的研究更为深入，成果也更为丰富。

由于研究目的、取向和侧重点的不同，上述研究并没有充分注意到明末清初以来湘赣边区的土客问题，以及该地区的土客矛盾与社会发展变迁的密切关系。因此，本文在前人研究的基础上，将以具体而充实的研究改变湘赣边区移民史和社会史研究较为薄弱的局面，为从事有关问题的研究者提供可靠的资料与坚实的基础。在此基础上，将湘赣边区土客矛盾的历史实际与赣南、粤东、闽西"客家"研究加以比较，为目前中国移民史、"客家"研究以及区域社会史研究提供一种新鲜的样式。而对于这一区域土地革命时期的研究，也将对中共党史和苏区社会史研究有一定的启示。研究该地区较长时段内土客关系的演变、国家政策的变化及由此带来的社会经济、文化变迁，对于认识今日该地区的族群关系与文化传统，制定正确的和谐社会发展规划，提高地方政府治理能力和社会治理能力，也有积极的理论意义和实践意义。

二、作为区域的湘赣边区

本书所指的湘赣边区即今湖南与江西两省交界地区，主要位于幕阜、九岭、罗霄山脉两侧两省界邻地区，由北向南大致包括今江西省修水、铜鼓、万载、宜春、萍乡、莲花、永新、井冈山、遂川、上犹、崇义等11市县，今湖南省平江、浏阳、醴陵、攸县、茶陵、炎陵、桂东及汝城等8市县。这一区域从秦汉时期开始设立郡县，历经各个历史时期的变化，至清末民初基本上奠定了今天的行政格局。其历史沿革如表0-1所示：

---

① 朱芳：《祀殿·会所·纪念地：清代以来江西宁州万寿宫职能研究》，山东大学2011年硕士学位论文。

② 陈立中：《湖南客家方言的源流与演变》，岳麓书社2003年版。

③ 陈艳芳：《浏阳客家山歌研究》，湖南师范大学2009年硕士学位论文。

表 0-1 湘赣边区各市县行政沿革表

县名	历史沿革
平江县	唐神龙二年（706）析湘阴县东境置昌江县。后唐同光元年（923）为避庄宗祖父李国昌讳，改称平江县，至今未变。
浏阳市	东汉建安十四年（209），析临湘县地始置刘阳，南朝刘宋时改为浏阳，沿用至今。元元贞元年（1295）升为州，明洪武二年（1369）降为县，属长沙府，清代沿袭。1993 年，撤县设县级市至今。
攸 县	西汉高祖五年（公元前 202 年）置县，元代称攸州，明洪武二年改为攸县，属长沙府。清代因之。1983 年，攸县划归株洲市管辖。
炎陵县（原为酃县）	宋嘉定四年（1211），析茶陵县地设酃县。洪武三年（1370）废路置府，酃县隶属衡州府。清朝因之。1994 年更名为炎陵县。
桂东县	南宋嘉定四年（1211）析桂阳（今汝城）零陵、宜城二乡置桂东县。元代属郴州路，明洪武初隶郴州府。清康熙十七年（1678），吴三桂称帝衡州，避其讳改桂东为阳平县。次年二月，复名桂东县。
汝城县（原为桂阳县）	东晋穆帝升平二年（358），分晋宁县地置汝城县，辖今汝城、桂东县地，属桂阳郡。唐天宝元年（742），改名义昌县。五代后唐同光三年（925）为避庄宗祖父李国昌讳，改称郴义县。宋太平兴国元年（976），因避宋太宗赵光义之讳，改县名为桂阳。宋嘉定四年（1211），析桂阳零陵、宜城二乡置桂东县，自是桂阳、桂东各为一县。元明仍为桂阳县，清初吴三桂反清时一度改为义昌县，后复称桂阳县。1913 年，改为汝城县。
修水、铜鼓县（原同属义宁州）	唐贞元十六年（800），置分宁县，因分自武宁县得名。元大德八年（1304），升分宁县为宁州，隶龙兴路。明洪武三年（1370），改宁州为宁县，隶南昌府。弘治十六年（1503）宁县升为宁州。万历五年（1577）在辖境内设立铜鼓营。清嘉庆六年（1801），改宁州为义宁州。宣统二年（1910），铜鼓废营改为抚民厅，从义宁州析出。1912 年，义宁州改名义宁县；1913 年，铜鼓废厅建县，直隶省；1914 年义宁县改名为修水县。
武宁县	唐武后长安四年（704）建县。元大德五年（1301），武宁属龙兴路。洪武九年（1376）武宁属南昌府。清承明制。1912 年直属江西省。1914 年，江西省设巡按使，下设四道，武宁属巡阳道。1926 年，废道，武宁直属省辖。

县名	历史沿革
万载县	杨吴顺义元年（921），分高安四乡置县，以"万载"为县名，隶属洪州。宋徽宗宣和三年（1121），更名为建城县，高宗绍兴元年（1131），复名万载县。元世祖初年，万载县属袁州总管府。至元十九年（1282），隶袁州路。明洪武二年（1369），改路为府，万载县属袁州府。清代沿明制。
萍乡市	三国吴宝鼎二年（267）立县，唐贞观元年（627）属江南西道袁州府。元元贞元年（1295）萍乡由县升为州。明洪武二年（1369）由州改为县，清代仍之。1914年，属庐陵道，1926年直隶于省。
莲花县	清乾隆八年（1743）析永新县、安福县地置莲花厅，厅治莲花桥（今琴亭镇），属吉安府。1913年改厅为县，属庐陵道，1926年废道，直属江西省。
永新县	东汉建安年间建县。唐高宗显庆三年（658）复置永新县，隶属吉州。元元贞元年（1295），永新升为州。明洪武二年（1369）复为县，隶吉安府。清朝仍之。
井冈山市（原为永宁、宁冈县）	元至顺年间（1330—1333），析永新州地置县，定名为永宁，隶属江西行省吉安路。元至正二十二年（1362），改路为府，县属吉安府。1912年，县由省直辖。1914年，改县名为宁冈，属庐陵道。1926年撤道，县直属省。2000年，宁冈县与原井冈山市合并组建新的井冈山市。
遂川县（原为龙泉县）	南唐保大元年（943），析泰和县龙泉乡什善镇置龙泉场。南唐李璟十八年（960）升场为县，名龙泉县，辖地包括今遂川、万安县境。宋宣和年间改县名为泉江，后复改龙泉。1914年，改名为遂川，延续至今。
上犹县	南唐保大十年（952）建县，明洪武元年（1368）改路为府，上犹属南安府，隶江西中书行省。清承明制。
崇义县	明正德十二年（1517），析上犹、南康、大庾三县地，置崇义县，隶南安府。清代因之。

资料来源：根据各市、县地方志制作而成。

湘赣边区各市县的地形以山地、丘陵为主，同时也分布着很多大大小小的河谷平原和盆地。幕阜、九岭、罗霄山脉横亘湘赣两省之间，是天然的屏障和阻隔，固然对两省交界地区的经济文化交流发展造成了巨大影响，形成了很大的差异。但同时，湘赣界邻地区山川同脉，河流相通，绵延的山脉之间有很多通道、隘口，两地居民自古往来密切。早在先秦时期，鄱阳、洞庭两湖间南北绵亘千里的山系就已成为荆、扬两州间的天然屏障，并营造了不同的文化氛围。到隋唐时期，湘赣两地的边界轮廓与幕阜、罗霄山脉的走向基本一致，为后世行政区划奠定初步基础。延至明清，这一地区主要由南昌、袁州、吉安、南安、长沙、岳州及郴州等七个府州管辖。

根据地理位置、地形地貌、流域状况、开发早晚及建置沿革等因素，可将湘赣边区内部划分为北部、中部和南部三个部分。今江西省修水、铜鼓、万载、宜春、萍乡与湖南省平江、浏阳、醴陵等市县为本区北部，莲花、永新、井冈山、遂川和攸县、茶陵、炎陵等市县为本区中部，上犹、崇义及桂东、汝城（清代为桂阳）等市县为本区南部。

湘赣两省位处中原与岭南、沿海与内陆的交接处，湘江、赣江两条主要水道纵贯南北，在古代以中原为轴心的八方辐辏型交通构架中地位十分突出。湘赣边区介于赣鄱平原与洞庭湖平原之间，蜿蜒于罗霄山脉两侧，峰峦如聚，丘陵起伏，交通不便。另一方面，显著的落差和庞大的降水量使得境内河网密布，水量充沛，又使区域具备了较为丰厚的水运潜力。正是由于复杂的地理形势，使得湘赣边境的孔道交通显得尤为重要。早自秦征百越、汉讨东闽时起，便已在摸索其间路径；唐时湘赣两省同属江南西道，往来亦有增益；至明清时期，随着人口流动量的激增和经济的迅速发展，湘赣之间的经济往来空前密切，促使商人不断拓展其活动空间，在原来基础上形成了一些著名的商路古道。晚清至民国时期，近代交通开始建设，清光绪中期在原有驿道的基础上修筑株萍铁路，湘赣两省的交通更为便利。

湘赣两地同处亚热带季风气候区，光照充足，四季分明，水热条件良好，物产极为丰富，具备扎实的农业和手工业基础。明清时期，江西向湖广地区的大规模移民浪潮一方面推动了区域经济交流，促进了农村经济的商品化发展，为湘赣区域带来前所未有的活力。江右商帮、湖商是这一区域经济活跃的重要因素。明清时期，江西商帮迎来崛起的黄金时期，全国各地遍布江西会馆——万寿宫，扩展着自身的影响力，而湖南则在大部分时间内承载着江西货物的输入。赣西北地区作为人口流动的前沿阵地，其经济潜能得到释放，丘陵山地开发加快，山区手工业兴起，墟镇密度增加，区域市场繁荣。近代以前，得益于一口通商的贸易格局，江西兴起了景德镇、樟树、吴城、河口四大商镇，湖南郴州、湘潭亦是"行旅客商络绎不绝"的商业中心。19 世纪末，岳州、长沙开埠，轮船、汽船运输更加普及，商品流通面更为广阔。

三、本书的基本思路与分析架构

本书以湘赣边区明末清初以来的移民问题为出发点，通过对本区长达 3 个多世纪土客冲突的细致展现，把土客矛盾所引发的一系列冲突事件纳入地域社会的发展脉络及国家的权力关系中，以考察土客关系演变的内在机制、基层社会与国家政权之间的互动关系以及由此带来的区域社会文化变迁。基本按时间顺序，沿着"事脉"与"人脉"，围绕土客矛盾的演变与区域社会、国家行为而展开。

本书在坚持历史唯物主义和辩证唯物主义的基础上，除运用传统的史料学、考据学及分析、归纳法之外，还充分采用人口学、社会学、历史人类学的方法，注重定性研究与定量研究的有机结合。重视长时段内各个时期、各个地方之间的比较。文献材料与实物资料并重，同时进行细致的田野调查，收集民间文献，大力挖掘口碑材料，将传说故事纳入研究视野。

全书共分为六个部分。第一部分为前言，主要论述移民史研究与区域社会史研究的意义、学术史回顾、研究史料与论文框架。本书的研究区域为湘赣边区，本部分首先将对本区的基本情况做个简要的介绍。

第一章论述明末清初以来湘赣边区的社会经济发展与特点；湘赣边区各县移民的迁入及其原籍、数量与分布情况；移民在社会动荡中的反应和表现及原因，并详细论述移民迁入后对当地社会所产生的深远影响，地方动乱与"棚民""棚乱"始末。

第二章讨论的内容包括三个方面。一是以棚民政策的出台及里甲组织与土著抵制等内容探析清代前期国家认同，二是探讨移民入籍及其影响，三是讨论移民入籍后的地方社会重建，关于此点主要体现在地方社会公共设施的建设之中。

第三章重点讨论本区在清代中期土客冲突与族群认同，包含下述内容：一、入籍与学额争夺案件；二、经济市镇发展；三、书院兴盛、宗教信仰、公共事业事务；四、"土著志"的编纂；五、移民宗族建设、土著宗族的发展，土客籍以书院为中心形成社会权力中心；六、身份标签、文化认同。

第四章则将问题集中在晚清及民国时期国家干预与土客融合，以个案研究的形式，一方面试图描述出国家对土客矛盾的治理与应对机制，另一方面则试图将土客矛盾置入具体的冲突事件中加以讨论。其主要案例有：清末民初遂川蔚起书院的建造，遂川萧家璧对地方的经营，万载县客籍反对合办县中的学产案。

最后一部分为结语，对本书进行总结与提炼，对本书的主旨作进一步的申论。揭示了土客关系的演变轨迹与内在机制，不同政权的社会治理能力与技术以及土客冲突、区域社会与时代变迁的关系。

第一章　明末清初社会动荡与移民迁入

第一节　明末清初社会动荡

湘赣边区位于我国中南部地区，山峰绵延，层峦叠嶂。本区北部幕阜山连接江西、湖南、湖北，中部罗霄山脉横亘今江西与湖南省之间，南部则南岭勾连江西、湖南、广东。湘赣边区各市县的地形以山地、丘陵为主，经济发展相对较为缓慢。与中国其他开发较早的区域相比，本区属于后开发地区。明末清初，经历了社会动荡与天灾人祸之后，这一区域迎来了开发和发展的一个高潮时期。

一、明末清初湘赣边区的"人祸"

明清时期，湘赣边区最突出的问题是剧烈的社会动荡。明初的"土寇"（山寇、土匪）、明中后期的流民（棚民）、明末农民起义、明清之际的王朝鼎革、三藩之乱、太平天国运动、清末秘密会社会党的起事等各种变乱持续不断，此起彼伏，给地方社会秩序的稳定带来了极大的影响。①

元末以来，陈友谅、朱元璋等起义队伍曾长期活动在湘赣边区，地方惨遭蹂躏。明初，边区仍不时遭受寇乱之扰。如永新县出现"劫杀邑大姓"的斗争。② 明廷派中国公邓镇等率兵镇压永新、龙泉的山寇骚乱，可见其规模不小。在醴陵县，当地百姓不堪承受繁苛徭役，往往与盗贼合流，"长沙妖

---

① 参考李友静、谢宏维：《明清时期湘赣边区社会秩序的变动与控制》，《九江学院学报》2009 年第 2 期。

② 同治《永新县志》卷一五，《武备志·武事》。

人李法良作乱湘潭、醴陵间。时朝廷方建北京宫殿，遣吏部侍郎（师）逮往湘乡采木以十万众人。山民不堪扰，多从法良为乱"。① 再有一些"化外之民"，如"梅花峒""桃金峒""疋袍峒"等也时常作乱。另外，在南部各地，流民的各种动乱也已出现。可见，湘赣边区各地即使是国家升平之时依然充斥盗寇及流匪，表明中央和地方政府对这一边陲山区的控制力非常薄弱。

明中期，本区南部的动乱尤为严重。万洋山为流民聚集之地，流民往往在此"啸聚为寇"。"（万洋山）跨湖广、福建、广东三省，故盗薮。四方商民种蓝其间。至是盗出劫，䌷遣守备董龙剿之。龙声言搜山，诸蓝户大恐，盗因煽之，啸聚千人"。② 由于四方杂处，官府不易控制，即使官府有意识安插的流民也常常啸聚为盗。据南安府知府季敩呈："备所属致仕省祭义官监生杨仲贵等呈：上犹等县横水、左溪、长流、桶冈、关田、鸡湖等处，贼巢共计八十余处，界乎三县之中，东西南北相去三百余里，号令不及，人迹罕到。其初畲贼，原系广东流来。先年，奉巡抚都御史金泽行令安插在此，不过砍山耕活。年久日深，生长日蕃，羽翼渐多。居民受其杀戮，田地又被其占据。又且潜引万安、龙泉等县避役逃民并百工技艺游食之人杂出于内，分群聚党，动以万计。始渐掠乡村，后乃攻劫郡县。近年肆无忌惮，遂立总兵，僭拟王号，罪恶贯盈，神人共怒"。③ 上犹的横水、桶冈等地的流民动乱给江西、湖广、广东三省交边地区都造成了巨大的灾难。"聚集党类数千，肆行流毒三省，攻围南安、南康府县城池，杀害千户主簿等官，流劫湖广桂阳、酃县、宜章、吉安府龙泉、万安、泰和、永新等县。良民子女，被其奴戮。房屋仓廪，被其烧毁。道路田土，被其阻荒占夺者，以千万顷。赋税屯粮，负累军民陪纳者，以千万石"。④ 南部为"猺""苗""峯（峰）"等"峒民"混居之地，成分极为复杂。流民与当地"蛮夷"相互声援。如王阳明在《议夹剿兵粮疏》中说道："议照湖广郴桂等地的苗、猺等处所属地方，与广东乐昌、江西上犹等处县瑶贼密迩联络"⑤。应当说明的是"民"和"峒民"

① 同治《醴陵县志》卷六，《武备》。
② 同治《赣州府志》卷三二，《武事》。
③ （明）王守仁：《立崇义县治疏》，《王阳明全集》卷一〇。
④ （明）王守仁：《横水桶冈捷音疏》，《王阳明全集》卷一〇。
⑤ （明）王守仁：《议夹剿兵粮疏》，《王阳明全集》卷一〇。

的界限并不清楚，本质区别在于是否承担赋役负担。他们与各色流民聚集一起，形成致乱之源。如桂东县，“（正德十二年）江西上犹县疋袍峒、宜章、莽山、西山、牛头峒贼首龚福全、李斌、梁柏等接连鱼黄、东领等峒及广东象牙山贼，大肆猖獗，劫掳州县，势猖獗，邑被其害”。① 流民对原有的社会秩序造成了巨大的冲击和破坏。明中期，边区其他各地的社会动乱较之南部虽不太严重，但也接连不断。如酃县，“（正德六年）春二月一日，夜忽大风雨……遂有广福流贼攻邑，火民所居，三日始息”。② 在永宁县，“（正德六年）辛未，湖广盐箕山流贼入境攻永宁城，劫库文案书籍，付之灰烬。（嘉靖）二十一年壬寅，流贼王矮子三百人自酃县枫溪山出劫永宁六保”。③ 在安福县，嘉靖十一年（1532），土寇彭正猖獗，据洋泽道，土岭石巢、铜坑、茶坪、鸡子寨等处行劫。④ 这些动乱都使得地方社会不得安宁。

明末清初，社会动乱是这一时期全国普遍的现象，湘赣边区的社会动乱则愈加频繁剧烈。万历二年（1574），李大銮、杨青山在浏阳、宁州、万载等地叛乱。据守大幽山、金鸡桥等处，屡败官军，直到万历五年才被镇压下去。万历间，茶陵尧水巨盗纠党劫掠，纵火焚烧安福、永新之间，在湘赣两省官府的合兵追捕下被平定。⑤ 天启七年（1627），明末农民大起义爆发，战火迅速从北方蔓延至长江以南。崇祯十年，由湖南方向来的“流贼”攻打赣西袁州府城，为明末清初数十年萍乡地方大乱的开始。地方志记载：“（崇祯）丁丑（十年，1637）冬十一月二十五日，流贼陷萍城，放火烧民居，是夜雷雨大作。流贼，楚之临武、蓝山人也，聚乌合数千，自渌口弃舟登陆，从醴陵来犯萍。时承平日久无备，遂陷萍城，焚掠掳杀者凡两日。至芦、宣抵袁攻城。邑侯程之敦请辰兵救袁解围，贼败奔，自宣、芦入萍南之长丰里，过攸县。萍之祸，始于此也。”⑥

崇祯十六年（1643）七月，张献忠撤出武昌，继而南下，进入湖南。攻克岳州、湘阴，一路势如破竹，随后占领长沙，湖南迅速为其占据。接着，

① 同治《桂东县志》卷七，《兵防志》。
② 同治《酃县志》卷一一，《事记》。
③ 同治《永宁县志》卷五，《武事》。
④ 同治《安福县志》卷六，《武备 · 武事》。
⑤ 同治《永新县志》卷一五，《武备志 · 武事》。
⑥ 康熙二十二年《萍乡县志》卷六，《祥异》。

其中一路军队从湘东进入江西，攻克袁州、吉安等地。明王朝遂派左良玉率军增援，农民军则与明军厮杀于湘赣边区各地。清朝在北京建立政权后，大顺军、大西军及南明部分将领进行抗清，湘赣边区成为各方拉锯的主战场。顺治二年（1645）五月初，李自成率部由湖北通城县的麦市方向进入江西宁州，并直扑州城。攻克州城后，又经修水北境的布甲一带，前往湖北通山县。五月初四日，李自成带领少数卫士去察看地形时，在通山县九宫山下突遭当地武装袭击而阵亡。据康熙《宁州志》记载，剩余的数万大顺军于五月十三日再次占领宁州。到该年十二月大雪之夜，大顺军余部再次攻入宁州城，数日后撤往湖南[①]。李自成兵败后，有"部下散掠新昌（今宜丰县）境"，被唐王擢为右佥都御史、提督江西义军的新昌人陈泰来打败[②]。

顺治五年（1648），原占据江西的降清明将金声桓、王得仁等倒戈反清，清廷因此丢失江西，湖广为之动摇。康熙十二年（1673）底，吴三桂在云南发动叛乱，是为三藩之乱。两个月内，其军队占领云、贵、川三省，并向湖南推进，占领长沙及湘东。不久，耿精忠也起兵响应，占领福建，并派兵攻打江西，前锋军队向赣西一带逼近，欲与吴三桂部会合。清廷也迅速调动大兵由江西趋湖南，进攻吴三桂叛军。康熙十三年至十七年（1674—1678）初，湘赣边区成为各方鏖战的战场。

这一时期，湘赣边区各色流民的活动使得地方动乱更加复杂。崇祯四年（1631）至十一年（1638），湖南临蓝矿工流民在刘新宇的率领下多次流劫攸县、萍乡、万载等地。自万历之始，来到边区的流民在开发山区的同时，并不甘寂寞，他们频频起事，卷入各种政治力量的角逐，与社会大动乱合拍。在这样的社会背景下，湘赣边区"盗贼"蜂起。在北部地带，"棚乱"尤为突出。如赣西袁州府等地，"百年以前，居民因土旷人稀，招入闽省诸不逞之徒，赁山种麻，蔓延至数十万，盘踞深谷。即在太平无事之秋，阴行劫掠，一遇变生，辄为乱首。崇祯壬午，天井盗起，则邱仰寰入据郡城。顺治戊子，金王谋逆，则朱益吾播虐乡邑。己亥，海寇犯金陵，复揭竿树帜，怙恶不悛，当时惟因循姑息，酿成大患。顷因康熙十三年吴逆窃据长沙，此

---

① 康熙十九年《宁州志》卷一，《祥异》；卷五，《列传·宦绩·万仁传》。
② 《明史》卷二七八，《陈泰来传》。

辈蜂起响应，绵亘数百里，焚杀淫掳，所过为虚，萍（乡）、万（载）二邑再陷，袁城危若垒卵”。[①] 万载县在明万历年间即有“棚民”进入，“万载自福建客民及乐安、上高人聚党清水堂、阳溪洞等处，乱由此起。”[②] 崇祯十五年（1642），万载棚民在邱仰寰的率领下，在天井埚起兵。随后，上高人卢南阳、新昌人刘奇龙等率众响应，附从者达万余人，他们多次攻破万载县城。当张献忠攻破袁州时，邱仰寰又加入其队伍，活动于袁州、宁州、湖广一带，直至崇祯十七年（1644），才受招投诚。顺治五年（1648），宜春棚民朱益吾响应江西总兵金声桓的反清活动，率领棚民攻占万载、萍乡等地，并波及浏阳县。顺治十六年（1659）郑成功起事，袁州棚民再次遥相呼应。康熙十三年（1674）五月，朱益吾乘吴三桂进入湖南之际再次起事。吴三桂利用棚民，视其为重要的武装力量。“吴三桂据长沙，尤恃盘踞三关之棚兵为犄角”。[③] 吴三桂授以朱益吾等各种职官，“宜春棚寇朱益吾等因吴逆窃据湖南，乘间跳梁，聚众盈万，领受伪职”。[④] 棚民已成为雄踞一方的强大势力。朱益吾等遭袁州总兵赵应奎的阻击，战死后，其余部继续配合吴三桂，破醴陵、浏阳、万载等地。棚民攻打万载，“余孽朱永盛、揭先胜等蓬党数万，屯聚邻界，傍田垅。由是浏阳南乡中如福建、乐安、南丰等棚民乘风揭竿，卖犊卖刀，买牛买剑，勾引萍、宜、万、醴四邑蓬逆，九月初七日长驱入浏南境内”。[⑤] 此时，吴三桂主力被困于衡山，已无力支援棚民。朱永盛部孤立无援，遂向清军投诚，乱事方才平息。同样，南部地带的流民活动也非常活跃。如桂东县，“顺治五年，江西南昌金声桓、王得仁猝变，自永宁入据酃县……余贼遁入桂东、桂阳，大肆杀掠。又有广东流贼王宗等聚众五千余人，裹红巾为号，入据桂阳县……饥则杀人以食，屠割最惨，死亡过半，一邑尽为贼薮，居民弃老稚，避锋镝，逃于江西上犹、崇义山谷中，继窜于郴之永兴、衡之耒阳等县”。[⑥]

明末清初湘赣边区各色人等频频起事，固然有这一时期全国范围内社会

---

① 康熙二十二年《宜春县志》卷二〇，《咨呈 · 驱逐棚寇功德碑》。
② 道光《万载县志》卷一四，《武事》。
③ 民国《醴陵县志》卷六，《氏族》。
④ 民国《万载县志》卷七之二，《武事》。
⑤ 同治《浏阳县志》卷六，《食货》。
⑥ 同治《桂东县志》卷七，《兵防志》。

动荡的大环境，但更深层次的则是他们与土著居民之间的经济利益之争。加上生活条件、自然环境的恶劣以及赋役的沉重，他们在社会动荡之际就会乘机起事。

明末清初，在湘赣边区，除了流民、棚民的动乱外，其他类型的地方骚乱也严重影响着地方社会秩序的稳定。在永新、安福等地，佃户和奴仆不堪忍受剥削，举起"铲平"的旗帜，发起暴乱，沉重打击了当地的豪绅。顺治四年"吉州一大变也。苍头峰起，佃家厮役群不逞者从之，刲牛屠豕，聚会睢盱跳梁。每村千百人各有渠魁，裂裳为旗，销锄为刃，皆僭号'铲平王'，谓铲主仆贵贱贫富而平之也。诸奴各袭主人衣冠，入高门，分踞其宅，发仓廪散之，缚其主于柱，加鞭笞焉"。① 此风"滥觞于安福、庐陵。而后浸淫永新，永新受其祸害最为惨烈"。在万洋山一带，泰和奴仆刘京、魏林风等亡命为盗，号称"红巾军"，倚山为乱，"进则荼毒地方，蹂躏疆土，退则越境窜伏，负隅莫撄"②，并得到农民军的声援，队伍发展至数万人。顺治九年（1652）一举攻克安福、永新、永宁、龙泉等地。在义宁州，当地豪绅则为抗争官府的强征赋税而倡乱。而山寇张犹龙、杨白巾等则于康熙十四年（1675）至十六年（1677）多次入据州城，劫掠乡村，并惊动朝廷派满汉官兵前来镇压。

同全国大多数地方一样，康熙前期的各种叛乱平息之后，湘赣边区进入了一个相对稳定的恢复和发展期。但地方动乱还是不时发生，只是较之以前不是太频繁和严重。康熙后期，在桂东、桂阳等地，来自广东、江西的"矿夫"不时滋扰。如康熙四十六年（1707），在桂阳县，"广东惠州砂夫数百人结党"，"肆行劫掳，挨山居民多受其害"。③

二、明末清初湘赣边区的天灾

人祸往往与天灾相伴而行。明中后期以来，这一地区自然灾害频发，生存环境更加恶劣，加剧了地方经济社会的残败。

---

① 同治《永新县志》卷一五，《武备志·武事》。
② （清）蔡士英：《抚江集》卷一。
③ 民国《汝城县志》卷一九，《政典志·武事》。

据各地方志记载，明代万历十三年（1585）平江县大饥。浏阳县旱，"民多殍，遍地螟螣，蟊贼皆备"。万历十四年二三月，宁州淫雨连绵，洪水浸入州城，"高数尺，禾苗尽浸死，农夫乏种"。四月某夜，攸县山谷"蛟出，洗田千余亩，漂民居三千余家"。万历十五年，浏阳大水冲城。五月，暴风昏晦，损民居，民有压死者。醴陵渌口亦暴风昏晦，损公署民居，压死者不可胜计。七月，宁州下霜三日，禾尽萎死。民值疫病，死者无数。万历十六年三月至五月，宁州不雨，禾尽槁。是年，以无米改折，野多饿殍。六月，宜春大水，城内平地至一丈，漂没民舍。永宁连年大旱，民饥。浏阳六月恒阴。七月大风三日，禾尽折。旱。万历十七年宁州四、五、六月不雨，七月又下霜，秋稼绝粒，民多饿死。宜春十七、十八年俱旱，饥。谷价至六钱。万载县大旱，至十八年春大饥，谷每石价至六钱。平江大旱，自十六年连饥两岁。醴陵春大水，夏大旱，四月至九月不雨，疫疠大作。万历十八年萍乡夏不雨，秋大疫。宜春大旱，民饥，谷价每石六钱。秋大疫，道殍枕藉。万历十九年春，浏阳大水，土城全崩缺，坏田路。万历二十一年，万载大旱，复大疫，道殣相枕藉。万历二十二年，宁州饥，斗米十五缗，饿殍塞道。茶陵岁祲。万历二十四年二月，鄞县大雷雨，火光遍十余里。万历二十九年宁冈大疫，人民死者近半。夏，醴陵洪水冲圮渌江桥，木石漂流。浏阳二十九年、三十年连岁水灾，无禾。万历三十年平江大饥。浏阳春大雪，民僵死。万历三十六年，浏阳大水，冲坏民田无算。鄞县大水，田亩漂没。万历三十七年六月，万载大水，淫雨经旬，至二十四日"山蛟四出，比丙子年洪水要高三尺"，"为百年仅见之灾"，"虚口荒粮比前益甚"。万历三十八年茶陵大水，泛涨五六丈，涌入城，城近水者尽圮。万历四十年四月二十八日，宜春、万载大水，漂流屋舍，铲坏民田无算，水骤涨，民不及避，溺没以数千计。五月至八月，浏阳大旱，大水。鄞县大水，田亩漂没。桂阳大水，城中升爨于楼。万历四十二年宜春、万载大饥，谷价每石六钱，道路攘夺。万历四十六年夏，平江县大水，毛源村蛟水暴涨，冲圮民房，田地亦多损伤，县北民桥亦被冲圮。万历四十八年（亦即光宗泰昌元年，1620）五月，万载久雨，未葺城垣，复圮。

天启元年（1621），万载旱。自元年至五年，万载水旱频仍。春，平江县大雪，自正月至二月终不止，"平地积四五尺，人畜鱼鳖多冻死，树木根枯，江水冻结，人马可行"。浏阳民大饥，斗米二钱，斤盐三钱。天启三年，万载大水，大旱，是年民饥。醴陵大水漂屋，六七月大旱，八月，下坊火，九月又火，西北怪风起，凡物吹上半天。自天启七年至崇祯三、四、六、七年，浏阳饥荒，米价悉腾，江河缺鱼。

崇祯三年（1630）浏阳东乡出蛟，山水横决，大伤禾稼。崇祯五年夏，平江县大旱。松树皆枯，竹尽开花死。崇祯六年四月，万载大水。六月至九月，大旱。四月初十日，浏阳飓风四起，城内火灾数百家。崇祯七年，浏阳米价腾，河缺鱼。崇祯八年四月，万载大水。初旬至中旬大雨连夜，水势滔天，禾苗漂荡，新修城垣、公廨、陂堰多坏，冲倒竹度、牟村等处桥梁，浸烂水次、预备两仓谷米，沿河居民葬鱼腹无数。入秋，又遭旱魃，饥殍相望。四月，龙泉大疫。崇祯九年，袁州府属宜春、萍乡、万载等县夏季大旱，谷每石至八钱。万载五月初一、初二连日夜大雨，洪水泛滥，更甚于去年。冲坑田地土压为山，低洼者水铲为河，"一时民房荡洗，淹死者众"。浏阳大水，沿江禾稻铲消殆尽。十年至十一年，浏阳虫灾，"螟螣蟊贼皆备"。崇祯十一年三月，浏阳大风，雨雹。宜春水灾，山洪暴涨。五月，万载大水，"蛟出，平地水深丈余，溺死人民数十口，坏田产无数"。崇祯十二年五月初七日至十九日，浏阳大淫雨。七月，西乡北坑口庄田内，一夜风雨大作，田中突成四五深塅，深约丈余，没河洗去田七亩。宁州自本年十二月起，至次年正月止，"霜雪冻结，用錾开路，空处高至七八尺，至四月始消"。崇祯十三年三月，浏阳霾，旱，民多殍，遍地劫掠。五月初八日，平江大水，舟行街市。夏，桂阳大水，漂没民居。崇祯十四年，龙泉水口地方大水涌，蛟出，浸没田禾民舍。浏阳蝗虫遍野。攸县大饥。崇祯十五年五月，袁州府属各县大水，人民漂没无算，田禾尽没。民饥，谷每石八九钱。崇祯十六年五月，宜春大旱。袁州自四月至七月不雨，苗焦卷无复苏者，民相向泣曰"魃旱"。万载大水，米每石一两五钱。夏，萍乡大旱。六月，大雨雹。是岁民饥。宁冈疫瘴流行，死者不计其数。浏阳恒风，连见火灾。十六、七年连旱。醴陵大旱，家井尽绝，饥疫载道。

顺治元年（1644）五月初一日起，浏阳淫雨，至六月朔止。旱。顺治二年四月，万载大水，白水、书堂各地方"孽龙四出，山崩地陷，漂没男妇，荡析民居，淹没禾苗"。浏阳大旱，自四月至八月不雨，斗米二钱。宁州十二月雪，冻死及淹没者亦千余。顺治三年三月，浏阳大风，下雪雹如桂圆，大小不一，冷侵入骨。大旱，大疫。鄑县大风暴雨，"扬沙走石，屋瓦皆飞，大树拔起，居民房屋倒坏不可数计"。萍乡、万载夏秋大旱，"凡百余日，赤地百里"。顺治四年，宁州自春至冬，天旱不雨，米每石十两，市绝粜，民饥不堪，食树皮草根。平江大饥，饿殍相望。浏阳夏大饥，斗米七钱，木叶草根食尽，流亡饿殍者多枕藉于道。醴陵淫雨，正月至六月大疫，斗米千钱。六月初一日，攸县大水，漂没庐舍人畜无算。是年大饥，民食地菌。顺治六年三月，浏阳淫雨不歇。顺治七年春，鄑县瘟疫大作。萍乡民饥，田地尽荒，牛贵，民贫难买，故耕者如晨星。浏阳民大饥，斗米二钱。顺治八年萍乡旱，民饥，谷每石一两余。浏阳七月雨雹。民又饥。五月，鄑县一、二、三都大水泛溢，"水从蛟潭暴至，房屋漂没，田亩砂石壅碍，人民溺死甚众"。桂东县大饥，道殣相望。汝城县兵荒，又大饥，斗米价银五钱。县中无米，多告籴于外县，饥殣载路。顺治九年正月，浏阳大雪六七日。自五月至十月无雨，大旱，民大饥，流徙过半。攸县大旱，民采竹实疗饥。平江大旱，大饥，谷五斗腾价一两。顺治十年，宁冈大荒。五月，浏阳雨雹，行人伞尽溃。顺治十一年，袁州府宜春、萍乡、万载有虫食禾，"状类蚕而大，每集数万，禾尽乃死，臭不忍闻"。顺治十二年，浏阳大水，蔽山而下，铲坏民居无算。茶陵水泛，城圮。顺治十三年宁州闰五月间，大雨，洪水过东南城垛，船抵州洽头门，漂流千余家，田地沙塞成河。平江五月初八日，大水，城为泽国，损坏田庐无算。攸县大水，漂没田舍，杀禾稼。闰五月十二日，茶陵大水，损丁田不少。四月，桂东县大水冲去香明寺。顺治十四年，浏阳北乡戴宅蛟龙见，没坏民居，大伤禾稼。鄑县秋大疫，民丁病死者三百八十四人。桂阳秋大疫。顺治十五年，平江大水再冲城垣，砖石无存。浏阳大水伤稼，大风偃木。顺治十六年，浏阳四月无雨至秋。攸县闰三月十一夜雨雹，大如卵。桂阳民饥。顺治十七年三月，醴陵飞蝗蔽天。七月，冰雹。顺治十八年三月初六日，萍乡大雨雹，瓦屋俱碎，居民墙下堆积如阜，日出两日乃消。宜春五月久雨，江涨，倾坏秀江桥十八丈。浏阳飞蝗蔽野，耕民有因蝗害夫妇缢死者。醴陵五月暴水，漂没民居有百余间。

康熙元年（1662），萍乡地区夏大水，田禾尽没，县前可撑船，水灾称极甚。秋大旱。宁州四月初四日，天昏地黑，风雷大震，继而落雹大如鸡子，碎瓦折树。其年大旱。浏阳自五月无雨，至八月无秋。茶陵大旱。康熙二年，浏阳自二月无雨，至五月微雨，秋恒雨。早稻并未播种，中、迟二稻水淹，秋月蛟出坏民田舍。攸县七月大水，漂没禾稼。茶陵大水，漂没民居，禾稼尽溺。水泛，城不没者仅数版。桂阳大水漂民居。康熙三年四月十七夜，宜春淫雨为灾，北门城圮入江潭计三十八丈。四月茶陵复旱。康熙四年二月初五日，浏阳东乡黄潭峒飓风大作，大木自悬崖拔下，压损僧房。大旱，早、迟二稻全无收。萍乡夏大旱，新谷无登，早稻绝种。醴陵大旱，又秋蝗。康熙八年，万载秋旱，黄虫遍飞，飞集民居。冬，萍乡冰雪严寒，树数尺围皆挠折。十二月，宁冈淫雨连绵，至九年五月乃止，城北崩溃数十丈。康熙九年，萍乡大旱，无禾。冬月，风雪倍甚，禽鸟覆巢，行人多冻死。修水春苦水，夏秋赤地，飞蝗，奇灾踵至，哀声满野。攸县二月不雨，至五月大旱。冬大雪，河池皆冰，人马驰驱，经旬不解。康熙十年，平江大旱，民掘蕨根全活。浏阳亢旱，是年冬与十一年春初，米价昂贵，穷民难度，攘夺四起。桂阳大饥。汝城夏大旱，螟螣为灾。康熙十一年，宁州人民罹灾，共蠲减荒缺米九千九百余石。汝城夏复大旱，因去年田禾伤损，穷民青黄不接，称贷无门。康熙十三年五月，万载大水，"白水龙出，山崩地陷，高涌数十丈，石脑背、潭埠一带地方三十余里人民、田屋、早谷尽为漂没"。五月二十二日，浏阳大水，四乡人畜漂没无算，坏田千余顷。攸县春雨，至夏六月。康熙十五年五月，万载大雨弥旬，异常水势，四门冲折，颓城一十六丈有余，平地水深三尺，男妇涉水而死者又不计其数。平江大水冲城。攸县大饥。康熙十七年二月起，浏阳斗米二钱，"民穷彻骨，告籴无资，厨灶烟冷，户食青草"。宁州大饥。夏秋亢旱。奉旨蠲赈，减赋十分之三。八月，宁冈寒冻，谷种无收。冬月起至十八年六月止，大荒，草根掘尽，饿死道路莫可计数。康熙十八年宁州大旱。五月二十七日雨，至十月初九日方雨，禾苗尽槁，秋稼绝粒。减赋十分之三。平江饥荒。康熙十九年正月十六夜，崇义大风，坠文峰塔顶。四月，宜春山水夜发，民不及避，自南以东田地成河，民多溺死，获鹿桥圮。五月初六，宁州连日大雨如注，雷电交作，各乡山崩石裂，水涨入城。攸县大饥。康熙二十年，万载大旱，各乡白昼虎出伤人，路绝往来，又多疫死。宁冈春月淋雨不息，夏秋连旱，所耕无收。平江二十、二十二年两年，岑川山后等处山水四起，山崩砂壅，大水铲坏田庐无算，溺死人民牲畜无算。康熙二十一年，宜春五月十五日夜暴风疾雨，河水涨漫，新旧城圮，忽复塌陷。康熙二十二年三月，万载大水，获富、岭东、黄茅、石脑背各乡山洪四出，淹没男妇田屋漂流崩坏；七月大旱，早禾尽枯，迟稻半焦。五月，宜春石里等乡山水暴涨，坏田地无数，城外深四尺，市可行舟。康熙二十三年宁冈大水，决塞田亩无数。康熙二十八年十月，宜春严寒，河水成冰，牛马冻死，至次春正月始解冻。平江水涨城塌，并颓垣无存。康熙三十年夏，永宁暴发山洪，水决沙塞田二百余顷。康熙三十一年，上犹洪水冲城，西南角城坏三十余丈。康熙三十二年秋，宁州大旱，蠲赋十分之三。康熙三十四年夏，宁州大水，冲倒南门城垣。上犹春夏之交，淫雨连绵，西城圮，门楼俱倾。康熙三十八年五月，宜春大水暴涨，北城外深丈余，居民趋避不及。冬，雨雪四十余日。康熙四十二年攸县大旱，黄埃遍野。康熙四十三年，宜春三月、四月少雨，苗槁。是岁收薄。宁冈大荒，求籴无门，饿殍载道。康熙四十四年，宜春大水，冲圮北城十余丈。攸县天疫流行，人民多病。康熙四十五年五月，宜春淫雨连朝，初七日大水，市可行舟，民多溺死，北门城圮。六月、七月不雨。康熙四十六年，宜春春旱，五月大雨，二十四日北城复圮，夏秋虫灾。康熙五十二年五月，攸县大水入城，是岁饥。酃县夏大水，民屋水深数尺。康熙五十三年，平江自正月连雨至五月，大水坏民田庐，城中水高三丈。十一月，萍乡大水。是年，冰结四十八日，深至尺余。康熙五十五年，宁州四月二十七八等日连宵大雨，水高城垛数尺，舟行市上，民居及公廨文卷册籍漂没殆尽，镇宁塔、城隍庙、学宫黉门、粮仓、云岩寺佛像悉皆淹倒，城市沙泥堆积，乡间田地崩废无算。不久又大旱，绝收。政府发放恤灾银，免征五十五年以前逋赋。康熙五十七年三月，万载大水，南浦桥冲塌。康熙五十九年，汝城大旱，虫灾。米价昂贵，斗米银二三钱不等。康熙六十年，宁冈是岁大旱，无收。崇义大饥。

　　从明朝万历十三年（1585）至康熙六十年（1721）136 年间，有 87 个年份发生了自然灾害，发生频率较高。自然灾害以水灾、旱灾为主，疫灾也造成了重大影响。从更具体的发生地来看，本区的北部和南部最为频繁，尤其是赣西北的宁州、万载、萍乡、宜春，湘东的平江、浏阳、醴陵，赣西南的遂川、宁冈及湘南的酃县等，灾情也最为严重。这些地方也正是这一时期最为动荡的地区。

流民（棚民）起事时间较长，活动范围也较广，加上官兵的剿杀、滥杀，湘赣边区兵盗不分，民盗不分，地方社会遭受摧残程度可想而知。以江西万载县为例，清初本地士绅辛承顼把受害情形描述为"八难"：

> 痛我万邑僻处山陬，接连楚壤，土瘠民贫，夙称上疲。自癸未，天井寇乱，破城一十七次。田未尽垦，民未尽苏，兼水旱频仍，虫蝗肆害。每年申详十征六七，万之荒残。匪自今始，天不悔祸，灾害叠至。甲寅五月，孽蛟四出，水涌丈余，白水潭埠一带，房屋漂没，人民淹溺，山崩地陷，平原沙壅，大难一也；吴犯顺，长沙失守，棚寇啸聚，洗村掠县。甲寅九月，破城杀民。掳妇牵牛，洗财据城，肆掠一月有余，遭祸最先，受苦最毒，大难二也；乙卯春夏，巷无居人，前县主加意招徕逃亡渐附，警鸿甫定，赋役旋征。或饥寒就道，或老稚应役，累死道路者十六七，大难三也；丙辰四月，镇万陈参府重病，棚贼侦探得实，卷土重来，万城复陷，见人即杀，逢屋便杀，屠城之惨，亘古未闻，大难四也；自是遂请兵恢复，无奈贼盘踞山谷，东攻西窜，西击东逃，兵至则潜，兵退复出。离城十五里外皆为贼，有人皆造磨灭，村被洗掳，大难五也；甚且，甫离贼害，又受捕风捉影之磨，幸保残躯，反有吹毛求疵之事，民悉遭鱼肉，善类尽被网络，苦上加苦，大难六也；兵燹未已，饥馑踵至，仓廪尽焚，蓄积已烬，田畴尽荒，盖藏又虚，采蕨而食，死者相望，大难七也；树木伐尽，蔬菜摘尽，家蓄取尽，以至器皿食物无不供骄弁悍卒之诛求，大难八也。①

再如浏阳县，据县志记载，"自甲寅吴逆倡乱，横征暴敛，元气产削已尽。加遭棚寇数万，盘踞四年，掳掠子女，牛种尽绝。深山穷谷，搜括无遗。以至王师赫怒，整兵剿洗，玉石难分。老幼死于锋镝，妇子悉为俘囚。白骨遍野，民无噍类"。②

战争的酷烈摧残，赋役的繁重，再加上恶劣的自然环境和频发的自然灾

---

① 民国《万载县志》卷七之二，《武事》。
② 同治《浏阳县志》卷六，《食货》。

害，使得大量人口逃亡、死亡，民生凋敝，湘赣边区各县呈现一片凋零残破的景象。

第二节　移民迁入及其生计

明清之际的战乱使湘赣边区社会"天崩地裂"，各种自然灾害的肆虐使地方社会雪上加霜。地方社会大量人口死亡流失，田地抛荒，政府赋税减少，里甲组织遭到破坏。大乱必有大治，每一轮较大的社会衰乱之后，政府都需要重建社会经济秩序。明末万载县知县韦明杰在《吁天四议》中指出该县有四大"苦"，即"荒粮之苦""绝甲之苦""加派之苦"和"赋重之苦"，致使万载的社会经济状况全面恶化。① 这一情况可视为本区域这一时期的普遍状态。正是在此背景下，大量外地移民涌入湘赣边区各县。在明末清初的近百年间，外来移民并非持续不断地进入本区，而是经历了这样一个过程，即明后期流民（"棚民"）进入——明末清初"棚民"卷入地方动乱——"棚民"遭到驱逐——移民重新进入。

一、移民迁入②

我们将湘赣边区划分为北部、中部和南部三个部分。总体而言，移民进入本区有两个高潮阶段，第一次是在明末，第二次是在康熙中期。移民的原籍地多为广东、福建及赣南。一般来说，移民的数量都较大，在各县人口中所占的比例也较大。

从本区各州县官方户口统计数字上看，清前期有一个激增阶段。据有关各州县方志《户口》统计，万载县，明嘉靖间户 13111、口 84720，清顺治时降为 9665 户、51974 口，至乾隆年间，增至 25796 户、187333 口。宁州，明嘉靖时有户 12554、口 145132，历经明清鼎革，至乾隆年间，达户

---

① 康熙《万载县志》卷一六，《杂著》。
② 本部分参考曹树基《中国移民史》第六卷（清·民国时期），福建人民出版社 1997 年版。

48882、口 249905。萍乡县，明嘉靖时有户 16595、口 118637，清顺治时仅余 2956 户，到乾隆中叶，人口达 140515，嘉庆中则至 46891 户、194771 口。醴陵县，明嘉靖时有户 4782、口 36817，到清嘉庆中，户数达 49235，口数至 291890。鄙县，清初仅存 1200 口，到乾隆朝，猛增至 97834 口。攸县，清康熙间方有户 8213、口 44510，同治初年，户、口各增至 5 倍，分别达到 47203 户，226702 口。①

本区户口在较短的时间内何以得到如此之快的增长？人口自然增殖的因素作用当然是肯定的。但是，更为重要的是外来移民的迁入和入籍。雍正初年，江西巡抚裴率度疏言："棚民良莠淆杂，去留无定，或散居山箐，或为土民佣工垦地。臣饬属严察，凡万五千余户，编甲造册，按年入籍。"②一次性奏报"编甲造册"的棚民达 1.5 万余户，数字很大。一些州县的清代人口构成情况很能说明问题。据晚清、民国时期的统计，萍乡县在明代以前的土著氏族有 264 个，清代以来的客籍氏族为 326 个；醴陵，明代以前的土著氏族有 377 个，清代以来的客籍氏族为 195 个。清同治时期，浏阳，土著为 200019 口，客籍为 67776 口；鄙县，土著为 26481 口，客籍为 906621 口。③在这些州县，清代的流移人口占总人口数的比例是相当高的，有的甚至超过了土著。由于在一些地方，移民入籍并非易事，因此，从户口册籍上反映出来的并非移民的全部人口。正因为如此，我们无法估计本区北部一些移民人口不少、但入籍限制特严的州县，如万载、义宁州等州县的移民比例。从"泉邑丁口，半出流寓"的记载看，南部龙泉县的移民亦达 50%。④

当然，本区内部各州县的具体情况不尽相同。在此，参考曹树基教授《中国移民史》第六卷，进一步结合其他史料详加论述如下。

1. 北部

本区北部包括今江西修水、铜鼓（二县清代同为宁州）、万载、萍乡与

---

① 道光《万载县志》卷十《田赋·户口附》；同治《义宁州志》卷一二，《食货·户口》；同治《萍乡县志》卷三，《食货·户口》；同治《醴陵县志》卷六，《户口》；同治《鄙县志》卷七，《户口》；同治《攸县志》卷九，《户口》。

② 《清史稿》卷二九二，《裴率度传》，中华书局 1977 年版，第 10312 页。

③ 民国《昭萍志略》卷三，《氏族表》；民国《醴陵县志》卷六，《氏族志》；同治《浏阳县志》卷五，《户口》；同治《鄙县志》卷七，《户口》。

④ 乾隆《吉安府志》卷三三，《户口考·龙泉县》。

湖南平江、浏阳、醴陵等市县。

幕阜山区和九岭山区的深山大岭之中，历来人口稀少。明代后期，赣西北的宁州、万载、新昌（今宜丰）等县有相当数量移民的迁入，迁入者以湖北邻县为多，次则来自闽、粤者。赣西北山区到明后期人口有了新的增加，人口成分也有新的变化，地方官府视为不安定因素的"寇""贼"，往往就是流动的或半定居、半流动的外来人口介入了地方社会生活，并引发了相应的矛盾和冲突。为防止流民、"贼""寇"流窜，造成社会动乱，万历五年（1577）明廷"照南赣（巡抚）诸郡事宜，增设城堡，立守备等官"①，在宁州辖境内建立控扼赣湘交通要道的铜鼓营，反映了明王朝对赣西北山区加强控制和管理的新举措。至清顺治初年，江西巡抚安世舜曾在宁州驻扎六年之久，节制南昌府、兴国州、通城县、崇阳县、浏阳县、咸宁县、平江县等地，亦即把连接江西与湖广的整个幕阜山脉作为一个防区来管理②，可视为"照南赣诸郡事宜"设计的一次最全面实施。到康熙朝平定"三藩之乱"时，宁州又成为用兵要道，"师旅往来，舟车资送，应接不暇"，地方长官深知"宁介楚尾，楚乱而宁亦乱"③的利害关系。大约到康熙初年，大量闽、广及赣南移民迁入宁州，开始采用租种土著田地，顶充原有户籍完粮的办法定居下来。由于幕阜山脉地区及河谷地带已经被土著占据，所以这些后来的移民深入到九岭山脉，最密集之处，是安乡和后来划分为铜鼓（县）的武乡。他们的到来，标志着修江上游九岭山脉地区的进一步开发。

明代后期赣西袁州府出现大片无人区或人口稀疏区，地方官员的解释是因为赋役的沉重。乾隆《袁州府志·序》指出，万历末年的袁州"惟是壤瘠赋重，民罔堪命，往往穷逼流徙，至于田之荒芜半，室之虚无人者亦半，则有望之而令人目蒿者"。而崇祯年间万载县令韦明杰则认为与自然灾害有关。他在《吁天四议》中说："又因本县界在万山，田地如楼如梯，万历丙子（1576）元冥作祟，巨浸稽天，山谷之田，榛莽蔽翳，沙石倾压，至万历己酉年（1609）怀襄之势甚于丙子，鱼鳞册籍尽为河伯所收。夫田虽随水去，而粮则以户存，土既不毛，征复难贷，民于是故土难安，他乡可适。二三十

① 万思谦：《铜鼓石守备城衙营哨记》，道光四年《义宁州志》卷二七，《艺文》。
② 毛斌然：《巡道安公德政碑记》，道光四年《义宁州志》卷二七，《艺文》。
③ 夏以锋：《州刺史任公德政碑记》，道光四年《义宁州志》卷二七，《艺文》。

年来逃亡相继，十室九空，一望荆榛，有不知系谁氏之田产，及至征粮，荒者称荒，不荒者亦称荒，人人藉口，莫可究诘"；以至于"如白水、书堂、潭埠、铁山界、浏阳界首等田，有送人认粮而不肯受者"①。三十年间两次大水灾造成了万载经济的大崩溃，大片田地被冲毁，粮册无着，人口外逃，相对而言，留居人口的赋税负担加重，更迫使他们加速外流。韦明杰还指出，在两次水灾之间的万历九年，正值"巨盗李大銮啸聚黎源等处地方，附近七八十里庄佃俱扑追逃散，一切庄主俱为究窝株连。迨至盗辑民安，旧佃无一复业，新佃有难卒集，而庄主磨平又不能出办牛种，以致田产日任荒芜"，也是导致人口流失的重要原因。无论是水灾还是盗寇，影响最大的是万载县西部丘陵区和西北部山地，东部平原地带所受影响则要小得多。

外地移民首先迁入赣西丘陵地带。韦明杰说："本县佃民多系抚（州）、瑞（州）等府，宁州、上高、新昌等州县，杂以闽楚，易来易去，牛租两无所恃，与他邑土著自耕者异。佃民孤处穷谷，形影相吊，贼至无援，水旱饥荒牛种尽于剽掠，致多弃佃远徙。"此时的外来移民以本省抚州（治今抚州市）和瑞州（治今高安市）人为主，少有外省人。他们的人口不多，难以在新地有所作为。清代的材料显示，移民最早进入万载的时间是明代万历、天启年间，他们被官方和土著称为"棚民""流民"与"客民"等。万载县"向无棚民，自万历间闽广流民来万侨居，耕种为业，迨天启、崇祯时，乃有久居万者"②。在万载北部与南昌府宁州铜鼓营交界的天井堝，"环堝数十里皆山，天启末年福建栽杉种蓝客萃焉"③，逐渐成为"棚民"最大的集聚地。由于他们卷入"三藩之乱"，康熙十七年（1678）遭到官方和土著较为彻底的驱逐。但是，乱后"田荒丁减，视昔尤甚"，于是"赋多逋而民益困"，乃至土著"以祖宗田地出承与人而不受价"。移民再次大规模的流入始于康熙二十九年（1690），"庚午以后，始招徕闽粤之人，渐次垦辟"。④雍正后期官员报告江西"棚民"的情况时也称："查其来由，悉系闽广及外郡无业之人始于明季兵燹之后，田地荒芜，招徕垦种，以致引类呼朋，不一而足，竟有已成

① 韦明杰《吁天四议》，康熙《万载县志》卷一六，《杂著》。
② 同治《万载县志》卷七，《学校》。
③ 黄鼎彝：《敖阳三事始末》，道光八年（1828）刻本。
④ 雍正《万载县志》卷六，《财赋》。

家业数代者，亦有甫经新到未久者。"① 政府的招徕和优惠政策掀起了闽粤流民进入万载的又一个高潮。这个高潮至少延续到清雍正时期，直到清中期还有少量的移民进入。万载县志将本地方的动乱归咎于外来移民，指出了移民的原籍，称"自福建客民及乐安、上高人聚党清水堂、阳溪洞等处，乱由此起"②。可见在明末，万载中西部福建移民与本省移民杂处。至于在万载西南、西北部与萍乡、宜春、浏阳等县毗邻山区，则是闽省流民大量聚集，占绝对优势。这些福建流民"初寥寥散处，冬归春集，迄崇祯实繁有徒，群萃蓬处，形连势贯，接薮他治，依倚为奸"。③ 移民规模如此浩大，较之同期赣南山区的流民活动，当有过之而无不及。当"江西填湖广""湖广填四川"的时候，闽粤及赣中平原的民人也在填充江西的山区。由于闽籍移民在明末清初卷入各种政治力量的角逐，尤其是他们参与了"三藩之乱"，乱后大量的福建移民被驱逐。康熙中期政府招徕移民垦辟，此时进入万载的移民以粤东和赣南人为主。《清史列传》说："万载地险僻，山岭绵亘，有客民自闽粤来，居之累数十年，积三万余人，曰棚民。"④ 据分析，至康熙末年，万载县的移民为 3 万余人，到乾隆末年约为 5 万人，他们约占同期全县总人口的三分之一，直至民国时期还大致维持这一稳定的比例。⑤

袁州府地区大量外省流民聚集，有记载说袁州"为吴楚咽喉重地，百年以前居民因土旷人稀，招入他省诸不逞之徒，赁山种麻，蔓延至数十余万"⑥。或说："封豕长蛇无虑数十万，往来如织纷如雨。"⑦ 这几十万种麻的流民，大致活动于袁州府萍乡、宜春、分宜三县的北部及万载西北部。崇祯时人指出："袁州郡县，界连楚粤，崎岖险峻，延袤皆山。内有三关九图，环溪峭壁，昔为闽、广之交，诛茅而处，凿山种麻。"⑧ 萍乡县，"昔多旷土，

---

① 中国第一历史档案馆编：《雍正朝汉文朱批奏折汇编》（江苏古籍出版社 1989—1991 年版）第二〇册，雍正九年三月十二日，《江西按察使楼俨奏报棚民安静及土俗民情折》。
② 道光《万载县志》卷一四，《武事》。
③ 康熙《宜春县志》卷一二，《风俗》。
④ 《清史列传》卷七五，《循吏传二》。
⑤ 对万载移民的数量估计及推算方法，参考曹树基：《中国移民史》第六卷（清·民国时期），第 231—232 页，福建人民出版社 1997 年版。
⑥ 康熙二十二年《宜春县志》卷二〇，《咨呈·驱逐棚寇功德碑》。
⑦ 道光《宜春县志》卷一〇，《田赋》。
⑧ 佚名《前井蛙行》，同治《袁州府志》卷九，《艺文》。

嗣以生齿日繁，开垦日广，止耕平地。自闽广人纷至，男妇并耕，高岗峭壁，视土所宜，漆麻姜芋之利，日益滋饶"。①

平江县未经历明末清初的战乱，人口没有大的损失。"明至万历时，人满地尽，其拼力攫种者只幸获于万一。故重梯作垄，不能一收，半岭凿塘，不藏勺水"②。然其东南山地，土著无法垦种，清代仍有闽、粤流民移入。康熙四十二年（1703），"伍士琪招广东、福建民于东南山区开垦，立名广福兴，编第二十里，雍正七年入籍"③。据平江《钟氏族谱》载，黛屏源钟氏始迁祖环玉公，于康熙五十二年自广东嘉应州始迁平江，康熙五十七年又迎立父明立公、弟珮玉公来平，始创于东乡长步岭，雍正间迁居黛屏源。后又有明立公胞弟明南公长子璇玉公于雍正间迁来平江同居。这是钟氏父子、兄弟、叔侄于康熙末年、雍正年间相继迁来平江的例子。平江县的移民被编为第二十里，这也应当是平江县的最后一个里。以里数计，移民正好是全县人口的5%，与根据氏族人口计算所得结果是相同的。

浏阳县的人口亡徙可以上溯至明代后期。崇祯初年知县冯祖望在《八难七苦详略》一文中指出："近因加派数多，民不聊生，挈家携族，逃亡过半。每年逋欠，必以一万六千为率，卑职近勘荒公，出穷乡僻壤，无地不到，颓垣败壁，所在皆然，白苇黄茅，一望即是"④，与毗邻的江西万载县情况相似。冯祖望还指出，逃亡者"朝发而夕出境，凡有逋欠，即携家挈族潜往萍乡、万载、宜春、袁州、宁州等处"。不过大多数的浏阳及湘东的逋逃赋税者，在外地定居者必不多，未死于动乱者，日后多迁回故乡。在浏阳地广人稀，主户外逃的情况下，闽、粤棚民就有可能获得较好的佃耕土地，甚至获得抛荒田地，成为地主。《良源张氏十一修族谱》记载："夫浏于前受堕粮害，甲申之际流寇蹂躏，民多逃亡。国朝康熙十二年滇逆煽乱，浏受创甚深，迨祸乱平而土著已寥寥矣。其时地多闲旷，民人率自远方来，张氏亦其一焉。"其后良源张氏"遂甲于浏，而为邑之巨族"⑤。嘉庆二十三年浏阳县通计"土

---

① 嘉庆《萍乡县志》卷九，《风俗》。
② 同治《平江县志》卷一四，《食货》。
③ 同治《平江县志》卷一八，《赋役》。
④ 同治《浏阳县志》卷六，《食货》。
⑤ 《良源张氏十一修族谱》卷一，《旧跋》，清光绪二十七年（1901）孝友堂木活字本。

著烟民"46374 户，"男妇"200019 丁口，"寄籍烟民"15960 户，"男妇"67776
丁口。移民占全县人口的 34%。至同治七年（1868）土著人口增至 233590，
寄籍人口增至 79061①。

醴陵县，明末清初，"重罹浩劫，土旷人稀，播迁远来者则什九为闽、
粤两省汀江、东江流域之人"②。自崇祯十六年至清顺治十一年，"人民备
历刀兵、饥荒、厉疫诸劫，死亡过半，业荒无主。新来占籍者，准其自由
管领，插标为界"③。战乱平息以后，闽、粤流民蜂拥而入，民国《醴陵县
志·物产》记载："康熙、乾隆间，闽、粤之人，迁移至醴，乃挟其种（按：
番薯）以俱来，剪茎插土，稍施肥料，自然繁殖。根肥当粮，藤叶饲猪。"
可知醴陵移民也来自闽、粤，与赣西北移民同属一类。醴陵的移民主要分布
在县东部山区，遂构成醴陵东乡今日的"客家"风采。

2. 中部

本区中部包括今江西莲花、永新、井冈山、遂川和湖南攸县、茶陵等市县。

今莲花、永新、井冈山、遂川在清代同属吉安府。吉安府地貌大致由两
部分构成，其西南部和东部蜿蜒着罗霄山和雩山，两山夹峙之间，则是吉泰
盆地。吉泰盆地是赣中地区最大的平原，也是赣中地区主要的人口居住区和
粮产区。

龙泉县（今遂川县）地处罗霄山脉的中段，以井冈山分支为主。明代中
后期的地方骚乱给龙泉人口带来很大的损失。地方志中有不少记载，如"崇
祯五年，粤贼丫婆总流劫万安、龙泉、泰和，受祸甚惨。……十七年甲申
春三月闯贼陷京师，龙泉闽广流寓啸聚山林，裹红头，自号十三营，掳掠
各乡，村民走逐无宁宇，土田荒芜，拆毁人坟墓，掳妇女幼小，邀民间取
赎"④。崇祯年间在龙泉揭竿的闽、粤流民为数众多，他们的迁入可以追溯到
明代中期甚至更早的时期。至清代初年，随着社会政治的急剧变化，龙泉流
民的活动更为频繁。上引资料又记载："（顺治）九年壬辰红巾贼刘京、盖遇
时、王打铁等陷龙泉。康熙十三年甲寅春，闽海投诚将弁陈升、柯隆、李良

---

① 同治《浏阳县志》卷六，《食货》。
② 民国《醴陵县志》卷六，《氏族志》。
③ 民国《醴陵县志》卷三，《政治志》。
④ 乾隆《龙泉县志》卷二○，《杂纪》。

等在泉垦荒，密受滇逆檄，率闽、粤流寓数千人叛。王自功率众为前锋，克复泉城，陈氏与其党走滇南。"又云："甲寅秋七月闽广人反出攻城，陈升应之。守备胡元亨引兵突围出，护民南徙虔州，贼焚杀数载，掠男女入楚易盐米者无数。自二十都盘回二百余里，土著居民十户九绝，流寓于虔（州）者十年不得归里，田多荒芜。十七年戊午闰三月，寇掠七都，驱男女入水死者无算。驰守备陈五美不发一矢，已去，乃遣兵压境，复掠而还。"从其他资料来看，陈升及其余党并没有败走云南。"先是陈升受垦，其所率部众皆颉颃作势，陵制有司，侵夺田里，民无所控告。及升众既败，田复蒿莱，主计簿者，恐虚国赋，复欲踵故步，仍以荒亩授降弁。"① 他们被安置于龙泉耕种，承担赋税。

　　由于龙泉山区在明清以来的动乱中大受屠戮，人口稀少，就为移民的大量迁入创造了条件。顺治时龙泉已有闽广流寓之人，康熙时"三藩之乱"前"闽粤之流寓者以数万计"②，乾隆时遂出现"丁口半出流寓"的景象。乾隆三十六年《龙泉县志·重修县志序》中称："龙泉为吉郡西南边邑，界楚通粤，幅员广袤，准古侯大国，而崇山密箐，棚寮杂布，号称岩险。"该志《风物》部还称："泉山故多荒棘，康熙间粤、闽穷民知吾邑有山可种，渐与只身入境，求主佃山。"并导致"粤、闽之人比户可封，生齿益繁，而相继流至者愈多"。又有资料说："泉邑僻处山陬，自遭兵燹，户口流离逃亡过半，迨际升平，陆续归里，民户寥寥，深山穷谷半为闽粤流寓棚栖，种山耕地，渐至殷繁，开列户口，各棚设立棚长，与本籍保甲同司稽察。"③ 这些居住在山间棚寮中的移民，在迁入地未获得户籍而被视为外来者。他们在康熙年间大量迁入之后，又有"相继流至者"。1999 年，该县钟氏家族编修的《钟氏族谱》载："我壁公于元朝顺帝时，由福建长汀徙广东长乐（今五华县）铁炉坝为一世祖。历元、明、清三朝传十三世。明崇祯十二年（1639）敏公诞生。是时，明朝国运将终，干戈四起，敏公于险阻艰难，无不备尝。迨清太祖定鼎以后，敏公知粤东有人满为患，于是偕温祖妣携家眷，挈儿孙由粤迁赣，卜居龙泉（今遂川）宝洞（西溪），遂为开基之祖。由广东长乐迁遂

---

① 乾隆《龙泉县志》卷一八，《乡贤·王自功传》。
② 康熙《龙泉县志》卷七，《宦达》。
③ 《蔚起书院版图成案》，民国时期南昌府学前街裕成刷印公司代印。

川迄今已三百余载，传十三世，裔孙数千众，分居遂川黄坑、西溪、大汾、堆前和南昌、萍乡及湖南江华等地。"2008 年，该县古氏家族编修的《古氏族谱》载："吾祖兄弟三人初居广东长乐邑，大清康熙二十一年壬戌（1682）迁江西龙泉之鹿洞（大汾），迄今已有三百余年。"该谱还载："与古氏迁来龙泉的先后还有张、钟、李、彭、曹、何等大小 30 多个姓氏，人口逾数千，遍及该县西部山区。"据曹树基教授推测，乾隆后期龙泉县人口达 28 万，其中闽粤移民约有 15 万。

井冈山市由遂川、永新及宁冈析出之地组成。其中长坪、黄坳、下七三乡由遂川划出，地处山地，山高林密，气候寒冷。由于该地没有发现建于明代以前的自然村，故认为这一地区明代以前无人居住。由永新划出的厦坪、拿山二乡，虽同属山区，地形却比南部三乡略低。明代以前人口相当稀少，明代来自吉安的自然村增加。此时广东移民有迁入山地者，但数量很少。据曹树基教授研究，清代顺治至乾隆年间，有 26 个迁自吉安的自然村分布于厦坪和拿山，同时又有 62 个广东村及 4 个福建村迁入山地，粤人来自兴宁、龙川、长乐、和平诸县，闽人则来自汀州。在 4 个闽人村庄中，有 2 个村分布在厦坪和拿山。永宁县（宁冈县）坐落在罗霄山脉的中段山区。境内山脉绵延，地势崎岖，起伏较大。境内主要山峰多在千米以上，唯中部有丘陵夹杂少量山间盆地。永宁于元代设县，明清之际的社会动乱对永宁也有影响，如顺治十年(1653)，"山寇未靖，四民逃散，城内居民什仅一二"[1]。由于县小人口少，战乱中死亡的绝对人口数不会太多。清代闽、粤移民开始进入这一区域。如"六保山场多沃，闽客欲招垦，利其金者许之。（尹）崇谓樵取诸山，灌资于水，力争之，啖以重金不为动"[2]。虽然尹崇不为闽人重金所动，并不意味着其他土著不为所动。事实上，有相当一批闽、粤移民迁入了永宁。在柏路乡的自然村中，有不少记为迁自龙泉下七，即今井冈山之下七乡，地处高寒山区，其人口来源大多为闽、粤流民，因此，迁自龙泉的流民可能为闽、粤移民之辗转。据曹树基教授推测，乾隆后期永宁县人口约有 5 万，其中客家移民约有 1 万人。

---

① 乾隆《永宁县志》卷五，《宦绩》。
② 民国《宁冈县志·功行述》。

在攸县，清代邑人陈圭的《山行赋感》中记载："樵径人何密，连延岭上关。圣朝无旷土，生重遍深山。矮屋松杉下，高畦云雾间。语言半南粤，住久不知还。"同治《攸县志》卷七《户口》中说："迩来闽粤之民，侨居吴楚，自吉、袁至楚南各郡县所在皆是。以为主户则本非土著，以为客户则已无他徙。而其人又皆居山而不居泽，凿冈伐岭。"湖南的闽粤移民不仅已有相当多的数量，并且有的已经"土著化"了。他们的居住特点如同江西，居山而不居泽，山地垦殖是他们基本的生产形态。同书又说攸县的闽粤移民："惟是其性桀傲，其俗犷悍，若置之户口之外，视同犷獠，恐不免为土著之累。窃以为欲化其性，驯其俗，不如引而近之，使其相习于文弱，相耀于甘美。日变月化，而桀傲犷悍，不辑而自消。是盖不独攸邑为然，而攸邑亦有未可忽者。"修志者主张将客家移民纳入土著户口系统之中，以达到化异为同的目的。

攸县的移民仍被称作棚民，嘉庆《攸县志·物产》中说："今攸邑山居棚民多种旱芋，水芋则水田随处莳之。"又说："今攸东棚民栽种成林（油茶）……谓之木子，曝裂压油，利较桐油更薄。"可知攸县棚民和江西棚民的生产内容基本相同。

酃县（今炎陵县）的外来移民大多为清代迁入的。明末清初，社会动荡，县内迭遭南明军队与清军掠杀，旧志称"湖南兵寇无毒于兹区"。加之瘟疫流行，人口减损大半。至顺治十一年，全县在籍户口仅剩千余人。同治《酃县志》记载："（顺治）六年贼（按：指金声恒）踞王镇，屠戮过半。八年复被粤寇十三营烹杀几尽……十一年大师恢剿，知县傅继说招集哀鸿，历年仅得老幼一千二百人，逐名搜刮入册，遂无留余，以待缺额。"①又据同书卷11《事纪》的记载，"粤寇万余号红巾，贼陷城，知县徐萧臣、于琨先后死之"。这所谓的"粤寇十三营"即是崇祯十七年在江西龙泉县造反的流民。以万余兵力攻打一个小小的山区县，知县、平民死难，战后全县老幼仅剩一千余人，残害程度极深。

顺治末至康熙初，战争稍息，闽、粤、赣等人民大批涌入县内。早在顺治年间，酃县已是"赁耕半外来之民"，还有大量的开矿冶炼之众，亦多为

① 同治《酃县志》卷六，《田赋》。

外来。① 康熙中期以后，朝廷鼓励垦荒，以上三省向炎陵移民更胜初期。到乾隆中叶，江西、广东、福建等地的商人与手工业者又纷纷徙足炎陵，其时"四方杂处"，"各自为俗"。清代中叶，据记载，康熙中期后，至乾隆十七年（1752），新开垦荒地3.45万亩，茆花岭一带山地，方圆数十里均因"粤民奋力垦辟而靡有隙地"。据1994年版《酃县志》统计，"宋代迁入12支，元代迁入9支，明代迁入20支"，而"清代县内共有移民123支迁入"，其中"广东的乳源、梅县、惠州、龙川、长乐、兴宁等地迁入61支。福建的汀州、上杭、连城、武平等地迁入9支"。从支数来说，清代广东、福建移民占了多数。此外，江西迁入的33支移民中也有一部分是广东、福建辗转而来的移民后裔。如民国六年（1917）修《酃邑初修饶氏族谱》载："我祖昌明公开基于斯，原籍粤东梅州人士。""及振公世居粤东平远田兴，于康熙年间同兄及文公迁于江西龙泉，仅住数年，于康熙戊戌年又同兄迁居湖南酃邑十一都沔渡。"

其移民人口数量，据同治十二年《酃县志》卷7《户口》记载，同治年间该县寄籍烟民共10108户，占总户数的58.5%；寄籍人口91160人，占总人口的77%。上溯到乾隆四十一年，酃县人口约有6万，其中外来移民当有4万人左右。

3. 南部

本区南部包括上犹、崇义及桂东、汝城（清代为桂阳）等县。

明代中期一批来自广东的流民聚集于今崇义一带山区，发动起义。起义被镇压后，明正德十二年（1517），割南康、上犹及大庾三县地设崇义县。从明代中期至明代末年，来自福建和广东的流民仍继续迁入这一区域。崇祯四年（1631）十二月，"流寇钟凌秀围（南安）府城，大肆劫掠，杀人如芥"。② 明末，与上犹相邻的龙泉县闽粤流民骚动，以响应北方李自成的农民起义。有记载说："（崇祯）十七年闯贼陷京师，龙泉闽广流寓啸聚山林，裹红头，自号十三营。"③ 他们出没于赣南西北部及湘东南各县，有一定的声势和规模。明清之际，这批闽广流民仍然活跃于这一区域。顺治三年

---

① 同治《酃县志》卷二〇，《拾遗》。
② 乾隆《上犹县志》卷一〇，《杂记》。
③ 乾隆《龙泉县志》卷一〇，《杂纪》。

（1646），南明政府招抚这批流民部队参加了赣州城的抗清保卫战。赣州失守后，流民们被清政府安置于上犹屯垦，其后他们响应金声恒之乱，群起揭竿，失败仍回上犹垦殖。地方志记载："迨顺治十六年募垦檄下，其党乘间复集，始焉遍满（上）犹、崇（义）二邑，继而蔓延南康之北乡以及吉安之龙泉……自甲寅一变，凡占垦之粤流遂尽为播毒之叛逆矣。迄今五载，土著遭杀遭掳，数邑尽殃而上犹为甚，上犹之营前、牛田、童子等乡尤甚。缘顺治十六年招垦余孽混集其地，斯根深而祸益深耳。今以大逆败北势穷乞降，又蒙总镇概示不杀，暂令屯营前等处。"① 这就是所谓的"三招三叛"。

清政府屡屡对抗清的流民进行招抚，除了政治的因素外，另一基本的原因在于南赣山区人烟稀少，地方官不安置流民垦荒，赋税无人负担。对于地方政府而言，屡屡闹事的流民构成地方的不安定因素，加上这批闹事的流民属于外来移民，他们与土著之间的冲突也导致地方上的不安宁。所以，有人动议驱流民回原籍，最终江西地方长官作出了驱逐流民的决定。然而，这一驱逐很不彻底。地方政府在驱逐广东流民的同时，又在大量招募广东移民。这一移民过程在乾隆年间仍在继续，移民仍有较大的规模。

崇义县是明代中期赣南流民活动的中心之一。崇义设县时的人口除了安置的移民外，还有南康、上犹和大庾划割乡村的居民。就移民分布情况看，崇义县地处高山大岭，只有东部的龙勾和扬眉属于丘陵。山地和丘陵自然村的构成有明显的差异。赣中移民大多迁入丘陵地带，而闽、粤移民人口则主要分布于山地。龙勾、扬眉与南康南部的丘陵山区毗邻，两地的人口分布也相同。清代以前所建村庄中有自闽粤迁入者，他们可能与明代中期这一区域的流民起义有关。清代，闽粤人的迁入规模超过明代，康熙《崇义县志·风俗》记载说："现则杂以粤人侨寓，险诈叵测，叠遭毒害，只容其耕耘，以赡国赋，然轻于来者，尤当虑其掉臂而去也。"反映了当地政府对流民既欢迎、又担心的复杂心情。乾隆三十三年崇义县户数为 2.1 万，人口数为 9.8 万②，其中移民人口数约 4.6 万。

清代前期迁入湘东南各县的移民，也都是在移入地人口稀少的背景下发

① 光绪《上犹县志》卷一五，《艺文》。
② 光绪《崇义县志·户口》。

生的。这一地区的人口锐减，亦可上溯至明末清初的历次战乱。如在桂阳县，乾隆时人称："明季屡遭盗寇，民人杀戮过半。山谷之间人迹罕到，名材大木，蔽阴绵密"。① 这让人联想起崇祯年间发生于毗邻的江西上犹及龙泉两县的流民大起义。桂阳县的"盗寇"，很可能指这两次起事的流民义军。这群造反的移民屡叛屡招，活动于湘赣边界各县，对湘东南邻县的人口也产生极大的影响。有记载说："顺治五年江西南昌金声恒、王德仁猝变，自永宁入据鄱县……贼遁入桂阳、桂东，大肆杀掠。又有广东流贼王宗等聚众五千余人，裹红巾为号，入据桂阳县……遁入桂东，盘踞万阳山，时顺治六年正月也。饥则杀人以食，屠割最惨，死亡过半，一邑尽为贼薮，居民弃老稚，避锋镝，逃于江西上犹、崇义山谷中，继窜于郴之永兴、衡之耒阳等县。十年冬经略内院洪承畴率兵进剿，扫荡贼氛，饬县令汪震元招集流亡，仅存何时济、李青等六十三人。抚养生聚，民气渐复。"② 除金声恒的部队外，广东"流贼"王宗所属也是一支不可忽视的力量。他们以"红巾军"自称，与江西龙泉县的"红巾军"对应。据此可作判断，王宗等"流贼"可能是自明代后期以来迁入此地的闽、粤流民，在社会发生剧变的时候，流民武装具有相当大的破坏性。从桂东一县仅剩63人这一数据来看，不论这是指人口还是指"丁"，都可见当地所受破坏之严重，人口死亡之众多。

　　"三藩之乱"继续给这一区域带来灾难。红头军仍进出于湘东南，"（康熙）十六年冬十二月，江西红头贼由（兴）宁道入郴，男妇十余万，络绎数月，所过尽掳，次年王师至乃息"③。兴宁县即今资兴，与桂阳和桂东两县毗邻。"江西红头贼"的军事行动可能携家属同行，所以"男妇十余万"，反映了流民武装的行动特色。大规模的军事行动对于残破的湘东，不啻是雪上加霜，同书又载："康熙十七年三月……兼以江西红兵投诚，悉由宁邑（永宁县）赴州，络绎不绝，田地荒芜"，说的是红头军在前往郴州投诚路上所见田地荒芜的景象。可见，当地的经济恢复当在康熙十七年"三藩之乱"平息之后。成书于康熙十一年的《桂东县志·纪略》中记载有招垦一事，"重招垦，自己丑（按：顺治六年）兵燹，荆棘布野，独泉源陂泽之迹迤逦，（在）

① 乾隆《桂阳县志》卷四，《风土志·物产》。
② 同治《桂东县志》卷七，《兵防志》。
③ 光绪《湖南兴宁县志》卷一八，《杂纪》。

荷各上台之恩，给与良司牧之抚摩，而残黎有故园之乐。历年垦荒，以充国赋"。此时的招民垦荒发生在"三藩之乱"前，即使有所成就，也必为二年后的战乱所中止。大规模的招民垦荒应是战乱平息后的事情。同治《桂东县志》卷七《兵防志》中说："邑邻徭峒，其所居皆悬峰峻岭，不可攀跻，又与酃之万阳山接壤，绵亘数百里，鸟道崎岖，为人迹所不经。且境内佃田之人，或多外来无赖之辈，最易生事。"可见所谓的垦荒是招外来人口所为。该志又云："旧志为备患之条议有五：一严保甲……一审佃户：桂东缘山为田，所招佃人半江广贫民，责令本处有田人户，细加察覆，果系贫民，方许佃耕。保甲随时稽察，田主不得额外滥索，则人安土著，自格非心。"据此可知佃民的半数来自江西和广东。

乾隆六十年桂东大小男妇90337丁口[1]，与酃县相比，设其中70%为外来之佃民，则有人口约6.3万。佃民有半数来自江西和广东，则有移民约3万。

除了农业移民即佃农以外，桂东县还活跃着大批外来的矿工。"本地居民从无识炉火，辨砂色者，率皆临（武）、蓝（山）、嘉（禾）、桂（阳）及江广奸徒与四方亡命"[2]，可见矿工的来源中，湘南地区占有很大的数量，其中桂阳县也是人口外出的地区之一。桂东的矿工在康熙时代就很活跃，同书还记载，"忆康熙五十一年江广亡命，始聚众而数十，继而累百盈千，潜挖偷淘，既无所获，日食难供，即行剽劫。民壮殴之不得，继以官兵，官兵不足，继以乡团"，以至于"今增万千人之夫役，则万千人之口粮，米价腾贵，穷民奚堪"。据此估计矿工的数量在1万人左右。对于一个数万人口的山区小县而言，矿工的数量可谓极多。矿脉掘尽之后，大部分本省籍外来者当散归原籍，而江广之人则有可能留下成为农业移民。

至于汝城县，乾隆《桂阳县志》卷四《物产》提及该县山区的情况时说："牟利者结蓬其中，或种蓝靛，或蓄蕈耳。崇冈绝壑，砍伐殆遍。"尽管粤籍移民不多，但他们居住相对集中。有记载称："至东岭、热水招徕客籍已经百年，数十里无一土著，其佃户每难驾驭"[3]。清代移民的来源主要是广东和

---

① 同治《桂东县志》卷四，《赋役》。
② 同治《桂东县志》卷六，《物产》。
③ 光绪《桂阳县乡土志·风俗》。

江西。嘉庆二十一年（1816）桂阳县户口为 14.6 万[①]，以 5‰ 左右的年平均增长率上溯到乾隆四十一年（1776），该县人口数可能为 12 万左右。移民人口占其中 2.4%，有人口 3000 人左右。

总之，明末至清代前期，大量移民进入湘赣边区各州县，移民数量合计约为几十万，其中大部分来自福建、广东和赣南。这些为了生存和发展的广大移民进入湘赣边区后，面临的首要问题即是生计问题。

二、移民的经济活动与生计

1. 佃耕置业

大乱之后的湘赣边区"土旷人稀，（土著）多募客佃"。[②] 雍正年间的万载地方志这样描述本地风俗："常见有市民田连阡陌，募客民佃耕，岁收籽粒以资赡养，足经季不履田亩。甚有纨绔之子，不知田在何处者。欲其常处丰饶，得乎？所以时至征输办粮，糊口不足、贫乏无聊者，则比比皆是也。"[③] 编修者告诫说："力勤则瘠变为饶，游惰则饶变为瘠。"施闰章考察地方风土人情后所作的《麻棚谣》也说："土人拱手客种禾，杀牛沽酒醉且歌，满眼芜田奈尔何。"从这些材料可知，战乱之后万载人少地多，土著地主无须辛勤耕作，比较懒惰，只知放佃收租，不问田事。稍有不当，田地就会落入他人之手。对于移民而言，他们能够以较低的租金租种土著的大片田地，或能够较易地获得土地。凭借自己的辛勤劳动，他们就能迅速地改善自己的生活，所获也就有可能超过土著地主。事实上，移民通过精心经营而购买土地成为地主者，在万载也并不鲜见。如后来发展成为移民大族的深塘钟氏，其始迁祖钟泰清，"其迁万载则三十有九矣，始居黄茅，俯仰终苦莫给，若曰：犹吾长宁之景象也"。可见钟氏此时的处境非常困难，生活依然没有着落，恋家情绪较重。于是四年后迁来深塘，"公初耕郭田，家人犹极苦……田庄终公之世已称日新"。表明钟氏经过几十年的努力已经拥有一定的田产，为家族的进一步发展奠定了经济基础。这个例子其实是移民地主产生的一般

---

① 民国《汝城县志》卷一三，《财政·户口》。
② 康熙《万载县志》卷三，《风俗》。
③ 雍正《万载县志》卷三，《风俗》。

情况，期间也是一个阶级分化的过程。

在与万载相邻的宁州地方，乾隆二年修《义宁州》卷二《田赋·户口》记载："宁州从前流寓俱归客户，是以创置田产，有粮无丁。迄自康熙三十年后，国家生齿日繁，闽广诸省之人散处各方。分宁地广人稀，因而诸省之人扶老携幼负耒而至，缘旷土之租甚轻，久荒之产极沃，而无产之人得土耕种，其力倍勤。故不数年家给人足，买田置产，歌适乐郊矣！"棚民在定居以后，开始购买田地，置产入籍。据《清代里甲丁户清册》统计，册中249户棚民，人均拥有土地在5亩以下的有188户，占75.5%，人均拥有土地5—10亩的有50户，占20.1%，人均拥有土地10亩以上的有11户，占2.4%。

现根据修水移民文献雍正二年的《怀远都图册本》① 中四都二图二十甲内容编成表1–1，以便分析。

表 1–1 "怀远都"四都二图二十甲丁口、田产及迁居概况 ②

甲户名	户丁名	年龄	原籍	迁宁时间	买业地点
一甲 邱彭尧	邱悦上 彭程万 尧世	54 33 33	福建上杭县 本省庐陵县 本省安远县	康熙三十五年 康熙三十九年 康熙四十二年	买安乡十三都简奇义之业 买安乡十三都石天才之业 买安乡十三都八甲邓小宋之田
二甲 温深刘	温良彬 中仲仁 刘子彩	45 46 55	本省安远县 广东兴宁县 本省崇义县	康熙四十年 康熙四十年 康熙三十六年	买安乡十四都黄三保之业，又买温、刘二姓之田 买奉乡十五都熊圣公之田 买奉乡十五都陈正如之田
三甲 凌薛沙	凌行宵 薛明扬 丁沙元	40 57 55	赣州长宁县 福建上杭县 本省上犹县	康熙四十四年 康熙四十三年 康熙四十年	买安乡十三都饶姓之业 买泰乡友生之田 买泰乡七都十甲朱次乾之田
四甲 吴任兴	吴上发 吴连生 任明达	50 55 50	广东平远县 广东程乡县 赣州龙南县	康熙四十年 康熙四十四年 康熙四十年	买安乡十二都许允兴之业，又买许、曾二姓之田 买安乡十都、十三都张君云、徐鼎盛之田 买安乡十二都朱荣汝之田

① 这一珍贵资料由南昌大学刘经富先生收藏并提供，谨致谢意。
② 转引自梁洪生：《明清时期修江上游的社会形态与移民开发》，载许怀林主编：《鄱阳湖流域生态环境的历史考察》，江西科学技术出版社 2003 年版。

续表

甲户名	户丁名	年龄	原籍	迁宁时间	买业地点
五甲 罗黄林	罗仕昌 黄仲彩 林质文		广东兴宁县 湖广武昌嘉鱼县 福建上杭县	康熙三十八年 康熙四十年 康熙四十一年	买安乡十三都六甲蔡天锡之田 买仁乡彭公元之田 买安乡十三都蔡周张三姓之田
六甲 林刘旺	林启作 刘朝鼎	47 63	广东长宁县 广东镇平县	康熙三十九年 康熙四十三年	买安乡十二都六甲邹惠兴及朱姓之田 买安乡十二都二图七甲朱朝龄之田，又买朱、郑二姓之业
七甲 谢韩 陈黄 (*)	黄腾万	55	由福建上杭县移广东龙川县	康熙十五年	买安乡十四都陈子德之田
八甲 邱世昌	邱凤祥 邱启万	55 51	本省龙泉县 本省龙泉县	康熙三十七年 康熙四十年	买安乡十三都邓文明之田 买安乡十二都邵姓之田
九甲 李邹陈	李仲先 邹天祥 陈维软 陈友旺	47 39 66 22	广东长乐县 本省上犹县 广东镇平县 本省龙南县	康熙四十四年 康熙四十一年 康熙四十四年 康熙四十一年	买崇乡四十九都王锡保之田 买安乡十二都万姓之田 买下武乡二十七都邹吉云之田 买安乡十二都朱荣凌之田
十甲 何张旺	何龙光 何允芳 张景玉 张瑞碧	58 30 64 52	福建上杭县 湖广桂阳县 广东程乡县 广东龙川县	康熙四十四年 康熙四十年 康熙三十八年 康熙三十七年	买高乡三十五都陈景碧之田 买安乡十四都黄三保之田 买安乡十四都二图余广孙之田 买安乡十三都八甲陈桂来之田，又买泰乡韩姓之业

* 注：此处残缺一页，内容应有遗漏。

由表可知，移民到宁州后的置产被分为三类：一类是"田"，是主要的部分；一类是"山林"，应当也占重要位置；还有一类就是"业"，大致包括房产或店面等。

在浏阳县，康熙中期，土著士绅刘升在《对知县试策》中云："东乡逃户，纷纷具控，愿弃己业，拨给广省安插之民。"为何地主愿将田地拱手送给"广省安插之民"呢？刘升算了一笔细账，他在《试策》说：

土著之民，多不躬亲稼穑，佣佃耕作。佃户秋登，除去牛租，除去谷种，方与田主平分。是每亩所入，田主不能得三之一。况《一统志》载浏阳田土不在高岸，则入泥垆，三日雨则低者绝，三日不雨则高者又槁，每年通计只可半收，于半入中而田主犹仅得三之一，无问仰事，俯蓄无资，即专以输将，能足正供三之一否？广省之民则身秉耒以耕，力皆出诸己也，且一家之中，主伯亚旅多者，承田多不过百亩，省不过五七十亩。我稼既同丰歉，皆属己有，是与土著大不相侔……广民身稍赢余，开征新饷，出橐金以供赋，不事称贷。秋成黍稻储仓，待价出粜，视土著获银不啻倍蓰，此土著以田为害，而安插即可因以为利者。①

然而，按刘升的算法，即使浏阳的土著地主仅能获得一般正常亩产六分之一的地租，以正常亩产 4 石计，半收亦可产稻 2 石，其中三分之一交租，地主可得租谷 7 斗左右。清代每亩田赋上田约为 1 斗，重赋则可能达到 5 斗或者 1 石，在重赋情况下，所收之租则不足纳田赋了。浏阳并非重赋区，地主出租土地应该是有利可图的。其实，有利或无利的关键在于是否会经营，是否把握了征租的时间和方式。刘升在《试策》中还说："浏民则二月开征，即向庄佃揭新，抵银一两，批谷即十数石，甚至卯租寅支，抵银一两，批谷即二十石。禾稼将登，银主向佃坐守，间有肯减二三石者。今岁不全给，明年则求分文莫应，田主安有升合登之仓廪问价贵贱乎？"显然，土著地主受到征租时间的制约，往往求借高利贷，不得已而卖青苗期货。结果所得不敷所出。棚民则相反，以现金支付赋税，谷物贮留待价而沽。与勤劳且善于经营的广东移民相比，浏阳土著地主的素质是比较差的。

在龙泉县，"赁土开荒客籍繁，年年棚下长儿孙"，一副移民兴旺发达的景象。②乾隆《龙泉县志》记载了一则闽粤移民致富、土著忧虑的故事：

客有侨寄龙泉，欣然执主人手而动色嘉叹曰："美哉！泉民之庶以富也！惟泉多山竹箭材木之产植实蕃以甲也！吾尝西穷嵩华，北越燕恒，东南蹑衡庐岭峤之间，大率探奇舒啸幽人畸客之所情移于民奚利，何泉之山之利民与民，为无终穷也！"主人曰："客知泉山之利而不知其害，客知泉民之庶且富而不知其凋以敝之甚也！"客愕然，诘曰："有说

---

① 同治《浏阳县志》卷六，《食货》。

② 杜一鸿：《龙泉竹枝词》，乾隆《龙泉县志》卷一三，《风物》。

乎?"曰:"有!泉山故多荒棘,康熙间粤闽穷民知吾泉有山可种,渐与只身入境,求主佃山,约以栽插杉苗,俟成林时,得价而均之,山主宁不乐从。佃者倚山搭寮,以前五年为辟荒,则自种旱稻、姜、豆、薯、芋等物,后五年为熟土,始以杉苗插地,滋长未高,仍可种植食物,如此,前后十年之内专利蓄余,彼已娶妻作室,隐厚其基。逮二十年后售木,受价或百或千,山主得之于意外,尝以耗靡竭之;佃家得之于辛勤,更以节俭饶之。于是佃家日益饶,主家日益竭。佃家始而佃,继而并主之业,以自成业主;主家始而业,继而委业于佃,至欲求为佃者之佃而不可得,此则主家之自贻伊戚,无足惜也。然且粤闽之人比户可封,生齿益繁,而相继流至者愈多,土著之民荡产日久,又以溺女恶习相沿,男女数不相敌,贫家有四五子而不能授二三室者,故丁口亦日衰。又彼既蓄富而愿望益赊,希心灵秀之钟,每择故家吉壤,不惜重价购求,而土著之无赖子孙,贪彼多金,往往私将祖父坟山售重资以供坐食,甚或迁骸洗圹以便其安葬者。呜呼!祖产可倾,祖骸亦可析,哀我泉人惨几倍于兵燹矣。夫既籍人祖父之力,因以啄其子孙,今又乘人子孙之穷,更以伤其祖父人心,天理可问而不可问,尚何富庶之如客云云也?"客益愕然,久之,徐乃怃然曰:"君言良是,然普天之下,莫非王土,率土之滨,莫非王臣,设泉民流寓闽粤,以若所为,其能堪此乎,余将以人心天理之不可问者问之。"①

事实上,"佃家日益饶,主家日益竭",移民通过经营而购买土地成为地主,反客为主的现象在这一区域屡屡发生。乾隆二年《宁州志》"田赋·户口"中按语云:"宁州从前流寓俱归客户,是以创置田产,有粮无丁。迄自康熙三十年后,国家生齿日繁,闽广诸省之人散处各方。分宁地广人稀,因而诸省之人扶老携幼负耒而至,缘旷土之租甚轻,久荒之产极沃,而无产之人得土耕种,其力倍勤。故不数年家给人足,买田置产,歌适乐郊矣!"

当然,客籍佃户受到土籍地主的欺压也不少,同样的例子发生在宁州。修水怀远人所修《华国堂志》"开籍全案"中保存有客民的申诉:"自甲寅兵焚以后,宁民无几,田地荒芜,钱粮无着。前任州主奉宪檄招徕开垦,我等

---

① 周埙:《泉邑物产说》,乾隆《龙泉县志》卷一三,《风物》。

闻风而来，挈妻带子，替州中辟草披榛。那时候，各家巴不得我们种些花利完粮。后见渐次成熟，渐次欺凌，要客民出批田银两。种了几年，那土主又贪图别佃银两，捏说欠租，田不由主，勒令退田，种种苦累。今见太平日久，人民众多，田地价高，又要思想驱逐我们。说要土主出结，肯出结者听任种作，不肯出结者就以退田逐回。这些土主巴不得要退田别佃，岂肯出结？就是肯出结，也要用钱买嘱他。若无钱与他，岂肯出结？这呈子明明是为各土主需索勒掯客民张本！"

随着人口的增加，田地山林也逐渐成为稀缺的资源，土客之间的冲突也就随之而起。土地之争成为土客冲突的主要经济原因。

2. 粮食生产

移民来到湘赣边区丘陵山区垦殖，首先是种植适宜山区的一些主粮。但主粮远不能满足需求，于是种植番薯、玉米等杂粮就成为重要的补充。本区的山地经营，首先是种植适宜山区生长且产量较高的粮食作物，如旱稻，特别是玉米和红薯得到了普遍的推广。移民来自比湘赣边区更靠南边的闽广、赣南地区，其地理环境与生产习俗与湘赣山区极为相似。在赣西萍乡、万载，移民从家乡带来优良的水稻品种，如俗称"赣州早"的"百日占"以及晚稻"稗禾谷"。① 这个晚稻品种最迟在嘉庆初年自闽广传入本区，通常在早禾收割后种植，其特性是耐旱，因此传入后推广较快。

另外，番薯也是由福建、广东移民传入赣西北、湘东山区的。在万载县，据道光《万载县志·土产》记载，番薯"乾隆初来自闽广，土人种之以代饭"。这些作物随着棚民也在各地生根。醴陵县战乱平息以后，闽、粤流民蜂拥而入。民国《醴陵县志·物产》记述本地杂粮生产时指出："产量之巨，首推番薯……康熙、乾隆间，闽、粤之人，迁移至醴，乃挟其种（按：番薯）以俱来，剪茎插土，稍施肥料，自然繁殖。根肥当粮，藤叶饲猪"。《攸县志》亦云："番薯，攸邑客民种以代粮，近则土著之民尽种之。"又"山上并无古木老树，非栽桐茶，即种苞谷"。嘉庆《攸县志·物产》中说："今攸邑山居棚民多种旱芋，水芋则水田随处莳之。"龙泉县在乾隆年间，薯蓣

---

① 同治《万载县志》卷一二，《土产》；同治《萍乡县志》卷一，《土产》。当然，也有些水稻品种并不适应在万载等地栽种，如同治《袁州府志》卷一之二，《土产》载："谷之属，占谷，万载香米来自闽广，所收不及他种之半，故罕艺者"。

"山中种植更广，可充粮食"。"苞粟，山中园内俱种。"①《义宁州志》则云："苞芦宜于瘠土，山乡多种之。"桂东县，"生齿日繁，谋生者众，深谷高阜，种植杂粮，几无隙地"。② 本区不少州县的山民因地制宜，主要以玉米、红薯、芋头等为食粮。

3.经济作物的种植与经济林的栽培

外来移民迁入湘赣边区后，除了租种田地进行粮食生产外，还主要利用有利的自然条件和丰富的资源，从事适合山区的经济活动。湘赣边区的移民之所以冠以"棚民"之名，就是因为这些移民初来之时在山区搭棚居住，从事生产经营活动。

移民种植的经济作物主要包括苎麻、蓝靛、烟叶、甘蔗、茶叶等品种。苎麻是大宗物品。乾隆《袁州府志·风俗》载："郡昔多旷土，嗣生齿渐繁，垦田日广，要止耕平地，自闽广人至，男妇并耕，高冈峭壁，视土所宜，漆、麻、姜、芋之利，日益滋饶，土人效其力作，颇多树艺。"这些来自闽广的移民擅长在山区耕作不同类型的经济作物，日渐丰饶，致使土著亦效仿。顺治末年，施闰章关于万载等地"棚民"的诗句吟道："山陬郁郁多白苎，问谁种者闽与楚……剥麻如山召估客，一金坐致十石黍。"又云，"闽海多流人，江甸多芜田……保聚使荷末，绺茅依山原，种蔗复种苎，地利余金钱"。③ 估客即麻商，可见苎麻是赣西北地区主要的商品性作物，移民用它来换取粮食。以苎麻为主要原料的苎布（夏布），是万载三大特产之一，也是万载地方向户部缴纳的大宗款项之一。明末清初，中央政府在万载征收的"正脚"款额共银 15550 两，其中苎布折银 3265 两，所占比例很大。④ 随着康熙十七年（1678）闽籍移民的被逐，万历末年兴起的苎麻业也很快随之衰落。在康熙二十二年（1683）所修的《万载县志》中，《物产志》的"苎麻"条下，竟注"今无"两字，可见在福建移民被逐之后，苎麻业迅速衰败。随着种麻"棚民"的被逐，旧有的"麻棚"只有任其荒废，因为土著根本不懂山间耕作及种麻的技术，他们没有能力接手这些麻棚。同治《袁州府志》记

① 乾隆《龙泉县志》，《风物》《序》等。
② 同治《桂东县志》卷九，《风俗》。
③ 施闰章：《学余堂诗集》卷一九，《麻棚谣》。
④ 雍正《万载县志》卷六，《起运》。

到"苎布"的情况:"土人能纫不能织,机匠皆男工,来自他郡。"① 这说明移民在某些行业确实拥有先进的技术,能够居于垄断地位。蓝靛业亦如此,"在昔闽人、乐安人相率开山,插蓝种苎,致起甲寅之乱,平定后各鸟兽散,土著之民拙且惰,宁置不毛"。② 尽管康熙中期以后移民再次进入该地区,万载、宜春等县的苎麻种植至清中期有所恢复③,仍为江西的重点种麻区之一,但数十万流民大军从事麻、靛的商品生产的局面不复再现。如万载县西北部的天井坳地方,明代是麻、靛产区,康熙以后几无种植。原因之一,可能是流民复入后清政府禁止他们垦山,以恐日后生事。原因之二,复入的流民以粤人为主,辅以赣南客家和福建汀州客家,不似明末客家主要由闽人组成。原因之三,毗邻的湖南浏阳一带的棚民未遭驱逐,他们受招垦殖,苎麻业得以继续。嘉庆《醴陵县志》称:"苎麻,山民以种麻为本业",可见苎麻生产的中心转移至浏阳、醴陵一带。

赣西北的苎麻产地随移民的分布有所变化。在宁州的东北部地区,出现了一个由闽、粤、鄂及本省南丰人发展起来的苎麻种植区。闽粤移民还在宁州西南山区植靛。乾隆《宁州志》卷2称:"金鸡洞,洞在州治西南七十里,武乡二十七都之大幽山,源深谷邃……迩年以来,有闽广棚民在内种靛及烧炭、舂香、盖棚十余所。"此地今为铜鼓县地。可见,由明代后期闽人发展起来的植蓝业在清代前期仍继续,只是规模不大。清初陈宝箴、陈三立、陈寅恪家族祖先来到宁州山区后,早期的经济活动主要是植麻种蓝。④

在赣西北,移民试图将烟草的栽培传入移居地。在修水县桃坪乡,有一名为"烟蓬下"的自然村,系何姓祖先于康熙年间从广东迁入时植烟为生而得名。事实上,植烟业在赣西北并未获得很大的发展。赣西北移民也一度种植甘蔗,但因甘蔗是亚热带作物,在赣西北地区种植缺乏其生长所需的充足光照和积温,产糖率低,不可能得到大面积的推广。此外,赣西北移民也广泛种植茶叶,特别是在宁州,这里是著名的"宁红"产地。

① 同治《袁州府志》卷一之二,《土产》。
② 雍正《万载县志》卷三,《物产》。
③ 同治时期的《袁州府志》还有记载说:"蓝,一名靛,惟耕山者种此,不妨田畴。"载同治《袁州府志》卷一之二,《土产》。
④ 参考刘经富:《〈护仙坑磜上合众分关〉解读——一个客家移民群体的社会经济关系》,《中国经济史研究》2012年第4期。

经济林的栽培以油茶林为主。赣西北各县油茶种植历史较长，正德《袁州府志·土产》即有"茶子树，冬花，子可作油"的记载。在万载，茶油"出二、三、四区，商贩皆聚楮树潭"①。油茶林的分布地带与移民的分布区域基本一致，楮树潭（今株潭）是万载最大的商业市镇，同时也是移民的大型集聚地。从上述记载来看，赣西北油茶经济林大约是在嘉庆、道光年间形成的。油茶林的分布与移民的分布是一致的。又据当地许多客家及湖北移民的后代反映，他们的祖先迁入时，油茶种植也是山区垦殖的一项重要内容。在武宁、修水北部山区人迹罕至的深山之中，至今还有大片荒芜的油茶林，即为明证。嘉庆《攸县志·物产》中说："今攸东棚民栽种成林（油茶）……谓之木子，曝裂压油，利较桐油更溥。"经济林的种类还有漆树、油桐、松杉木材等。如萍乡县等赣西地方，"自闽广人纷至，男妇并耕，高冈峭壁，视土所宜，漆、麻、姜、芋之利，日益滋饶。"②如义宁州，"桐树，山中高下并植。三年始花，其实繁"③。龙泉的经营形式则是先开荒种植旱稻等粮食作物，数年后改植经济林，或林粮套作。④

4. 造纸业的发达

湘赣交界山区气候温和，雨量充沛，土壤深厚肥沃，有丰富的竹资源。移民迁入后，土纸生产得到很快的发展。赣西北及湘东数县的造纸业都很发达。万载县的土纸生产，以西部山区为中心，是移民赖以为生的主要生产项目。清代前期，万载进士李荣升的描述是："棚栅连络百十里，侨民资竹纸以生"，其山场佃自土著，"岁赋主息十之一"⑤，租额很轻。万载的纸业在赣西北占有重要的地位，《袁州府志》记载"表芯纸"时指出，"万载所出，视他土为良"，"通行南北，商贾皆骤"。⑥又有记载说大桥、卢家洲为表芯纸集散地，商贩皆聚于此。⑦直到今天，表芯纸依然为万载的三大特产之一，另外两大特产——花爆（爆竹）和夏布也是以纸业及前面的麻业为基础发展

① 道光《万载县志》卷一一，《风俗》。
② 嘉庆《萍乡县志》卷九，《风俗》。
③ 同治《义宁州志》卷八，《物产》。
④ 同治《龙泉县志》卷一五，《物产说》。
⑤ 李荣升《李厚冈集》卷一四，《邓公岭经行记》。
⑥ 同治《袁州府志》卷一之二，《土产》。
⑦ 民国《万载县志》卷四之二，《食货·土产》。

起来的。宁州纸业的中心在铜鼓，和万载县西北部的纸产区连成一片。乾隆年间，赣西北纸业已有相当规模。道光《义宁州志》记："有火纸、花笺纸、表心纸、疏纸、谷皮纸、土棉纸、硬壳纸，出武乡。火纸、花笺、表心，各槽岁出万肩。"武乡即后来之铜鼓。铜鼓纸业又以铜鼓客家移民最集中的排埠乡为最。在与宁州相邻的武宁县南部，客家移民也大办纸厂，如严阳乡大垄里村的邓氏祖先，"亮初公以文坳落柘，假商远恣，于清康熙癸酉年（1693）由福建上杭仙姑村来武邑买青山数十里，大兴纸厂之利"①。这说明赣西北的客家人中，有一些携有雄厚的资本和技术，兴办起大规模的制纸手工工场，这是该地区纸业发达的主要原因。

此外，雍正年间，"有粤人播迁来醴者，始发见之（按：瓷土）于沩山，用制瓷器良佳……并约其同乡技工陶、曾、马、廖、樊等二十余人共同组织，招工传习，遂为醴瓷之藁矢"。② 至今醴陵依然是中国主要的瓷器产地之一。

以上湘赣边区各县的资料说明，移民对湘赣山区的大规模开发垦殖，扩大了土地利用面积，增加了粮食产量，对养活人口，减轻人口稠密地区的压力具有明显的积极意义。闽广及赣南移民种植的作物已经多元化，他们从原籍引入新的粮食品种，使他们有能力利用山区和旱地种植粮食。此外，这些材料还表明，在乾嘉时期，仍然有移民继续进入万载等赣西北山区丘陵地区。移民的经济大都与山间高产杂粮的生产和经济作物的种植、加工密切相关，他们对山区的开发经营无疑增强了自身的力量。同时，来自闽广诸省的移民将原地的一些技术、经营理念带到本区，带动了土著种植苎麻、靛青、茶叶、油茶等经济作物，并进行加工，原本"不谙于耕山"的土著在移民的帮助下亦受益匪浅，促进了山区经济、社会的成长。浏阳、醴陵、桂东诸县，原皆不习商贾等"末业"，闽广客户成为商业、手工业中的主要经营者，且对本地土著有一定的推动作用。如浏阳县，"近多客籍之民，东南半壁，棚户纷错，见异而迁，习尚不免"。③ 所以，移民的经济活动有力地促进了本区经济的发展。

应该指出的是，大量移民进入湘赣边区，多为生计所迫，根据当地自

---

① 《邓氏宗谱》，转引自武宁县地名志档案。
② 民国《醴陵县志》卷五，《食货志》。
③ 雍正《浏阳县志》卷一，《风俗》。

然条件，从事各种经济活动，尤其是山区的垦殖主要采取原始和粗放的方式，对地方社会的经济资源和生态环境也带来了极大的破坏。这个问题在清中期后日益凸显出来。另一方面，随着本区人口的增加和快速开发，林地逐渐成为稀缺资源，土客之间的经济冲突随之而起，遂成为本区重大的社会问题。

第三节　"棚乱"与驱棚运动

明清之际，湘赣边区最突出的社会问题是遭受严重的动荡。应该说，社会动乱是这一时期全国普遍的现象，不过，如果把这些动乱置于地方社会具体的历史场景当中，就会发现这个社会转型对于地方社会是何等地重要。实际上，引发和造成地方社会动荡的力量有明末农民军、明军、清军、吴三桂军队、"棚民""土寇"（"山寇"）及地方豪强等多股势力。这里，重点描述与本课题密切相关的所谓"棚乱"。[①] 明清之际湘赣边区的"棚乱"对此后地方社会的变迁，尤其是土客关系的演变，具有深远的影响。

一、"棚乱"

在明末清初的社会动乱中，活跃于湘赣边区尤其是赣西的"棚民"并不甘寂寞，他们频频起事，卷入各种政治力量的角逐。所谓的"棚民"暴乱分为两个阶段，与社会大动乱是合拍的。

第一阶段在明末。明代万历年间即有"棚民"（流民）进入赣西各县山区。清前期的地方志记载，袁州"为吴楚咽喉重地，百年以前居民因土旷人稀，招入他省诸不逞之徒，赁山种麻，蔓延至数十余万。"[②] 或说："封豕长蛇无虑数十万，往来如织纷如雨。"[③] 据万载县志记载，"万载自福建

① 参见薛瑞录《清初赣西棚民起义领袖朱益吾的籍贯和反清活动》，《清史论丛》第六辑，中华书局 1985 年版。
② 康熙二十二年《宜春县志》卷二〇，《咨呈·驱逐棚寇功德碑》。
③ 道光《宜春县志》卷一〇，《田赋》。

客民及乐安、上高人聚党清水堂、阳溪洞等处，乱由此起。"① 崇祯十五年（1642）闽籍棚民邱仰寰等聚集几千人于万载与宁州交界的天井埚，后附从人数达万余，曾攻破万载县城十三次，至崇祯十七年（1644）四月才受政府安抚。

从天启末年开始，福建"棚长"邱仰寰等数十人立寨天井埚，之后邻县有不同类型的人加入其中。"天井埚在万载县北，与铜鼓营抵界，环埚数十里皆山。天启末年福建栽杉种蓝客萃焉，附近苦加亩畏刑比者多弃产赴其处，埚遂称逋逃薮。前此米价最贱，及是价日长，闽客邱仰寰素雄其党，见群不逞之徒蚁附，渐萌异志。"② 可见明末繁重的赋役使居民逃往天井埚以躲避官方的追捕。更重要的是，这些人中间也有对政府不满的、并且有号召力的强悍人物，"上高千春上乡有南港卢锦三号南阳者，以纠众阻粜被诉，惧逮，例当论死，遂率其众数十人投埚，继卢往者，三四年间众逾千。复有新昌（今宜丰）天宝刘奇龙亦聚恶少数百，与卢同时投埚焉"。三股力量汇合在一起多达万余人，声势浩大。新昌胡思敬《盐乘》对此事也有记载，虽然细节有些出入，但同样揭示了移民与本地力量的密切关系。"崇祯十七年甲申二月，先是有闽人邱养寰来为流寓，租地种靛营生，流寇起投归张献忠，受伪札，饥民附之，侵掠附近村落。别有卢锦三者，上高人也，愤家人为贪弁冤杀，遂入贼党，贼服其胆略，推之为长。"③ 在这位熟知地方掌故的新昌进士笔下，已是移民服从本地有胆略之人的领导。

可见，所谓的"棚民"其实成分相当复杂，并不只是福建移民，而是福建客民与上高、新昌等地反政府势力的混合体。

值得注意的是，这些流民与军队有密切的联系。县北黎源地方设有哨官，官田多达 842 亩，原有屯田 72 户，因土旷人稀，军队不便管理，"多招流民佃种，因而纵其劫财分用，为患地方不小"。同时，黎源所在的二十四都三图，"向来三百六十余户，膏腴田产尽为豪右兼并，收归己户，本图钱粮遂为奸刁躲粮之薮"。崇祯六年（1633）知县韦明杰申请"将诡户逐名详查发回原籍"。在清查过程中，哨官发现暗洞山的官田"已为奸民夺业"，被

① 道光《万载县志》卷一四，《武事》。
② 黄鼎彝：《敖阳三事始末》，道光八年（1828）刻本。
③ 胡思敬：《盐乘》卷九，《武备志·兵事》。

客民黄显宇占据已久，遂控告至县，反为黄显宇告府。[①] 事实上，官方对官田的清查和对流民的遣返并不成功。

崇祯十四年（1641）"棚民"开始结伙焚掠附近村庄，至十五年（1642）人数愈多，甚至白昼焚杀，波及数十里外。"初起劫掠近坞各姓之枭者而已，寻以官兵剿之不能胜，其焰弥张，异志弥决。"黎源哨官尹某前往捕杀，被杀；守备董、把总涂领兵进剿，也都败死。到年底，官方有大规模的军事行动，"道台、本府推官、宜春知县会同临（江）、瑞（州）八府兵至县议剿"。于是官兵围困天井寨，但是棚民借助有利的地形逃往宁州、湖广等地继续活动。万载百姓反而遭遇"兵害"，"官兵约束不严，大肆掳劫，凡近寨居民俱以贼党窝户论，乡民咸避入城"。

崇祯十六年（1643）正月，官兵刚一撤退，棚民马上归寨，"劫杀如故"。七月掠及分宜、上高的乡村。八月，邱仰寰等人听说李自成据河南称东府，张献忠据湖广称西府，"乃送款与献，援以参将札付，命之进取袁瑞，与己同会江西省城。"于是邱仰寰领取张献忠的委令招兵买马，万载"鲜投者"。九月棚民再行抢夺，"人民惊逃，官不能禁"。至十月初五日，棚民号称"西府天兵"，攻破万载城，十日攻入府城宜春，遭到明将左良玉部队的剿杀。"棚民"损失惨重，只剩十余人回寨，沿途又多被乡民杀死，但天井坞棚民仍然招兵。十一月监军赵领兵至万载，杀人放火，无所不为；而张献忠部则在府城"尽焚城外房屋而去"。本月，浏阳廪生也在万载"称西府招兵取马"，并且"掳掠大甚"，二十四日张献忠部队更是对万载"大肆劫掳"。十二月左良玉部队至万载县，"捉二伪官，各伪官俱逃"，左兵当日回府，"焚杀颇多"。初八日左兵又至，焚杀居民尤甚。棚民于是折回天井坞，继续"称西府"且补充人员，"乡取一人为守备，社取一人充兵，否即焚洗"。明末万载地方基层社会组织残破不堪，"惟衿田朱姓团练乡兵结寨以抗之"。

十七年（1644）正月，棚民"破衿田，焚杀不堪"，万载知县逃亡县东北小水地方，而"民不纳"，可见在兵荒马乱的时候，官民之间已无多少联系。二月，监军、知县领官兵及民兵一万多人至万载进剿"棚民"，为避免错杀，"邑中人给本县良善腰记以保身"。军饷方面，每图助饷米二石。结果

---

① 　雍正《万载县志》卷五，《武备》。

是官兵战败回营。棚民声势于是更加壮大,攻破上高,直取新昌。三月分宜、瑞州各方官兵至万载,到处掳劫。之后道台领兵二万至,省府官兵亦至,十八日进剿"棚民"。官方的军事行动导致"石玉不分",许多万载百姓遭到杀害。而刚有招抚棚民的消息,官兵就开始对地方进行抢掠。四月间道台"往奇圃与寇首相会议抚",此后棚民渐渐平息,不再"闹事"。

而顺治四年(1647)清军与驻扎在萍乡西部凤凰寨的南明黄朝宣部交战,对当地百姓的劫掠触目惊心,天灾兵荒对地方社会的破坏惨绝人寰:"丁亥,春大水,奇荒,凡六阅月。萍民自乙酉、丙戌连年累月苦于寇兵。春二月,大兵直捣朝宣巢穴,与衡、永兵夹攻,朝宣溃败而死。清兵洗运萍邑粮稻于军中。兵荒洊臻,惟此时为然。于是米一石价至三十余两,金贱如银,尚不乐受。绅绮衣服,升米可易一领。且疫痢交侵,饥饿疾病,食野草,啖糠秕。甚有杀人肉充狗肉卖者,饥民旋饱之,旋登鬼录矣!以至尸横于路,骨白于野,父母妻子相对,以视其死亡。奇荒惨变,宁第展转沟壑已哉!"①顺治五年金声恒举兵反清时,袁州朱益吾又率闽人起兵响应,"棚贼做乱,蹂躏萍境",最后在官府的追剿下受抚。

清代初年赣西北地区的棚民起事波及浏阳。地方志记载:顺治五年冬,"江西土篷饥民,聚亡命数千人横行浏阳",浏阳遂卷入棚民战事。②

明末的地方骚乱给龙泉地方带来很大的损失。地方志记载,崇祯五年,"粤贼丫婆总流劫万安、龙泉、泰和,受祸甚惨……十七年甲申春三月闯贼陷京师,龙泉闽广流寓啸聚山林,裹红头,自号十三营,掳掠各乡,村民走逐无宁宇,土田荒芜,拆毁人坟墓,掳妇女幼小,邀民间取赎"。③崇祯年间在龙泉揭竿的闽、粤流民为数众多,他们的迁入可以追溯到明代中期甚至更早的时期。至清代初年,随着社会政治的急剧变化,龙泉流民的活动更为频繁。上引资料又记载:"(顺治)九年壬辰红巾贼刘京、盖遇时、王打铁等陷龙泉。"

明代中期一批来自广东的流民聚集于崇义一带的山区,发动起义。起义被镇压后,割南康、上犹及大庾三县地设崇义县。从明代中期至明代末年,来

---

① 康熙二十二年修《萍乡县志》卷六,《祥异》。
② 康熙十九年《浏阳县志》卷一○,《兵难志》。
③ 乾隆《龙泉县志》卷二○,《杂纪》。

自福建和广东的流民仍继续迁入这一区域。崇祯四年（1631）十二月，"流寇钟凌秀围府城，大肆劫掠，杀人如芥"。① 钟凌秀可能为流入上犹的闽粤移民。

明代末年，与上犹相邻的龙泉县闽粤流民响应北方李自成的农民起义，"（崇祯）十七年闯贼陷京师，龙泉闽广流寓啸聚山林，裹红头，自号十三营"。② 他们出没于赣南西北部及湘东南各县，有一定的声势和规模。明清之际，这批闽广流民仍然活跃于这一区域。顺治三年（1646），南明政府招抚这批流民部队参加了赣州城的抗清保卫战。赣州失守后，流民们被清政府安置于上犹屯垦，尔后他们响应金声恒之乱，群起揭竿，失败仍回上犹垦殖。地方志中的记载说："迨顺治十六年募垦檄下，其党乘间复集，始焉遍满（上）犹、崇（义）二邑，继而蔓延南康之北乡以及吉安之龙泉……自甲寅一变，凡占垦之粤流遂尽为播毒之叛逆矣。迄今五载，土著遭杀遭掳，数邑尽殃而上犹为甚，上犹之营前、牛田、童子等乡尤甚。缘顺治十六年招垦余孽混集其地，斯根深而祸益深耳。今以大逆败北势穷乞降，又蒙总镇概示不杀，暂令屯营前等处。"③ 这就是所谓的"三招三叛"。

在桂阳县，乾隆时人称："明季屡遭盗寇，民人杀戮过半。"④ 这应该与崇祯年间发生于毗邻的江西上犹及龙泉两县的客家流民大起义相联系。县志记载："顺治五年江西南昌金声恒、王德仁猝变，自永宁入据鄷县……贼遁入桂阳、桂东，大肆杀掠。又有广东流贼王宗等聚众五千余人，裹红巾为号，入据桂阳县……遁入桂东，盘踞万阳山，时顺治六年正月也。饥则杀人以食，屠割最惨，死亡过半，一邑尽为贼薮，居民弃老稚，避锋镝，逃于江西上犹、崇义山谷中，继窜于郴之永兴、衡之耒阳等县。十年冬经略内院洪承畴率兵进剿，扫荡贼氛，饬县令汪震元招集流亡，仅存何时济、李青等六十三人。抚养生聚，民气渐复。"⑤ 除金声恒的部队外，广东"流贼"王宗所属也是一支不可忽视的力量。康熙十一年《桂东县志·纪略》载："重招垦，自己丑（按：顺治六年）兵燹，荆棘布野，独泉源陂泽之迹迤逦……而

---

① 乾隆《上犹县志》卷一〇，《杂记》。
② 乾隆《龙泉县志》卷二〇，《杂纪》。
③ 光绪《上犹县志》卷一五，《艺文》。
④ 乾隆《桂阳县志》卷四，《风土志·物产》。
⑤ 同治《桂东县志》卷七，《兵防志》。

残黎有故园之乐。历年垦荒，以充国赋"。在鄱县，"（顺治）六年，贼（指金声恒）踞王镇，屠戮过半。八年复被粤寇十三营烹杀几尽……十一年大师恢剿，知县傅继说招集哀鸿，历年仅得老幼一千二百人，逐名搜刮入册，遂无留余，以待缺额。"① 又，"粤寇万余号红巾，贼陷城，知县徐萧臣、于琨先后死之"。

"棚民"起事的第二个阶段是在"三藩之乱"中。期间以闽籍移民为主体的"棚民"与吴三桂军队联合，以萍乡、浏阳、万载、宜春北部为中心，以新昌、上高为前哨，以醴陵为联络，盘踞萍乡两年，三陷万载，三陷新昌，破浏阳、醴陵、万安、上高等地。直到康熙十六年，吴三桂军主力被困于湖南衡山，无力援手棚民，棚民遂在万载县投诚。这场战争对于当地人口和经济带来了巨大的损害。

康熙十二年（1673）底，吴三桂在云南发动叛乱，两个月内，其军队就攻占了云、贵、川三省并迅速向湖南推进，占领了长沙、岳州等湘东地区。不久，耿精忠也起兵响应，占领福建并遣军攻打江西，前锋向赣西袁州逼进，以期与吴三桂部会合。这一消息在赣西地方上的传播和反应是，"康熙十三年正月十一日风闻吴三桂杀云贵总督以叛。十九日塘报吴逆据长沙，将临袁州。万载知县吴自肃午未时闭城，县民惊逃"。三月，宜春"棚民"朱益吾乘机起事，接受吴三桂的任命，"自长沙领吴逆伪札回，起寨于三关九图"②。"棚民"首先攻占万载，"洗掳一月有余"，然后向萍乡进发，联合吴三桂部将韩大任一起攻占萍乡县城。此时吴三桂敕封朱益吾为"建义将军"。③ 六月朱益吾率部直奔袁州府城，在途中慈化地方遭到新任袁州镇总兵赵应奎的阻击，棚民伤亡很多，退回三关九图。清军进行跟踪追击，朱益吾战死。后朱永盛等率"棚民"破浏阳、醴陵，再占万载、新昌。十月，满兵将军宋及本府马兵到万载县搜杀"棚民"，情形惨烈，很多居民受害，棚民"先逃反未遭戮"。万载负担军费"银两不下五七百数。贫者全不能赎，

---

① 同治《鄱县志》卷六，《田赋》。
② 被官方和土著屡次提到的"三关九图"是棚民的集中地之一，当大致包括宜春西部与萍乡东部。又据民国《宜春县志》卷八，《财政志·田赋》载，三关相当于宜春的荐里、荐外、石里、化北等乡，九图相当于化南、石外、信义等乡。
③ 康熙《浏阳县志》卷一〇，《续兵难志》。

流离堪悯"。十二月知县回县招抚，重建基层军事组织，每乡设练总、团练、乡兵，各乡设塘；又于乡兵中抽人守县，号称"乡勇"，但收效甚微。十四年（1675）二月，棚民八百人前来攻打万载县城，清军迎战，"大败之"。此时，尚有浏阳棚民揭玉卿聚集于上乡[①]，新昌棚民左阮六聚于铜鼓，吴三桂部队已占领萍乡，对万载的清军形成包围，地方社会日夜不得安宁。十五年（1676）二月清简亲王到袁州，率领满兵并赵总镇兵恢复萍乡，把吴三桂的军队逼回长沙。四月把总带领乡勇、官兵进剿棚民，大败而归，棚民破城，"焚杀最惨"。但这时吴三桂主力已被清军困于湖南衡山，已经无力支援棚民。十七年（1678）棚民军队在孤立无援的情形下，遂向清军投诚，"伪总兵、副将率领伪兵万余人亲诣楮树潭投诚"，总督佟本来计划将投诚的棚民在地方进行安插以作安抚，遭到了土著士绅的反对，"随奉总督董分散各标效用，兵丁入伍食粮如愿归农俱准回籍"。可见清政府处理棚民的办法是收编部分为绿营，勒令部分回籍。地方社会从此"安堵"。地方志对于这时期"棚乱"的总结是："棚寇起祸起于宜（春），肆毒于万（载），故巢穴多在三、四区，而剿杀投诚俱在万境内。"这一阶段万载损失的人口为男妇七千七百有余。

从崇祯十五至十七年（1642—1644）的三年时间里，万载县城被"棚民"攻破十三次；而从康熙十三到十五年（1674—1676）的三年时间里万载县城又被"棚民"攻破三次，加上各路官兵的征调、掠夺及滥杀，万载地方社会遭受的摧残可想而知。对于天灾人祸给万载带来的破坏，知县常维桢在康熙二十二年（1683）修成的县志中有如下描述：

> 旧志刻于崇祯丙子（1636），距前万历年间李大銮寇乱五十余年，承平已久，人民当复生聚，田地当复开垦，而韦令（韦明杰）犹有是四苦之陈。自此丙子后则时将鼎革，变乱繁兴。丁丑（1637）流寇惊窜，越两月而始安；壬午（1642）寨贼焚劫，至甲申（1644）而始平；乙丑（1645）孽龙四出，各山崩而地陷；丙戌（1646）夏秋连旱，丁亥（1647）饿死枕藉，两年间清兵驻万取楚，不下万余；戊子（1648）又有金王之叛弁、假义之亡命，以至每年非苦旱即苦水，甚有一年而水旱迭见者。

---

① 同治《浏阳县志》卷六，《食货》。

迨甲寅（1674）春则棚逆闻风窃发，男妇被掳被杀十户不止九绝，田地生荆长棘十亩不止九荒，庐舍拆毁焚烧十室不止九墟，以致追征徒急、输纳不前，其苦视昔奚啻数倍。使韦令在今，又不知何如吁陈也！

他感叹道："为令于万，难，为令于此时之万，更难；为民于万，苦，为民于此时之万，更苦！"①

在萍乡，县志详细记载了这一期间的受害过程及其造成的巨大损失：

> 康熙十三年（1674），吴逆反，陷楚长沙。五月内，棚逆朱益吾等乘机乌合讧起，恣行焚戮，沿乡掳劫。勾引伪将韩大任、陈攻陷萍城，扎营高岗铺，与棚逆图攻郡城。败归，焚杀掳掠人民逃窜。康熙十四年（1675），正月，伪将军夏国相、高得捷等统贼十余万踞萍城，焚掳搜捉，深山无可躲避。棚逆与之谋，筑土城于县治后，千年骸骨掘弃暴露。通城内外，屋宇、墙垣、街道麻石拆毁殆尽。更于环城山巅立炮台十余所，坟茔莫保，一如县治后焉。盘踞二载，荼毒生灵，稻谷牛种一空。□地焚弃，且设桩竖签，竹木伐尽，转徙流离，无计存活。康熙十五年（1676），逆横暴施虐，益深益热。二月内，幸安亲王躬率六军临萍，与贼战于城东流江桥，大破炮台，杀贼不计其数，尸横遍野，贼众奔溃，萍城始复。王师直捣长沙，于萍无扰。邑令孟宗舜招抚流移，效力挽输。六月内又遭棚寇陷城，更恣焚杀，把总陈死焉。援守官兵，驱贼旋复。康熙十六年（1677），大兵踞城。有安福土贼杨桀友等啸聚，昼夜焚掳，东、西、南三乡更惨。②

此次棚民起事严重波及相邻的浏阳县。康熙十九年《浏阳县志》卷一〇《兵难志》对此有详细的记载：康熙十三年"三藩之乱"起，赣西北有棚民朱益吾者，率众响应。朱益吾败死，"余孽朱永盛、揭先胜、丘善我、朱明升等篷党数万，屯聚邻界，傍田垄。由是浏阳南乡中如福建、乐安、南丰等篷民乘风揭竿，卖犊买刀，卖牛买剑，勾引萍、宜、万、醴四邑篷逆，九月初七日长驱入浏南境内，驱扎沙溪、铁山、界坑、江敏坑、沙木桥，连营数十里，洗掳淫污，百姓全散，田土尽荒"。人口死亡很多，不仅死于棚民之

---

① 康熙《万载县志》卷一六，《杂著》。
② 康熙二十二年修《萍乡县志》卷六，《祥异》。

乱，而且死于清兵征剿。其他地方不论，"其在东南乡，全为贼踞，又死徙于贼者什之七，死徙于兵者什之三焉"。数万棚民武装在浏阳盘踞四年，加以清兵征剿，人民大量死亡迁徙。康熙十八年上任的知县曹鼎新在《请宽额征》一疏中说："自甲寅吴逆倡乱，横征暴敛，元气铲削已尽，加遭篷寇数万，盘踞四年，掳掠子女，牛尽种绝，深山穷谷，搜刮无遗，以致王师赫怒，整兵剿洗，玉石难分，老幼死于锋镝，妇子悉为俘囚，白骨遍野，民无噍类。"① 对于清兵的滥杀，曹鼎新本人也不讳言。对于战后的人口残存，曹氏说："赖前县周极力招徕，始有孑遗……迨至十七年四月内，贼始受招下寨"，并未受到驱逐。他们下山受招后，"无牛无种，挥锄开挖"，所垦"不过计斗计升之田耳"；浏阳经济尚未恢复，政府辄议开征，迫使有田之人重又逃亡。曹鼎新举例说东乡十都里长冯、宋、潘、李等逃入江西宁州，南乡十三都里长杨氏兄弟逃往江西宜春，十八都里长高氏逃往江西萍乡，坊厢四十六都里长黎氏逃往江西万载，北乡里长袁氏等人逃往乎江、湘阴，"更有散甲之内或全甲俱逃者，或一甲逃之十之六七、十之二三者。皆以垦田无几，额征无自出办，甘于流离转徙"②。

渡过劫难的幸运者痛定思痛，回首往事，有九死一生之感。浏阳白沙人廖之俅，明末崇祯秀才，清初康熙年间发生三藩之乱时，"浏民几靡孑遗，公犹能率其家属七十余人遍历艰险，逃隐平（江）、浏（阳）深山，竟脱其难"。廖之俅有《风鹤记》详述其亲身经历，极其生动，甚为悲惨：

> 甲寅春将半，有人自邑中来过予舍，出吴王檄一纸，予阅竟遂惶惶然，忧干戈也。迨夏秋间，江右乡邻诸邑告变，俘虏异常，残氓襁负而至，纷纷藉藉，见辄泣诉苦难。或父子男女相失，或肌肤面目摧伤，为之恻然。因骇然谓乡人曰："安知阅岁以后我辈不为此状乎?"由是而忧干戈渐深矣。乙卯，分宁铜营又变，境内为之震动。每见杀羊屠狗之夫，皆扬旌挟刃，黄黑白巾杂裹往来络绎，外有一二名为相知之友者，亦莫不佩貂乘黄，忽然身贵异常，或以手牍见遗，或过辄相夸示曰："君奈何，甘穷愁若此乎?"余不胜应答之烦，遂大书二联

---

① 同治《浏阳县志》卷六，《食货》。
② 同冶《浏阳县志》卷六，《食货》。

于庭曰：思三十年前故事，若梦醒蕉鹿，我则何心还射虎。念五十二年余生，看种老松鳞，谁仍有志更闻鸡。其二曰：遍地干戈任沧海桑田，此日川岩仍自固。满局棋弈虽功名富贵，见前疏水更攸宁。而忧干戈之念愈深愈难已矣。丙辰夏，有持节子吴王所来者过境，上以开复为名，招募甚众，两阅月军令肃如，须臾令驰征银米布钱之属，虽卖菜佣织屦翁稍剩分文，索待尽。余姑以贫免。至是忧干戈，而干戈之祸欲及。因相与谋去，皆犹豫未断。余感而为秋思诗八首。再阅月戎火四集，黄白皂旗纷驰境上，不及刈获，遂于九月二日黎明，携家避平江。是日男女在道十余里不绝迹，遥望之如长蛇阵。至望三岭，即平、浏分界处，家人告惫，余亦披草坐，见树在岭底，云生树杪，因而得五言律一首，有"鸟将迷树杪，人反出云端。戎火虽然迫，须臾且立看"之句。既复行十里许，至平江深山中，结短茅托止焉。暇犹坐石倚孤梅，手残编领略山中意象，觉寒气袭人，衣裾。又三阅月，而黄白皂旗纷驰者亦复于此，逼处吾境，借栖诸人俱罹难，余觅小径，缘岩披莽蹑峻岭，越危溪露宿者三日夜，抵平江上乡。携诸子侄大小七十余人，惟两弱女行。独苦其乡风俗悍鸷难与言，抢攘成风，所往辄穷相聚而泣于途，遇一稍知名者主焉，夜将半有人呼门，起视之，汹汹然揭竿相向，劫所携行李服物，家人惊愕，主者亦彷徨失措。逗遛十日，值两兵交刃方退，乘间反原山中。夜行三十里，始至旦，逾三山，暮方抵原深山结茅处，时将除岁，大雪三日，裹粮易尽，家人忧焉。岁二日，雪霁，谋归故里，反望三乡，一步一踪，随雪俱深。家人寒慄甚，日夕抵旧庄所，燔烧无遗，各依大树下一宿。明晨至首禅山麓栖焉。过故居亦毁，无一木存者。诸村居或拆毁，或烬余，满目凄然，令人泪下。居民无一二焉，米尽，食野菜数日。值正月二十二日，先君庆辰米数合，和野菜为羹，拜而荐之，感为五言律，有"鉴此曾无恫，知儿素守贫"二语。越三日，四兄夜被盗不能安，复去二十里许抵上山深处。二月五日，四男镶举一子示以五言律，有"离乱方残局，饥寒未了因"之句。果乏米，三日不火。复谋出山，抵荒庄，居月余，将近清明，米又乏，食新薇五日，几至委顿。两男移去分宁上武，越六日，余亦往焉。虽干戈稍远而忧仍在。

两弱女即于上武草草昏嫁，壻叔宁庠佳士，忽投诗酒于饥疲中，遂忘此身在流离困苦间。居六月携家口归里，儿女仍徒步越岭渡溪，一如避兵状。庐烬不能复结，从山庄缉小茆屋，左右寡怜，蒿藜枳棘塞门充路，两儿从百里外运米。日益不给，未几岁云除矣。设先祖两大人位，供茗荐蔬，与诸儿孙良夕团圆山间间，易得薪炉甚红，不敢复嗟凉薄也。无何朔三日次孙承光殇，老人忽失孙，不胜哀。次日三男镇往平江，病于途，长男挟之归寝，疾九日卒。余益痛，殡葬毕，家人欲徙他处，竟徙焉。时方东作牛种，乏亩荒如故。幸当事多仁，不责之输，唯日食是忧也。计自甲寅至今己未，兵戈凡六年，闻见遭历浮沉，出没维忧用老。然孤衷自恃毫发不遗，无复敢向天问事，惟从朝夕省念而已。至于变乱后风物景事、人情世态，余从静观中颇悉，不具论。①

在赣西南龙泉县，闽、粤流民亦在福建籍投诚军官的带领下再次起事。乾隆《龙泉县志》卷二〇《杂纪》载："康熙十三年甲寅春，闽海投诚将弁陈升、柯隆、李良等在泉垦荒，密受滇逆檄，率闽、粤流寓数千人叛。王自功率众为前锋，克复泉城，陈氏与其党走滇南。"又记："甲寅秋七月闽广人反出攻城，陈升应之。守备胡元亨引兵突围出，护民南徙虔州，贼焚杀数载，掠男女入楚易盐米者无数。自二十都盘回二百余里，土著居民十户九绝，流寓于虔（州）者十年不得归里，田多荒芜。十七年戊午闰三月，寇掠七都，驱男女入水死者无算。驰守备陈五美不发一矢，已去，乃遣兵压境，复掠而还。"

"三藩之乱"给湘东南继续带来灾难。红头军仍进出于这一区域，康熙十六年十二月，"江西红头贼由（兴）宁道入郴，男妇十余万，络绎数月，所过尽掳，次年王师至乃息"②。兴宁县即今资兴，与桂阳和桂东两县相邻。对于业已残破的湘东南，大规模的军事行动实为雪上加霜，光绪《湖南兴宁县志》卷一八《杂纪》载："康熙十七年三月……兼以江西红兵投诚，悉由宁邑（永宁县）赴州，络绎不绝，田地荒芜"，沿途一片萧条凄凉之景。

---

① 《浏东廖氏族谱》卷一九，《艺文》。
② 光绪《湖南兴宁县志》卷一八，《杂纪》。

二、驱"棚"运动 ①

由于在"三藩之乱"中"棚民"和吴三桂军队联手，吴三桂军队的所作所为与地方社会所受的破坏也就很容易被当地土著记于"棚民"的名下，更加深了土著对"棚民"的仇恨。故清廷以军队为主，在土著的支持下，联合展开了一次大规模的驱逐与清算"棚民"的军事运动。

对于此次行动，康熙二十二年《宜春县志》卷二十收录的《总镇赵咨呈稿为呈报驱逐棚民以靖地方以固邦本事》记载："（康熙）戊午年（十七年）正月初六日，遣健丁营守备许君用、中营赵光正，会同袁军厅孟前往三关九图等处，驱逐棚民。又檄防守株树潭都司汪国樑驱逐慈化余家坊、桐木、上栗市荆坪、黄塘、马岭、桃塘、马坑、施家坊等处，驱逐棚民数千余户，悉令回籍，永绝根株"。地方志附录的《文武公祖父母驱逐棚寇功德碑文》，简述了"附逆"棚寇投诚在前，尽被驱逐于后的过程："寻复招楚界负嵎穷寇，尽数投诚，且搜剔三关九图遗类，勒令回籍，是一时倒悬之厄可解，而百年难拔之患获除。但棚党奸狡百出，阳托旋里，阴匿近境者实繁有徒。幸逢府主于、厅主杨、县主王会同总镇梁，深虑各属乡隅不戒从前之失，复贻滋蔓，与袁民约束再三，严行保甲之法，逐户逐营查驱，毋俾遗种于兹土"。迫于军事压力，此后又有大量棚民至万载县西部株树潭"投诚"。康熙二十二年《宜春县志》载："戊午年二月十八日，伪总兵朱永盛、高玉泽、鲁加印，伪副将范君佐、甘孕贞、丘加戢、陈君启，伪游击参守千把等官，率伪兵万余人亲诣株树潭投诚。二十八日，自株树潭起身送赴袁城叩见总镇。"康熙二十二年《萍乡县志》卷六《祥异》记载："康熙十七年，大兵捣洗棚穴，驱除贼党，难民稍得安业。"又有材料显示此次驱逐涉及分宜县北部的"棚逆"流民，"康熙十三年吴三桂反，邑北乡棚逆乘机猖獗，……至十七年荡洗棚穴，驱逐贼党，伪将军先后投诚。总督董卫国分散各标效用，愿归农者，准予回籍，邑境役平"②。分宜县闽籍流民的一部分被收为绿营，一部分被遣返原籍。

---

① 参考梁洪生：《重评清初"驱棚"——兼论运用地方性史料对清史研究的检讨》，《社会科学》2013 年第 5 期。
② 同治《分宜县志》卷五，《武事》。

上述地方位于袁州府萍乡、万载西南部、分宜县北部和宜春北部的丘陵山区，即被官方和土著屡屡提到的"三关九图"①，是明后期以来"棚民"最大的聚集地，"蔓延至数十余万。"

驱逐"棚民"的行动主要在袁州总兵赵应奎的指挥下强力完成的。康熙十七年，赵应奎向清廷呈送《为呈报驱逐棚民以靖地方以固邦本事》，特意强调："昨本部院进剿铜鼓，贼众望风披靡，其溃败逃窜者或三五十，或百十成群，潜伏三关之内，而棚民且为之容隐。以致百姓不敢进内耕种，田土悉属抛荒。且包藏祸心，日则剃发是民，遇晚纠党行劫，且通各处贼寇，暗行不轨。其叵测情形，屡经报明在案。万一将来别境稍有蠢动，又复乘机窃发。且三关地连芦溪、宣风、长沙孔道，若不亟行屏逐，实万分可虑，诚为袁隐忧。"此时，三藩之乱未平，康熙帝正对袁州、萍乡至湖南醴陵、长沙一线战事安危耿耿于怀，赵应奎向他描述还潜藏着诱发新的动乱的可能，引起了康熙帝的警觉，最终批准"驱棚"。而地方绅士也强烈要求"再恳迅驱回籍，永杜乱源，永奠残黎"，"宜春县乡绅潘于逵等"和"宜、萍二乡难民乡长余孟器、谭文斗等"联名上诉。因此，驱逐棚民实际上是江西地方落实康熙的战略意图而采取的具体措施之一，是一种军事行动。这对于身临其境的土著民众来说，无疑是一个期盼已久的福音，因而赢得了土著居民的颂扬。为了表示对赵应奎等人的感激之情，土著特立"文武公祖父母驱逐棚寇功德碑"对其进行歌功颂德。

需要注意的是，官员的报告与土著的呈文都主要是针对参与动乱的福建棚民。赵应奎在《驱逐棚民咨呈》中说："窃照袁郡僻处山陬，界连闽楚，三关九图高岭邃谷，向为藏奸之薮。先年闽省棚民潜居其内，事平则耕山种麻，遇乱则纠众横行。"又称："此辈尽属闽人，今该省业已恢复，现在行令将备，会同有司委官驱逐，尽行促令递解回籍。"②而宜春、萍乡两县"难民乡长"的联名诉状也称："哭思棚逆闽人异籍，蠹食袁州有年，自朱益吾叛乱之后，三关父子兄弟皆贼。"③

① 据民国《宜春县志》卷八，《财政志·田赋》载，三关相当于宜春的薦里、薦外、石里、化北等乡，九图相当于化南、石外、信义等乡。
② 民国《宜春县志》卷一，《大事记》。
③ 同治《袁州府志》卷一五，《武备·武事》。

事实上，被武力驱逐的并非是所有的棚民。康熙十七年二月，一万多棚民在万载县株树潭投诚。二十八日，"自株树潭起身送赴袁城叩见总镇。随蒙总镇赵、城守关彪、游击赵应时、都司汪国樑、袁州知府正堂顾、军厅孟、宜春县知县吴，各捐米有差，安差投诚官兵，地方安堵。随奉总督董分散各标效用，兵丁入伍食粮。如愿归农，俱准回籍"。① 说明一万余名"附逆"的"棚寇"在"投诚"之初，得到官府的初步安置。接下来，袁州总兵官赵应奎向清廷呈报"驱逐棚民以靖地方以固邦本"的咨呈，详细地汇报了最终准备如何处理这批"投诚"的"棚寇"。由于清查工作与编查保甲同时进行，流民的驱逐可能是相当彻底的。但仍有部分闽籍流民在当地留了下来，尤其是在万载和萍乡两县。在萍乡的北部和万载的南部，闽籍流民的存留最多，5 年后新修的《万载县志》载："新增棚民男妇一百五十五丁口，该征银一十一两三分八厘七毫。康熙十三年棚民朱益吾倡乱，详请禁旅剿平，余党就抚，各散归籍无征。"② 可见，卷入乱事的棚民被逐，而未介入者仍被编入户籍。对于这一记载，道光《万载县志》有进一步的解释："旧志（康熙志）附载……其说殊未明晰。查雍正三年江督查题准棚民子弟应试，雍正八年万载棚童取录三名，以五十名取进一名推之，棚童已逾一百五十名，则棚民之多可知。所谓男妇一百五十五丁口，殆顺治十三年巡抚郎疏请编造入籍之数。至朱党就抚，所谓各散归籍，盖专指逆党，非统论棚民也。不然，题准方阅六年，应试年分合例者安有百数十名之多。其为康熙时已奉文招徕另归棚籍又可知。"③ 由此看来，来自福建的"棚民"是最令地方社会头疼的一部分移民，被驱回原籍的仅仅是那些参与了暴乱的福建"棚民"，"所谓各散归籍，盖专指逆党，非统论棚民也"。

这些自明代天启、万历间开始进入赣西地区的闽籍棚民为什么会在明末清初频频起事呢？"棚民"为什么会"附逆"呢？明末清初"天崩地裂"的社会大环境固然是一个原因，但主要原因则是"棚民"与土著之间深刻的经济矛盾。

顺治末年，施闰章任江西湖西守道(辖袁州府、临江府和吉安府)道员，

---

① 康熙二十二年《宜春县志》卷二〇，《武勋》。
② 康熙《万载县志》卷六，《户口》。
③ 道光《万载县志》卷一〇，《田赋·户口附》。

他在一些诗文中揭示了"棚民"的经济活动及他们与土著的关系。他说："袁州民不艺麻，率赁地与闽楚流人，架棚聚族立魁长，陵轹土著，吏不能禁，谓之麻棚。"其《麻棚谣》载："山陬郁郁多白苎，问谁种者闽与楚。伐木作棚御风雨，缘冈蔽谷成侪伍。剥麻如山召估客，一金坐致十石黍。此隰尔隰原尔原，主人不种甘宴处。客子聚族恣凭陵，主人胆落不敢语。嗟彼远人来乐土，此邦之人为谁苦？"① 据施闰章的描述，闽楚"棚民"种麻可以获取高额利润，故有"麻棚"之称，变得富裕强大起来，甚至欺凌土著地主。施闰章的另一首诗《流人篇》云："闽海多流人，江甸多芜田，不肯自力作，拱木生田间。流人鸟兽来，野宿餐寒烟，仳离悯丧乱，父老为泣然。保聚使荷耒，缉茅依山原，种蔗复种苎，地利余金钱，浸寻立雄长，倡和成声援，逋租陵土著，攘臂相怒喧，百千势莫制，杀牛烧屋椽，驱除既不可，驯致酿乱源，当涂重辟土，吞声莫敢言。"② 此诗记述的内容与《麻棚谣》相近，强调移民（"流人"）与土著的境况及关系与以前完全颠倒过来了，移民反客为主。一方面，丧乱之际移民空手而来，土著让其耕种山地，移民从种麻获得丰厚利润，由原来的贫苦变得日渐强大；另一方面，原本是主人的土著反而遭到欺凌，低声下气。这种对比不管是否带有文学性描写夸张的成分，都明显表达了作为外地人和地方官员的施闰章对土著的同情，也反映了土著对"流人"的不满。在此情况下，土著与"棚民"的日常关系自然会处于紧张敌对的状态。

虽然种麻的利润很大，但从事这种经济活动的为什么主要是外来"棚民"而非当地人呢？施闰章把这种情形归咎于土著的懒惰，如他的《万载谣》称："土人拱手客种禾，杀牛沽酒醉且歌，满眼芜田奈尔何。"在康熙《袁州府志》序中，他写道："（袁州）民间闾巷无纨绮，皆安俭守简，淡然而易足，固知瘠土之民多善也。然耕作弗力，徒手召佃，山谷麻枲之利让之闽越之流民，而土人不有予，又尝惜其俭而未勤也。使之力穑重农，弃师巫而崇礼义，庶几称治。"施闰章认为土著不肯积极勤奋耕作，才使山间之利拱手让与闽粤流民，怒其不争。

---

① 施闰章：《学余堂诗集》卷一九，《麻棚谣》。
② 施闰章：《学余堂诗集》卷一九，《流人篇》。

但实际情况并非全然如此。康熙二十一年（1682），宜春县知县王光烈报告"棚乱"后该县麻业的情况时说："迄今种麻之棚，荆棘成林，种麻之丁，一足乌有，流民断不可复招，山民又不谙于耕山，此麻棚已废，万难复兴者也。"[1] 可见尽管种麻利润大，但土著并没有接手这一行业，原因在于他们"不谙于耕山"，没有熟练掌握山间耕作及种麻的技术。

前引康熙二十二年《宜春县志》卷二〇《咨呈·驱逐棚寇功德碑》称袁州"百年以前，居民因土旷人稀，招入闽省诸不逞之徒，赁山种麻，蔓延至数十余万"。可见，在"棚民"进入前，袁州府人少地多，山间有大量荒地，这些有利条件自然吸引了大批擅于种麻的"棚民"。同时，由于土著不懂种麻及利用山区耕作，土地充裕也使他们认为没有利用山地的必要，故对于他们来说，这些山地没有经济价值；而对"棚民"来说，这些山地则是种麻的肥沃土地。因此，"棚民"需向土著租佃山地，土著也乐于将山地租佃给"棚民"；为了增加地租收入，土著甚至主动招来"棚民"佃耕，土著与"棚民"之间有过短暂的"蜜月"。

"棚民"种麻所得的利润也引起了官方的注意，宜春县知县的详文称："宜春麻棚从前赋役未载，只因闽省流民流寓袁阳与楚接壤之界，深山穷谷，素为不毛之地，流民居久垦开种麻，日渐日繁，稍有麻利，因以流民改为棚民，起编棚丁二千六百八丁户。"[2] 万载在顺治十三年（1656）编入"棚民男妇一百五十五丁口，该征银一十一两三分八厘七毫"。[3] 可见，明代并没有将"棚民"列入征税项目，至清朝始将"棚民"编入赋役册籍，原因是"棚民"从事种麻业有较丰厚的利润。这些在山区种麻的流民在清代以前可能没有统一或正式的名称，当清朝政府出于经济和治安的考虑对他们征收赋税、编立册籍时，于是他们有了"棚民"的称谓。从"流民"到"棚民"，意味着他们成为国家的"编户齐民"。

"麻棚"获利之大出乎土著的意料，无奈土著并不擅于种麻，只得听任"棚民"垄断。因此有些"棚民"逐渐强大起来，甚至反客为主，结果必然使土著对"棚民"的不满情绪与日俱增，双方的经济矛盾日趋激烈。

---

① 道光《宜春县志》卷一〇，《田赋》。
② 民国《宜春县志》卷八，《财政志》。
③ 道光《万载县志》卷一〇，《田赋·户口附》。

　　另一方面，尽管有部分"棚民"能够享有种麻带来的好处，但就整体力量而言，"棚民"绝非到了可以欺压土著的地步。相反，大部分"棚民"初来乍到时，正如前面施闰章所描述的，过着"伐木作棚御风雨""野宿餐寒烟"的艰苦生活，实际上他们更可能受到土著的歧视和欺压。同时，"棚民"从事种麻业虽然所获利润较大，但他们缺乏粮食，必须依赖市场来获得，"一金坐致十石黍"。米价的贵贱对这些"棚民"的生存影响非常大。前面提到明末"天井埚之乱"，有记载说"前此米价最贱"，"及是价日长，闽客邱仰寰……渐萌异志。"① 米价的上涨对严重依赖市场的"棚民"刺激很大，是棚民起事的重要诱因。康熙十年（1671），"棚民"曾因谷价稍贵铤而走险，竟然"纠党涌船抢掳南米"。② 由于"棚民"的基本生存条件恶劣，加上平时他们与土著的紧张关系，被排斥在土著掌控的地方社会政治格局之外，在社会动荡之际，他们就会乘机起事，更加主动地采取激烈的武装形式参与各方力量的角逐，以获取自己的利益和发展空间。因此，"棚乱"既是政治大动乱，又是土客大械斗。

　　当然，作为新朝的清政府对"棚民"不是没有防范。除了战争时期的军事剿灭，也有安定时期将"棚民"编入册籍进行管理，同时也施行"剿""抚"并用之策，严加管束。入清以后较早关注"棚民"这一群体的是江西巡抚蔡士英，顺治九年（1652）底，他发布《谕宜春山关棚客示》，提到宜春"向有福建、抚州等处人民，流寓四乡，寄居种苎。日聚益众，已有年矣。后值变乱叠更，乃遂占据山场，逋逃亡命，自立客长，号招异类，恣行劫掠。屡经剿洗，悉就招抚。前抚不忍加诛，行令编入册甲，设立甲长棚长，稽察匪类。"可见，其前任就已经对棚民"剿""抚"并用，在"棚客"中编制保甲，设立"甲长""棚长"以加强管理。蔡士英还提出警告，提到可能采取驱逐手段："本部院莅任以来，访知前情，念尔等久聚此土，不忍遽为驱逐，合行申谕。为此，示仰宜春棚客人等知悉：尔等既以寄命于兹，当以身家为念，务宜互相劝戒，共作良民，恪遵宪令，毋蹈前非。倘有不轨之徒及逋赋之人，潜住彼地，即行送出，毋得附和隐藏，酿成祸患，自干国法。敢再故

---

① 黄鼎彝：《敖阳三事始末》。
② 民国《宜春县志》卷一，《大事记》。

犯，不惟驱逐，失尔本业，定行捣巢扫穴，即性命亦不保矣。特示。"①顺治十三年，江西巡抚郎廷佐在棚民聚集地区设立军厅以资镇压②。但在大动荡时期，这些防范措施很难发挥有效的作用。所以，如前面所述，"棚民"的暴乱大都是与其他大规模的反清运动一同发生。

然而，对"棚民"的军事镇压虽能给当地带来社会安稳，却不能促进经济发展。动乱之后，再加上大量棚民被驱逐，劳动力奇缺，大片山林田地荒芜，国家赋税无人负担，积欠钱粮甚多。康熙中期以后，地方政府不得不招徕民垦荒。政府除招徕本地的逃亡人口外，也招徕来自闽、粤、赣南的移民。地方志载"康熙时已奉文招徕，另归棚籍"，"新增棚民男妇一百五十五丁口，该征银一十一两三分八厘七毫"。又指出："庚午（康熙二十九年）以后，始招徕闽粤之人，渐次垦辟。"③战乱造成的广阔空间、人口流失造成的田地荒芜以及国家采取的优惠政策，这些极具诱惑的条件吸引外地移民义无反顾地涌入湘赣边区，掀起了本区开发的又一个高潮。这种"驱而不去，逐而又来"的现象表明，只要存在合适的、客观的社会经济条件，移民必然会卷土重来。不过，在重新招徕移民的过程中，曾经非常活跃的闽籍移民受到了严格的限制，而卷入地方动乱较少的广东、赣南籍移民则大量增加。移民大多在离传统的政治经济文化中心——州县城较远的山区丘陵地带居住，往往要在山上搭棚居住，或散居于山间大小不一的小盆地中，很难进入为聚族而居的土著所控制的河谷平坦地区。新一轮的移民和原先的流民一样，仍然被地方官员和土著称为"棚民"。

在赣西南的龙泉县和上犹县，地方政府同样面临这样的两难处境。康熙十三年春，龙泉县闽粤流民在闽籍投诚军官陈升等人的带领下起事，失败后他们被安置于龙泉耕种，承担赋税。乾隆《龙泉县志》载，"先是陈升受垦，其所率部众皆颉颃作势，陵制有司，侵夺田里，民无所控告。及（陈）升众既败，田复蒿莱，主计簿者恐虚国赋，复欲踵故步，仍以荒亩授降弁"④。龙泉山区在明清之际的动乱中倍受摧残，人口稀少，就为移民的大量迁入创造

---

① 蔡士英：《抚江集》卷一二，《四库未收书辑刊》第七辑第二十一册。
② 民国《宜春县志》卷八，《财政志》。
③ 雍正《万载县志》卷六，《财赋》。
④ 乾隆《龙泉县志》卷一八，《乡贤·王自功传》。

了条件。故地方志称："泉山故多荒棘，康熙间粤、闽穷民知吾邑有山可种，渐舆只身入境，求主佃山。"并导致"粤、闽之人比户可封，生齿益繁，而相继流至者愈多"。

在上犹县，屡屡闹事的流民导致地方不得安宁，故三藩之乱后，有人动议援照其他地方例子驱逐流民回原籍。光绪《上犹县志》卷一五《艺文》中有记载说："府主曰：康熙十七年看得上犹之丁绝田荒而流民不肯归里，以致正赋丝毫无征也。由安插粤东作寇之人在于境内，是以逃亡之人宁饥饿展转于异乡，莫敢旋归于故里耳……既间有归者，负耒牵牛回籍归垦，又遭广人之斥逐，不容住坐。"①说的是本地土著外逃，有家不敢归、不能归，其原因在于安插的"粤东作寇之人"的猖獗。土著逃亡不归，则赋税无征。南安府尹还援引江西其他地方的案例，证明驱逐流民之必要："况宁州、新昌、武宁等处投诚逆党，现奉抚、督两院批据南瑞道呈详，令将投诚人等俱发回原籍，有例可循，乘此兵势甚盛，勒令回籍。行文使彼处地方官安插，得所无悖"；南瑞道署按察司的意见是："流民之民，饥则附人，饱则食人，江西之苦，莫如上犹，上犹之苦，莫如营前之惨"②，亦主张将流民驱回原籍。

而时任江西巡抚佟国桢给江西总督董卫国的行文则显示了他的犹豫和顾虑。他说："今据该道呈详勒令回籍，行文彼处，安插前来。但迁移抚众，恐阻向化之心，而因循复辙，不无厝火之虑。应否允徙，以顺舆情。"但总督董卫国最后作出驱逐流民的决定，其文曰："为照粤东投诚之众安插上犹营前地方，即称于民不便，应如大咨，令其回籍安插可也。"③这是地方最高长官的最后决定。

总的来说，"棚乱"问题是明末至康熙前期逐渐形成的一个区域性问题，主要集中于湘赣边区，尤其在赣西北、赣西南数州县。康熙十七年清政府实施的"驱棚"行动，主要是一种军事行为。这是非常时期以军事打击为表现形式的地方性事件，对地方社会产生了重大影响。

---

① 光绪《上犹县志》卷一五，《艺文》。
② 光绪《上犹县志》卷一五，《艺文》。
③ 光绪《上犹县志》卷一五，《艺文》。

三、成为集体记忆

明末以来湘赣边区的"棚乱"尤其是棚民在康熙时期"三藩之乱"中的所作所为，强化了官方及土著对"棚民"的仇视。这种仇视不但反映在非常时期官方、军方断然以非常手段驱逐"棚民"的事件上，也突出地反映在土著的再三请求尽驱"棚民"的联名诉状上。"棚乱"过后，总督本来计划就地安插投诚"棚民"以作安抚，这一措施随即引来袁州士绅的不满。后来，在总镇赵应奎的极力主张下有遣返"棚民"的决议。但是，"棚民"并不愿接受遣返而多番拖延，故袁州府土著士绅及赵应奎等人分别再上呈文，坚决请求尽驱"棚民"。最后，遣返"棚民"终于在康熙十七年得到落实。

但正如我们前面所论述的，一方面，这种驱逐和清查不可能十分彻底，有不少移民继续留在当地；另一方面，驱逐之后清政府又不得不重新招徕移民以发展经济，如此又掀起了新一轮移民进入本区的高潮。这样，当战争、动乱等非常时期过后回归正常状态的时候，当国家政局已经稳定，社会经济恢复发展的时候，当先前的各种政治力量、各种势力不复存在的时候，对于地方社会来说，土著和移民之间的矛盾冲突日益浮出水面，成为本区最大的社会问题。此时，土著对于曾经的"棚乱"变得格外敏感，并会为了现实利益被不断有意识地重温、强化与再造。"棚乱"成为土著的集体记忆，成为一种可供利用的资源。

土著主要通过编修地方志、族谱及口耳相传的方法，以官方的、民间的、正式的、非正式的途径渠道传播流传"棚乱"这一史实，并在土客冲突的过程中成为一种集体的记忆。

在明后期至清代顺治以前的文献当中，这些外来移民很少被官方和当地土著称为"棚民"——这个带有很强时代特征和贬义色彩的称呼，对参与动乱的流民一般都称作"土贼""山寇""岩贼""贼寨""伪官"等。顺治时期，前引江西巡抚蔡士英、湖西道守施闰章的谕示诗文中，始见"麻棚""棚客""棚民"之称。真正将移民与寇贼联系起来，并将移民、"棚民"妖魔化，定性为"棚寇""棚贼"等，是在康熙朝发生三藩叛乱之后。康熙二十二年，袁州府属四县全部新修了志书，都是入清以来的第一部县志。当时以土著为主导的修志者主要想增添一些什么内容？把什么内容记进去，好让后人记住？此时距成功"驱棚"只有 5 年，正处在将"棚民"定性为"棚寇"的高潮时期。在康熙二十二年修的《宜春县志》卷二十当中，有"武勋""咨呈""碑文"等 3 个子目叙述和构建了康熙前期江西西部诸县"棚寇"问题的由来。在"武勋"中，收录《国朝武勋并剿棚寇始末》一篇，从（康熙）"甲寅四月，棚寇猖獗"起记述，止于"戊午年二月十八日伪总兵朱永盛、高玉泽、鲁加印，伪副将范君佐、甘孕贞、丘加戢、陈君启，伪游击参守千把等官，率伪兵万余人亲诣株树潭投诚。二十八日，自株树潭起身送赴袁城叩见总镇。随蒙总镇赵、城守关彪、游击赵应时、都司汪国樑、袁州知府正堂顾、军厅孟、宜春县知县吴，各捐米有差，安差投诚官兵，地方安堵。随奉总督董分散各标效用，兵丁入伍食粮。如愿归农，俱准回籍"。说明万余名"附逆"的"棚寇"在"投诚"之初，得到官府的初步安置。继而在"咨呈"中，收录《总镇赵咨呈稿为呈报驱逐棚民以靖地方以固邦本事》一篇，明显可见是袁州总兵官赵应奎向清廷上奏的一个呈文，详细说明了最终准备如何处理这批"投诚"的"棚寇"。在"碑文"部分，收录一文，即《文武公祖父母驱逐棚寇功德碑文》。以上三文的形成时间衔接紧凑，前后的逻辑关系分明，是研究"棚寇"问题极其重要的原始文献。万载、萍乡的地方志在提到这段史事时，对棚民也都冠以"寇""贼""孽"等字眼。上述"棚乱"的史事系统地出现在万载地方志中最早是在道光十二年（1832），此时土著与移民的矛盾已经全面暴露。也就是说，在万载地方，所谓的"棚乱"是在"事实"发生 150 多年之后才被定格，才被赋予某种意义，而这个时期的土客矛盾正呈白热化状态。在此期间，万载县曾于康熙二十二年（1683）、雍正十一年（1733）两次修志，但并未详细记载近期地方上发生的这一大事。所以，土著对"棚乱"这段"苦难历史"的记载实际上进行了筛选和创造，可视为土著的"集体记忆"。道光二十九年的《万载县土著志》辑录了《前井蛙行》《后井蛙行》这样的诗歌，把作乱的"棚民"比喻成妄自尊大的"井底淫蛙"，字里行间充满了土著对"棚民"的深仇大恨和极端蔑视：

《前井蛙行》（自天井坳棚寇始乱，至朱益吾授首作）

长桥蛟自额虎肆害，昔民尤可数。咆哮怒吼变不测，一朝屏迹归洞府。封豕长蛇无虑数十万。往来如织纷如雨，不携半菽与寸丝。寝室吾民争吾土，平山填堑掘坟墓。种苎刈蓝其利薄，智者先事忧未然，愚民贪得微租怀小补。讵知平时夜半窃耕牛，凶年白昼抢谷掠资斧。时觇四方小有警，扬旗飞帜张翅股。壬午天井乱，也曾披猖潢池舞。戊子会城变，妄假符命编军校。吾民横罹其荼苦，再犯再叛日骄恣。或纵或弛谁为主，已叹养虎自贻患，乃更沐猴而加组。吁嗟分卧榻之侧容金壬，非我族类必异心。仓卒突起疆隅变，獥貐磨牙莫可禁。方鸱张于己亥分，网漏吞舟更肆赦。旋狼噬于甲寅分，波摇鳖足踵相寻。井底淫蛙妄自大，鼓吹几部盘关隘。

《后井蛙行》（歼朱益吾后余寇复起，难民无处逃生感赋）

君不见投锄释耒长叹息，伙颐为王歌沈沈。又不见公孙子阳坐井底，至今空余白帝城。汉书一帙挂牛角，睥睨晋阳称弟兄。往昔覆车尚不戒，迩来授首复蔓兹。浏醴萍万江楚界，建牙开关弥山寨。宜春半壁污青蝇，鲸鲵相继虽伏诛。蜉蝣愈炽烦兼驱，流毒乡隅一炬尽。满目黄茅黍离虚，掠掳妻孥不得反。哀鸿嗷嗷谁安居，誓将远适寻乐土。拼掷老幼泪如雨，无家还思归，有田谁为主？改井作灶非容易，买牛买犊不我许，苍天何时复我庐？鹤唳风声未除根，格面格心知孰是，为云为雨覆手生，更复盘根深窟穴，昼伏夜动肆偷窃，吾民誓不与戴天，照我逃亡有如月。①

通过这样的官方标准文本，掌握话语权和文化权力的土著成功地将"棚民"与曾经发生的"贼乱"相联系，将其形象整体"盗贼化"，将遭驱逐的"棚寇"钉在历史耻辱柱上，并将此上升为政治问题，期望以此将"棚民"置于死地或至少置于困境。这个定性成为日后土著与移民两方论战和确定身份时的起点和分水岭，土著以之作为"妖魔化"闽粤籍移民的依据和有力武器。

土著的各种记录在提到这段史事时，对棚民都是冠以"寇""贼""孽"等字眼。在其家谱等文字叙述中，几乎清一色地开口必提"康熙甲寅之

---

① 《万载县土著志》卷二九，《艺文》。

乱"和"棚寇"。如万载县土著大族之一的龙氏族谱载："东峰公……为族长三十余年，公正无私，康熙甲寅棚寇猖獗，而石塘地近浏界，为盗贼渊薮。是时大兵欲剿棚寇，一士马为盗所戕，诬称石塘倡乱，三取印结将加残灭。公率众冒白刃往诉县主吴，又竭力率众纳南粮，吴力言于师，而石塘获安。"① 地处三区的石塘受"棚寇"的拖累几乎惨遭官军清洗，多亏族长率众诉于知县并设法多纳军粮接济官兵，才得到安宁。龙氏族人自然会这笔账算在棚民头上。子实公，"岁甲寅棚寇猖獗，以助饷为名，搜求富室，公名亦列数中。贼将诸富翁擒获入穴……遂释公，公得以不受辱而家产赖保全"；子瀚公，康熙甲寅寇变，而石塘与浏接界，为贼兵出入要区。后大兵进剿，恐难分皂白，翁毅然曰："余祖坟墓灵寝具在于斯，为子孙者忍坐视其蹂躏乎？"遂与一二同道不避艰险，挺身而出，申诉邑侯吴转白兵，族邻赖以宁；云锦公，"甲寅大兵进剿，贼潜，主帅归罪地方，事在不测，公与族人急办其事于州县，事得释"。② 万载三区源头刘氏也是土著大姓。族人偕升公去世后，其族侄在祭文中谈及他的生前事迹："在弱冠时遭吴逆之变，棚冠蹂躏，叔庐毁家破，幸保性命。及滇黔荡平，余孽犹炽，邑候吴公知叔才可用，委以事权。叔遂招降归诚，使向之，弄兵潢池者仍为赤子。此叔之有功于时也"。③ 万载进士李荣升在为其祖父作传时云："康熙十三年耿藩倡逆，宜春棚民朱永胜因之蛊众，里中无赖起……挈家辗转分宜、上高山谷间，自托于强宗。十七年贼平，归里，时县境大半莽为墟，高村上下数十里惟李氏一户，合户之壮惟府君一人，知县常、刘前后多其才并旁里委之，府君为之悉心经理，招徕流氓，抚绥疲户，堵御余孽，劝化宿顽，季年乡户完复，无追呼之扰。"④ 这些族谱都记载了祖先们在清初遭受"棚寇蹂躏"时的苦难历史与他们为族人和地方所作的努力和贡献。

　　通过文献传播、口耳相传等方式，这种在当时境况下产生出来的情绪和切身感受被长期保留下来。于是"棚民"暴乱的社会事实在土著的

---

① 《万载龙氏族谱》卷尾三，《赞序类》。
② 嘉庆《万载龙氏族谱》卷末。
③ 民国《万载源头刘氏族谱》卷四五，《艺文录·祭文》。
④ 李荣升：《李厚冈集》卷一二，《大父英文府君家传》。

意识里沉淀为一种集体的苦难记忆。即使是时过境迁，后世子孙对明末清初长期战乱造成的伤害和痛苦已经缺少亲身体会，还是可以从这些文本、这些故事中去体验、感悟。由此先人的苦难历历在目，后人的记忆犹新。

更重要的是，这种集体记忆可作为一种资源，在以后的实际需要中得到再生产和持续利用。在必要的时候，土著会"追念棚籍旧事，视同秦越"，与移民老账、新账一起算。我们将在后面嘉庆年间万载县土、棚学额纷争的过程中看到，当土著和支持他们的地方官员为了证明土、棚分籍考试的正当性和合理性时，即使事情已经过去了一百多年，即使并非所有的"棚民"都参与了动乱，即使这群"棚民"和那群"棚民"并无任何联系，他们所列举的理由和坚持的说法之一还可以是"万载棚民曾于康熙十二、十三两年有朱益吾等两次入城滋事，焚杀土民甚多，嗣后世相仇忤，屡有控讦争斗之案"。①龙泉县客籍修建书院的例子亦是如此。

而移民在此后的任何时候，无论表达什么利益诉求，都一定要设法先将自己与参加了"逆乱"的"棚寇"区分开来，尽快在名称和印象上与"棚贼"、与动乱的历史记忆划分开来，以表示对国家的认同和对官府的服从，并借此摆脱土著居民动辄发出的污辱和"贱视"。如我们以后在修水、在万载、在龙泉看到的那样。

明末清初外来移民的进入对湘赣边区影响极大，而因为"棚乱"给地方社会带来了严重的灾难，这一事件在此后的土客关系演变和区域社会变迁中具有重大的意义。

直到今天，当我们重新审视和研究这段历史的时候，可能依然受到了土著情感和立场的影响。地方志、族谱、文集等对"棚乱"的记述，大多反映了土著方面对移民的痛恨、排斥和敌视的态度。土著对"棚乱"的记载实际上可能进行了某些筛选和甚至创造，"棚乱"可视为土著的一种"集体记忆"。当然，土著对"棚乱"的追溯和执意的强调，也并非都

---

① 中国第一历史档案馆编：《嘉庆朝江西万载县土棚学额纷争案》（《历史档案》1994年第1期），嘉庆九年六月十八日，江西学政李钧简为申明万载分考一案未能随同督臣定议缘由事奏折。

是仅仅为了自身利益的"祥林嫂式的"表达。事实上，土著关于"棚乱"的叙述和记忆是一两代人的苦难遭遇记录和生命表达。或许明白这一点，将有助于我们借助各种文献，更准确地了解洞察这些材料所反映的社会问题、社会关系，更真切地理解同情那个时代那片土地上的那些人。①

---

① 梁洪生教授近年来提出"重返清初"，是要仔细阅读和体会清初人士是在什么处境和心态下撰写历史和保留文献的？是什么人在什么条件和情况下，写了哪些以前没有的"新"东西？——这就是入清以后这个地方出现的与明朝不同的东西，是一代人的生活磨难和痛苦记录，也是这些人在"新朝"继续生活下去，并与其他人群相处相维的社会历史基础和合法依据。参见梁洪生：《重评清初"驱棚"——兼论运用地方性史料对清史研究的检讨》，《社会科学》2013 年第 5 期。

第二章 清前期国家认同、移民发展与地方社会重建

第一节 棚民政策的出台与落实

在明末社会动荡之际，湘赣边区的移民绝大部分没有取得户籍，并没有被纳入王朝统治，属于流民。入清以后，顺治年间官方一度设立"棚籍"对棚民进行管理及征税，很快被三藩之乱打断。康熙十七年"棚乱"之后，大部分棚民在军方实行的"驱棚"行动中被遣返回原籍。康熙中期以后，各地政府重新招徕外地移民垦荒，发展经济，大量移民涌入湘赣边区，使得本区又迎来了一个移民进入和区域开发的高潮。清政府也开始放松对棚民的严格管制，逐渐视棚民为臣民。在此情况下，虽然地方政府照例会将新来的移民"另归棚籍"或与土著一体编列保甲，但这种权宜之计和松散的管理显然无法从根本上有效管理数量庞大的移民。在新的形势下，如何全面、妥善地安置这些移民是国家治理需要解决的重大问题。

一、万载温上贵事件与宁州黄本习案件

雍正元年（1723）三月，一名叫温上贵的人在赣西北万载县发动了一次小动乱。温上贵原籍福建上杭，与原籍也是福建、后迁移至台湾的朱一贵有联系，并欲在家乡鼓动乡人呼应朱一贵之乱。康熙六十年台湾朱一贵

起义 ① 失败后，温上贵逃匿到万载山区潜伏，于雍正元年暗中联合棚民数百人，计划攻打万载县城。此事很快被万载县知县施昭庭平息，但因为事涉朱一贵起义，由此引起地方官府和清廷的高度警觉，并成为雍正王朝安置棚民、移民的新契机。关于这一事件的始末，钱仪吉所撰《万载县知县施君事状》记录较为生动。施昭庭，江苏吴县洞庭东山人，康熙五十四年（1715）进士，康熙五十八年（1719）起任万载知县，任职期间对于棚民问题的处理可谓其人生中的精彩一笔。钱仪吉记载如下：

> 君讳昭庭，字筠瞻，一字寄篁……倜傥有志略，康熙辛卯举于乡，乙未第进士，己亥选授江西万载知县。万载地险僻，山岭绵亘，有棚民者自闽粤来，居之累数十年，积三万余人。温尚贵者，台湾逸盗也，其党亦散处山中为拳勇师，与棚民往来。雍正元年，闽中移捕盗党急，尚贵度不免，匿武生敖有居家，谋为变。始君之至也，虑棚民而曰："是众而贫者也，吾有以治之则众可用也。"县之富人易廉也达于事，君乃厚礼之，使交于棚民而侦其所为。于是廉也大积粟货棚民，还不取息或免偿。如是者数年，棚民大说。棚民之材者严林生、罗老满数从廉也游，廉也由是尽得山中要领。尚贵将举事，召棚民，林生、老满遽告廉也，以闻于君。君乃集勇敢三百人，即以林生、老满统之，为要约以待。而棚民多受易廉也恩，不忍往，然往者犹数百人。尚贵有众二千人，大掠山村间，时三月十三日也。君谓林生、老满曰："贼易破也。然吾虑贼之扰旁近县，旁近县不如万载有备，必使向万载，破之必矣。"又曰："贼不可使至城下，必御之于远，无惊老幼。顾山径杂出，三百人御之不遍，如何？"会老满出城，遇四人者将入，禽之，谍也。君因使人以谋言告尚贵曰："万载人逃城虚，可唾手得也。"贼遂决意向

---

① 康熙六十年四月（1721 年 5 月），朱一贵因不满清廷驻台官员横征暴敛，滥捕砍竹民人，遂与李勇等 52 人，在台湾罗汉门举旗起义。不久杜君英在淡水等地响应，起义军很快发展到数万人，几乎攻占了全台。义军拥朱一贵为中兴王，以永和为年号，并发布讨清檄文，声称"横渡大海，会师北伐"。闽浙总督满保得到台湾府治失陷的禀报后，立即调水师提督施世骠、总兵蓝廷珍率兵渡海，前往镇压。起义军在内有纷争，外遇强敌的情况下，作战连连失利。七月底朱一贵等被俘，后被押至北京处死。其余部众，隐匿山中，继续坚持斗争，直至雍正元年，王忠等人被俘，起义最后失败。参见中国第一历史档案馆：《台湾朱一贵抗清史料》，《历史档案》1988 年第 2、3、4 期。张莉：《论台湾朱一贵抗清起义的历史原因》，《历史档案》1990 年第 2 期。

万载。则又使老兵杂吏役若干辈为伏诸径中，时鸣鼓哗嚣，树大旗见斿数里，或连系数十马相踶嘶，或蓺草若炊烟。贼欲由径攻我，后疑不敢入，逢由官道来。而山中棚民多受林生、老满计，方贼之出，则使趫捷者数十人分曹持刃，挺伏丛林深草中。贼至其前，突跃出大呼击贼，贼惊走，辄追而杀之。或投火燎其衣，亦各有死伤然。伏数发，贼疑骇欲却，则又惧棚民之蹑其后也，于是濡被为盾以进。君望见笑曰："彼已慑矣。"则使火枪二十余迭击之，一战获尚贵。尚贵起二日而败，又二日而抚营兵至。[①]

钱仪吉用文学性的语言娓娓讲述了施昭庭如何平定温上贵之乱的故事。其中有两点非常重要，值得关注。第一是康熙晚期居于万载境内的闽粤"棚民"有数十年之久，规模相当大，已达3万多人，施昭庭"以棚民为虑"，考虑如何妥当安置他们；第二是"棚民"与"盗贼"是有区别的，不能混为一谈，官府镇压温上贵的军事行动得到了山中棚民、乡勇的有力配合与支援。

通过清宫档案，我们可以更全面、准确地了解这一案件的过程与细节。两江总督查弼纳的系列密折报告最为详尽。在雍正元年四月初二日的密折中，他奏道："奴才于三月二十九日闻知福建省城监押之台湾犯人越狱脱逃后，因虞江西与福建接壤，逸犯恐会潜入扰害地方，即于当日牌令江西南昌、南赣二总兵官、按察司，严饬各营汛守武弁及府县官员下力巡查。又牌令江南沿海地方各总兵官饬令各营于海上来往严查，各尽其职，固守地方。四月初二日辰时，接据江西南昌总兵官及布政司、按察司呈报，三月二十三日，据袁州府万载县申报，粟原〔黎源〕与湖南浏阳县连畛，据传言，浏阳县民因米价腾贵，欲来万载县等处打劫。万载县民甚为惊惧。三月十六日，一名叫徐宪章〔许贤章〕者来万载县集其婿罗老曼〔满〕入伙时，罗老曼〔满〕召集民人陈惠育〔辉玉〕等将其解拿送官府。经审，据徐宪章供称，贼首温尚贵接受台湾逆贼朱一贵之札付，自命伪元帅，纠集湖广、福建等地二百余人，其伙贼有王老二、刘元福、陈保等语。当即将王老二拿

---

① 钱仪吉：《江西万载县知县施君事状》，《衎石斋记事稿》卷八，《续修四库全书》第1508册。此文为后出《国朝先正事略》《清史列传》《清史稿》底本，天津师范大学罗艳春博士首次引用。

获，搜出札付一张，上命伪元帅是实。十七日，四十余人突然来到万载县之白梁〔白良〕处，于距城三十里处立营，扬言行将入城。袁州营都司遂派一百名兵丁赴县护守。本司我等因浏阳县贼来势汹汹，此事重关万载县城，故特派抚标守备方志远、把总张启超率兵一百二十名，携带盘缠星夜驰往。又派出南昌总兵官标下千总刘胜、把总杨精忠领兵一百二十名，携带盘银防守万载、新昌等地。"① 查弼纳认为，"湖广刁民迁入江西，宜趁其人少初起之时即刻剪除"，万载等地山多路险，且与湖南交界，"乌合之众极易潜入，务必及时扫靖"。故他"令南昌总兵会同袁州、临江副将派遣官兵通力合作，务期拿获，并严令左近汛守各营武弁下力巡查，不得放入刁民"。"如此四面堵拿，区区乌合之众无处躲藏，必会拿获归案。"查弼纳还提到新任巡抚即将途经袁州府赴任，故他一面行咨巡抚就近酌量剿擒，一面饬令南昌总兵会同巡抚协商而行。他还说"谨将湖广刁民滋扰地方之处先行具奏"，待"余犯拿获时另行具奏"。雍正帝朱批："此等之事一无欺隐，如此料理，所奏甚是。"

可见由于福建台湾犯人逃脱，牵动了整个东南地区；湖南浏阳县灾民欲来江西万载县等处打劫的传言和行为，继而引出温上贵事件，牵动了整个赣西北地区。

半个月之后即四月十七日，查弼纳在江西乡试期间又有"奏报拿获江西万载县贼犯事"的密折，更加详细地汇报了案情，进一步引起了雍正帝的高度关注。据查弼纳奏报，三月二十日，温宪荣前来万载知县衙门前探信，因形迹可疑，当即被拿获，并被审讯。同日，把总吕世英又拿获温的同伙杨龙佑，俱关押在牢。至于其巢穴，经探问在浏阳、新昌、万载三县交界处，四面环山，路通三县，以福建人温尚贵为首，聚有三四百人。官府派兵来万载县时，因不知情况真伪，未敢轻举出动，知县差乡勇陈惠玉、严林生等人寻找踪迹。三月二十三四两日，温尚贵等人倾巢出动，被乡勇打败。万载知县会同汛弁商酌，乘胜出击，以期剿灭。三月二十六日，万载知县与把总施世昌留守城池，把总吕世英率二百官兵相机进剿。三月二十七日，官兵与温尚

① 两江总督查弼纳奏报严饬江西官兵缉拿福建人犯折，雍正元年四月初二日，中国第一历史档案馆译编：《雍正朝满文朱批奏折全译》上册，黄山书社1998年版，第66—67页。此处引文系从满文译出，括号中的人名、地名为笔者根据汉文奏折及地方志修正。

贵等交战，斩杀温尚贵等众数十余名，其中有头裹红布首领两人，一人中弹负伤逃走，生擒六人，缴获旗四杆、矛一只、马二匹、铜锣二张，余均已逃散。官府又悬赏捉拿首领。二十九日，乡民卢卓、熊福等拿获首领温良凌，又名温尚贵。此人拒捕而负重伤，性命垂危，言语不清。经传前获犯人辨认，供系温良凌是实。又问温良凌本人，亦点头承认。此前于二十五六两日，在黄伯、朝齐、黄冈口等地亦曾陆续拿获二十多人，在其身上搜出盖有"伪印"之腰牌，可为凭证，因其言语悖逆，恐有他变，当即杖毙。（朱批：无论何等言语，勿得遮掩，密奏于朕，朕看本案内必有相关之人，不妨全部具陈。）查弼纳"一面咨行江西巡抚及南昌总兵官杨长春酌议撤兵"，一面"严饬江西臬司从速究审前获现获贼犯，并转行有司，务必搜捕余贼，以绝逃匿遗患"。（朱批：尔办诸事妥善，甚嘉。）并奏请圣旨，将"情罪无疑"之贼犯，"俟臬司审明呈报"，即在该县正法（朱批：甚是），则"彼奸恶之徒周知儆惕，且于地方大有裨益"。至于赏赐效力乡勇之事，查弼纳会同江西巡抚具陈，祈请加赏。（朱批：是。理应奏请恩施。若有负伤或阵亡者，俱照兵丁叙功例议奏。）雍正帝对此案朱批：此乃极为荣贵之事，日后全可区分民之善恶，何以隐瞒？著其原委尽行缮本具题。该正法者正法之，该赏赐者赏赐之，该议叙者议叙之，以伸知于天下。①

　　其后四月二十一日，刚补授的江西巡抚裴率度在给雍正帝的奏折中也详细汇报了此案"所有异民谣言、纠党放抢及拿获首犯，余党解散情由"。裴率度奏道："臣一介庸愚，荷蒙圣恩，补授江西巡抚，即于雍正元年三月初一日自贵州起程，本月二十四日入臣属袁州府地方。闻万载县有异民谣言抢谷，居民惶惑，等情。"裴率度即面谕地方文武各官严加巡防，相机捕拿，并星夜兼程，于二十九日抵任。查看文件，据布、按两司详据袁州府转据万载县详报，三月十八日，有兴国县人许贤章传布谣言，纠众放抢，被其婿罗老满等捕拿到县，讯供招出其党王老二、陈保、温上贵等，又陆续拿获探信"贼犯"杨龙友、温先荣等人。裴率度一面"檄司会同南昌镇飞饬该府营县

---

① 两江总督查弼纳奏报严饬江西官兵缉拿福建人犯折，雍正元年四月初二日，中国第一历史档案馆译编：《雍正朝满文朱批奏折全译》上册，黄山书社1998年，第66—67页。中国第一历史档案馆：《朱一贵余部抗清斗争史料》，《历史档案》1989年第4期，第16—17页。

督率兵役严加搜捕，务尽根株"，一面"给示委员抚绥安戢居民"。四月初六、初八两日据报已拿获"贼首"温上贵，地方宁谧。十九日布、按两司详据万载县详称四月初五日准新昌县移解"贼犯"温上贵、陈保、黄绍兰、王文飞、赖时良到县。据供称温上贵为首，系福建上杭人，"卖烟折本，起意纠约许贤章等希图抢谷。"因许贤章转纠走风，为其婿首获，随被捕役乡勇协拿，被伤身死。其余同伙或被淹死，或负伤逃至新昌县地方被获，"余党解散，人数未详"。裴率度认为："此辈奸民系闽广等处，向来附居江西荒山，搭棚垦种靛烟，名为棚民，良匪杂处，今虽据报贼首已获，余党解散，居民安业，诚恐根株未尽，贻害地方"，故"批司严饬文武官弁，再加巡查，严谨防范，务期宁谧"①。雍正帝朱批"此事查弼纳两次所奏甚详"，指示江西巡抚与两江总督一同斟酌料理此案。

　　两个多月后，查弼纳又向雍正帝汇报审讯温尚贵等人的情形，他在密折中进一步展示了案件的更多细节：

　　　　六月二十二日，承差把总刘士贤带回新昌县知县李跃呈文内称：三月二十五日究审所获袁启圣等，据供称：小的们俱系万载县人，当温尚贵招集人马时，小的等亦入伙，并捉拿铁匠，又掠得铁器以制造兵器，约期陷城。小的们需猪祭纛，当去盗他人家猪时被拿获。等语。二十六日鞫审所获李宗恒等，因伊等拒掌不供，即经刑讯，供称：小的们皆系福建人，与温尚贵同乡，已拜为兄弟，而温尚贵系朱一贵部下。温尚贵起事，小的们协助招集人马，供给所需兵器是实。今虽被获，死亦为义鬼。这些人皆为小的们同伙。等语。其余贼犯，均经逐一刑讯，言辞狂悖，如同李宗恒，且伊等身上所搜出之伪札、腰牌，皆为违法之物。因伊等皆为温尚贵所信用之恶徒，俱不怕死，又因城内守兵无多，若留此等恶徒，恐有他变，故将近两日所获袁启圣等八人，即在臣衙前街头杖毙示众。二十九日，审讯所获贼渠温尚贵，供称：小的名为温良凌，又名温尚贵，号福公汉，福建上杭县人，四十五岁。曾在各地行教把式。今年正月在万载县辽安坐教把式，三月十三日招集众人，于十七日竖旗

---

① 江西巡抚裴率度奏拿获万载县纠众放抢首犯折，雍正元年四月二十一日，中国第一历史档案馆编：《雍正朝汉文朱批奏折汇编》第一册，第280—281页。

起事是实。所须腰牌上写有大明忠兴朱王位下元帅温。刻有木质印信，作战之日，败逃时丢在山里草棚内。小的设有军营，在青原、严田、高村皆有人马。后因阎林申聚众与小的交战，于二十三日，小的自青原启行，于二十五日抵达江口。驻于青原之人马，得知小的到江口，亦随之抵达江口，小的所招集人马共有六七百人，尚未全部到齐。前因败逃，胆小者皆散去，现只有百余人。小的原以为到江口后，另择地方设营招人，拟于七八月间起兵，不料地方兵多，招来之人纷纷遁去。小的又自江口启行，路过石渡时，石渡有一陆姓人留小的吃饭，问小的起事之事如何。小的答以无碍事。不料有众人围困院子，关闭门户，将小的捉拿。伊等怕小的会把式，唯恐逃走，即拼将小的脚砍断。等语。据此，随即差人至山里草棚内找来木印，又将罪犯温尚贵押解万载县审讯。等情。据万载县知县施昭庭呈称，审得温尚贵在台湾时曾接受绫缎、伪总兵札文，今因遗失，仅将温尚贵所发腰牌、札文式样及告示一并抄送。等因前来。查得此伙罪犯，皆随温尚贵作乱，与他案无涉。臣咨饬藩臬二司审理此案时，务必从严逐一审明原委，凡有关言辞与人，即刻秘密呈送，不得丝毫隐瞒。①

查弼纳还将万载县送来温尚贵所发札文、腰牌及告示式样"恭呈御览"。密折中所附温尚贵"辅国安民告示"如下：

总镇大将军温，为辅国安民事。照得本将军莅范任兹土，尔等黎民百姓抛荒失业，逃散四方，但不知是何缘故？殊不知将军因奉新主，在此屯兵养马，并非掳抢财物，伤害百姓。尔等小民何得讹言异说，惊散四方？今特出示晓谕众军民人等，有志者可来充兵，辅国一日，新主登基自有封赠；无志者耕农为事。敢有猖狂不遵，另立人马对敌，即便兴兵，寸草不留。凡属小民士农工商，各务本业，切不可讹听谗言，起营在此，逃走他方，有失农业。今特出示，安民乐业。遵之，慎之，无违特示。

右仰知悉。

---

① 两江总督查弼纳为报审讯温尚贵等人情形事奏折，雍正元年六月二十五日（满译汉），中国第一历史档案馆：《朱一贵余部抗清斗争史料》，《历史档案》1989年第4期，第17—18页。

大明忠兴癸卯年三月二十日（雍正元年三月二十日）示

告示押　发黎源张挂

至此，温上贵事件案情已经水落石出，地方也已归于安定，此案遂告平息。雍正元年六月，雍正帝在两江总督查弼纳奏报遵旨严檄各属缉拿盗匪的密折中朱批"对尔朕甚放心，江南、江西两省确无令朕担忧之处"。①

雍正元年七月，协理山西道事、山西道监察御史何世璂向雍正帝上折子奏报他对"万载县盗案"即温上贵案的看法及建议。何世璂认为万载县发生的盗案是第一大事，但"关系紧要者实不在此万载之一县"，而"筹画安置者亦非但擒获之歼戮之"，并非"弭盗安民之上策"。他谈到，江西地势，山泽居半，"其西南与湖广、福建、广东连界之袁、瑞、吉、赣等府，率皆崇山峻岭"，官吏不到之处，藏奸纳污，山区匪乱，"往往数年辄一发动，官吏特未尝报耳"。他分析了地方官员之所以不报的原因："所以不报之意，非故有所隐匿也。以为此闽广流寓之民，初不同于豫章土著之民，杀之而已可矣，报之则扰累兹多，何以报？臣以为是则然矣，然欲使之革面洗心，安土乐业，亦必有道以处此。奈何官吏置之不讲也，置之不讲而酝酿日久，党类渐繁。一旦萌不肖之心，则又非州县之官率数十捕役之所能擒获而歼戮之也，其滋扰不更多乎？臣之所谓蚤宜筹画而安置之者，此也。"②接下去他反驳了两种"旧说"，相应筹画了安置棚民之法，祈请雍正帝"敕下督抚，集思广益，确议施行"，如此一来"将见江西土著之民游泳于光天化日之下，闽广寄籍之众鼓舞于出作日息之中矣"。何世璂奏道：

> 至其安置之法，旧说有二：或云闽广寄籍之民与江西土著之民，应令一体编列保甲，使之互相稽察，庶几奸究不生。然土著之民聚族而居，多在平陆；寄籍之民，结茆深山穷谷之中。彼此互相遥隔，互相猜忌。将令土著之民日日探幽绝险，稽察匪类，其势甚难，此一说之不可

① 两江总督查弼纳奏报遵旨严檄各属缉拿盗匪折，雍正元年六月十四日，中国第一历史档案馆译编：《雍正朝满文朱批奏折全译》，黄山书社1998年，上册，第173页。

② 山西道监察御史何世璂奏陈筹画江西寄籍棚民事宜折，雍正元年七月十八日，《雍正朝汉文朱批奏折汇编》第一册，第679—681页。再，《雍正朝汉文朱批奏折汇编》第三二册《山西道监察御使何世璂奏陈安置闽广流江西寄籍棚民事宜折》内容与此折相同，但归入无具文时间奏折。另见何世璂：《条陈江西麻棚寄籍民人疏》，《何端简公集》卷一《奏疏》，北京图书馆古籍珍本丛刊本。

行者也。或云将寄籍之民一概驱而逐之，使之各归乡土为便。然闽广之民，为江西土著之民垦荒种麻已数十年矣，约计一府山谷之中老幼男女不下数千人，则十三府属之中恐有数万人不止。其中奸者虽有，守分力田者亦复不少，一旦尽欲驱而逐，彼自度无所归宿，势必激成祸端。且臣闻今春擒贼杀贼之人，即万载知县招募麻棚有室有家之人。藉非此辈协力御侮，彼土著之斤斤自守者，其谁能登山陟岭，批吭捣虚哉？故驱而逐之之说亦非也！

臣窃惟为今之计，莫如安其久来种地之人，绝其倏往倏来之辈。每一县麻棚之中，另编保甲，择其身家殷实者立为保长、甲长，日日查验花户。设有情踪诡秘、倏往倏来之徒，立刻报官，严拿递解。月终各令递有无匪类甘结一纸，存案考校。苟至三年无事，保长、甲长自当悬格旌赏；如有容隐通同者，保长、甲长一体究治。彼自爱其身家，庶或奸宄可杜。督抚亦当委贤能官员不时巡查，务使州县宽严并济，赏罚分明，不得姑息隐忍，亦不得生事扰民。

何世璂奏疏中特别值得注意的是事关地方治安的"棚民"保甲的编制。何世璂主张"棚民"应单独编成保甲，不与土著保甲混在一起，"棚民"的保长、甲长由"棚民"中"身家殷实者"担任。和江西巡抚裴率度主张的保甲法比较，则可以看出何世璂的建议最重要的是大前提已经改变了，即首先认定"棚民"是"闽广寄籍（江西）之民"，其中虽然不乏"倏往倏来之徒"，但占主体的是"久来种地之人"，他们不是"奸"民，安置好他们是首要的问题，所以应当让他们单独编制保甲，自我管理。而将这个自我管理的保甲置于地方官府控制之下的一个手段，即"月终各令递有无匪类甘结一纸"，存档备查，以供日后赏罚之用。一个十分重要的变化在于：这张"甘结"开始由"棚民"自己来出具，或说是"棚民"保甲长替其他"棚民"担保。反观以裴率度为代表的江西官府的旧法，其前提则是"棚民""良"、"奸"不分，很难管理，所以要将其编入地方原有的保甲体系之中，由土著"地主"为"棚民"出结——"棚民"奸良与否要由土著来确认。

何世璂筹画的第二个安置之法，则走得更远，即给予"棚民"子弟读书和科考的权利与前途。他奏道："再令州县中各为寄籍之民另设义学一区，择其子弟之秀良者，为之延师训读，许其与考，果能自成文理，计其童生之多寡，酌取一二名以附各府儒学之额外。彼知上进有路，则廉耻易生，当不肯自弃于盗贼之途，而州县亦可借义学之名，先以羁縻其心腹，久而久之可成仁里矣。"在万载、宁州、龙泉和其他许多移民社会中，我们会看到读书和科考的解禁对"棚民"日后的发展何其重要，此举对土著人群的震动又是何其之大。在何世璂的筹画中，虽无一字提到"棚民"的户籍问题，但一旦认可了"棚民"是移民，主体是良民，那么无论是编制保甲，还是读书科举，无一不与户籍问题相关，实际上已是入籍的题内应有之义了。何世璂所提出的，应该说是一个真正懂得国家治理之道的"一揽子"解决方案。

对何世璂提出的方案，雍正帝没有立即表态，如朱批只是"尔可与裴率度商酌""尔等当权巧渐渐设法安置妥当，不遗一点后患于地方才好""加意留心料理"等。实际上，像做出其他重大决策之前，雍正帝并不"显山露水"，一直密切关注"棚民"问题，如在给其他官员的朱批中他写道："棚民一事，必清净了方好，万万不可止于如此。"[1]

发生在赣西北山区的这个案件似乎很快告一段落。一波未平，一波又起。雍正元年九月底，赣西北宁州境内发生一起抢劫杀人案，多次被裴率度及查弼纳上折呈报，并多次得到雍正的朱批。案情首见于裴率度雍正元年十月十三日的奏折："雍正元年十月六日据宁州知州刘世豪禀称：准铜鼓守备王凯移会内称，九月二十七日谣言浏阳县界内石姑山有贼人从血树凹入州境排埠，欲于铜鼓地方抢掠，未知虚实，等语。该州遂谕总客长即棚长李上正督率各都练长前往防守，忽于三十日一更时分，浏邑界上竖旗，杀死排埠塘兵二名。及至二更时分，李上正领伊子共二人俱遇贼人被杀，等情。"[2]在密折中，裴率度还奏报了他即与南昌总兵会商拨兵二百名前往铜鼓防护，飞檄袁州协副将就近拨兵协同万载、新昌各营防御。九月三十日晚获"贼"一名，五更搜山，找到遗弃的"刀枪、钩练、油绒燃、红令旗等件"。十月初六日午刻，有"贼"丘良生、邹奇富混入营内，当被拿获。是夜搜巡，拿获"贼犯"丘君祥、兰翰桂、罗明斌、吴召开、何老二、范文玉、凌翰立、范载连、

① 江西巡抚裴率度奏陈搜拿贼伙绥靖地方并请入京觐见折，雍正元年十二月十二日，《雍正朝汉文朱批奏折汇编》第二册，第381页。
② 江西巡抚裴率度奏铜鼓民人谋叛现获究审折，雍正元年十月十三日，《雍正朝汉文朱批奏折汇编》第二册，第107—108页。

何运通九名，"余党仍潜入石姑山"。初八日续拿"贼"三名吴日正、谢老二、涂元音，一并确审。裴率度还将此案与棚民联系起来，认为："此等匪类，藏匿深山，棚民杂处，倏聚倏散。浏阳一带，万山之中，倘有刁徒构衅乌合，如三月中温上贵一案，不得不严加搜捕，务净根株。"他提出"统众进剿"，但恐"奸良难辨"，且"两省交界"，故"未敢妄动"。决定先审清案情，"现在酌拨连界协营文武各官昼夜巡查"，再视具体情况而决定下一步的动作。雍正帝对此明确表示"此等匪类"不能姑息，与督臣查弼纳商酌，相机而行。

之后，两江总督查弼纳亦详细奏报了此案情形，并"行咨湖广督巡提督，祈请派兵两翼夹击，使贼匪无脱逃之地，靖扫匪剿"，诸项事宜将会同巡抚商酌而行。雍正帝朱批："此事适才裴率度也奏来了。伊奏言将取平稳之策消弭事端，以恐殃及良民。朕批旨：此全在尔等封疆大吏相机而行，实心任事。匪首不可不除，但若清剿过分，使良民畏惧散逐，徒增贼势亦为不可。文官精明则百姓爱戴，武官善饬营伍则歹徒畏惧，贼不拘多少不战而亡耳。此等之事若大动干戈，必须熟悉贼之情势栖息巢穴，选派精兵，二省协商筹划，约期一网打尽，不可草率行事。为良民而虞，断不可养虎为患，务必根除，莫小视人，看得过于简单。尔现任两江总督之职，朕甚放心，尔酌情而行，务求稳妥。朕闲来将所虞之处寄嘱于尔，想必尔悉已想到矣。裴率度乃系新手，何如？"①

十一月底，裴率度接雍正帝朱批后，于十二月再次上折奏报此案。他奏到，官兵搜查各山，直至浏阳界而回，贼伙解散并无踪迹，地方宁静。据宁州知州刘世豪报称，审讯获犯供出医生刘允公"勾引匪党，扬旆散札，无非虚张声势，恐吓乡愚，希图索诈银米，非有别情"。又有"获匪"一名白大生供出刘允公在祥云庵麻洞地方并羽党龚奇坤八人，随即缉拿龚奇坤等七人到案。缉拿诸人皆供"尽属仇攀（挟仇攀诬）"，官府暂行保候。裴率度还将此案再次与棚民联系起来，谈到"江省无知流匪倏聚倏散，闽广之人棚居杂处，奸良莫辨"，小事时有发生，如"文武各官一闻事发即据通报，不免

---

① 两江总督查弼纳奏报浏阳贼匪入赣抢劫兵器等事折，雍正元年十月二十五日，中国第一历史档案馆译编：《雍正朝满文朱批奏折全译》上册，第455页。

张皇"，乃至"究审多属虚诬"，此事"两月以来全无影响"。又遣人密探事起仇杀李上正父子，害及塘兵之人，闻官兵擒拿，俱已逃散。裴率度再阅读"伪札"，见有"温元帅"之称，料想"（贼伙）必系温上贵之余孽也"。雍正帝批示"虽系仇攀，不治罪则已，何处不可以安生。此八人不可仍令住居麻洞，另移远些的州县有何不可"，类似情况"皆当如此料理"。并指示不管大小事都要留心，"必奏闻方好"。雍正帝朱批再次强调，"棚民一事，必清净了方好，万万不可止于如此"。①

此后，裴率度于次年六月第三次上折奏报本案要犯黄本习供情。裴率度的奏折称："宁州流匪一案，经臣两次折奏……六月初一日续据宁州报称：差役张雄带同自首缴札之黄允旺在上犹县地方拿获要犯黄本习到案。随解司审讯，供出首犯刘允公自称元帅，叫本习做都督，同伙邹文诏、廖贤生、丘崇生、王阿满等十八人，于去年九月三十日在本习家会齐往铜鼓营抢掠，路遇李上正父子，本习即与邹文诏等一同下手杀死。又撞见塘兵，恐其报信，王阿满等赶上杀死，是实。闻官兵追捕，分头逃散，等语。据此，黄本习实系本案杀人要犯，同伙姓名现供确凿，查现在已获正犯五名，四路密差严缉余犯。"② 雍正帝批示"其余未获者务必严追，设法擒拿"。

七月，查弼纳又密折奏报此案，提到五月初三在南安府上犹县拿获黄本习，遂派兵押解，于五月二十日到宁州，"旋解到司"。其后他也奏报了黄本习所供情形，最后还强调了宁州的复杂情况，提出加强管理的建议："再，宁州地方位于深山之中，毗连湖广，恶徒仍在聚众出没。铜鼓营距宁州一百四十里，山路崎岖，行走二日方抵州城。虽设守备，但一应词讼案件，武职不得审理。仅为争吵小事，无庸到州诉讼，故而从无数小事之中，滋生大事。由于离州城较远，知州不及管理，因而奸徒以强凌弱，勒掯百姓，暗通远处恶徒，滋生事端。以臣愚见，或从南昌府调一同知、同判移驻铜鼓营，或于铜鼓营增设一县，知县驻此城以管理之，如此，若地方有事，全可即行平息，不致于长久滋事，又于地方有益。铜鼓营地方，原有城池，因倒

---

① 江西巡抚裴率度奏陈搜拿贼伙绥靖地方并请入京觐见折，雍正元年十二月十二日，《雍正朝汉文朱批奏折汇编》第二册，第381页。

② 江西巡抚裴率度奏报要犯黄本习供情折，雍正二年六月二十四日，《雍正朝汉文朱批奏折汇编》第三册，第225页。

塌地方较多，抚臣裴率度正在捐修，足以坚固。"雍正帝朱批："所有缘由，虽已明白梗概，但心中仍无把握。尔到江西之后，与裴率度详尽筹划，务使地方百姓长久获益。"①

赣西北山区频发的"盗案"及"匪乱"，或许还由于温上贵事件与台湾朱一贵起义的关系，使雍正帝耿耿于怀，也在促使清廷高层酝酿一场针对"棚民"的改革。当然，这一改革是在雍正帝其他系列重大改革的大背景下展开的。

二、清廷中央政策的出台

雍正帝即位后，奋发图强，锐意改革，江西、江南凸显的"棚民"问题是他密切关注的问题之一，并以此来推动其他重大的改革。

雍正元年万载温上贵事件与宁州黄本习案件发生之后，如何妥当处置南方山区的棚民就已被清廷提上议事日程了。既然问题出现在江西，那么江西地方官员的处理办法就很重要了。实际上，江西各级地方官员对此问题的态度并不一致，存有歧见。从雍正元年三月万载温上贵事件发生后，直到雍正三年七月的两年多时间里，基层政府与移民，各级地方官员之间，中央政府与地方政府，各方都进行了充分的接触与碰撞，经过较长时间的酝酿，最终促成了雍正王朝新"棚民"政策的出台。

我们需要特别注意"温上贵事件"中的万载知县施昭庭和宁州黄本习案件中的宁州知州刘世豪。关于宁州知州刘世豪的主张，详见后文。万载县知县施昭庭，虽然只是一名七品县官，但敢于和江西巡抚据理力争，其态度与立场对清廷中央政策的出台有重要的影响。前引《万载县知县施君事状》记载如下：

> 初，棚民尝入市欺市，人人积畏之。及尚贵叛，道路汹汹指棚民。君谓林生、老满曰："抚营兵至必搜山，吾负棚民，奈何？"为之泣。则又曰："吾以免死帖与诸降者。汝及今日趣棚民具不从贼结来，其免

①　两江总督查弼纳奏报根除铜鼓营一带恶徒事折，雍正二年七月初七日，中国第一历史档案馆译编：《雍正朝满文朱批奏折全译》上册，第860页。

乎。"兵至，果搜山，如君计，不戮一人。而巡抚初到官，闻有警，遽奏于上言："臣素知有棚民，抚江西未任即檄县为备。某日得万载报，又指授方略。"已而见君申文不合，使请于总督查弼纳公欲追改之。公曰："吾不忍迫棚民使叛而杀之以为功也，不可改。"巡抚乃檄君谓："棚民匿盗已久，又从乱，罪皆死。今虽赦之，必驱归本籍。"君乃使人遍谕棚民无恐，而请于督抚曰："诸言棚民者，闽粤之贫人耳。来居山中，种麻自给，惟其贫苦，以席为屋，故曰棚民，非刀手老瓜贼之比也。历年既多，生齿日众，平时与居民间有争讦，皆闾阎细故，不足深惩。今者叛乱之事由台湾逸盗，不关棚民。而探贼动止，离贼党羽，诱贼就缚，甚赖棚民。力请核户口、编保甲、列齐民，泯其主客之形，宽其衣食之路，长治久安，于计为便。"查弼纳公许之，巡抚亦寻悟，悉如君策，棚民乃安。于是上临朝，谕九卿曰："知县以数年心力办贼，巡抚到官几日，岂得有其功乎？"独发总督折。下部议叙，以主事知州用。

作者钱仪吉大发议论，对传主大加褒扬："夫盗贼之初发也，县令力能办之，则燎原之火销于始焰。苟无其才，或拘以文法，亦有事垂定而贪功喜利，激生变祸，势遂大，虽幸克之，而天下之力竭矣。故治盗之术，任用将帅不如精择守令。诚得其人，假以便宜，责以成效而懋赏严罚，坚持以待其后，则亦何乱之不可靖，何功之不可集哉！如施君之贤，盖不难于办贼，而斤斤虑事后之生他变，幸得行其说，一方赖以无扰，然心亦苦矣。且在上者举贤让能，推心置腹，然后人乐为之用……吾闻抚部某公亦一时贤者，惟其有功名之心，以致偏徇轻发，几成巨衅，卒使豪杰之士效其力而不终，此亦用人之大戒也。予于故案牍中观其始末，以为事虽一端而关乎天下之利害，故著之于篇。"[1]

显然，施昭庭是一名对"棚民"有深厚感情、坚决维护棚民利益的"父母官"，"力请核户口、编保甲、列齐民，泯其主客之形，宽其衣食之路，长治久安"。如果不是他的据理力争，此时"棚民"可能又要惨遭驱逐。他的长治久安之计明显比江西巡抚裴率度保守的剿灭、驱逐政策更有利于棚民的生存发展和国家的长远利益。他在此次事件中的态度与巡抚裴率度截然不

---

[1]　钱仪吉：《江西万载县知县施君事状》，《衍石斋记事稿》卷八。

同。在这一互动过程中，知县施昭庭与巡抚裴率度屡屡抗争。施昭庭的决心和胆气从何而来？联系到前引山西道监察御史何世璂四、五月间在江西做的一些"密询"调查，和七月份正式上的奏折主张，似可推测：施昭庭作为直接面临"棚民"和治安问题的万载地方官，极有可能是何世璂"密询"问策的对象之一；施昭庭也极有可能在上述问题上与何世璂有过交流并见解相同，甚至得到何世璂的某种暗示或者鼓励。如何世璂奏道："臣闻今春擒贼杀贼之人，即万载知县招募麻棚有室有家之人。藉非此辈协力御侮，彼土著之斤斤自守者，其谁能登山陟岭，批吭捣虚哉？"作此推测，不仅可以提示当时王朝的政策制定实际上是经过一个不断讨论和上下互相影响的过程，而且还可说明政策、信息的传播可能有多种渠道和途径。

而被官方和土著称之为"棚民"的移民也有自己的说法。蓝氏为万载北部的移民大族，族人蓝渭滨与康熙三十年（1691）携眷移居万载。关于他的事迹，其族谱记道："雍正元年贼匪温上桂叛逆，县宪施公立公为总练，率黎源乡勇剿之，袁州中军游府都阃司陈公伟廷琪题匾赞之，七旬加武德将军、置铜鼓营驻副府董公讳应朝题匾祝，邑侯祝公八十寿。"① 与蓝氏居住在一起的"义门陈氏"，其族人元让公于康熙三十二年（1693）自福建永定县迁来万载黎源。他有九个儿子，长子"辉玉，字书秀，清雍正元年有土匪温上贵猖獗万邑及各州县，率领弟辈统带乡勇，剿灭贼党。蒙协台陈廷琪将军功通详题奏，奉旨敕封威武将军，后授吉安府万安县把总"。九子辉瑞，"府宪与协镇以公忠勇可嘉且老成谙练公正廉明，并委公团练乡勇，剿灭贼党，赐匾曰'干城备选'"。② 雍正《万载县志》记载了陈辉玉、严林森、罗老满等人的事迹。③ 同治《万载县志》还记载了另一位移民潘立鸣，"高村人，雍正初温上贵犯境，府宪李英札起团练，倡捐钱谷，与乡耆蓝渭滨、义勇陈辉玉、严林森、罗老满等协力捍卫，不惜身命，贼窜新昌，奋勇驱逐，获尚贵。逆党平，知县施昭庭奖以'忠义可风'"。④

这里，移民通过自己在"温上贵事件"中的行为证明自己完全拥护官方，

---

① 道光《蓝氏三修族谱》卷末《家传》。
② 民国《义门陈氏宗谱》卷九，《六郎支元让裔世次》。
③ 雍正《万载县志》卷一〇，《武胄》。
④ 同治《万载县志》卷二〇，《人物》下。

是国家的良民（"义民"）。像严林生、罗老满、蓝渭滨、陈辉玉等这样的移民太重要了，他们的行为提醒地方官不要把"棚民"或客民总是与"匪""贼"联系起来。所谓的"棚民"不是铁板一块的整体。移民支持政府并受到政府的嘉奖，这一事实被保留在自己的族谱里面，逐渐转化为一种社会记忆。并且，这一具有象征意义的事件也可被移民作为一种资源来使用。如宁州移民在与土著较量的过程中，客民代表即称："（雍正元年）三月内，老爷即公事赴省，即时保甲草创，值接界连的万载、新昌奸民作乱。那万载有乡民严陵森等，是福建人民；小的与李上珍（前文提到的棚长李上正）等，都是闽广之人，闻风即团练地方，带领乡勇堵截把守新开箬坪岭、土地坳、排埠各隘口，使贼不得犯境。怎么不见这相公出来建策立一计议？今说入籍异民恐为内应，呈请驱逐，若无土主出结，就该退佃逐回，实在众客户不服！"[1]这里，宁州的移民毫不讳言自己是闽广移民，但强调的是自己与其他闽广移民奋起"带领乡勇堵截"，"使贼不得犯境"，完全是国家的良民，并以此为例嘲笑了土著一番。

而新任江西巡抚裴率度的态度和行为则显得因循保守，较为功利和短视。在雍正二年三月二十八日以前，通过所上奏折，可见裴率度对"棚民"问题的基本定位和处理措施是：

第一，认为"棚"、匪混杂难辨，来去不定，所谓"名为棚民，良韭杂处"；"此等匪类藏匿深山，棚民杂处，倏聚倏散"；"江省无知流匪倏聚倏散，闽广之人棚居杂处，奸良莫辨。向亦时有窃发，随犯随处，皆未奏报"。故多"诚恐根株未尽，贻害地方"。从温上贵和黄本习二案的供词看，南昌总兵和南赣总兵极为重视，牵动了南昌和南赣两大治安防区，西及浏阳，南至兴国、上犹等地，都是"匪"的流窜之地，又因多是山区，缉捕难度很大。

第二，除了追剿、巡查外，裴率度在此问题上的唯一作为是稽查保甲。在奏折中他说："查江西棚民由来已久，臣上年到任，值温上贵一案，即严饬合属文武各官稽查保甲，整饬营伍，并檄司道通行查议。"从行文看，裴率度严饬稽查的是地方社会原有的以土著为主要力量的保甲系统，要求其在

---

[1]　转引自梁洪生：《从"异民"到"怀远"——以"怀远文献"为重心考察雍正二年宁州移民要求入籍和土著罢考事件》，《历史人类学学刊》第一卷第一期，中山大学历史人类学研究中心、香港科技大学华南研究中心 2003 年版。

控制"棚民"方面发挥作用。之所以如此，是因为作为江西巡抚的裴率度，始终把"棚民"和"贼人""匪类""奸"联系在一起，也一直把"棚民"问题当作地方治安问题来看待和处理，编制保甲的目的是管住"棚民"，不生祸乱。至于"棚民"在动乱中支持官府的行为及"棚民"如何在地方上生存和发展，从上呈的奏折中，未见提及一字。这可视为雍正二年三月以前江西省府对待"棚民"问题的基本政策。①

两江总督查弼纳的基本立场与出发点与江西巡抚裴率度大体上一致，但在一些具体做法上也存在分歧。如在万载温上贵事件处理过程中，查弼纳与裴率度持不同意见，支持万载县知县施昭庭。而对于宁州黄本习案件的处理，查弼纳似较裴率度更为激进，除在赣西北搜剿外，他甚至"行咨湖广督巡提督，祈请派兵两翼夹击，使贼匪无脱逃之地，靖扫匪剿"，故雍正帝告诫其"不可草率行事"，"莫小视人，看得过于简单"。批谕其与巡抚商议而行。

除江西巡抚裴率度、两江总督查弼纳外，曾任江西巡抚的大学士白潢也建议要对江西棚民实行管制，以免此类暴乱再次发生。

雍正二年（1724）正月二十一日，户部尚书张廷玉奏请安辑棚民以销匪类，提出一整套安辑"棚民"的原则，请雍正帝敕令"督抚悉心筹划，因地制宜，详议具奏"。他奏道：

> 查浙江之衢州等府、江西之广信等府皆与福建连界，江西之赣州等府又与广东连界，闽广无籍之徒流移失业者，荷锸而来，垦山种麻，搭棚居住深山之中，或数家为一处，或数十家为一处，呼朋引类，滋养生息，日久愈多，既不可驱令回籍，又不听编入县册，去来任意，出入无常。偶遇年谷不登，辄结党盗窃，为地方之害。江西之袁（州）、瑞（州）等府尤甚。臣愚以为亲民之官莫如守令，请敕下江、浙督抚，查明有麻棚之州县，秉公拣选才守兼优之员，保题补授，庶平时抚驭有方，流民奉其约束，临事捕缉有法，匪党不至蔓延。至于安辑棚民之道，自愿编入本县册籍，并取具五家连环互结，又严行保甲之法，不时稽查。其中

---

① 参考梁洪生：《从"异民"到"怀远"——以"怀远文献"为重心考察雍正二年宁州移民要求入籍和土著罢考事件》，《历史人类学学刊》第一卷第一期，中山大学历史人类学研究中心、香港科技大学华南研究中心 2003 年版。

若有膂力技勇之人与读书向学之子，许其报明本县，申详上司，分别考验，加恩收用。如此则虽欲为非而不敢，虽能为非而不愿矣。

以上数条皆臣管见，未知当否，并请敕令督抚悉心筹划，因地制宜，详议具奏。臣前经面陈梗概，未曾详尽，今缮折谨奏。①

张廷玉的建议具有重大的创新意义，这个奏折成为可以在江、浙等省普遍实施的基本政策文本。其中，除了要挑选"才守兼优之员"担任有"棚民"州县的长官外，具体的安辑之法，则完全采纳了何世璂的棚民保甲法和入学考试两条，并且更进一步，主张"棚民"落户入籍，"编入本县册籍"。虽然日后各地的具体做法存在差异，但安置"棚民"的政策定向和基本做法，皆以张廷玉的建议为蓝本。

这样，经过约八个月的酝酿和讨论，户部尚书张廷玉提出了一个有普遍意义的新棚民政策。雍正帝在元年十二月和二年二月分别把大学士白潢和张廷玉的奏折转发给江西、浙江督抚，批示讨论此折，详议具奏。

接文后，查弼纳即咨商福建、浙江总督，江西、浙江巡抚，表示会同核议后再一并复奏。雍正帝朱批："据朕所闻，对此一案，有者视为大事而加以议奏，有者竟不以为然。此事全在于尔经彻底查明之后，不偏不倚，执其中，按其理，以妥善办理之。武职有备，有司清越者，甚为重要。即便山区之几个府州县文武官员，虽官声一般，亦不可常此下去，其调任者调之，休致者休之。若然如此，在几年之间，有何不能治理，不能消弭之事。对此案要竭尽谨办。"②可见雍正帝对此案、对棚民问题的重视和良苦用心。这一时期，雍正帝不断要求督抚勤于地方事务，实心任事，特别是处理好棚民问题。雍正二年二月清廷内臣所拟上谕一件，曰："朕临御万方，宵衣旰食，孜孜图治，凡地方远近大小事宜时历于怀，督抚身任封疆，更当仰体朕心，防微杜渐，加意抚绥。即如棚民，浙江、江西近山一带多有，皆闽广失业之人，迁徙无定，地方文武大小等官果能平时实心任事，严立保甲，稽查奸宄，自能肃清弹压，不至生事。即有无籍之徒，聚集山泽，一经发觉，本

① 户部尚书张廷玉奏请安辑棚民折，雍正二年正月二十一日，《雍正朝汉文朱批奏折汇编》第二册，第 523—524 页。
② 两江总督查弼纳奏报安置江南江西种植线麻之民折，雍正二年三月十五日，中国第一历史档案馆译编：《雍正朝满文朱批奏折全译》，上册，第 718—719 页。

地防汛弁兵及附近协防合力剿捕，立时擒获。若文移往返，还延时日，流匪潜逃，株连无益，皆由州县文武官员全不留心地方，嗣后近山州县棚民杂处之地，督抚于本省文武职官内，秉公拣选操守清廉、才力壮健之员，酌量人地，相宜保题调补，必使该员安拣有方，缉捕有法，以收实用。至山僻险峻，塘汛要地，当多设兵弁，盘诘出入。如兵力单弱，即于本管内酌量添补，庶于地方有益，特谕。"①

大约在同时，裴率度也有奏报，但只对编制保甲一条予以了回应，"查诸臣条议，大概同此编甲一法"。并特别强调"棚民"情况复杂，类型各异，"细纺情形，各有不同"，如有入籍年久现在纳粮当差者，有入籍未久去留踪迹无定者，有近在市镇与土著杂处者，有远在山箐星散各居者，有土民雇其佣工地主招其垦佃者，更有山主利其工力曲为隐庇者，或种靛麻，或种茶烟，或佃耕做纸，统名之"棚民"。他认为"编甲之中，不无变通"，"要在因地制宜，顺情立法，地方官得人，方能有益"。裴率度还说："臣于有棚州县谒见时，莫不留心体访，谆切诚谕，实力奉行。至一切应行事宜，候两司查议详到，容臣会同督臣悉心公议具题外，合将现在查编地方宁靖缘由，先行奏明，谨奏。"其所奏并无新的见识与具体做法，其实还是因循旧章。对查弼纳、裴率度等人的反应，雍正帝不太满意，朱批："诸臣条奏发来之意，原为尔等地方大臣洞知利弊之详，所以令尔等悉心公议也。务须著实访察，洞晓事情之终始巨细，再加以敬谨筹画，方于事有益。不可因一二属员之语为凭，忽于整理而遗害于后也。"②雍正是想用白潢、张廷玉等朝臣设计的新政策来启发和触动地方大员的具体施政，告诫后者不可忽于职守，无所作为。

其后查弼纳又提出了新的处理意见。查弼纳奏："江西界连福建、湖广、广东诸省，地旷山深，民无力开垦，招流民艺麻种靛，以其棚居，名曰'棚民'。安业日久，驱令回籍，必且生事。当编保甲，千户以上，驻将吏稽察。编册后，续到流移，不得容隐。其读书向学及有膂力者，得入籍应试。"下

① 遵旨恭拟谕督抚加意抚绥地方上谕一件，雍正二年二月初十日，《雍正朝汉文朱批奏折汇编》第二册，第581页。
② 江西巡抚裴率度奏报查编地方宁靖折，雍正二年三月十八日，《雍正朝汉文朱批奏折汇编》第二册，第613—614页。

部议行。在四月、九月的奏折里，查弼纳又汇报了相关情况："臣即遵照彻底清查，查视地形，折衷核办，以期永久妥当"。"再，为安置江西地方种植线麻人员事，臣与抚臣裴商定编审保甲，进行严查，又移驻文武官并以管束之。"①同时，地方军事长官还加强了对赣西北地区的军事管制。署理南昌总兵陈王章将后营游击一员、千总一员、把总一员带兵移驻铜鼓加强防守，以原设铜鼓营守备把总带兵移驻万载县，以千总一员带兵驻防新昌县，而宁州一汛，"棚民最多"，除原拨铜鼓营兵丁外，再添拨兵丁进行协防。如此，赣西北一带遇事"则联络声援呼应自灵矣"。他还提及与"抚臣裴率度商量，已有酌调干员编户挨查之议"。又九月初八日查弼纳至江西后，陈王章"复与督臣再四确议其棚民户数，自应编立保甲，责令保甲长出具册结，汇送该州县，按册稽查，防范既审，即有续到流移，自不敢轻为容留，以干罪戾"。雍正帝朱批："地方事宜尽情明白了再行，不可速欲求成，造次多事，勉之慎之。"②裴率度于其后奏报"棚民编甲既定，稽查肃清，现在地方宁谧，人民安堵。至土著之户，亦遵通饬清编统归年终汇册造报"③。可见江西督抚、总兵等地方官在合力调查棚民，确定数量，编立保甲。到年底，查弼纳奏报因已实施编保甲进行巡查，"彼恶徒已无处栖身"，编行保甲制之后，已有见效。④

在此过程中，有些官员的反应有些过敏过度。如赣东北广信府境内铜塘山，在江西、福建和浙江三省交界地带，绵延数百里，因"唐季、明季群盗依为巢穴，是以历代封禁"，故又名封禁山。顺治十年（1653）江西巡抚蔡士英会同总督马国柱等题名永行禁止。到雍正元年，总督查弼纳"因棚匪为害，有鉴于万载、宁州二案"，怀疑"此辈必有巢穴，相传封禁山旧为盗薮，或即于此内藏聚"。"广信府地方，种植线麻之民甚多"，查弼纳"恐有匪类

---

① 两江总督查弼纳奏报查办江西山区种植线麻之民等事折，雍正二年四月二十二日，《雍正朝满文朱批奏折全译》上册，第774—775页；两江总督查弼纳奏报赴江西查司库兵营驿站等事折，雍正二年九月十八日，《雍正朝满文朱批奏折全译》上册，第936—937页。

② 署南昌总兵陈王章奏请遵旨酌议棚民调整营汛折，雍正二年九月二十一日，《雍正朝汉文朱批奏折汇编》第三册，第668—669页。

③ 江西巡抚裴率度奏陈整饬地方钱粮塘汛等事十条折，雍正二年九月二十八日，《雍正朝汉文朱批奏折汇编》第三册，第719页。

④ 两江总督查弼纳奏报奉旨实施条陈各款折，雍正二年十二月初七日，《雍正朝满文朱批奏折全译》上册，第991—992页。

窝藏，欲开山辟土，设兵防汛"，遂上折请开封禁山。事实上，查"万载、宁州离广信封禁山甚远，两不相涉，流匪偶然乌合，原无巢穴也"。① 经过详细调查，江西巡抚及南昌总兵陈王章奏请毋庸开山，照旧例封禁。②

雍正帝通过密折及其他渠道，经过君臣相商，对"棚民"问题有了清楚的了解和把握，并对地方大吏的政策意向也有了准确的体察。作出重大决策的时机已经成熟。③ 雍正三年（1725）七月，户部等衙门议覆两江总督查弼纳、浙闽总督觉罗满保疏奏江西、福建、浙江三省安辑棚民事宜："见在各县棚户，请照保甲之例，每年按户编册。责成山主、地主并保长、甲长出结送该州县，该州县据册稽查，有情愿编入土著者，准其编入。有邑中多至数百户及千户以上者，添拨弁兵防守。棚民有窝匪奸盗等情，地方官及保甲长失察循庇者，分别惩治。编册之后，续到流移，不得容留，有欲回本籍者，准其回籍。棚民有膂力可用及读书问学者，入籍二十年，准其应试，于额外酌量取进。"这标志着清廷棚民政策的正式出台和国家对棚民、移民的认同。此项政策以张廷玉的奏折为基础，又有进一步的细化，更具针对性。其主要内容有三个方面，即实行棚民保甲法，准许棚民入籍，准许棚民应试入学。同时，对江西棚民众多的重要州县加强管理与防范，"南昌府之宁州、武宁县，广信府之玉山县，棚民尤众。请将进贤县巡检二员移驻宁州，新建县巡检一员移驻武宁，专司稽察。裁玉山县之怀玉驿驿丞，改设巡检，与玉山县县丞分辖隘口。再将瑞州府同知移驻宁州之铜鼓营，以资弹压。南昌镇标后营游击请移驻铜鼓营，铜鼓营原设之守备移驻袁州府万载县，后营游击所辖之千总一员移驻瑞州府新昌县。至袁州府属之黎源、广信府属之下镇虚地方，各添拨外委把总一员带兵防守。"④

从雍正元年（1723）四月到雍正三年（1725）七月的两年多时间里，君

---

① 两江总督查弼纳奏请根除闽浙赣三省交界处恶徒事折，雍正二年十二月初七日，《雍正朝满文朱批奏折全译》上册，第 992—993 页；江西巡抚裴率度奏陈封禁山情形折，雍正三年二月二十六日，《雍正朝汉文朱批奏折汇编》第四册，第 529—530 页。

② 江西巡抚裴率度等奏请无庸开山照旧封禁折，雍正四年六月初四日，《雍正朝汉文朱批奏折汇编》第七册，第 381—382 页。

③ 对 18 世纪中国的中央决策体制的分析，参见戴逸主编，郭成康著：《18 世纪的中国与世界》（政治卷），辽海出版社 1999 年版，第 217—234 页。

④ 《清世宗实录》卷三四，雍正三年七月辛丑。

臣之间，中央政府与地方政府之间，地方官员之间，基层政府与土著、移民之间，各方都进行了比较充分的接触与碰撞，这些互动环节和渠道保证了"棚民"政策的准确性与有效性。雍正初年，诸如江西万载、宁州等地的"异民""匪类"之乱以及"棚民""客民"已会主动配合官府的清剿等事例，从一个侧面说明，客观上已要求解决这个实际上是自明末以来由于王朝更替、战乱、民众流徙以及基层社会组织相应变动等多重因素造成的历史遗留问题，需要制定一个长治久安的基本政策。于是施昭庭、何世璂、张廷玉等人所设计的新"棚民"政策遂应运而生。而其酝酿和制定过程中的"密询"和密折等，则说明基层社会的动态和呼请有可能通过官员、君臣之间的各种交流，自下而上地影响朝廷决策。同时，也正因为雍正帝即位后，对许多方面都有新的设计与创见①，其中就包括南方山区"棚民"的安置问题②，所以会允许地方政府根据当地实际情况摸索各种解决问题的方法，会欣赏地方官在施政时不因循守旧，有所创新。地方政府的创新性探索为整体性制度变迁提供地方性的经验支持，成功的地方经验会被吸收到中央制定的政策中，继而在更大范围内推而广之。通过这种中央与地方的互动，地方创新精神被有机融合到中央主导的政策制定过程中，有利于提高国家整体的治理能力和适应能力。同时，也要看到，妥善解决新形势下的移民问题是一个复杂的整体性和系统性工程，不仅需要江西地方政府"摸着石头过河"，而且需要全局

---

① 构成雍正改革主体的耗羡归公、朱批奏折制度、保甲制度、秘密立储制、改土归流等，以及服务于改革的组织路线，多有与传统体制、观念对立之处，在当时和后世都存在激烈争论。

② 江西、浙江等省的"棚民"问题已经深入雍正帝及大臣的脑海之中。雍正五年三月，署江西巡抚迈柱奏报地方政务时提及"至万载、宁州十数县，俱系聚集棚民流匪，素好多事"。五年四月及十月，浙江巡抚李卫奏报地方棚民情形，雍正朱批："近闻江西、浙江棚民亦甚安静，朕恐或有他策可令除此一事"。六年十二月，署理江西巡抚张垣麟奏报访查江西情形时谈到棚民问题，雍正朱批："朕自即位之初，为江西、浙江蓬民加意严饬督抚种种设法料理。观汝此奏，毫未察问也"。七年二月，张垣麟"路经江宁，向督臣范时绎细询江省诸事，知棚民最为切要"。见署江西巡抚张垣麟奏钦遵批谕办理地方事务折，雍正七年二月二十四日，《雍正朝汉文朱批奏折汇编》第十四册，第662—663页。直到执政晚期，雍正帝还关注江西等省的棚民问题。"谕内阁：浙、闽、江西等省有棚民之州县，朕皆留心拣发牧令前往……"见《清世宗实录》卷一五八，雍正十三年七月戊申。"是月，江西巡抚常安具奏地方情形七条……编查棚民……得旨：览奏各件，知道了。总以实心实政为要，不在陈奏之虚文也。"见《清高宗实录》卷五，雍正十三年十月下。

眼光和顶层设计，需要通盘考虑和统筹规划。任何一个领域的改革都会牵动其他领域，同时也需要其他领域改革密切配合。棚民问题的解决正是如此。仅仅依靠地方政府是不够的，还需要超越地方利益，加强顶层设计和统筹推进。作为清朝最高统治者，雍正帝无疑发挥了领导核心作用，推动新的棚民政策的制定和进一步实施。

三、地方政府的落实

政策制定之后，关键在于落到实处。实际上，清廷出台的棚民政策，本身具有模糊性甚至自相矛盾。如棚民的入籍与入学方面，既规定"（棚民）有情愿编入土著者，准其编入"，又说"棚民有膂力可用及读书问学者，入籍二十年，准其应试，于额外酌量取进"，可见政策本身已将入籍"棚民"与土著作了明确的区分，使得移民的土著身份不完整，始终与土著有别。因此，各省根据实际情况，在一些重要的环节和细节上，进行变通处理就成为常态。所谓"上有政策，下有对策"，只要在坚持基本原则和保持稳定的前提下，地方官员根据具体情况把握和执行中央政策，这也是雍正帝所默许的。

1."棚民"的户籍

实际上，江西地方在执行清朝中央的棚民政策，尤其是在棚民的入籍方面，多有变通。[1] 按照部议规定，各县棚户"有情愿编入土著者，准其编入"，意思很明显，即将棚民直接编入土著，与土著无异。雍正四年（1726）定例也是同样明确的规定："（棚民）内有已置产业并愿入籍者，俱编入土著，一体当差。"[2] 这在原来部议的基础上增加了对棚民产业方面的

---

[1] 这种情况不只是出现在江西。刘敏的研究表明，清朝各省在处理棚民的过程中出现了四种不同类型的入籍方式：一为直接辑为编民，如在川陕楚边区的南巴老林地区；二为编入当地土著，如在浙东、福建地区；三为入籍与限期退山相结合，如在浙西、皖南地区；四是单立棚民户籍，只在江西地区。尽管前三种入籍的形式不同，但它们有一个共同之处是：流民入籍之后与土著无异。而江西棚民的户籍与土著有别，完全属于另外一个类型，称为"棚籍"或"客籍"。参考刘敏：《论清代棚民的户籍问题》，《中国社会经济史研究》1983 年第 1 期。

[2] 《清朝文献通考》卷一九《户口》。

限制，但直接编入土著的精神未变。而江西地方官员的具体操作和实践结果造成了与土籍相区别的"棚籍"（或"客籍"）的户籍与教育系统。棚民入籍需要财产作为依据，而入籍之后，还要有20年的经历才可应试，这表明入籍棚民不拥有完整的土著身份。而且，入籍棚民参加考试，"于额外酌量取进"，这就仍然将入籍棚民与土著作了明确的区别，使得移民的身份始终与土著有别。入籍移民的土著身份不完整，是导致土客冲突的一大重要原因。

雍正末年，江西德兴县知县向江西按察使凌焘请示棚民入籍二十年以后是否可以移入民籍，并删除棚民户籍册上的登记。按察使的回复是："查部议内称：棚民入籍二十年以上，置有产业、葬有坟墓者，应听其入义学读书，五年后许报明该地方官准其应试，于额外酌量取录，造册报部。等因。是入籍满限又必令其肄业义学，额外取录，则不使遽删棚籍可知。今该县欲将入籍二十年以上之棚民，即移入民籍，将棚户册名删除，与例不符。应仍留棚户册名，以凭查察。年满照例肄业，临时酌量取录，则争端可杜而幸进可免矣。"[1]按照他对中央政策的解读，江西各县的棚民即使在入籍及合乎考试的资格后，仍要保留独立的棚民户籍登记系统，并与普通的土著户籍区分开来。所以，所谓让棚民入籍或"编入本县册籍"，其实只是将棚民编入一个单独的户籍类别——"棚籍"，而不是直接编入土著所属的民籍。按察使的理解和做法应该说与雍正三年七月户部等议定的精神已经有较大的差异，但也不能算是违背中央政策。虽然我们还不能详知从"直接编入土著"到"另立棚籍或客籍"之间重要的历史过程，但可以肯定的是，将棚民直接编入土著的政策肯定遭到了土著的强烈反对，而最终使江西地方官与土著之间达成了妥协。这从后文梁洪生教授展示的宁州的精彩案例可以得知[2]，在万载移民入籍的过程中也可以见到土著顽强的抵抗。

在赣西地区，"棚籍"或"客籍"的户籍系统普遍存在。如在宜春县，"顺治十三年始先后附编棚民户二千一十七余，丁五百九十一，棚户女口

---

① 凌焘：《西江视臬纪事》卷二《详议》，《续修四库全书》第882册。
② 梁洪生：《从"异民"到"怀远"——以"怀远文献"为重心考察雍正二年宁州移民要求入籍和土著罢考事件》，《历史人类学学刊》第一卷第一期，中山大学历史人类学研究中心、香港科技大学华南研究中心2003年版。

一千三十"，此为"棚民户口所由始"①。所编户籍为棚籍，并非真正意义上的土著。萍乡县有八个客图，分别设于八个乡。②宁州设"怀远都"以安置"棚民"，今天当地的客家人还称自己为"怀远人"，陈宝箴、陈三立、陈寅恪家族成员即为"怀远人"。③与宁州相邻的奉新县则于雍正五年（1727）设"归德乡"辖"散居奉化、进城、新兴、新安四乡"的棚民，附于土著保甲之末。④在赣西南龙泉县，清初以来，"自遭兵燹，户口流离逃亡过半，迨际升平，陆续归里，民户寥寥，深山穷谷半为闽粤流寓棚栖，种山耕地，渐至殷繁，开列户口，各棚设立棚长，与本籍保甲同司稽察。"该县棚民编为三都，"粤闽流寓之民，自康熙四年入籍以来，前后编定十七都、二十一都、二十三都户口安插"。⑤此后客籍遂称为"三都"。在湖南攸县，康熙四十二年，"（知县）伍士琪招广东、福建民于东南山区开垦，立名广福兴，编第二十里，雍正七年入籍"。⑥酃县境内的土著与移民则有"渌部"与"梅部"之称。

万载县的户籍情况更为复杂，不仅有土籍与客籍之分，而且客籍又区分为两种。道光《万载县志》记："万邑籍分土、客，其来最久，雍正间里甲册底户名，本诸明代，最为详备。厥后历有顶改，乾隆十一年及三十六年编审印册又历历可据，其土、客之分则恪遵嘉庆十六年部议，通查礼房考结。自乾隆二十五年起至嘉庆八年止，分别三单五童，参以各区采访，注明土、客，以杜争竞。"⑦从这段话可以一目了然地看到这种"土籍"与"客籍"的区分情况。但是，从《万载县志都图甲户籍贯册》中还可以发现两种不同的"客籍"。一种客籍是在一般民图之内，这类客籍中，有些本身组成民图中的一甲，有些顶替了民图中某户而与"土籍"合组为一甲。例如，进城乡十七都四图四甲朱黄曾，户名下注："顶朱洪，俱客籍"；六甲毛敖兴，户名下注"顶喻毛牙，毛，土籍，敖，客籍"。另一种名为"附图客籍"，册中只把这些客籍的姓氏串联附于各图之后，每个"附图客籍"的姓氏由一个到几十个

① 康熙二十二年《宜春县志》卷六，《户口》。
② 同治《萍乡县志》卷一，《地理·乡里》。
③ 怀远都的设置由来及基本状况，可见同治《义宁州志》卷一二，《食货·户口》。
④ 道光《奉新县志》卷一，《舆地》。
⑤ 《蔚起书院版图成案》不分卷，南昌府学前街裕成刷印公司代印。
⑥ 同治《平江县志》卷一八，《赋役》。
⑦ 道光《万载县志》卷四，《城池》。

不等。例如，二区怀旧乡二图，"附图客籍有李、黄、曹、张、刘、蓝、温、陈、王、钟、颜、郑、谢、赖、周共十五姓"。"附图客籍"分布广泛，除城区及二区的少数图甲没有之外，其余各区的图甲都有。无论是哪一种情况，《万载县志都图甲户籍贯册》都会在该甲户名之下注明（全甲或一甲中某姓）是"客籍"。

按《万载县志》的记述："万载棚民，官为查明造册，设有客都、客图、客保、客练，然顶入本籍图甲者亦不少。"① 又有记载说："至附图客户间有报充客保、都而散处土籍之中，一图或止数户，一姓或居数图，稽查良难周密，须通计各图按户编甲，联以客都、客图，令与土保互相查察，庶免推诿滋弊。"② 这除了显示万载"棚民"另外编立保甲（如客保、客练）外，更重要的是说明该县"棚民"的户籍并非登记在一般民图之内，而是登记在客都、客图之内。县志中所说的"客图"就等同于《万载县志都图甲户籍贯册》中的"附图客籍"，至于"顶入本籍图甲"的棚民就是《万载县志都图甲户籍贯册》中在一般民图内注明"客籍"的户口。关于这两种不同的"客籍"详细情况，后文将有论述。

雍正八年，两江总督高其倬、江西巡抚谢旻等主修的《江西通志》，在其"田赋志·户口"中，记录有外来人口编入户籍的共有3个地方：一是南昌府的宁州："及雍正四年三届编审，滋生增益人丁二千六百七十丁，食盐课八百三口。外雍正四年附载宁州编入籍客民人丁一千三十二丁。钦奉恩诏，永不加赋。"二是袁州宜春、分宜二县："又宜春、分宜二县棚民人丁一百八十七丁（宜春县附载'棚民人丁一百又三丁'，分宜县附载'棚民人丁八十四丁'）。"三是吉安府："及雍正四年三届编审，滋生增益人丁一千八百二十一丁，食盐课五百八十口。又雍正六年奉文永顺土司彭肇槐改土为流，归籍吉水县人丁十丁。钦奉恩诏，永不加赋。"③ 可知在雍正四年的这届户口编审中，宁州的"怀远"籍人丁被视为"客民"，而袁州宜春、分宜二县的附籍者仍被称为"棚民"。这种名称上的不同，反映了官府对赣西北和赣西地区闽广移民定居生活史的不同记忆和评判，比较可知，对"客民"

① 同治《万载县志》卷七，《学校·学额》。
② 道光《万载县志》卷四，《城池》。
③ 雍正《江西通志》卷二三、二四，《田赋志·户口》。

的认可程度要比"棚民"高。从另一个角度看，这正反映了雍正朝对江西、浙江诸省外来移民安置政策的多样性，是雍正力促上下分别对待，力求有所作为的表现，不乏创新之意。至于吉水县让土司人丁归籍，则是属于落实改土归流政策的另一类型，虽已不在本文讨论之列，但其实际存在，则说明当时户籍问题的多样性和复杂性。

清廷的棚民政策并不是鼓励移民在湘赣边区入籍，而是为了安抚而实行的补救措施，让他们地著、纳粮、当差。由于流落到湘赣边的移民在原居住地并未注销户籍，他们在原籍仍有户籍，故只能编入另册，谓之"棚籍"，否则就成为"双重户籍"。同时，清政府还强调"编册之后，续到流移，不得容留"，更能说明棚民编册是防止闽粤继续有流民进入，只有另行编"棚籍"才能区分新老流移，进行有效控制。

2．"棚民"的应试与入学

雍正三年，两江总督查弼纳正式题准"棚民"应试，于额外酌量取进，但具体名额并未作规定。① 同时还规定棚童必须在入籍地区的义学读书满五年才准参加考试，这就限制了许多棚民入学。雍正八年，江西巡抚谢旻因为万载县符合条件的棚童已达 700 多名，题请礼部应另额取进。至于"棚民兄弟叔侄及外姻亲属仍居原籍者，不许顶冒应试，而本籍童生亦不得混入棚民内冒考，违者均照冒籍例"。至雍正九年二月，"棚民"入学的政策具体落实，礼部议覆："江西棚民内文武童生，入籍在二十年以上，有田庐、坟墓者，应准其在居住之州县一体考试。其入学额数，童生数满五十名者，请于额外另取一名，数满百名者，另取二名，数满二百名者，另取三名。其最多者，亦以取进四名为率。其不满五十名者，应令与本籍童生一体凭文考取。"② 可见，应试的棚民必须符合两个条件：一是要入籍二十年以上，二是要有田粮庐墓。比起雍正三年户部等部议政策，增加了对"棚民"财产与坟墓方面的限制。与此同时，江西学政要求放宽对棚民应试的限制：

为安辑棚民等事……前于雍正三年奉准部咨，江省棚民内有膂力技勇与读书向学之子，入籍年例相符者，令入义学读书，五年后准其应试，

① 乾隆《袁州府志》卷一二，《学校·生徒》。
② 《清世宗实录》卷一〇三，雍正九年二月壬寅。

额外取进。由是棚民子弟读书愈众，现今文武童生合例者，万载县已及七百余人，宁州、武宁、新昌等邑，多以百计，少亦不下数十名。再越数年，今之尚未符例者，又复踵起，今之尚未报名者，闻风踵至，日见其多，蒸蒸蔚起矣。唯是曾入义学读书者什不能一二，盖缘棚民多居山僻，距城窎远，欲赴义学，未免艰难，倘限于定例不准应试，则阻其上进之门。即自今伊始，驱入义学，犹须尚待五年，少者已壮，长者已老，锐志蹉跎，亦堪惋惜，宜请概准与试，以广皇仁。至是入学额数……现无棚童之邑，将来如有报名者一例准行。统责地方官按户核实，未符年例勿容混冒，至本人符例而亲属仍居原籍者，不得牵引冒滥。岁科两考，与本籍生员一并校试帮补，廪增挨贡选拔，亦如例行。庶棚民子弟均沐书升论秀之典，行见深山异籍知尚诗书，被襏田夫共臻仁让。农之子，不恒为农，弦歌益遍徒免罝而尽作干城，圣化弥彰矣。①

这一请求得到了清廷的批准。江西按察使楼俨对棚民的就学也持宽容态度。他在向雍正帝奏报江西"棚民"的情况时指出：

从前督抚有议奏编查认粮归图等项，安辑之法颇为周密。惟土民、棚民自相互视觉为异己，即州县意见亦不能无彼此之别。同属齐民，岂容歧视？今抚臣谢旻亦见及此，因棚民入籍义学读书五年，应试届满，将虽未尽入义学之武童，一并题请准其考试取进，复与本籍生员校试，帮补廪增选拔挨贡，一体科举。而棚籍士民均各有欣欣向荣之乐。臣又于凡有棚民各州县进见时，俱面嘱其一体抚字稽查，不得以土、棚异视，以致滋事。近日棚民颇称安静。②

我们看到，至雍正后期，官员对"棚民"的态度有了很大的转变，对"棚民"应试入学的限制基本已经取消，对"棚民"基本不存歧视。一方面，这是国家对"棚民"认同的结果；另一方面，这也是"棚民"认同国家的结果。"棚民"积极完纳粮赋，安居乐业，其经济能力及文化水平都在逐渐提高，自然他们在官员们的眼里属于国家的良民，因此棚民与国家的关系也在逐渐改善。雍正十二年六月，江南总督赵弘恩报告清理江西积欠钱粮等事时特别

① 李兰：《请棚民子弟应试详文》，雍正《江西通志》卷一四五，《艺文》。
② 江西按察使楼俨奏报棚民安静及土俗民情折，雍正九年三月十二日，《雍正朝汉文朱批奏折汇编》第二〇册，第143页。

强调："江西山僻州县类多棚民，耕山种地，日渐开垦升科，且棚民之粮较土民完纳尤先，安居乐业，读书尤众。臣访闻土著佻达豪强之辈多以异籍之民遇事欺凌。臣思棚民入籍既久，又复读书考试，急公完粮，即属良民，岂容若辈欺凌。臣推广皇恩，一视同仁，现在密谕藩、臬两司转谕各府州县加意抚绥化导，务期彼此相安，共享升平之福。（朱批：好）"①

可见，雍正帝及地方官员对"棚民"的各种表现非常满意，并且对土著欺凌"棚民"的现象表示不满。这种意见应该代表了当时清廷的主流认识，即认为棚民是"良民"，对土著与"棚民"一视同仁。所以，自"棚民"政策颁布以后，至迟到雍正后期，国家与"棚民"已经相互取得认同。

通过湘赣边区移民家谱的记载，我们可以真切地感受到国家政策和具体执行的地方官员对移民的影响是何等重大。据《白水王氏应富公支谱》记载："雍正八年万载知县许松佶详请客籍童生开考，是年奉部议，准有钱粮庐墓二十年者许报捐考文武童生五十名，另额取进一名。"②而另一篇族谱中的移民传记中，亦记载了传主对于移民子弟参加科考的鼎力支持："余幼闻雍正九年客户开籍，诸前辈备极经营。考试六监保结，先生其一也。予生也晚，闻其风未悉先生生平……学问德行，盛称一时，开籍之际，尤赖先生擘画，后之人采藻掇科者，皆衣被先生之德，感激而靡涯者也。"③乾隆四十八年，郭芝琼记录祖先世系脉络时说："祖讳元星，由岭南又迁江右吴西袁州万邑南江落业，父讳起鹏，字维城，援例入成均。斯时万邑客童乏试，抱奇才者每叹观光之无路。幸获闽省许大人讳松佶者知万载县事，与父交，示父呈请开考。父邀良朋五，有一曰王爱，一曰黄继邹，一曰江永汉，一曰付文祥，一曰杜席珍，呈请申奏，沐旨准义学读书五年造册开试。其时父慨然捐赀，身在保举，名垂县志。"④乾隆二十六年冬十一月，郭起鹏七十大寿之际，门生岁贡生钟金云为其作寿序。他说："余保举师也……先生慷慨尚义，固非止一族一乡之望也，合邑客籍士子均沾恩焉。在昔万邑土沃人稀，凡自

---

① 江南总督赵弘恩奏报清理江西积欠钱粮等事折，雍正十二年六月二十五日，《雍正朝汉文朱批奏折汇编》第二六册，第589—590页。
② 民国《白水王氏应富公支谱》，《籍贯表》。
③ 刘潆：《元齿公名爱题辞》，民国《万载下院王氏族谱》。
④ 1992年《郭氏族谱》卷首，《原序》。

各省州府县来君是地者……先生思欲开考以为我客籍子孙计。因进谒县主许大人，呈请开考，奉旨准奏。先生亲造客籍考册三百余名呈布政司……始开试。上谕监生作保举，先生慨然身任。开考固若斯之难也。既而予出考，学宪拔取游泮。有攻余为冒籍者，先生独以考册有名禀督学部院，众莫敢言……于是知先生之与许大人相交契者，真也。"①

这些族谱材料展现了客籍开考的艰难历程，除提到客籍士绅所付出的努力，还强调了来自福建的万载知县许松佶所起的作用。此外，还有一点对于移民的发展极为重要，即考试担任保结的六位监生中，客籍士绅有担任客童保举的权利。

总的来说，自颁布和施行新的棚民政策以来，江西、浙江山区的棚民获得了发展的空间，大约至雍正中期，先前惊动和困扰地方的"棚民"问题基本上已不再是一个问题了，官员对棚民的态度有了很大的转变，国家对棚民达成了认同。雍正五年四月，浙江巡抚李卫奏报"浙省各县棚民亦皆宁静无事"，十月称"数年以来亦皆安静无事"，雍正朱批："近闻江西、浙江棚民亦甚安静。"②雍正七年二月，南昌总兵陈王章奏报"江西地方向年曾有棚民为匪，数载以来奸匪无闻"。八年四月，上折称"异地棚民俱以耕种为事，安分守法"，地方宁谧。③雍正九年三月，江西按察使楼俨奏报"棚籍士民均各有欣欣向荣之乐"，"近日棚民颇称安静"。④

不过我们也要看到，虽然国家与"棚民"已经相互取得认同，虽然"棚籍""客籍"也是国家承认的合法户籍，但在地方社会的现实生活中却被赋予了与"土籍""本籍"完全不一样的意义，户籍的区分成了身份的区分。中央政府的本意是要妥善安置"棚民"，使之成为与土著无异的"编户齐民"，而地方政府在官员各自的理解和土著的压力下变通处理。地方政府的这一做

---

① 1992年《郭氏族谱》卷首，《序》。

② 浙江观风整俗使王国栋、浙江巡抚李卫奏报地方棚民折，雍正五年四月十一日；浙江巡抚李卫奏覆朱批詹锡赞等条陈安置棚民四事折，雍正五年十月十三日，《雍正朝汉文朱批奏折汇编》第十册。

③ 江西南昌总兵陈王章奏报查拿张翼珍情形折，雍正七年二月二十一日，《雍正朝汉文朱批奏折汇编》第一四册；江西南昌总兵陈王章奏报各营汛地方现在查无散札人犯折，雍正八年四月初八日，《雍正朝汉文朱批奏折汇编》，第18册。

④ 江西按察使楼俨奏报棚民安静及土俗民情折，雍正九年三月十二日，《雍正朝汉文朱批奏折汇编》第20册，第143页。

法，成为土客冲突的制度根源，留下了无穷后患。

第二节 里甲组织与土著抵制

上述"棚民"政策正式出台前后，清初湘赣边区外来移民的定居与入籍情形究竟如何呢？如果仅仅从清政府的法令和政策来看，清初移民应该很容易在当地定居及取得户籍。但是，事实并非如此。过于简化移民取得户籍的历史过程，将无法准确地揭示移民在当地入籍的实际境遇与其"土著化"进程的复杂性。清初湘赣边区的移民问题是新形势下出现的一个复杂的整体性和系统性工程，涉及多方利益和多个领域。可谓"牵一发而动全身"，任何一个领域的改变都会牵动其他领域，同时也需要其他领域变革密切配合。棚民政策主要涉及棚民保甲法、棚民入籍、棚民应试入学等方面。由于户籍制度与里甲制度紧密相连，所以，要深入了解移民的入籍状况，就必须深入考察地方里甲组织的情形以及土著的实际需要与态度。

一、清初里甲组织的重建

1. 里甲组织的崩溃

里甲组织是明清时期重要的基层社会组织。明末清初，湘赣边区许多州县的里甲组织逐渐残破，趋于崩溃。此处以万载县为例。万载县"统六区、二隅、十三坊、五乡、二十四都、三十三里、一百四图……洪武初因乡定区，区设粮长四人，在城分二隅，统十九坊，是为五乡首区；乡分二十四都，设图凡一百有四，编十甲，轮甲充长，隅图曰坊长，乡图曰保、里正。弘治八年知县张文增西隅三图为四图，崇祯时知县韦明杰省二十四都之四图并入三图，国初省城坊为十三，乡都仍旧"。[①] 这些图甲是万载县承担赋役的实体组织与主要力量。明代万载县的里甲组织按县城内外归于不同的基层单位，在县城及附近地区里甲隶属于不同的"隅""厢"，在城外地区里甲则

---

① 道光《万载县志》卷四，《城池》。

属于不同的"乡""都"。明中叶以后，万载县的里甲组织的赋税摊派越来越重，故地方官尝试革除"里甲浮费"。至万历九年（1581），万载所隶属的袁州府正式实行一条鞭法。各县总计一年的差银派征于丁粮之内，以后凡是供应上司、诸役夫马等项都改由官府出银筹办，里甲仅担负催征赋税的责任。田赋征收也有相应的改革，不同田地种类都归于同一科则。万载县运往南京的田赋（"南粮"）折银共 1025 两 5 钱余，以往由"解头"负责解运，万历三十八年(1610) 改为官征官解。但万载实行一条鞭法后不久就有吏书作弊，巧立名目加收钱粮火耗，各种差役又复派于里甲承担，民间有"两条鞭之徭"一说。① 南粮的官征官解也没有得到彻底执行，"值柜"一役时常派于里长。万载地方官与绅士对此颇有微词，"南粮官征官解行之数年，有司惑于二三之说，复派里长值柜，既已加银，又行加役，岂惟一兔二皮？"②

除了差役外，田赋也对万载的里甲造成很大负担。万载所隶属的袁州府地区的田赋额自明初开始就比江西其他府县高得多。明代曾有不少袁州府地方乡绅和地方官员向官府申求减免"浮粮"，但成效都不大。万历年间万载县的田赋额是 18677 两。③

此外，自万历晚期以来，为了对付"辽患"，明朝议加田赋，名为"辽饷"。万历四十六年至四十八年前后三次征收"辽饷"，按亩派征，每亩共计加银九厘。但袁州府的"三饷"却不是按田亩的面积分派，而是按税粮的多少分派。由于袁州本身的田赋已经非常繁重，按粮派征就使袁州的"三饷"比其他府县的负担更大。其中，万载三次加派"辽饷"共 5339 两 6 钱余。虽然宜春邑绅袁业泗、袁州知府黄鸣乔和分宜在京乡官分别上奏，要求减少派征和改以按亩征派"三饷"，结果并未获减征。由于田赋负担太重，万载的百姓称"有田不如无田"，甚至出现无人愿意接受人家送田的现象，因为受田者惧怕随田而来的沉重赋税。在赋役沉重的压迫下，很多户口逃亡，导致田地被荒弃。

至此，万载县在赋役沉重、户口逃亡和田地抛荒的情况下，明初以来的里甲体制已经遭到破坏。不过，里甲的残破不齐只是表面现象，更具有

① 雍正《万载县志》卷六，《四差》。
② 雍正《万载县志》卷六，《四差》。
③ 雍正《万载县志》卷六，《财赋》。

本质意义的则是里甲制本身的变化。导致这种变化的原因之一，是人户登记与田地位置的分离。明初里甲编制，以户口与土地占有的结合为基础，所谓"鱼鳞册为经，黄册为纬"，两种册籍的配合，大致反映了这种关系。但到后来，随着人口流动，土地买卖频繁，尤其是土地兼并的加剧，以及诡寄欺隐田粮的盛行，人口与土地的分布在空间上的分离越来越普遍。其后，虽然屡有地方官员对里甲进行过各种整顿，但从未在根本上解决过问题。里甲组织受到严重损害的表现之一，是图甲负担赋役能力的削弱以及各图甲负担能力的悬殊，反过来这又导致人口流亡。里甲组织已经陷入了恶性循环当中。

崇祯二年（1629）起任万载县知县的进士韦明杰，曾就这些情况先后九次向上级官府部门"请免、请均、请宽恤压征、请丈量豁免"。他在《吁天四议》[①] 中指出了万载的四大"苦"即荒粮之苦、绝甲之苦、加派之苦和赋重之苦，集中暴露了明末万载里甲制度所存在的问题，全面反映了当时万载的社会经济状况。针对这些情况，韦明杰提出了相应的建议。如解决"荒粮之苦"和"绝甲之苦"的办法是重新丈量田地，定期审查各户的丁产情况，使官府可以掌握里甲各户丁粮的消长，按此派差役，以本图钱粮人丁众多之户或富户承顶里长，使小户不需因差役负担而逃亡，寄粮人户或富户无从躲避差役。他说："卑职以为荒粮不清，民欠不知其实，而查荒之法不确，藉荒之弊亦不少。合无准其开丈，将真正荒芜田产，原在某都某图，仍丈归某都图，别为上中下，荒粮田册，渐召开垦，宽以三年缓其租赋，其有不可以人力垦者，存为欠数，不洒派于本图，则人无田硗赋重之苦。另存荒于本甲，则图免盈缩不定之衍，庶真正荒田有确据，而以熟作荒，或半荒作全荒，通同为奸者，不得借口而狡猾拖逋也。"又"于每图无粮里长免其差徭，酌以本图钱粮数多、人丁繁衍者，令其继绝。其有一甲之中丁尽户绝全无里长，即以寄粮入户承顶，以今日之姓名补版图之鬼录。或三年一审、五年一审，与时上下，随粮变迁。第于原初里长户下明著某人承差、某人共役，庶籍定之民不必逃户，寄粮之户不得躲差，以纾困穷。无赖之苦以清，积逋隐蔽之奸以杜。况此中旧例，一切解司钱粮及南运，皆系里长起解，今改为官

---

① 康熙《万载县志》卷一六，《杂著》。以下韦明杰的建议皆出于此。

解，别无他役繁苦，止为值年催粮。自是富民有田有粮者往役之义"。韦明杰的另一点建议是仿效他以前在浙江的做法，施行均田均役之法，以若干亩为一里（图），再计亩均役，使每里的田地、钱粮和承担的差役可以比较平均。并且还建议对"客户"进行管理。他说：

> 即如卑职浙中先年审役，每以殷实富民金充，后条议均田，每若干亩当一里，计亩均役，间亦田有肥瘠……此中不甚相远，独不可仿而行之乎？至如异府异县隔界之民侨居之众，或有买田于本县者，客户难追，屡年不楚，急则逃居原籍，动费关提，当于土著之外另立一户于各区之末，即审立客长严催，不惟有以示别主客，不至混淆，尤可防他日冒籍求荣之弊也。

至于"加派之苦"及"赋重之苦"，则只得恳请上级部门"立赐减免兼缓征，得比于高安昔年免派之例，自今以后年征一年，但得如额完解，即不待预征，亦不至积年逋欠矣"。再就是"题请委官丈量……或如峡江、星子旧例摊派沙塞，或如高安、丰城近例减免粮饷"。

韦明杰深悉万载的各种弊病，这些建议可以说是一个解决万载地方问题的"一揽子"计划，如果能够实施，"则官无掣肘，民有苏息，京边常赋可以如期全完，公私两全之术也"。但是，这一建言在明末之际不可能实现。

清初，万载县里甲的赋役负担和各种流弊继续存在。清代继承明代一条鞭法，在征解税粮时实行官征官解。顺治九年（1652）宜春县所立的《官征官解税粮碑》称，民户在缴粮银外需缴差银，如果还驱使他们再应差役的话，那就是"条鞭之外更加条鞭"。因此该碑强调要革尽"解户""值柜""值仓"等差役，做到"自纳粮在仓，投银于柜二事以外，毫不取乎民间"，决心革除明末"两条鞭"的弊害。田赋方面，经过江西省、袁州府各级官员多次上奏，袁州府自明初以来的"浮粮"终于在清顺治十一年（1654）获得免除 [1]。

在清汰"浮粮"及减免荒田粮银的同时，清政府急切地要求地方尽快开荒纳赋。据《万载县志》载，顺治十一年（1654），朝廷开荒令下，但"户

---

[1] 清政府虽已于顺治元年（1644）公开宣布蠲除明季三饷，但实际上江西至迟在顺治六年（1649）以前还继续加派辽饷、练饷。见《江西监察御使王志佐题请停征辽饷以苏民困本》，载故宫博物院明清档案部编：《清代档案史料汇编》第一辑，中华书局1978年版，第152—153页。

书龙朝春混报开垦，荒逃益多，总书犹狃积习，诡寄飞洒，逋赋累万"。①可见这种开荒命令给地方基层组织造成很大的田赋压力，并带来各种赋税流弊，如书吏混报开垦田地数目，或大户诡寄田产。这些流弊都会使存留的户主负担很重，不堪忍受甚至被迫逃亡，地方社会一片混乱。从族谱来看，这一时期有许多土著为钱粮赋役所累所困。三区源头刘氏元栋公，"当流寓播迁后，废弃举业，有志莫展。长官以钱粮积欠，知公贤，佥为甲总，家户大声疾呼而不应，当官逐户分疏而罔闻，莫可谁告，公于是照户代赔"。子章公，"时钱粮积欠贴累多年，邑侯刘公以三区之册付之，公爬梳区划，使上安下全，鸡犬不惊"。一位公，"氛靖，有彭氏寄粮二两七钱，飞户累及允同二公子孙，连年胥吏追呼、引锁牵系，兄号弟怨，无由豁释。公乃偕兄伉、弟偬愤不顾身，力向彭姓辨论，乃得粮清、累除，二家子孙至今赖之"。②龙氏以德公，乱后返回故里，"奈值变后硗确未尽垦，输纳维艰，胥吏日扰……原有祖遗虎塘庄田数十亩，乃出承于人以减追呼之累。讵料已困渐纾，又被株连，有房叔某积逋官谷百余斛"，无计可施。③

并且，改朝换代、赋税政策及胥吏作奸等因素导致原有田地产权发生转移。万载县城巢氏幼房起舜公，"曾与十八洞李元七相友善，元七家原饶裕，田产广有，故税粮甚多。当其时大乱初平，历年所欠田粮经诸邑侯极力爬梳不清，至庞先生来莅吾县……性本慈柔，兼以胥吏肆奸，而旧欠之在民间者更益尘封矣。是时元七所欠尤多，锁押在县，公不忍坐视，久之知李元七必不能输将如数，公倾囊以代清之，而元七乃脱其累。先是公曾买元七田二百余把，即给元七耕作，所逋之租，公置不问。后元七病死，其妻孥贫无靠，公怜之，即以买其夫之田给还伊母子耕作以度日，而原价不取。"④

康熙年间，朝廷一直要求地方官加紧开垦及征收赋税。虽然在动荡期间清廷一度开豁部分赋税，但在康熙十七年（1678）"棚乱"刚结束之后，清廷便督催江西历年未完纳的钱粮银米。康熙十八年（1679）正月的"上谕"说："江西旧欠钱米，屡经督抚及科道等官奏请蠲免，朕已洞悉。但当逆贼

① 雍正《万载县志》卷六，《财赋》。
② 民国《万载源头刘氏族谱》卷四一，《人物录》。
③ 嘉庆《万载龙氏族谱》卷末。
④ 民国《万载北门巢氏族谱》卷末上。

煽乱之时，各省地方与贼接壤者，被其侵犯，迫而从逆，情非得已，故于平定之后，其旧欠钱粮，悉得蠲免。江西于贼未到之先，地方奸徒，辄行倡乱，广信、南康、饶州，奉新、宁州、宜黄、安仁、永新、永丰、彭泽、湖口、泸溪、玉山、铅山等处，所在背叛，忠义全无。绅衿兵民人等，或附和啸聚，抗拒官军；或运送粮米，助张贼势；或布散伪札，煽诱良民；或窝藏奸细，潜通消息。轻负国恩，相率从逆，以至寇氛益炽，兵力多分，迟延平定之期，劳师费饷，揆厥所由，良可痛恨。即今田庐荡析，家室仳离，皆其自作之孽。逋赋未蠲，职此之故。"①各省是在乱兵到时响应，而江西则是未到时遥相呼应，自行"倡乱"，造成"田庐荡析，家室仳离"。这种情况发生在广信、南康、饶州等府以及南昌府的奉新、宁州，吉安的永新等州县，这些地区正是土著人口相对较少，移民比较集中的地方。康熙点名斥责这些地方，"逋赋未蠲"。

另外，虽然户口逃亡很多，但从上可以知道，清初万载县的丁数（丁银数）却大体上维持在原额丁数；纵有减除人丁，但减除数目不多，并且都在康熙年间全面恢复原额丁数。在这种丁（银）原额政策下，袁州府未逃之户的丁银负担肯定会大大加重。袁州知府李芳春在康熙二年（1663）时查阅万载的图甲粮册发现"有一甲而载几百石者，有一甲而仅数石者，有全无升合者"，而那些丁产微薄的里甲还要继续承担逃户的税粮。

清廷这种急征赋税和维持赋税原额的政策使清初动荡后的逃亡问题更加恶化。在"棚寇"和"三藩之乱"后，万载历任知县相继详细报告了动乱之后该县的情况。康熙十五年（1676），知县吴自肃《申请地方情形文》说："万邑褊小，乡止六区，今一、二区可怜咫尺之地，便同异域废城一座，催科则无人可呼，团练则无民可聚，地日狭而贼日众，民愈逃而城愈危，坐若针毡，势同积薪。"②其后，康熙十七年（1678）起任知县的常维桢在士绅辛承顼等人的诉苦下，也向上级官府奏报这一政策衍生出来的系列问题。他在报告里说："至于部文之设法催征，益又甚难，而独此人民一项，一时难以骤长，他如招徕之法，非不推心置腹，乃两年以来一民未归，元气未复。推原

① 《清圣祖实录》卷七九，康熙十八年正月己巳。
② 雍正《万载县志》卷六，《详文》。

其故，皆缘于各年之逋赋、杂办之差徭无不并责其身，以致足未入境而颈系长吏之手，所以宁甘流落走死他乡而不顾者也。"①

土著的族谱也记载了这种"苦命人"。县城北门巢氏长房十九世祖汝美公，"系苦人也。公生大乱初平之际，公自花塘迁居，随文奇公旋归小北门仁寿坊……当是也，国课之追呼日夕弗辍，令鸡犬不得安焉。倘输将有歉则鞭棰之苦，旁观下泪，艰于贡税者，计惟有先期逃逋以暂避此日之酷惨而已。乃本欠虽窜而家属被累，先拘长子，次及众男，且累至亲，虽以刘贤侯仁心爱民而限期维严，有不得不徇私俗吏之为，以自护其考程耳"。②

与万载相邻的浏阳县亦是如此。崇祯初，浏阳县知县冯祖望将全县情形列为 15 条，名曰"八难七苦"。"八难"分别为田无利则之难、丁无增减之难、绝户追溯之难、浮粮稽核之难、逃丁招抚之难、荒芜开垦之难、邑省勾摄之难及追呼不应之难。"七苦"为：一苦于州县之代编，二苦于重差之叠，三苦于舟楫之不通，四苦于秋成之半入，五苦于商贩之勒卡，六苦于催科之无术，七苦于频年之堕累。浏阳近因加派数多，民不聊生，挈家携族，逃亡过半，故一家绝则一境荒，一户逃则数山废。尤其是"每输大差则计丁而课之，南兑二役，每丁约费银三两有奇，丁多之家无不望风远遁"。每当大差，逃亡相继，"户以及户，甲以及甲，甚至本不欲逃，及预计某人之累必至，遂携妻子弃田里而去无从踪迹者"，比比皆是。甚至人既逃亡，丁犹在籍，有"房绝归户，户绝归甲"之说。故一丁逃则通户累，一户绝则通户累。再有绝户之粮，动以百计，或十甲之内绝一二甲甚至六七甲者，或一甲之中绝三四户甚至六七户者。浏阳荒粮既多，丁差累重，将役法稍变，以招流亡。谕土著、客民，有能具牛种者即给帖，许令永远得业。并于开垦未熟之际，仍缓追呼。再，浏邑匹连江右，"流窜之民朝发而夕出境，凡有逋欠，即携家挈族潜往萍乡、万载、宜春、袁州、宁州等处"。近来"县无正官，且叠经罢黜，官浏者视此席为畏途"。③

康熙十九年三月，"奉抚宪牌催解军需粮米"，浏阳县知县曹鼎新即出示晓谕，照额催征。据该邑士民生员黎启魁、尹进、饶大宾、汤铭新、

---

① 雍正《万载县志》卷六，《详文》。
② 民国《万载北门巢氏族谱》卷末上，《旧传》。
③ 冯祖望：《白浏民八难七苦及十年完欠状》，同治《浏阳县志》卷六，《食货三》。

江应宗，里民邱启凤、黎开元、邓成英、黎家贵、刘世魁等呈称，额征十八、十九两年粮饷，"剡骨难填"，"乞赐急救残黎"。曹鼎新调查后得知，浏阳自"国朝除荒蠲旱，元气稍培，自甲寅吴逆倡乱，横征暴敛，元气铲创已尽，加遭篷寇数万盘踞四年，掳掠子女，牛尽种绝，深山穷谷，搜括无遗。以致王师赫怒，整兵剿洗，玉石难分，老幼死于锋镝，妇子悉为俘囚，白骨遍野，民无噍类"。经前任"极力招徕，始有孑遗"。今"十九年正饷南漕，犹且难应追呼"。是以"现存认垦之余生，包死亡逃绝之荒粮，即令有子可卖，有妻可鬻，万难代偿荒绝之粮饷"。故"凋残里甲甘心尽作他乡之鬼"，今数日内各都里长俱闻风远遁，粮饷无从征比。又有散甲原遭杀掳而全绝者，有半绝者，有久逃未归者，"版籍虽云五百甲，实存不及二百户"。值此军需，"上宪万不得已征派州县，州县万不得已转派民间"，以致孤独穷民，财尽力殚，反怨垦田为祸。现今"奉宪檄将十八、九年南漕照额追征"，士民"入则盈庭泣诉，出则遍野号啕，均有汹汹欲逃之势"，如东乡十都里长冯宋潘、李兴才于三月初十日逃入江西宁州，南乡十三都里长杨再发、杨再兴于三月初二日逃亡江西宜春，西乡十八都里长高训贤于三月十三日逃亡江西萍乡，坊厢四十六都里长黎发用于三月十七日逃亡江西万载，北乡里长袁易谭等于三月十四日接踵往岳州平江与湘阴。曹鼎新说："卑职若竭力催征，恐新集之哀鸿渐次逃徙，日甚一日，即十八年现在之额征无从征比。"故他泣血痛陈，"乞念民为邦本"，豁荒征熟，仍照各年所报之垦征各年应纳之粮，"留此未尽孑遗为日后垦荒征饷之根本"，则"民命幸甚，下吏幸甚"！[1]

明清之际，湘赣边区州县原有的土著世家大族有的依然保持其优势地位，并在地方社会发挥越来越重要的作用；也有的渐趋衰败，甚至一蹶不振。在宁州，"徐、黄、余、莫、宋、祝、冷、章为分宁世家八姓"。此外，查、艾、陈、帅、熊等姓也为大姓。[2] 浏阳县，欧、何、陈、刘、彭、李、周、勤、萧、邓等为大姓。[3] 醴陵县有丁、杨、唐、冯、黎、徐、胡、黄等大姓。[4] 攸

---

①　曹鼎新：《请宽额征之数以纾民困事》，同治《浏阳县志》卷六，《食货三》。
②　同治《义宁州志》卷一九，《选举志》。
③　同治《浏阳县志》卷一七，《选举》。
④　同治《醴陵县志》卷八，《选举》。

县，陈、刘、易、文、颜、龙、谭、蔡、洪等姓为大姓。① 茶陵以谭、尹、陈、刘、孟、罗、贺、周、李、段等为大姓。② 李东阳祖先来自江西，至明前期与陈、谭、周等姓同为茶陵大姓。李东阳在《茶陵谭氏族谱序》中说："吾州之望，称陈、谭、周、李。予与周给事鼎生于京师，陈氏侍郎琬、金都御使瑶居全州，御史铨居永州，皆在外地。其显于本郡者，惟谭氏尔。山川风气之相通，闾里姻戚之相属，有不能恝然于怀。而谭氏旧娶于李，及于今日，婚姻不绝。"亦言"谭于茶为望族……余于谭氏通家声气"。③ 桂东县，李、钟、罗、黄、胡、郭、扶、何、周、朱、邓、陈等为大姓。④ 崇义县以蔡、邓、陈、郭、黄、何、刘、王、吴、廖、萧、杨、钟等为著姓。⑤ 上犹县，蔡、曾、黄、谢、何、胡、秦、吴、尹等为大姓。⑥ 龙泉县，以郭、李、罗、王、萧、孙、彭、梁、蒋、袁、康等为著姓。⑦ 永新县，龙、贺、尹、欧阳、段、张、李、刘、萧、左、吴、谭等为大姓。⑧ 解缙《永新厚田周氏族谱序》云："永新厚田周氏……上下千余年不出一郡之间，随寓而盛，亦可羡哉！……颜、贺、左氏皆永新之世族，忠厚相颉颃。"其《永新东门张氏族谱序》云："永新大姓谭、张、颜氏倾家奋义。"⑨ 据同治《平江县志·选举》统计，吴、黄、李、胡、许、唐等为该县大姓。万载县城有辛、宋、郭、彭四大姓，辛氏为万载县土著第一著姓，号为"辛半县"。辛氏族人的自豪感溢于言表："吾族在万载有'辛半县'之称，生齿无虑万余。"⑩ 土著大姓还有周、李、龙、王、张、卢、鲍、陈、喻、欧阳、刘、汪、巢、唐等族。万载有"十八古户"之称。县城北门巢氏族谱即称："吾巢姓居于万邑，诚'古户'耳。前唐宋之时，英才辈出，子孙蕃衍，科甲连登，美不尽书矣。及由元而明，世故日多，县遭

---

① 　同治《攸县志》卷三六，《选举》。
② 　同治《茶陵州志》卷一四，《选举》。
③ 　李东阳撰，周寅宾校点：《李东阳集》（三），卷三，"序"，第 954、963 页，湖湘文库编辑委员会、岳麓书社 2008 年版。
④ 　同治《桂东县志》卷一三，《选举》。
⑤ 　同治《崇义县志》卷六，《选举》。
⑥ 　光绪《上犹县志》卷一〇，《选举志》。
⑦ 　同治《龙泉县志》卷九、卷一〇，《选举志》。
⑧ 　同治《永新县志》卷一一、一二，《选举志》。
⑨ 　解缙：《解学士文集》卷五，《序一》。
⑩ 　辛从益：《寄思斋藏稿》卷三，《辛氏义学兼行义田册序》。

兵燹，为后人者俱出逋外郡，而吾县一改'康乐'，再改'康城'，三改'龙江'，复改为'万载'，仅存十八姓氏，名为'十八古户'，而吾族与焉。但人丁仅存国本父子，单传至今，已十五代，昔之蕃衍称盛者，消归乌有。"① 入清以来，巢氏虽然已经失去了往日光彩，但仍为"古户"的资格感到自豪。乾隆年间，李姓支派繁多、散居县境，"贫寡特甚，综计之不抵邻邦巨族十二三"。以本县土著大姓为榜样，全县李氏遂有收族联宗之举，在县城建立了大祠。进士李荣陛《安仁坊李大祠述》记："吾县风气近古，族而居者必遵家礼为祠堂，以严岁祀而洽其族。辛、彭、宋、郭且无论，如张、王、龙、刘、陈、周、唐、鲍、易、胥之属，城内外十余祠相望，而吾李独前未有。"② 这里他提到的姓氏也都是土著大姓。有些家族历经改朝换代，已渐衰落。如潘氏族人在修谱的时候禁不住感叹："我族先世发自宋朝，其间科名仕宦详载史册者，代不乏人，厥后迁徙不一，又值元明兵变，人文两减，可胜悼哉。"③ 辛从益在给县城晏氏族谱写跋时道："余读之瞿然，念盛衰靡常而叹茂才维族之殷也。后街晏氏前明时为邑望族，今其祖居既为他人所得，见存男丁至不满二十，衿士自廷颁外无闻焉，盖常盛之不可保如此。"④ 萍乡县以文、彭、易、欧阳、喻、罗、颜、刘、周等为大姓。宜春县著姓为袁、易、颜、彭、黄、苏、胡、刘、周、汤、张、杨、卢等族。莲花县有刘、贺、李、陈、王、彭、郭等著姓。永新县则有贺、吴、尹、张、严、刘、龙等大姓。宁冈县大姓有谢、刘、龙、萧、张、尹等姓，素有"谢半县，刘一角"之说。茶陵县大族有陈、谭、刘、彭、龙、罗等。炎陵县以罗、刘、张、李、唐、霍、段等为大姓。遂川县有萧、罗、郭、刘、梁等大族。桂阳县（今汝城县）以何、范、朱、袁、宋、曹、卢、周、邓等姓为著姓。这些土著世家大族很多经久不衰，在地方社会有举足轻重的地位，尤其在此后的土客冲突中扮演了重要的角色。

综合而言，明末以后，由于过重的赋役负担和频繁的社会动荡，湘赣边区各州县里甲户口流失严重，里甲组织的残破状况到清初并没有得到修复改善。而清廷严紧的赋税政策使土著户口的逃亡更加严重，里甲之间的差役

---

① 光绪《万载北门巢氏族谱》卷首，《序》。
② 民国《安仁坊李大祠田册章程》。
③ 同治《万载湖源潘氏族谱》卷末，《跋》。
④ 辛从益：《寄思斋藏稿》卷三，《后街晏氏谱跋》。

及负担能力更加悬殊。在此情况下，各州县的图甲组织很不完整，无异于崩溃。

2. 清丈、均图与土著的抵制

清廷也早已经察觉这一问题，在顺治十三年（1656）已令江南地区行均田均役法。这一方法是通计州县的田地总额与里甲总数，均分粮差负担。在朝廷的推广下，湘赣边区各州县地方官员在康熙年间也着手实行"均图法"，其改革方向与明末知县韦明杰所提出的"均田均役"一致。康熙二年（1663）袁州府知府李芳春首先在万载县试行"均图法"，希望"甲甲有粮，户户有丁，去从前偏枯之害"，而袁州府其余三县都是平定"棚民"乱后才正式实行。各州县的基层组织与里甲数量有了变化。《万载县志》说："崇祯时知县韦明杰省二十四都之四图并入三图，国初省城坊为十三，乡都仍旧。"这表明明末清初万载有过合并图坊的措施，当时城乡的图甲组织因人口、赋税等问题进行过调整，但这种努力并不成功。

实际上，早在顺治十一年（1654）开荒令下达后，由于万载县户书龙朝春呈报不实，"混报开垦，荒逃益多"，知府吴南岱即奉文督丈，士绅辛硎等人以"八难便丈"呈县，谓"大不可丈"。经过知府胡希圣的"缕析"得以"详免"。那么，为什么万载地方土著士绅坚决反对官方丈量土地呢？让我们来看看辛硎呈文中所列举的理由。

第一，"昔熙攘之时烟火万家，蒙盛、徐、王三县躬亲履亩，绵延十余年，今以风鹤初定之民，欲将优悠岁月之功，急之一旦，恐势有不能"；第二，"开荒之法，必须访之故老，询之方策，始之原委，今则故老荒落，旧典无存，山川土田毫无可稽"；第三，"田亩情形，原系业主旧佃，子孙世守，历相传闻，丝毫无涸。万当流离播迁后荒烟野蔓，荆棘横生，子失父业，孙忘祖基，况旧佃新耕，业主变易"；第四，"虽曰主佃逃亡，开田亩该图知因公正者，能知之不思知矢公正，必系原籍土著之民始知各姓新旧上下界限、有无熟荒。万当兵火叠灾之后，父南子北，兄东弟西，故址烟销，十户九绝。今所报者，非外来之佣夫，即新雇之牧竖，混报充数，漫不识辜。嗟夫！事势至今，即以本乡之业，问之土著仅存之民，传流久湮，尚难遁悉，而欲以东吴之肥瘠，强所南越之解人，不亦难乎"；第五，"即曰田之熟者为一册，久荒者为一册，固为开荒善图，有主之熟业现征可按者，毋论已至久荒之田。东南依山为树，西北汪洋成河，有主者田莫辨其高下，无主者姓难察其张李。若夫水雍沙塞，虽经告存在案，然业主只知其地名，不能全识其田亩。莫谓弓步无凭可施，即土圭亦不能测"；第六，"亲丈势必亲亩，亦当俟之万宝告成、霜黄露白之秋，则士之在山林川泽了若指掌，斯时按雍辔登眺，一览无余……尽力南亩，一闻开丈，乡市茫然，租税频呼，彼此莫应"；第七，"长短弓殊，今古田易，田不见长，有时而益，赋不见减，有时而增。税赋日增，民命日蹙"；第八，"今闻单独履亩，毫费不烦民间，固出上台及天台至意，切以万苦僻，四面皆崇山峻岭，荒榛蔽道，豺虎织途……尚宜宽假时日。而谓八万余倾之荒产使其丝毫详明，似非一二月所可必得之数"。①

上述辛硼"垂泪陈情万难便丈"的八个理由当中，除了时间紧迫、时节不宜、环境恶劣等客观因素外，其重点在于第二、三、四、五条，即要维护土著的土地产权。不论这些理由是否成立，都反映了战乱期间万载土著大量逃亡、土地大片荒弃、战乱后产业变易等普遍情实。重返家园的土著面对的是移民占据旧业的事实。所谓"外来之佣夫""新雇之牧竖"，指的是新近进入万载的移民，他们正在使用土地，是山林田地的业主。在土著看来，官方怎么能够对这一现实予以承认，"以东吴之肥瘠，强索南越之解人"呢？在这里，"土著"的身份成为可供使用的资源和权利，对各类资源拥有优先所有权，土著凭借它可以夺回失去的产业。袁州府四县土著士绅上《袁州府合郡乡绅士民祈免丈田公呈》，谓"土著既稀少，老成又凋谢，有主之田固属他人耕种，无主之荒官召异民开垦""书算、公正中多异民，若行开丈，势必逃归故土"等语，提出六点"必不可丈"的理由反对丈田。② 土著的反对起到了效果，延迟了地方政府丈量土地的进程。

直到康熙二年（1663）年冬，知府李芳春上任，方知袁州"所辖赋役完逋，独万邑逋历年正项二万五千两有奇，又南粮七千石有奇"。惊诧之余，他于是询问原因。有人说："万素称疲壤，自兵燹以来水旱频仍，民多流亡，田在草间，生计无聊，征输日缩。"有人说："万俗浇民顽，以逋为得计，守令因此投劾者未可指数。"也有人说："万之田赋以岁久弊生，甲户不清，飞

① 雍正《万载县志》卷六，《详文》。
② 康熙《袁州府志》卷一七，《艺文》。

诡日甚。"于是李芳春"单骑抵万，大告通衢，覆查图甲粮册"。结果发现各图甲赋役非常不均匀，"多寡不等，收除混淆，有一甲而载几百石者，有一甲而仅数石者，有全无升合者。又有已经卖买之田粮，应除西而俵东，或更名改户，甚至田去粮存、增减变换者"。康熙三年（1664）在李芳春的亲自主持下，万载士绅辛硎等人积极配合，"详加清剔"。到九月中旬，重新丈量田亩的工作基本结束，于是"定均图之法"。整顿后的图甲组织面貌一新，"甲甲有粮，户户有丁，去从前偏枯之害"。而且，"更定催头之法，简便催趱，而谕过粮入户设立串票，官给印信，亦发催头，注明年一轮值，俟十年大造，方许关会收除，不得如前私擅过割以滋弊"。官方的均图法得到了万载地方士绅的配合，达到预期目标。清朝建立起来的经济秩序很快又被"三藩之乱"破坏，不过有了这一基础，重建工作已不太难。

常维桢自康熙十七年（1678）到任后，"奋不顾家，罄出所携，招徕资给，始集哀鸿之什二"，按亩计丁，稍复其半。任内他造具田荒户绝清册，将"合都花户逐一查造，真荒真绝清册一样四本并民屯甘结"，豁免荒绝钱粮。① 雍正九年（1731）清廷下令将未垦田地分别可垦、难垦造册报部，民间有"通丈"之哗。于是知县汪元采亲率举人杨言、唐裕猷、贡生郭邦藩、监生张士魁、生员敖有义、辛世俊、吏员郭朝选、里民辛桂生、龙道远及总吏宋登仕等土著士绅 24 人"诣乡查勘"，将"荒芜实迹"分别可垦、难垦，绘图造报，全县"贴然"。至此，万载的里甲制度已经完全恢复。

在顺治、康熙年间，江西、湖南各地先后经历了重新编排里甲、整理户籍的过程。袁州府宜春县原分四隅四厢、十四乡、七十里，辖有 150 图，康熙二十二年依据"签盛补衰"的原则，实行均图法，除县城隅、厢数量不变以外，减少了一乡和七图。② 清初分宜县的图甲改编情况，根据县令甘国疆的记载，分宜"为厢三，为都三十五，为里一百有八，厥后因之。及遭明季流寇残戮，水旱饥荒，以逮康熙甲寅年，军兴讨乱，氛燧震邻，人民亡徙，不啻过半，或一图仅存一二甲，一甲仅存一二人，稽其图甲志全者，十之三耳。户绝人稀，粮存产去，不得不以一二甲而承管一图之粮，而勉应一甲之

---

① 雍正《万载县志》卷六，《详文》。
② 同治《宜春县志》卷一，《地理》。

役，力莫能支赋，无从出由"。在甘国疆的主持下，博采众议，斟酌调剂，"大户粮多丁繁，则听其仍旧为甲，不滋割裂纷争之扰；小户粮少丁微则就近互相搭配，并数图为一图，合数甲为一甲，不受孤弱偏苦之累。其寄庄军户旧但零星附载，各图里长深受其累，今尽提出，各成一图，以除军民异籍牵混。总计现在之丁粮，均为实在之图甲，参酌品搭，各适其宜，厢则三，都则三十五，皆旧制也。里三十里，新改编也。于是图图有甲，而甲甲有人，按籍而稽，了若指掌"。① 分宜县的"里"的数量较前大为减少。萍乡于康熙二十九年施行均图法后，由原来的 3 隅、7 乡、130 里改为 3 隅、10 乡、28 里、49 保、104 图。②

浏阳县，明洪武初，"相传浏阳凡七万一千九百五十余丁"。时编赋役黄册，浏阳编户凡七十一里，"其后赋重民逃，嘉靖中仅五十坊里矣"。清康熙朝则增至 60 里，其中康熙三十五年增 7 里，六十年增 3 里。③

醴陵县原有 6 乡 16 里，清朝顺治十四年知县张法孔"新匀都坊"为一都、八都、九都、老十都、新十都、十一都、十二都、十七都、老十八都、新十八都、十九都、二十一都、老二十二都、新二十二都、上二十四都、下二十四都、二十五都、二十八都、老上二十九都、新上二十九都、下二十九都、老三十都、新三十都、上坊都、下坊都等 25 都。康熙二十一年改编为东西南北 4 乡 30 都 108 境，"以都系乡，以境系都，大小相维，各有定所"。而"都之次第，四乡错综不一，民间庐墓所占之都与赋役所隶之都亦不一，如居在一都粮在十四都，居在二都粮在八都之类"。此外，又有空都，如新十五都、新二十二都及屯都、承恩、隆恩五都，皆无属境。还有"都隶此乡而都内之境隶他乡者"，"大约匀都编境时别有区划"。④

攸县，清初编户三十里。攸县在元代升为州，为 5 乡 72 里。明洪武五年兵燹之后，并为 52 里。永乐二年取木于酃县万阳山，三丁抽一，又并为四十四里。景泰三年，户口益耗，并为 29 里、坊厢一区，而 52 里之名犹存，即后所称五十二都。清朝因明制，顺治十一年（1654）富平袁公廓宇抚军湖

---

① 甘国疆：《改编图甲记》，同治《分宜县志》卷三，《图甲》。
② 同治《萍乡县志》卷一，《地理》。
③ 同治《浏阳县志》卷五，《食货一·户口》。
④ 同治《醴陵县志》卷一，《舆地·乡里都境》。

南，洞悉民役，檄下郡县，衷益编里，惧里或不均，仍滋偏累于时。河南郑公际虞令攸人士共相斟酌，匀为 30 里，遂有三十都之名。以定各都保甲依次充当，而排年里甲之称遂沿之不改。"攸图三十里，每里十甲，皆昔时丁粮多为里长之旧族"。① 康熙初年，承明之旧，有 8213 户，44510 口。

茶陵，顺治四年奉部文察报荒芜，十年重察荒芜田亩，四乡里民遵报"荒粮六千六百九石六斗四升七合八勺，以减明万历年间丈载田地塘原粮之数，实在粮三万六千五十六石三斗五升五合七勺四杪二撮"。顺治十二年"匀粮均里"，知州周士先勘得州境田地荒芜，人丁消乏，就旧额三十三里并为二十四里，"里"的数量有很大减少。又给牛、种，劝民垦荒。顺治十二年均里以后，民亦便之。②

龙泉县，"国朝因明旧，编户六十三里"。③ 康熙三年奉文清丈，康熙四年均里。在上犹县，康熙三十五年编审均粮，将广东流民合编为一里。康熙《上犹县志》记："盖以牛田里又七甲二十三姓之粮，补充龙下五甲郭时兴绝户……遂如议衷益，而改郭时兴户为龙长兴。龙者，里名，长兴云者，谓东粤流寓二十三姓之人，自拨入龙下五甲当差，而长久兴旺从俗便也。"④

桂阳县（今汝城县），元代为 20 里，明代洪武年间缩减为 14 里，永乐以后再减为 10 里，至嘉靖时又裁并为 5 乡 6 都 7 里。清康熙初年变通前制，拨都为里，每里十户，共编 5 乡 17 里，后又于康熙二十九年新加 2 里，为 19 里。新增二里大概因为"龙虎、延寿、姜盈、城溪等峒拨与新民垦种者，至是皆熟，既许其应试，土田亦应升科"。新增"戴恩""怀德"二里，"杂凑为乡，无专辖。"又桂阳县明代定里甲时立团之法，虽民户迁移而团不易，延续到清朝，尤其是咸丰、同治年间大办团练之时，全县的团数量众多，计有 28 团 7 村 2 堡。⑤

清初地方重建里甲户籍制度，意义重大。对官府来说，里甲户籍制度是控制地方社会和征调赋役的组织化手段；对民间而言，则意味着对王朝统治的接受、认可，以及承担义务，具体表现为向政府缴纳赋税服差役，从而获

---

① 同治《攸县志》卷三，《建置》；卷七，《户口》。
② 同治《茶陵州志》卷八，《田赋》。
③ 同治《龙泉县志》卷一，《地理志上·乡都里甲》。
④ 康熙《上犹县志》卷一〇，《艺文志》。
⑤ 乾隆《桂阳县志》卷二，《舆地》；民国《汝城县志》卷三，《舆地·乡区》。

得编户齐民的身份与权利。因此重建里甲户籍制度的过程中充满了国家与基层社会、地方民众的对话。均图法的目的是在保持一县赋役总额不变的前提下，平衡图甲间负担赋税的能力，使各图甲的田地总数或田粮额数大致相同，并以此作为均派赋役的根据，使图甲间不会出现赋役负担不均的弊病。所以，均图法实行后，各地里甲的平均负担能力应比以前有所提高，但实际上每"里"或"图"的赋役负担比以前更重了。因此，在经历动荡及清初地方社会重建之后，如何承担各种赋役杂办是各州县里甲组织需要解决的一大难题。

二、清前中期赋役承担方式的变化

清前中期万载县里甲组织最大的变化在于赋役承担方式的改变。以下主要根据《万载县志都图甲户籍贯册》及家谱材料，结合图甲组织的状况对此加以考察。

《万载县志都图甲户籍贯册》的主体部分即里甲户籍资料，最早刊登在道光十二年（1832）《万载县志》卷四《城池・都图》十二至五十三页。编者按："今本雍正间里甲册底，参考历届编审丁册，仿庐陵、分宜志例，挨图编载，或输差，或顶改，分别土客，据实开注。至附图客户……爰本嘉庆十二年奏准清查客籍烟册，汇录其姓于编。"又按："万邑籍分土客，其来最久。雍正间里甲册底、户名本诸明代，最为详备。厥后历有顶改，乾隆十一年及三十六年编审印册，又历历可据。其土客之分则恪遵嘉庆十六年部议，通查礼房考结。自乾隆二十五年起至嘉庆八年止，分别三单五童，参以各区采访，注明土客，以杜争竞。"可见，道光《万载县志》的都图甲户资料是以雍正年间的里甲册为底本，同时参考历届编审丁册以及嘉庆十二年（1807）清查的客籍丁册精心编纂而成。

该文献的主要内容是详列万载各乡都图甲的总户（里长）名单，更为重要的是，各甲户（里长）名下标明该甲属于"土籍"还是"客籍"。如果该甲各姓由不同籍所组成，甲户名下会加以区分，即注明某姓是"土籍"，某姓是"客籍"。如果出现无人顶充的绝甲绝户时，则在该甲户名下注明"本图轮差"或"本都轮差"。例如，第一种情况的形式是：东都一图一甲王兴，土籍；五都二图十甲欧阳逢淳，本杨逢春改，土籍；三区一图七甲詹黄兴，本许仁礼，乾隆间顶，客籍。第二种情况的形式是：三区二图六甲彭钟兴，本彭廷，审册改，彭，土籍，丁单，钟，客籍。第三种情况的形式则有：六都二图九甲何黑牙，土籍，本图轮差；五都一图一甲李春和，土籍，本都轮差。此外，如某图有附图客籍，则将各姓附于该图之后。如，十都一图，附图客籍陈、温、杨、江、张、吴六姓；二十三都一图，附图客籍姚、钟、张、王、罗、谢、袁、邓、陈九姓。

通过对《万载县志都图甲户籍贯册》的统计，我们可以知道万载正图之内"土籍"和"客籍"之甲的比例，也可以知道哪一种延续绝甲的方式更为普遍（参见表2–1）。

表2–1　万载县土籍和客籍之甲数目及各种延续绝甲方式的统计

城乡	图数	甲数	原土籍甲数	土籍顶改	客籍顶改	本都轮差	本图轮差	其他
城区	8	80	60	19	0	0	1	0
怀旧乡	31	310	107	56 + 1/2	5 + 1/2	19	118	4
万载乡	14	140	37	58	24 + 1/2	0	18	2 + 1/2
进城乡	20	200	64	27 + 1/3	20 + 2/3	10	77	1
欧桂东乡	15	150	60	38	4	0	41	7
欧桂西乡	16	150	59	56	0	0	35	0
总计	104	1030	387	254 + 5/6	54 + 2/3	29	290	14 + 1/2

材料来源：同治《万载县志都图甲户籍贯册》。参考前引郑锐达论著，第99—100页。

说明：1. 本表以"甲"为统计单位，并不代表土客籍的实际人数比例。此外，"附图客籍"也未计算在内，对此后文有详细分析。

2. "其他"一项的甲户指在万载县之外的地方立籍。

3. 本表"土籍顶该"一项的数字比道光县志的要多3甲，相应地，"客籍顶改"一项的数字则比道光县志的要少3甲。依照同治《甲户籍贯册》的说法，前志皆有误。

4. 在顶改绝甲后，有些甲由土客籍共同组成，故此按其比例以份数表示。

可见，城区（一区）的原土籍是各区之中最多的，而以"土籍"顶改绝甲的比例也最大。而怀旧乡（二区）、进城乡（四区）、欧桂西乡（五区）和欧桂东乡（六区）四乡则以"本图轮差"为普遍延续绝甲的方式。万载乡（三区）则较少采用"本图轮差"的方法，而以"土籍"和"客籍"顶改为多；在顶改绝户后，此乡客籍所占甲的比例是全县最高的。总而言之，当出现绝甲的情况时，万载县各图甲多以"本图轮差"作为延续方式，其次是"土籍"顶改，再次则是"客籍"顶改，在全图之甲皆绝时才采用"本都轮差"的方式。

更进一步的问题是，在不同的历史时期，哪种延续绝甲的形式更为普遍？《万载县志都图甲户籍贯册》载："既遭甲寅（康熙十三年）、癸卯（雍正元年）之变，甲户颇多沦没。除本都本图均补及公同轮差外，本邑土籍随田顶差者不少，而客户顶充者亦多。"这可回应前面的论述，即尽管清初万载图甲组织内很多原有甲户流失，但里甲仍要承担额定的赋税和差役。这条资料（及以下其他例子）都特别强调承差的问题，可能表示差役是清初图甲组织最沉重的负担。根据《万载县志都图甲户籍贯册》的叙述可以知道，当时主要有两种办法继续承担差役：一是由"本都本图轮差"或"公同轮差"，二是由土籍或客籍（随田）顶差。"本图轮差"及"公同轮差"表示图内如有绝甲绝户时，该图不再为绝甲绝户顶补，而由该图剩余各甲共同承担绝甲遗留下来的差役负担。少数图十甲皆户绝时，则该图之差由所隶属的都负责（"本都轮差"）。例如怀旧乡一都一图，十甲之下皆注明"今本都轮差"。无论是"本图均补"或"公同输差"，其实都是继承了明代以来里甲的旧例，即甲、图、都各层承包各自赋役额，当下一层无法负担时，则由上一层的单位负责。鉴于明末清初万载县赋役繁众而丁逃户少的情况，这种方式可能不是当时图甲组织普遍选用的方法。

以欧桂西乡十八都一图为例，重构一幅清初万载"本图轮差"的历史图景。据《万载县志都图甲户籍贯册》载，该图所有的差役由四甲谢酉牙、六甲易昌孙、七甲黄正兴、八甲黄珊、九甲李周兴（周姓轮差）和十甲易宝等六户共同承担，这种轮差制度的确立，是在康熙初年。该图主要有易、谢、黄、周等姓，其中易氏在其族谱提到了康熙初年易、谢、黄三姓如何处置已经绝甲的五甲邹氏的财产。民国《万载谢溪易氏族谱》记载兴建谢山福昌院的经过时说：

> 谢仙山古福昌院也……至元季兵燹，栋宇无存，基址蔓芜。宣德十年，吾祖永廉纠图内邹元辉、王珊、谢有牙等各捐金数十，重建为寺，惟元辉出助较多。元辉里递五甲，世居福昌水口炼丹池背中山下，所管

田东江窝……一带将近百亩，竹山数嶂……乃不数世而邹氏之子孙竟靡

有子遗矣。时图内欲将邹人名下田山均分，保甲差役轮充。吾祖乾福、

道大、禧鳌诸公曰……莫若将邹人田山付与谢山，以为香火之资……岂

惟元辉之名流传千古哉，即吾图之香火亦永兴而无废。至邹人里递差

役，图内轮流代充，该僧每年出银若干，以帮图内保甲之费。后住僧独

疑立有领约，昭穆复立，有合约，并印于左，以防遗亡。①

所附录僧人独疑的领约，落款的时间是康熙丙寅年，即康熙二十五年
（1686）。这则材料叙述了"本图轮差"的情形。原本参与建寺的五甲邹元辉
户已经绝甲，图内存留下来的三姓本欲瓜分其财产，轮流承担其差役，后在
易氏的坚持下，邹氏财产捐与谢山福昌院，其里递差役仍由三姓轮流代充。
在重建里甲制度的过程中，轮流代充绝甲户差役的图内各户，通常的做法是
同时接收绝甲户的田产，将其均分。

实际上，清初万载承担赋役的普遍方式是"顶充"（或称"顶补""顶差""招
顶"等）。康熙二十二年（1683）修的县志谈到差役问题时说："旧例各项差
徭俱于承年里长丁粮科派，今皆申详革免，但逃里绝甲近复过半，所载都图
悉依旧志云。"② 可见战乱之后人口稀少。到雍正十一年（1733）的县志则载
"今皆奉旨革免，其逃里绝甲近来渐次顶补"。③ 可见"顶补"是最常用的、
也是最实际的方法。所谓"顶充"之法就是由图甲内剩下的旧户（"土著"）
去招纳一些土著或移民入户，以承充该甲逃户（绝户）遗下的差役，或承担
该逃户遗下的差银。有些情况下会同时接收了逃户原有的田产及田赋额，此
即"随田顶差"。这种招顶可能是一甲原有旧户自发性的行动，也可能在地
方官员的号召下土著所作的配合。当然，承顶这些绝户的包括大量原有的土
著，但在清初大量外来移民进入的情况下，移民承顶绝户的可能性也很大。
土籍顶充的时间始于明中后期，延至清初顺治、康熙年间。有能力顶充旧户
的多为人口众多的土著大姓，这就有力地促进了里甲组织与宗族组织的结
合，促进了宗族组织的发展。以龙氏为例，二房孟六公居华塘，为华塘发祥
祖。单传数代至赐圭公，生子二，长曰"镇渊"，幼曰"镇潭"，分为二房。

---

① 民国《万载谢溪易氏族谱》卷尾，《记》。
② 康熙《万载县志》卷一，《坊乡》。
③ 雍正《万载县志》卷一，《坊乡》。

幼房镇潭之子元明籍隶二十都一图九甲。长房镇渊递传三世又分为三支，长子"惟昇"，迁县城安仁坊，为东都二图二甲祖；次子"惟冲"，为二十都一图三甲祖，而六甲、七甲祖则其幼子"伯鼎"之子。三甲、六甲、七甲暨县安仁坊者，均属"镇渊"一脉。为何"图别甲异分为数支"？以差徭分也。①至于三房仲二公，其房分派的过程更是典型地体现了宗族组织与里甲组织结合、发展的过程，如下图所示。

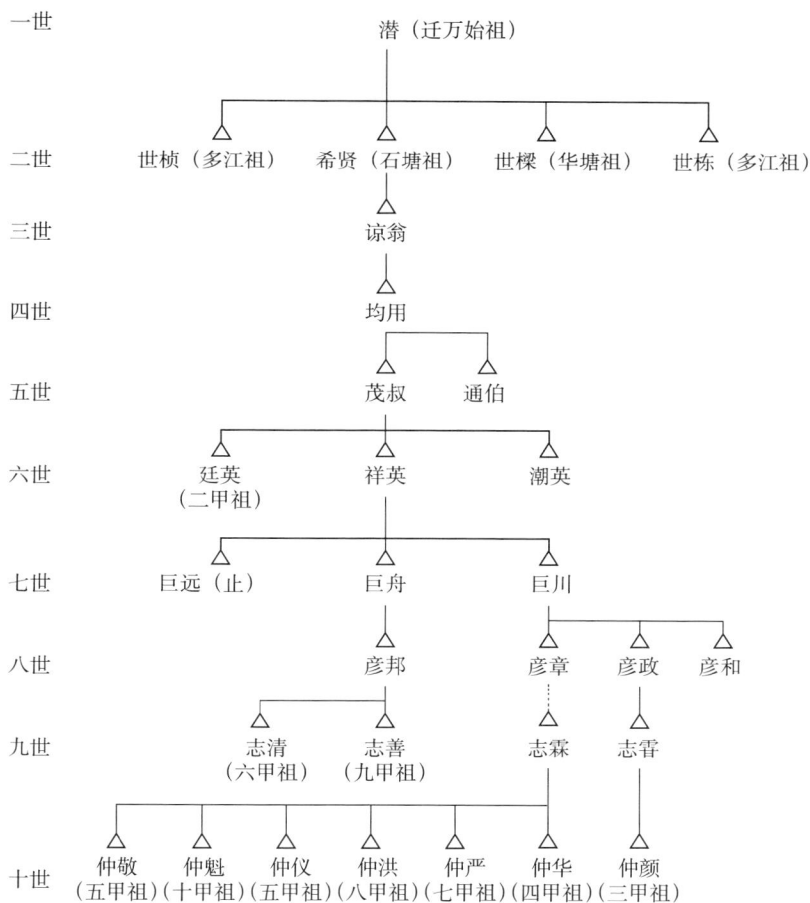

图 2-1　万载龙氏宗族房支与里甲组织的关系图

---

① 光绪《万载龙氏族谱》卷二，《孟六公房分派图说》。

龙氏三房"派衍九房，递顶十甲"。谱记："始祖蟠溪公由敖邑迁万载，子四，祖仁山（即仲二公）序居三，分居十三都三图石塘，派衍九房，递顶十甲。其自六世分者，则廷英公为二甲祖。自九世分者，则志善公为九甲祖，志清公，六甲祖是也。至仲颜公为三甲祖，仲华公四甲，仲严公为七甲祖，仲洪公为八甲祖，仲仪公、仲敏公为五甲祖，仲魁公为十甲祖，此俱自十世分者。"①

今以傩舞著名的沙桥丁氏是元泰定年间从筠州（今高安）迁入万载的，始迁祖名叫丁济文，其独子丁聪生四子，分别是泰辉、光辉、和辉、季辉，四兄弟的后裔在明天顺间分衍为四甲。据族谱记载："溯其时，元之泰定间也。传至有明，族姓繁衍。明例以族大粮多者充粮长，时列祖欲免粮里累，天顺间爰分籍四递于十都二图中，泰辉公为一甲衍庆祖，光辉公为十甲衍庆祖，和辉、季辉二公则为五甲、四甲衍庆祖。"②

至于"客户"的顶充，较早的有四区十四都六图十甲钟应春于崇祯七年（1634）顶吴应春，钟氏在清代发展为客籍大姓。而大部分移民的顶改则是在清初进行，这一点将在下文论及。

很快，"顶充"之法尤其是"客籍"顶充的方式被土著摒弃，这种倾向在编修都图甲户籍贯册之后更加明显。道光《万载县志》规定："至甲户沦没者，现际户口繁盛之日，既经本都本图轮递承差，地方公事原无虞于违误，故据实著为轮差，嗣后轮差之户，永禁顶充，以防混冒。"③这显示万载县已经尽量避免清初常用的招户承差顶充的办法，当图甲再有户绝的情况，同图会用"轮差"或"朋充"。这种延续图甲的方法与清初招顶法有明显的不同，其原则就是禁止任何新户或者冒籍者入户的可能。而在轮差的过程中，宗族的力量又得以体现，出现一图内所有的绝甲均由尚存的一姓独力承差的现象。如欧桂西乡十八都二图，该图的一、五、八、十甲都是黄姓，绝户的二、三、六、七、九甲都由黄姓承顶。所以，除了第四甲由"祝文兴"顶改之外，本图九甲都是黄姓承担赋役，可见黄氏是一个丁粮很多的大宗族。另如二十四都二图高村李氏，其族出过一名进士。该图十甲最迟至清中

---

① 光绪《万载龙氏族谱》卷二，《仲二公房分派图说》。
② 道光二十二年《万载沙桥丁氏族谱》卷首上，《万载沙桥派图说》。
③ 道光《万载县志》卷四，《城池》。

期时只剩下六甲与八甲为高村李姓，其余各甲都是绝户，皆由李姓承差。

承差的过程充满了艰辛与无奈。乾隆时期该族进士李荣陞为其祖父写传时说："（康熙）十七年贼平，归里。时县境大半莽为墟，高村上下数十里惟李氏一户，合户之壮惟府君一人，知县常、刘前后多其才并旁里委之，府君为之悉心经理，招徕流氓，抚绥疲户，堵御余孽，劝化宿顽，季年乡户完复，无追呼之扰。"[1]力量较小的家族就数姓轮差，如十七都三图一甲冯计牙，由本图吴、辛、汪、谭四姓轮差。总之，土著竭力排斥客籍顶充，尽量采取轮差的方式共同负担差役。

清中期万载县图甲组织赋役承担方式的这种变化，反映这时期土著和移民的关系跟清初已有很大的不同。清初，万载县图甲组织因残破而极需要移民入籍帮差，故图甲组织最为开放，很多移民也借此取得户籍。至清中期，随着图甲组织逐步得到修复，差役负担也相对减轻；再加上户籍受到越来越大的重视，各方面的资源竞争也越来越激烈，所以图甲组织也逐渐由宽松转为严紧。[2]

三、户籍的区分及其含义

1. 户籍的区分

万载县图甲组织禁止移民再行"顶充"，说明土籍要将移民永久地固定在"客籍"这一户籍类别之内，在他们与移民中间划出一条清晰的界限。表面看来，万载图甲组织严密化的措施是针对那些在清中叶进入万载的移民，但其实会使一些清初迁到万载而入籍客图的移民也深受影响。有关这个问题，我们要从万载的户籍类别说起。从前面地方官府执行朝廷的"棚民"政策的过程中可知，万载县的户籍有"土籍"和"客籍"的区分，并且"客籍"分为一般民图内的"客籍"和"附图客籍"两种。这里需要关注"附图客籍"的情况。

道光《万载县志》称："附图客籍向准随图捐考，惟户甲尚未编定，故

---

[1] 李荣陞：《李厚冈集》卷一二，《大父英文府君传》。

[2] 参考郑锐达前引著作，第127页。

只汇录其姓。"① 可见"附图客籍"也享有捐考的权利，可以逐步编入正户或一般民图之内。这说明"附图客籍"除了是"棚民"所属的户籍类别外，其实也是一个移民的临时性户籍类别，待正图之甲有绝户时，他们就可以顶替该绝户而进入正图之内。"附图客籍"可以看作是移民入籍的一个过渡时期。但从移民入籍"附图客籍"到他们正式成为一般民户需要很长的时间，甚至跨越数代。从《万载县志都图甲户籍贯册》所载一般民图内的客籍顶改时间来看，康熙、雍正年间顶入的"客籍"极少，多数是在乾隆年间。如图册载：一都三图六甲蓝永兴，本高隆，乾隆间顶；六都三图四甲罗万兴，本陈颜善，雍正四年（1726）顶；九都四图九甲张增二，乾隆三十六年（1771）顶；十六都四图六甲江徐熊，乾隆四年（1739）顶；二十都六图二甲李大盛，乾隆十七年（1752）顶；二十一都二图三甲寥永盛，顶易西牙，雍正八年（1730）改，等等。这些移民或其祖先都是在康熙年间或更早的时候就来到了万载。

如果把万载的户籍区分政策结合移民顶替图甲绝户的情况，我们可推断清初万载移民所属的户籍可分为两种：第一种是移民被直接招入图甲顶替绝户，第二种是移民未能进入一般图甲组织之内，而是入籍于客图（"附图客籍"）。这两种情况也可以视为移民入籍的不同阶段，即移民进入万载后首先入籍于客图，接下来就是顶替绝户，成为一般民户。但值得注意的是，移民虽然顶替了绝户，进入了一般民图组织之内，但仍保留其客籍身份，继续与图甲内的一般民籍（土籍）区别开来。

因此，从理论上讲，万载的"附图客籍"在所附的乡或图有绝户的时候，他们便有机会顶替而入籍于一般民户之内，不过仍保留其客籍身份。但由于按正常途径顶替绝户以取得正户身份并非短时期可奏效，因而在清中期都图甲户籍贯册编修时，部分入籍及可捐考的清初移民仍编在客图之内。随着图甲组织进一步严密和土著普遍采用轮差的方式，在此情况下，不但清中叶的移民入籍会相当困难，那些较早入籍的清初移民无形中也会被禁闭在客图之内，他们要顶替绝户转为正户身份就更加困难。尤其是经历嘉庆年间的学额案后，土、客的界限一目了然并得到强化，致使土、客籍夹杂的图甲内土客矛盾暴露激化。下面这份图田分约能够说明这个问题。

---

① 道光《万载县志》卷四，《城池》。

一都三图四姓图田分约 ①

立分约人陈兴贵、钟长发、蓝永兴、刘兴汉等四姓子孙，缘乾隆三十年各祖手合买地名烟塘……田三百零五把，嗣于嘉庆十三年因公紧用无措，将下烟塘田三十五把出卖与钟廷汉，现实存有田二百七十把。只因嘉庆十九年结诉，嘉庆二十年十二月蒙梅大老爷断令，蓝永兴分管民屯田七十把，照契约管业，余田二百把陈、钟、刘三姓均分。今将烟塘、石桥头七十把二丘分与蓝永兴子孙管业，至烟塘、堆仔边早田四十五把二丘共计二百把，田有高低，难以品搭三股，今将三姓合管，收谷平分，立分约二纸，陈、钟、刘三姓各执一纸，蓝姓执一纸。所有石桥头契据，蓝永兴子孙收执，堆边等外契据，陈、钟、刘三姓子孙收执，所有民屯钱粮各照田契过户收纳。自分之后，各照分约契据永远管业，均毋异说，立此合同分约，永远公私存照。批：七十里泉塘一口，前以四姓平管，今分与蓝永兴子孙车放荫注，陈、钟、刘三姓无得车放荫注。再批，为据此照。

见分约人：辛鹤微、刘思荣、高石牙

嘉庆二十年十二月日

立分约人：蓝永兴、陈兴贵、钟长发、刘兴汉

查《万载县志都图甲户籍贯册》可知：陈兴贵为五甲户名，顺治九年（1652）改，土籍；钟长发为四甲户名，雍正间改，土籍；蓝永兴为六甲户名，乾隆间顶②，客籍；刘兴汉为三甲户名，乾隆三十六年(1771)改，土籍。根据合约所载，在乾隆中期，由于当时的经济条件限制以及土客矛盾尚未明朗化，图内的土著与有实力的移民在经济方面的联系比较紧密，于乾隆三十年（1765）合买田地305把，之后"因公紧用无措"，可能由于需要承担公共的差役，卖掉了一部分田产。至清中期，由于人口的增长，图甲的负担相对减轻，又因为嘉庆年间的学额案后，土客的界限进一步明确，由此导致土著甲户对移民的排斥。双方于嘉庆十九年（1814）发生经济纠纷，嘉庆二十年（1815）结案，"客籍"蓝永兴户所管产业独立出来而其余三户依然合管。

---

① 道光《蓝氏三修族谱》卷首，《图田分约》。

② 据蓝氏族谱载，顶替应该发生在雍正初年。"前于雍正初年间，既集合数房同心叔侄入籍万邑，承一都三图六甲里递，创立蓝永兴户纳粮投税"，见道光《蓝氏三修族谱》卷首。造成这种时间上的差异可能是因为"土著"对移民的入籍迟迟不予承认。

可见随着图甲组织的严密，土籍会处处与客籍划清界限，全面排斥客籍。在此情形下，不仅移民要加入一般民图可能性极小，而且早已进入民图系统的移民也很难抹去"客籍"的身份。而且，合约中的"见分约人"都是土著辛、刘、高等族人，可见这一纠纷可能是由土著制造的，并且他们在处理地方矛盾的过程中更有话语权。另外，各"立分约人"皆署以前的户名，这表明户名不必是现实的人名，而且"户"已经失去了人口登记的意义和功能，成为田产税额的登记单位。① 不过，谁拥有和使用"户头"则是一个关键问题。②

在各个土客冲突和移民参与的事件中，"客籍"或"棚籍"移民往往被等同或标记为"棚民"。在皇帝的谕旨、官员的奏折和"土籍"的供词中，"棚籍"与"客籍"是互通的。所有外来移民，无论是否"棚民"（山区搭棚耕作居住者），在未入籍或移入"土籍"前都是暂编入客图之内。可能由于客图原来是"棚民"所属的户籍类别，在"客籍"内登记的外来移民也渐被视为棚民，与"棚民"混同。同时，清初"棚民"的动乱和焚杀土著的历史不断被重提，使清中叶"土籍"备受威胁的处境变得具体化，从而在土著和移民间制造出一条更加清晰的界线。在清中叶"土籍"对外来移民的排斥中，这种"棚民"的标签被"土籍"加以利用。这种标签很可能导致"客籍"移民长期受到"土籍"的歧视。正因为如此，"客籍"中的老移民即使有了基本的考试权利，仍希望可以转换户籍类别和身份，其目的就是要消除这种阻碍他们进一步发展的标签。曹树基认为"棚民"的"土著化"可以分为三个阶段：保甲——→棚籍——→土著。③ 郑锐达也认为"棚籍"只是一个临时户籍。④ 从万载的情况来看，这个过程变得更加复杂，即"棚民"保甲——→附图客籍——→客籍（"棚籍"）——→土著。

更为严重的是，由于清代中期土著对户籍作如此严格的土客区分，移民

---

① 明中后期王士性即指出："江右俗以门第为重，其列版籍以国初黄册为准，其坊厢乡都里长，咸用古册内祖宗旧名，子孙顶其役不易其名也。家虽贫穷，积逋甚，然尚有丁在，则必百方勉力，众擎之，不肯以里排长与他家，与则恐他人侮且笑之。"王士性：《广志绎》卷四，《江南诸省》。

② 刘志伟：《在国家与社会之间——明清广东里甲赋役制度研究》，中山大学出版社 1997 年版，第 259 页。

③ 前引曹树基：《中国移民史》，第 252 页。

④ 前引郑锐达论文，第 92 页。

实际上已经不大可能除去"客籍"身份，他们想要除去这种"标签"的唯一办法是采取土著所攻击的"混冒土籍"。而这一点也正是清代中期土著着重防范的地方。

2. *户籍的含义*

为什么土著一定要对土、客籍作如此严格的分别呢？他们为的是要在社会竞争日趋激烈的情况下，保持各种权利资源与个人身份上的优势。

在一般意义上，户籍是国家编户齐民、定居合法化的有力证明和参加科举考试的必要条件。编户齐民和无籍之徒作为重要的社会分类，直接与正统性、合法性的认同联系起来。在地区开发的过程中，在土地资源的争夺越来越尖锐时，也就使得这种正统性身份越来越成为土地控制中的一种潜在资源，户籍问题因此变得更为敏感。从前面的论述我们知道，清初移民尚未取得户籍，在土著反对政府丈量土地的过程中，土著凭借"土著"或"土籍"这一户籍与身份就可以夺回已经失去的产业，重新成为业主。由于合法占有土地和参加科举考试，是传统中国社会流动机制下两个最重要的上升途径，而这两种资格都必须以户籍为根据，所以户籍成为区分和固定社会身份的制度性因素。至清中期，土著防止移民大量入籍或冒籍，很明显是要维护本籍的考试权利和有限的学额。

因此，在土著与移民明争暗斗的过程中，"土籍"这种户籍的意义其实更多是一种文化资源或文化权利，即刘志伟教授所谓的"祖先的权利"。[①]这种文化权利在里甲制度和宗族组织的结合中得到充分运用。如前文所揭示的，明末清初在赋役的压力下，万载的里甲组织与土著宗族组织紧密结合。[②] 里甲制的演变，导致本来只是以家庭为登记单位的户籍，成为所有宗族成员可以共同享有的一种身份资格证明。于是，宗族不但成了可以向其他人炫耀家族历史，提高家族声望，在地方社会的竞争中取得优势的一种象征；而且，每一个社会成员，只要能够证明他是有合法户籍的宗族成员，就可以使用祖先（或以祖先名义）开立的户籍，购置土地，登记纳税，参加科举考试，以及享有其他需要编户齐民身份才能合法享有的权利。里甲制度与

---

① 参见刘志伟：《地域社会与文化的结构过程——珠江三角洲研究的历史学与人类学对话》，《历史研究》2003 年第 1 期。

② 参见郑振满：《明清福建的里甲户籍与家族组织》，《中国社会经济史研究》1989 年第 2 期。

宗族社会的这种结合，使里甲户籍自然就被视为宗族的一种重要文化和制度性资源，甚至成为一种社会身份的标签。① 同时，尽管"客籍"已是国家的编户齐民，已拥有考试资格，但他们的权利和社会地位在一定程度上要比"土籍"低下，甚至受到歧视。如，土著公然宣称："郡邑原以土著为断，侨居不过附见志"②，以及"客籍各附于土著之末，而版图本归土著"。③ 正因为如此，在客图已入籍或已进入一般民图的移民还会利用各种方法尝试改变和抹掉他们的"客籍"身份，以获得进一步的发展。

因此，里甲户籍不仅是征派赋役的基本单位，而且是社会地位的重要标志。里甲户籍成为表明社会身份和划分社会界限的机制，土著对此相当重视，他们的族谱一般都会刊登本族的甲户籍贯。这不仅是区别土、客的方式，也是土著炫耀其社会身份和权利的手法。

银山周氏的族谱简略地记道："本贯江西袁州府万载县小南城外，册载二区三都二图一甲怀旧乡城俗上里银山村，里递土籍周守江。"④嘉庆二年（1797）修成的《万载李谱提要》为万载境内李氏的联谱，内载"十七支籍贯图表""城乡居址图""隅乡都图表""甲户表""宋元以来府存甲户册""本县续编里递册"等。⑤

县城北门巢氏则在族谱中详细记载了本族在清初如何由隅籍入乡籍，又是如何由乡籍返隅籍的曲折过程，目的是要证明和显示其"古户"身份，使"他族之不敢睥睨小视吾族"。《定籍缘由考》载：

> 吾族巢氏，自唐宋至前朝俱隶隅籍。方隅分东西二都，一都四图，一图十甲，吾巢氏籍隶东都二图二甲，与龙姓朋充里役甲长，旧名"巢龙成"。因顺治初年三楚兵变，浏阳城陷，寇及吾邑，流离困苦，生且无聊，遑充徭役，于是弃县城旧居址而避处于二十都四图，地名明江。其乡叶、谢为二世族，时当变乱，丁单寡粮，以余十六世祖右廷会管粮二十余两，遂合谋呈县，得二十都四图一甲里长"叶谢兴"名自愿退卸，甲尾新更甲

---

① 参见刘志伟前引论文。
② 道光《万载县土著志》卷首，《凡例》。
③ 同治《万载县志都图甲户籍贯册》。
④ 光绪《万载银山周氏族谱》卷一，《都图甲户里递册》。
⑤ 嘉庆《万载李谱提要》卷下。

名"巢兴仁"承充。讵料叶、谢退后差银分文无都，致府主李临县北追五年钱粮，伊二姓人风闻逃走，尽拿吾家受累，比追赔赃，即编审亦已承充三届，苦不可言，只得招回二姓开垦，期其或可分减重肩。故历年结讼不休，至康熙二十一年叶、谢乃请众作约，串名"巢叶谢"，三姓朋充，呈县批有执照。所有大小差徭，巢用十分之八，叶用十分之一，谢用十分之一。康熙四十年谢姓止遗孟龄一人，无妻无儿，不能朋充，只得将淳源屋宇地基山场与芭蕉窝杉树一并出付与巢、叶二姓管理，以代帮费。先是我族避居乡，后隅差颇累龙姓，及时既升平，我祖光公、佑公已返城北而居原址，龙姓查知呈明县主，准照原"巢龙成"名编册，一同充徭。而叶焕三兄弟亦以自愿将乡籍里长"巢叶谢"名更名"叶谢兴"，此后差徭，乡、隅各别，不累我族，情由呈县亦蒙批准。康熙五十年七月龙和十等乃会集亲族，与我族作约众于东都二图二甲，里长名取为"巢龙绽"三字，历传至今，承编充徭，乃定为铁券。上供国课，下应考试，聊借是以尽臣道以答圣天子贻养下民乐利之福也。再者，旧传吾族役由乡籍而隅籍者，以溶庵公裨益于隅方之功多，故隅方谦恭卑礼，力请吾族复返故居也。此亦足传示后人，谓吾姓为"古户"，而他族之不敢睥睨小视吾族者，诚有故也。[1]

由于里甲户籍足以代表宗族组织在地方社会中的权利与地位，大族对此尤其重视。土著第一大族辛氏，鉴于本县常有异姓和异支影附冒托等情况，"诚恐日久传闻失据，或有过厚无识之人误涉通融收载，必至异姓阑杂，入庙紊宗，所关不细"。于是"考府存宋元以来旧册暨国朝乾隆初年县册"，将本族长房、幼房各支籍贯详载于族谱中（见下页表 2–2），所有异宗户名略载于后，以防冒滥。[2]

这种基于里甲户籍制度的门第等级观念，直至清末及民国年间依然牢不可破。这不仅是历史的投影，也是实力的较量。深受辛氏的影响，源头刘氏直到 1948 年还在其九修族谱中记道：

> 民宪时代重选举，凡居二年者得有选举权，而户籍不甚拘也。然吾族之在源头，自奉先人俎豆以来，阅数百年世守清白，恒产恒心，历久

---

[1] 民国《万载北门巢氏族谱》卷末下，《定籍缘由考》。
[2] 民国《万载辛氏幼房谱》卷尾，《谱余汇载》。

不替，祖宗馈粥在是，子孙歌哭示在是，以故万邑刘姓非一，而源头为著籍首，门户相承，版籍一定，愿世世子孙毋变也。按：我自南宋嘉定十七年福凤公由烟竹迁居源头，传至兆一公遂有朝仔户，兆四公遂有伏孙户。自是由宋而元而清至于民国，府县册籍所载无异。其视他姓之甲户，间或绝或续或改或朋，惟利是视而冒顶混充者，根柢固自不同矣。谨列表于后，而同姓异宗略附焉。我族自长、幼两房分衍，虽迭经兵燹，历谱分明，从无同宗同系而别有漏支未及登载者。惟是著姓既久，恐有同隶一县影附各支而实非本族者，倘日久传闻失据，或有过厚无识之人，误涉通融收载，必至异姓阑杂入庙紊宗，所关不细。爰考宋元以来旧册暨清乾隆初年县册，除本族两户长兆一隶十三都二图五甲、兆四隶十三都二图二甲已详籍贯表，不赘此外，所有异宗户名他区不胜其载，但将隶籍三区者载于后（参见下表），以防冒滥。①

表 2-2 万载县三区刘氏都图甲户表

	10 都 2 图 7 甲刘甫牙	10 都 3 图 1 甲黄元清，康熙十七年改刘田张	10 都 4 图 3 甲先邹明陈后邹秀峰，明天启元年改林刘兴	10 都 4 图 9 甲邹行同，一作邹经同	10 都 5 图 7 甲汤高同，一作汤高通	10 都 6 图 6 甲罗文孙	11 都 2 图 3 甲李茂明，崇祯元年改叶刘美	11 都 2 图 7 甲陈毛牙，清康熙三年改刘永盛	12 都 2 图 3 甲杨辛仔，清康熙四年改刘林兴	13 都 2 图 7 甲汤庚牙，清康熙年间改汤刘李
宋元以来甲户册										
清乾隆元年甲户册	10 都 2 图 7 甲刘仁兴，一作刘任兴	10 都 3 图 1 甲刘田张，客籍	10 都 4 图 3 甲林刘兴，客籍	10 都 4 图 9 甲廖刘兴，新昌籍	10 都 5 图 7 甲刘益盛	10 都 6 图 6 甲刘扶玉，客籍	11 都 2 图 3 甲叶刘美，客籍	11 都 2 图 7 甲刘永盛	12 都 2 图 3 甲刘森昌，客籍	13 都 2 图 7 甲汤王刘李

① 民国《万载源头刘氏族谱》卷四二，《籍贯录》。

　　上表不仅对土、客籍作了明确的区分，而且对本籍、外县的异宗户名也一一详列，显示了源头刘氏怀有强烈的"源头为著籍首"的自豪感。这种感觉会直接影响他们在土客冲突时所采用的行动。在土客学额案中，源头刘氏有多人参与反对客籍的罢考事件。

　　婚姻网络无疑也能够反映土客之间的关系和土著对"土籍"身份的重视。清中期官员的调查也表明，土著与客籍虽同处一邑之中，但二者界限明显，土民对客民向存歧视，"不与客籍迁居城内，亦不缔结婚姻，偶有结婚者，则土著亲族群相诟病"。[①] 在此情况下客籍亦与同籍通婚交往，形成自己的圈子。土著的族谱一般会详细记载族人的婚姻状况，而客籍的族谱则相对简略。土著湖源潘氏第二十九世"功"字辈族人的通婚情况如下：

　　功有，女适南田王冬发；功财，配彭氏，子道礼配本图陈连祥女，女适本图陶；功胜，配宋氏，女二，长适小洲上辛，次适花塘龙；功俊，配喻氏；功文，配南田王氏；胞弟功秀，配县城陈学牙女；功永，配淖源邓新保女，女适明江国学生周财发三子；功本，配白良袁氏；功德，配高城陈贵科三女；功良，配岭下王氏，女适明江周；功吉，配花塘国学生运珠女龙氏，女适花塘龙；功正，配长江上高氏；功梅，配樟源宋氏。[②]

　　查《万载县志都图甲户籍贯册》可知，前列姓氏皆为"土籍"。湖源潘氏在清代已经衰落，但其族人还严格遵行同籍通婚之例。

　　源头刘氏在万载地方社会中有一定的影响，在清中期土客争夺学额的过程中这一宗族有多人出头。其长房元栋公清初任"甲总"，这一支派在康熙至道光年间出了两名举人和五名贡生，其婚姻情况（妻族）如图 2-2 所示。从中可见源头刘氏的通婚范围已经超出本县。源头位于万载西部，距离宜春

---

① 同治《万载县志》卷七，《学校·学额》。当然，土、客通婚的例子情况也有，如主张土客合额的学政李钧简在报告中说："辛梅臣之妻罗氏，系棚籍罗慎余之女，土籍辛定旺之女，嫁与棚籍王耀先之侄。"但这应当不是普遍情况。另外，据同治《万载县志都图甲户籍贯册》载，六区二十一都二图三甲寥永盛，顶易西牙，雍正八年（1730）改，土籍，后与客籍合谱。又，咸丰《万载县志摘要》卷一八，《都图甲户册》载："十七都四图三甲钟华，牟村土籍，近与黄椑树下客籍合谱。"这里，土著的小姓或弱宗与移民的大姓或强宗联谱。土、客合谱如同土、客通婚一样，都会遇到来自土著的巨大压力，故这两种现象当属特例，所以方志才会特意标明以示警戒。

② 同治《万载湖源潘氏族谱》卷三，《铖房明纪公派下世系第八图》。

和浏阳很近，因此刘氏的婚姻圈扩散到这两县也是正常的。值得注意的是，一僎公长子大易和幼子大瞳的后裔妻族有很大区别。大瞳的子孙有六人与县城或县城附近的大族辛氏通婚，而大易一支却无一人，这可能是因为获取功名的刘氏族人全部在大瞳一支。刘大瞳，增生；其孙刘馨兰，武举人；其曾孙刘英，亦武举人，三人皆入《土著志》。[1] 同时，这个例子还表明，贫富贵贱的差别会通过婚姻状况得到准确的反映。宗族内部的财富和政治资源分布并不均衡，与强大的异姓宗族的通婚会逐渐集中于部分有实力的分支。强宗之间"门当户对"的婚姻关系，既有利于维持当地大族的势力，同时也有利于维持强宗内部一些强大分支的地位。[2] 土著的一些大姓甚至出现了世婚的趋势，这当然是土著士绅重视家世族望的突出表现，同时也是他们极力维持"土籍"身份的某种反映。[3]

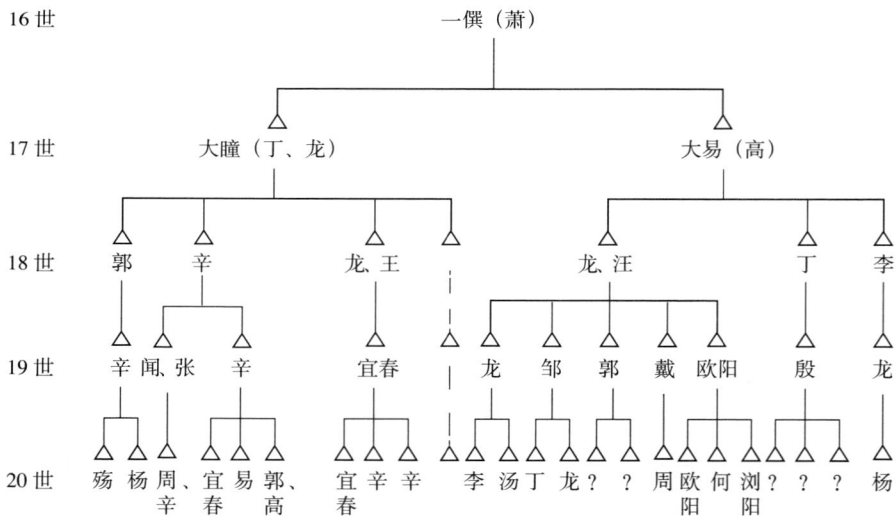

图2-2 万载源头刘氏长房琼公分源支元栋派婚姻网络（顺治—道光朝）

资料来源：民国《万载源头刘氏族谱》卷九《长房琼公分源支元栋之派》。

---

[1] 《万载土著志》卷二〇，《人物下》。

[2] ［日］濑川昌久：《族谱：华南汉族的宗族、风水、移居》，上海书店出版社1999年版，第108页。

[3] 参考郭松义：《伦理与生活——清代的婚姻关系》，商务印书馆2000年版，第86页。

与商业关系相比，这种婚姻纽带更持久坚韧。婚姻联络和人际关系有助于将不同的个人、家庭、宗族联结起来，促进了所谓的"土著"集团的形成。在此情况下，户籍类别及与之密切相关的宗族组织、婚姻关系等因素都成为地方社会关系网络中的一环。

第三节　早期移民的入籍与入学考试

一项国家政策的出台与推行，必将引起地方社会特别是与其利益息息相关的人群的巨大反应。就棚民政策的实践来说，关系最为密切的无疑是土著和移民这两大群体。那么，在国家政策与地方土著的双重作用下，移民的发展会面临怎样的情况呢？进入湘赣边区地方社会的实际场景，就会发现移民的入籍、入学过程比想象的要漫长得多，艰难得多。

对于移民尤其是第一、二代移民来说，入籍是成为王朝合法良民的证明，是进一步发展壮大所必需的大事。诚然，在有国家政策的许可下，移民入籍为大势所趋，但我们不能把移民在新定居地取得户籍视为自然而然、轻而易举的事情。一方面，移民能否获得户籍要视国家政策与地方里甲组织本身的客观需要而定；另一方面，由于户籍与地方各种资源、权利密切相关，为了维护已有的利益，土著会给移民制造更多的障碍，这就使移民入籍成为一个较为长期而且充满艰辛的过程。从这个意义上讲，移民能否获取户籍及其属于何种户籍类型都说明了移民地区中各种社群间的权利关系。清初移民在国家政策的允许下大多能够依法依例取得户籍（当然也面临土著的阻力），到清中期由于遭到土著的强烈抵制与图甲组织的制约，入籍变得更加困难、复杂。所以，移民的入籍过程实际上是一个土著与移民博弈较量的过程，是一个充满矛盾挑战因而需要智慧的过程。

一、入籍

1.顶递入籍

经历明末清初的战乱之后，湘赣边区各州县大量的土著人口逃亡，田土抛荒，里甲严重残缺。正是在这种局面下，许多战乱期间流窜或战乱之后应招垦政策流迁而来的移民直接顶递土著逃绝户而编入地方的里甲户籍中。

雍正四年定例："（棚民）内有已置产业并愿入籍者，俱编入土著，一体当差。"① 置有产业的移民直接编入土著里甲体系，这是清初移民入籍的主要途径之一。从所见赣西北地区数州县的清代户籍册来看，移民大多直接编入了地方原有的里甲体系之中，顶递土著逃绝户是其主要方式之一。

万载移民精英谢大舒在其文集中对清初的社会背景、朝廷政策及移民入籍等问题有准确的表述与精辟的分析。他在《三区十一都二图会序》中说：

> 万载经明季兵燹，炊烟廖寂，重以我朝康熙间，宜春山寇朱益吾受吴逆伪札煽乱，陷万载者再。涂（茶）毒之余，十室九空，而三区值适楚通途，屡遭践蹒。往时系籍老户，其幸存而复归故里者甚少矣。事平，邑宰悯此邦凋敝用广，招徕田赋无著者，始渐次复，额间有徭役亦可按图派克。顾版图之隶，其原有二，最先至者或一姓数姓，就各图空甲绝户当官顶递而已，继则有并入于顶递之内者。民间自立共顶券约，以昭一体。虽国家编造图册，约载甲户势难举并入者，缕注而措费同、承差同、图约与图册同，既顶即皆主户也，不得与后来花户比。若我太高祖茂伦公与同姓鼎辅、东海诸公十三家俱于康熙间来万，合顶三区十一都二图二甲，旧户偕同图各户咸归里递，畛域靡分，越今近二百年矣。②

谢大舒不但指出了清初万载地方社会存在的普遍问题，而且明确地描述了移民入籍的过程。更重要的是，他还就"老移民""新移民"（"后来花户"）、"主户"和"老户"（"旧户"）之间的关系发表了自己的见解。移民顶替入籍的情况是，最先来到的一姓或者数姓移民直接顶递各图的空甲绝户，一般会改变原先户名，迟到一些的移民再并入早到移民的"户头"之内。他们要共同负担田赋徭役，为了保持这种合作关系和明确各自的义务和权利，他们会"自立共顶券约"。谢大舒的祖先于康熙年间迁入万载，同姓十三家合顶万载三区十一都二图二甲。据《万载县志都图甲户籍贯册》载，二甲陈谢王，顶吴满牙，俱客籍。这些在清初直接顶替入籍的移民属于"老移民"，他们要

---

① 《清朝文献通考》卷一九，《户口》。
② 谢大舒：《春草草堂集》卷四，《杂著》。

求取得与土著一样的权利和地位，不分畛域，"既顶即皆主户也"。同时，"老移民"也开始把他们与清初以后进入的移民（"后来花户"）进行区分。

义宁州的移民户籍较为复杂。有坊市五图，"雍正十二年老客户韩化兴等呈请编设，系本省民人来宁多年，原有庐墓田产、姻娅亲族之可征。查义宁州里甲册，坊市五图，又名高市五图，共有十甲，一甲户名即为韩化兴"。又有怀远四都八图，还有安乡十二都二图六甲"邹惠兴"的里甲户，"旧为许、邹、周三姓同递。康熙四十年周姓丁粮已绝，邹姓分户，许姓仅存一人，虚米五石有零，不能完课。时有赣民谢子华与温、周、赖、罗、张、范、游、曾、刘、黄、陈、钟、邓、叶、杨共十六姓，于康熙三十八年来宁耕山，州牧程起周据许姓呈请，召集十六姓以本省及闽广杂客户顶粮承递。时怀远尚未立都，故得寓图附甲。至雍正二年，州牧刘世豪准邹惠兴另分花户。十年，州牧张耀曾清造邹惠兴各户总册，至今仍之"。①

移民顶替入户的方式是一姓或数姓承担赋役。移民多属贫民，初来乍到，多数并不丰裕，所以在清初数姓合顶的方式应该更为普遍。一姓承顶入籍的例子，如蓝氏，于雍正初年间，"集合数房同心叔侄入籍万邑，承一都三图六甲里递，创立'蓝永兴'户纳粮投税"。②数姓共顶的例子，据《万载县志都图甲户籍贯册》载，六都三图四甲罗万兴，雍正四年（1726）顶，俱客籍；七都二图四甲邹王陈，顶胡未保，俱客籍；十二都二图六甲四朋兴，本朱彭牙，康熙十年（1671）改邱张朋，后加钟、马，俱客籍；十六都一图三甲陈梁兴，雍正八年（1730）顶陈甫牙，客籍，等等。

前文提到，万载的"客籍"有两种，即顶入一般民图的客籍与"附图客籍"，并且许多客籍成为一般民图的正户前先入"附图客籍"。相应地，这里的顶替入籍也包括两种，一种是清初移民直接顶入，上述例子都属于此类；另一种是"附图客籍"照例顶改，这种情况大多出现在乾隆年间。例如，九都四图九甲张增二，乾隆三十六年（1771）顶；十都一图七甲詹黄兴，乾隆间顶；十都六图五甲罗板桂，乾隆间顶；十都六甲刘扶玉，乾隆间顶；十四都一图一甲黄发万，乾隆间改；十六都二图二甲袁邹邱，乾

---

① 道光《义宁州志》卷二，《疆域》。
② 道光《蓝氏三修族谱》卷首。

隆间顶；二十都六图二甲李大盛，乾隆十七年（1752）顶，等等。延至清中叶还有极少数的"附图客籍"转入民图，如九都三图一甲李光宗万，嘉庆间顶。

以上列举的都是一甲全由客籍顶替的情况。同时，还存在一甲由土籍和客籍合顶的情形。如十都二图六甲彭钟兴，本彭廷，审册改，彭，土籍，丁单，钟，客籍；十四都三图四甲欧阳焦孙，内焦、林二姓客籍；十六都一图十甲朱谢冯，本朱用和，康熙十三年（1674）改，朱，土籍，谢、冯二姓客籍，等等。

对于里甲制度中的"户"，一般视为基于一定的亲属关系组成的社会生活单位。历史实际情况并非如此简单。族谱中许多关于入籍的记录表明，所谓"入籍""入户"，并不只是一个家庭到官府衙门去登记户口，而往往是与定居、购置土地、产业及科举等权利相联系的行为。因此，所谓"承籍"，并不只是户口的登记，而是使户口与土地配合起来，登记在官府的户籍之中，承担贡纳赋役的义务。实际上，"入籍"是要编入里甲户籍，是与承担里甲赋役联系在一起的，编入里甲就意味着要向官府承担赋役义务，没有田产的人口一般是不会立籍入户的。移民族谱记载的祖先开基立户的故事，都是和置产联系在一起的，可见置产对于入籍的重要性。这里试举数例加以说明。

谢氏习公，原籍赣州府瑞金县，跋山涉水来到万载，见城西龙田下"可以谋生聚而长子孙，因卜居于此，置产立业，（康熙十三年）顶递十六都一图十甲而立籍焉"。[1] 杨氏有起公，康熙年间随父迁浏后复迁万载，乾隆五年（1740）置产立业，顶籍十一都三图三甲刘伏孙。[2] 邱氏子吉公，原籍赣州府信丰县，于康熙四十二年（1703）随祖、父历尽艰辛来到万载。刚开始他们"居址所迁犹不一定，迨其后公长成，立始于十六都六图山中冲置买田园，创构华厦，顶图立籍，为子孙垂久远之计，于是为山中冲之开基祖焉"。[3] 株潭黄古田曾氏，"始自日任、日佐、日仕三祖，而三祖之得以回袁者，实幸世祖章皇帝定鼎初诏赐各应顺民丁，田亩准其自择安耕，三祖不敢滥受恩渥，由南安上犹回徙是地之十都三图，契买常悠成业产，其地昔名黄

---

① 道光《重修谢氏族谱》卷首，《永习公迁万记》。
② 光绪《杨氏族谱》卷二，《万载亦万公振起世系》。
③ 光绪《邱氏族谱》卷一，《子吉公夫妇合传》。

古天，今名黄古田，立籍居焉"。①

原籍广东兴宁的袁氏宗族，在雍正四年以承递充差的方式进入地方图甲体系之中。下列这份《顶图约》是移民入籍的证明：

顶图约

立召顶付约人朱嗣忠、素元、珍生等，缘先年移居十八都五图，随田住坐粮均五甲粮户朱兴，迄今升平，仍居隅，递、到空缺。朱姓等久居万邑，袁惟龙、德辉（讳名宁辉）、鼎仁（讳名宁仁）、鼎升（讳名宁升）、德生（讳名宁生）叔姓置有田产坟墓，为人端悫，补顶五甲朱鼎，改户袁兴祚，承递充差，所有五甲原管喻家坊基土一所、茅山二嶂、空土菜园付与袁人充差管业，约内所载尽付，今恐无凭，立此付约存照。

见人辛回生、宋国仲、辛魁领、常惟能

见亲黄三多、林廷士、巫文士、张文可

雍正四年六月十八日朱嗣忠等立
另有合同二纸，各执一纸为据②

因为入籍关系到家族的切身利益和进一步发展，所以袁氏族人将其刊于族谱当中。从这些事例可以看到，开立户籍意味着承担差役义务，这使得没有田产的移民不会轻易登记入籍。其实，清初外来移民并非不明白入籍会带来赋役负担，故万载知县常维桢在"棚民"动乱后要求豁免欠税时称："即间有异邑农佃闻风趁赴，不过独户单丁，在大路往来之处结茅锄剷；若深山邃谷，人烟尽绝之乡，彼非旧甲人丁，又非本户族姓，谁肯无利承害？"③可见动荡之后不少外来佃农、移民闻风而来，但是他们害怕负担赋税而不肯进入图甲组织，确实有少数已置产业而并不愿入籍者，当时残破的图甲组织在招移民入户顶替时会有一定的困难。但移民这种害怕、抗拒入籍的消极情况可能只是持续了极短的时间，很快，置有产业的移民转向积极主动地寻求入籍机会。

---

① 同治《袁祠曾氏族谱》卷首，《旧序》。

② 光绪《万载袁氏族谱》，转引自罗艳春：《宗族、祠堂与地域社会：以十六世纪以来的江西万载县为中心》，南开大学 2007 年博士学位论文，第 63 页。

③ 雍正《万载县志》卷六，《财赋》。

2. 附图入籍

从前面表 2–2 可以看出，在万载县，客籍顶改的甲数很少。实际上，更多的移民则是编入"附图客籍"。大致情形如下表 2–3 所列。这种"附图客籍"实际上是沿袭了明末知县韦明杰的思路。韦明杰当时的建议是："至如异府异县隔界之民侨居之众，或有买田于本县者，客户难追，屡年不楚，急则逃居原籍，动费关提，当于土著之外另立一户于各区之末，即审立客长严催，不惟有以示别主客，不至混淆，尤可防他日冒籍求荣之弊也。"①不过官方一直未能有效地执行。据《万载县志都图甲户籍贯册》载："附图客籍向准随图捐考，惟户甲尚未编定，故只汇录其姓"。从目前的资料来看，万载县一直未见有编定"附图客籍"的甲户册。可能是因为有了《万载县志都图甲户籍贯册》，已经没有另立的必要。上表显示"附图客籍"分布非常广泛，除了城区及附近少数的"图"没有分布外，其余各都图都有。移民越集中的地方"附图客籍"也相应地多。

表 2–3　清代万载县各都附图客籍

都名	附图客籍
一都	二图李、蓝、陈、钟、谢、赖等 15 姓；三图罗、颜、刘、钟等 7 姓；四图温、蓝 2 姓。
二都	一图蓝、李、邱 3 姓；三图罗、吴、徐 3 姓。
三都	一图张、曹、谢、杨、刘 5 姓；二图黄、董 2 姓；三图田、蓝、陈 3 姓。
四都	一图张、林、巫、王、傅、寥、严 7 姓；二图李、黄、徐、陈、寥、曾 6 姓。
五都	一图李、陈、王等 5 姓；二图谢、林、朱、黄、寥等 8 姓；三图曾、赖、刘、陈等 6 姓。
六都	一图曾、张、钟、郑、邱等 16 姓；二图曾、钟、黄、杜等 10 姓；三图王、刘、杨 3 姓。
七都	一图林、刘、赖等 8 姓；二图张、李、曾、王、谢等 23 姓；三图钟、张、黄等 11 姓。
八都	一图邓、黄、彭 3 姓；二图林、黄、寥、刘、赖等 9 姓；三图张、李、曾、罗、黄、寥、杨等 10 姓；四图钟、赖、张、郭、潘等 11 姓。

---

① 康熙《万载县志》卷一六，《杂著》。

续表

都名	附图客籍
九都	一图汪、张、黄、曾、潘、谢、汪、寥等20姓；二图王、曾、吴、钟、邱、谢、蓝、黄等17姓；三图、四图张、谢、赖、方、王、李等9姓。
十都	一图陈、温、杨、江、张、吴6姓；二图萧、谢、郑、沈4姓；三图徐、钟、林、曾4姓；四图张、江2姓；五图古姓；六图陈、刘、韩、曾、谢等9姓。
十一都	一图李、刘、巫、叶、吴等9姓；二图徐、温、田、谢、梁、卓等9姓；三图童、刘、邹、卢、巫、曹、杨7姓。
十二都	一图钟、刘、张、曾、杜、管、何、王等22姓；二图林、蓝、赖、邱、陈等28姓。
十三都	一图曾、何、杨、蓝等10姓；二图钟、蓝、刘、李等10姓；三图巫、曾、刘等6姓。
十四都	一图王、黄、魏、刘、钟、邱等24姓；二图陈、曾、韩等8姓；三图林、刘、钟、蓝、曾、曹等22姓；四图曹、谢、蓝、凌等19姓；五图严、朱2姓；六图曾、黎、谢、钟、凌、黄等13姓。
十五都	一图王、叶、林、曾等8姓；二图刘、范、钟、杨、曾、曹、寥等24姓；三图李、朱、林、温等7姓；四图张、魏、寥刘、赖、杨、范、叶、曹、邱、钟等25姓。
十六都	一图刘、陈、潘、钟、谢、叶等19姓；二图吴、邱、曾、江、温、赖、蓝等30姓；三图赖、吕、黄、张、谢、寥、冯等16姓；四图杨、蓝、曾、彭、邱等25姓；五图杨、蓝、张、徐、陶、黄、曾、叶、赖、林、冯、等35姓；六图邱、李、钟、戴、曾、蓝等28姓。
十七都	一图宋、周、林3姓；二图黄、刘、温、马等11姓；三图林、马、邱、谢、杨等11姓；四图李、陈、蓝、张、钟等16姓。
十八都	一图刘、易、邱、杨、黄、赖、叶、钟等27姓；王、张、黄、凌、谢、黎等24姓；三图钟、曾、巫、罗4姓；四图黄、曾、谢等10姓；五图黄、张、钟、王等15姓；六图叶、李、巫、黄四姓；七图袁、卓、徐、周4姓。
十九都	一图韩、寥、黄、曾、蓝等9姓；二图凌、罗、曾、许、刘、龚、张、邱8姓。
二十都	一、二、三图刘、邱、钟、曾、谢、韩、杨等16姓；四图江、邱、姚、温、谢、龙、寥、何、詹等33姓；六图温姓。
二十一都	一图古、韩、钟、赖、曾5姓；二图林、赖、黄、王、刘5姓；三图黄、张、刘3姓。

续表

都名	附图客籍
二十二都	一图曾姓；二图曾、赖2姓；三图张、徐、范、黄4姓。
二十三都	一图姚、钟、张、王、谢、陈等9姓；二图王姓；三图黄、邱、何、唐、曾等8姓；四图罗、曾、王、巫等11姓；五图陈、张、萧、谢、黎、寥、赖等25姓。
二十四都	一图黄、陈、曹、刘、温、郭、谢等14姓；二图赖、黄、杨、蓝、韩、陈、曾、黎、钟、寥、冯、李、林、谢、饶、潘等51姓；三图黄、白、蓝、钟、曾、梁、彭、范等48姓。

资料来源：同治《万载县志都图甲户籍贯册》。

同治《万载县志》载："万载棚民，官为查明造册，设有客都、客图、客保、客练，然顶入本籍图甲者亦不少。"这说明移民除了顶入一般民图（"本籍图甲"）外，更多地则是在实施棚民保甲法的时候被编入客都、客图。清初进入万载的移民被编入"附图客籍"。如白水毛氏，自康熙年间由粤东迁来，居住在距离县城90里的白水，籍隶四区十四都一图一甲。[①] 查《万载县志都图甲户籍贯册》，四区十四都一图一甲户名为"黄发万"，乾隆间改，客籍，并没有毛氏；而在"附图客籍"姓氏中找到"毛"姓，由此可知毛氏入籍"附图客籍"。这可能是因为毛氏族小人少的缘故。又如管氏，兆麟妻吴氏，于康熙二十年（1681）携伯、玉二子由粤东而来万载黄茅源头冲，立籍十二都一图八甲，民籍，册载"曾杜管"三姓一比。[②] 查《万载县志都图甲户籍贯册》，三区十二都一图八甲户名为"易新明"，本图轮差，在"附图客籍"姓氏中找到"管"姓。亦可知管氏为"附图客籍"。

从以上二例可以知道，"附图客籍"时各姓也会编入图内各甲户中，也享有考试权利。但从名称上看，"附图客籍"可能比一般民图内的"客籍"地位要低。这一点我们从前引谢大舒的话中也可以隐约地感觉到。谢大舒认为直接顶替入籍的移民与土著"措费同、承差同、图约与图册同，既顶即皆主户

---

① 民国《万载白水毛氏族谱》卷五。
② 民国《管氏族谱》卷三，《兆麟支怀仁世系》。

也"，"不得与后来花户比"。谢氏明确要求已入籍的老移民应当享有与土著相等的权利，同时也于无意中透露了对新移民或"附图客籍"的"歧视"。从谢大舒祖先落户入籍万载三区十一都二图的情况来看，图内的"客籍"与"附图"的"客籍"是不同的。十一都二图甲户为：一甲梁再兴，顶李盛，客籍；二甲陈谢王，顶吴满牙，俱客籍；三甲叶刘英，顶李茂，俱客籍；四甲巫田张，顶李临牙，俱客籍；五甲黄何邱，本丁宗同，顺治间改，俱土籍；六甲黄赖张，顶李爱，俱客籍；七甲刘永盛，本陈毛牙，康熙间改，获附土籍；八甲韩大兴，顶李珪，客籍；九甲李卓廷，顶李辰牙，俱客籍；十甲黄元兴，顶李巢牙，客籍。"附图客籍"为徐、温、田、谢、梁、卓、巫、张、韩九姓。从姓氏来看，十一都二图内的"客籍"至少有梁、陈、谢、王、叶、刘、巫、田、张、黄、赖、张、韩、李、卓、黄等 16 姓，而本图"附图客籍"为 9 姓，可见"附图客籍"姓氏与图内的"客籍"姓氏并不完全一样。这说明"附图"的"客籍"应该不是简单地把图内的"客籍"汇总附于本图之后，二者是有区别的。

而且，移民肯定对"附图客籍"这一户籍类别不满。关于移民自己对户籍问题的态度，就如管氏族谱所记载的，他们的说法是"民籍"。这个说法也可从另外一部移民族谱得到证实。道光二十三年（1843）万载三星堂刊印的《谢氏族谱》，自卷一至卷四的世系人名下均署以"民籍"二字。

这种记载上的差异可以让我们体会到户籍所具有的社会与文化的含义。由于"客籍"的身份在地方社会中受到贬斥，移民及其后代在编修族谱时，一般不会清楚地交代他们所属的"客籍"身份（更不用说"附图客籍"）。移民有意掩盖身份的做法与土著有意展示身份的做法形成了鲜明的对比。他们表现自己身份的策略是使用一个中性的概念——"民籍"。

3. 新立都图里甲入籍

在湘赣边区，有一类专门针对移民新设的都图里甲及"棚籍""客籍"的户籍系统普遍存在。如在赣西宜春县，"顺治十三年始先后附编棚民户二千一十七余，丁五百九十一，棚户女口一千三十"，此为"棚民户口所由始"①。萍乡县有"一百有四图，外客图八"，8 个客图分别设于 8 个乡。② 同

---

① 康熙二十二年《宜春县志》卷六，《户口》。
② 同治《萍乡县志》卷一，《地理·乡里》。

治《万载县志》载："万载棚民，官为查明造册，设有客都、客图、客保、客练，然顶入本籍图甲者亦不少。"这说明移民除了顶入一般民图（"本籍图甲"）外，更多的则是在实施棚民保甲法的时候被编入客都、客图。宁州专设"怀远都"以安置"棚民"。① 与宁州相邻的奉新县则于雍正五年设"归德乡"管辖"散居奉化、进城、新兴、新安四乡"的棚民，附于土著保甲之末。② 赣西南龙泉县，该县棚民编为三都，"粤闽流寓之民，自康熙四年入籍以来，前后编定十七都、二十一都、二十三都户口安插"。③ 在湖南攸县，康熙四十二年，"（知县）伍士琪招广东、福建民于东南山区开垦，立名广福兴，编第二十里，雍正七年入籍"。④

乾隆二年《宁州志》卷四《田赋·户口》中对"怀远都"记载如下：

怀远都，四都八图共八十甲，已成滋生壮幼丁共一千八百七十六丁。

宁州从前流寓俱归客户，是以创置田产，有粮无丁。迨自康熙三十年后，国家生齿日繁，闽广诸省之人散处各方。分宁地广人稀，因而诸省之人扶老携幼负耒而至，缘旷土之租甚轻，久荒之产极沃，而无产之人得土耕种，其力倍勤。故不数年家给人足，买田置产，歌适乐郊矣！至雍正元年，有匪类蠢动，彼此响应，于是万载县有温上贵之扰，宁州有黄本习之警。虽旋就诛戮，而根荄滋蔓。当事者患之，复为善后之图。荷蒙皇上廑如天之仁，特允臣工安辑棚民之请，耕山者概编保甲，有产者另立都图，以"怀远"为名，隐寓招携之义。其秀者令于义学课习五年，俱得一体考试，卷面令注"棚童"字样，每童生五十名限进一名，百名以上取进二名，二百名以上取进三名，其最多者以四名为率。其居宁最久之老客户，原有庐墓、田产、姻娅、亲族之可征，迥与客民不同，又各援例改客为土，不在此例。夫人贵自立，土客何常之有？目今附籍之人，苟能安居乐业，渐摩奋兴，则今日之棚客即异日之

---

① 怀远都的设置由来及基本状况，可见同治《义宁州志》卷一二，《食货·户口》。
② 道光《奉新县志》卷一，《舆地》。详细研究请参见徐伟：《从"棚民"到"归德"——江西省奉新县清代移民研究及相关文献的初步整理》，江西师范大学 2010 年硕士学位论文。
③ 《蔚起书院版图成案》不分卷，南昌府学前街裕成刷印公司代印。
④ 同治《平江县志》卷一八，《赋役》。

土著也。惟是附籍者众，良楉难别。雍正三年八月内钦奉上谕："棚民留住之地方，责成本处地主、山主出具保结，并非来历不明之辈，始许容留。而牧令官员于每年年底亲往查点一次，倘有作奸犯科而地主、山主不行举首者，一体治罪，此向例也。今闻法久废弛，大非朕除暴安良、教民成俗之本意。着督抚转访有司实力奉行之，旨。"凡有守土之责者，可不仰体宸衷，绸缪未雨而为义安绥辑之计哉？为志本末，以备考证云。

这一记载包含了几个重要的信息：第一，雍正初年编立棚民保甲，客民中有产者编入了怀远都，取得棚籍；未有财产者，则只是编入保甲而已，未入棚籍。而更早的、康熙中期之前迁入的老客户，"迥与客民不同"，则援例"改客为土"，编入了土著，不在棚民之列。第二，至迟到乾隆初年，宁州土著已开始认可客民，地方志有"今日之棚客即异日之土著"的表述，反映了"土客无常"、"客"可转"土"这种比较开放的思想。

至于"怀远都"内部图甲编制情况，我们可从《华国堂志》①收录的名为《州主刘奉上催取图册饬差通传各户推收过户票》中得到了解。雍正三年八月初二日的"计开怀远都图甲"如下：

　　　　一都一图　一甲　高曾刘　二甲　黄邹魏　三甲　冯兴邱　四甲　邓许王　五甲　黄成玉　六甲　谢赖旺　七甲　钟陈洪　八甲　张柯盛　九甲　谢冯乐　十甲　邱钟吴

　　　　一都二图　一甲　张蔡傅　二甲　袁凌潘　三甲　邱罗吴尧　四甲　麻唐旺　五甲　何兴萧　六甲　钟彭兴　七甲　李郑邱　八甲　黄成锦　九甲　卢杨沈　十甲　邱廖徐

　　　　二都一图　一甲　湛叶陈　二甲　刘李周　三甲　何王伍　四甲　马刘曾　五甲　吴林孙谭　六甲　谢苏余张　七甲　刘黎兴　八甲　邱戴华　九甲　李赖钟　十甲　梅郑广邝杨

　　　　二都二图　一甲　钟俞张　二甲　罗陈江　三甲　冯高曾　四甲　邓谢黄　五甲　李骆兴　六甲　黄何邹　七甲　温彭昌　八甲　邱

————————————

① 《华国堂志》是宁州"怀远人"编纂保留的重要文献，修成于光绪二十年（1894）。华国堂是一部分"怀远人"自行纳粮的组织，同治四年（1865）成立，其前身则是一个于咸丰三年（1853）获准成立、全体"怀远人"共有、设在州城内的"粮局"。

廖袁华　九甲　古仍曾　十甲　刘李谢

　　三都一图　一甲　张陈何　二甲　蓝曾赖潘　三甲　罗黎陈　四甲　邹凌盛　五甲　黄林茂　六甲　刘陶李张　七甲　朱林刘　八甲　王永兴　九甲　李辉孙　十甲　何郭包张

　　三都二图　一甲　刘钟兴　二甲　何蕃成　三甲　黄永昌　四甲　钟仁昌　五甲　潘范庄　六甲　何长泰　七甲　李郭陈　八甲　罗许邹　九甲　何廖旺　十甲　谢孟张

　　四都一图　一甲　郑永盛　二甲　邱李余　三甲　吴李昌　四甲　廖曾陈　五甲　钟张王　六甲　林黄戴　七甲　龙光旺　八甲　马江龙　九甲　林黄兴　十甲　姚万兆

　　四都二图　一甲　邱彭尧　二甲　温申刘　三甲　凌薛沙　四甲　吴任兴　五甲　罗黄林　六甲　林刘旺　七甲　谢韩陈黄　八甲　邱世昌　九甲　李邬陈郭　十甲　何张旺

　　已上共计七十九姓

怀远四都八图八十甲共计：壮丁 981 名，幼丁 831 名，粮米 872 石。应该指出的是，"怀远都"内的图甲又与原有的"八乡"有联系，犬牙交错，应是"择空缺之都图建新都"。① 据道光《义宁州志》进一步解释："怀远散处六乡，惟仁、西二乡向无客籍。"② 可见，怀远各都各图甲分布于土著力量较弱的州城以外的区域。

　　这里，我们重点参考《全善局志》③《华国堂志》和梁洪生教授的研究，以雍正二年江西宁州移民要求入籍及土著罢考事件为例，来展现移民入籍遭遇来自土著方面的阻力以致官府不得不另设都图、专设"怀远都"以安置移民。

　　康熙六十一年底，宁州知州刘世豪上任，次年即雍正元年，在地方编立保甲。此时，客民有"按粮编都立图，入籍承丁当差"的入籍要求，获得刘

---

① 参见梁洪生：《从"异民"到"怀远"——以"怀远文献"为重心考察雍正二年宁州移民要求入籍和土著罢考事件》，《历史人类学学刊》第一卷第一期，中山大学历史人类学研究中心、香港科技大学华南研究中心 2003 年版。

② 道光《义宁州志》卷二，《疆域》。

③ 清光绪十五年《全善局志》，由主管征缴怀远都三都二图、四都一图粮赋工作的全善局人士编修。

世豪的批准。兹引《州主刘妥议异民详文》如下：

　　宁邑界连浏阳、高、新三界，闽广异类一款。查州自甲寅兵燹以
后，土著寥寥，田土荒芜，州民莫赋，奉檄招徕。随有闽、广、南赣等
处人民挈妻负子，接踵而至，为宁辟草披榛。田渐成熟，赋渐有着，异
民互相争竞。今查额征，自累年异民之串立客户完粮者二百二十六户，
所置科粮民米一千三百三十六石。住居三四十年者有之，阖州之民，约
计异民十居其二。夫一树之果，有酸有甘；一母之子，有贤有不肖，岂
土著皆贤而异民皆为匪乎？如谓久居此地种蔗种蓝之辈，必令土著出
结，查卑职于去年十二月初三日莅任起，彼土主图得别佃承批银两，勒
令佃户退田，争论者实繁有徒。彼土主方利速退另批，岂肯出结？即出
结者。保无勒挟要求？即现在各都图，卑职各遴选一有才力端正者为团
练长，挨顺村庄，将土著、客民之耕田、开店生理，一体编成保甲。[1]
其后，客民还将入籍呈文直接呈送巡抚衙门，引录如下：

　　具呈人黄克章、刘正思、谢际云、张鸣冈等为遵例陈情按粮入籍，
以广皇恩，以全大典事：窃思天下四海莫非皇王土地，中国万姓尽属圣
朝人民。是以兵籍、客籍原同一体，苗生、猺生总无二视。故凡各郡子
弟置有田粮庐墓经住二十年者，俱准入籍考试。况沐圣天子德政，维新
定例作养，博施济众，一道同风之雅化者哉！慨自宁邑兵燹以后，田荒
粮缺，土广人稀。业蒙前任州主奉檄招徕开垦，以致蚁等祖父弃闽粤
而来修水，抛南赣而适乐郊。由兹替州中辟草而披榛，为土著养生而
供赋。及后置产买业，钱粮不下二千；串名设户，立名已上三百。生于
斯，长于斯，桑梓之邦，既绝往来；庐于斯，墓于斯，婚冠之联，无分
土客。历年久，生齿繁，略计壮幼，万有余丁；受皇产，报洪恩，约训
子弟，悉皆朴厚。但入户以籍为定，而籍贯以粮为据。按粮编都立图，
入籍承丁当差，庶不负圣天子惠养元元之意也。蚁等遵例禀州蒙批，详
明在府。伏乞宪天恩同日月，德并乾坤；普同仁于一体，视中国如一
家；施父母之慈心，广皇恩之浩荡。准示按粮入籍，庶俾枯朽齐荣，永

① 此处来源于《华国堂志》，承蒙南昌大学刘经富教授指点，同时参考梁洪生教授前引
论文，谨致感谢！本小节以下引文出处如无注明，皆同此。

颂甘棠，德垂不朽。上呈。

该文之后，附有省、府官员的批示计三份，第一份是"布政司石（成峨）批"，时间是雍正元年十月十六日进呈，二十九日批曰："客户开垦久居，自宜按粮入籍，与齐民等。既据该州准详郡守，候府文到，酌夺可耳，速归安业！"该文转给南昌知府汪（宏钰），汪批示，最后上呈巡抚裴率度，十一月二十九日批曰："据，闽广之人入籍多年，置有田地庐墓，安分守法，即与土著无异，自应一律当差。仰州遵照出示晓谕，具报。"

可以看出，至雍正元年下半年，江西各级地方官都认可了"入籍多年"的"闽广之人"，"与土著无异"，准许按粮入籍。而宁州知州刘世豪起了积极的推动作用，他甚至比其上级官员走得更快更远。

宁州移民的入籍要求当在万载温上贵、宁州黄本习两案发生前后，土著遂以此为口实，不许移民入籍，并呈请驱逐。据《州主刘详客户黄克章等口供》，移民代表对此进行了详细有力地驳斥：

> 自甲寅兵焚以后，宁民无几，田地荒芜，钱粮无着。前任州主奉宪檄招徕开垦，我等闻风而来，挈妻带子，替州中辟草披榛。那时候，各家巴不得我们种些花利完粮。后见渐次成熟，渐次欺凌，要客民出批田银两。种了几年，那土主又贪图别佃银两，捏说欠租，田不由主，勒令退田，种种苦累。今见太平日久，人民众多，田地价高，又要思想驱逐我们。说要土主出结，肯出结者听任种作，不肯出结者就以退田逐回。这些土主巴不得要退田别佃，岂肯出结？就是肯出结，也要用钱买嘱他。若无钱与他，岂肯出结？这呈子明明是为各土主需索勒捎客民张本！又有客户置买田产，宜顶户轮差。这相公不容我等入籍，要我们立另客户，不许子弟考试。如今州中客民田粮约有一千三百余石，至若客户，自今有二十九户，所买田粮未曾收户自完者还不计其数。坟墓庐舍在此有三四十年的，有二三十年的。旧年恩诏，凡有各郡子弟在彼置有田粮坟墓，许其承丁当差。又查定例，有田产坟墓二三十年者，俱准入籍考试。普天之下，莫非王土；率土之滨，莫非王民，怎么就不许我等入籍？难道客户子弟都不是读书上进么？若说入籍混乱版图，朝廷就该有此例了。今据相公呈说，恐异民腹心之患。莫说现今老爷各乡都图选举有团练、保里长、甲长、蓬长，择立客长，无论土著、异民，一体开

列男妇工仆姓名，挨烟编成保甲。又严饬无故不许容留外来之人住宿三日，过者都著练保甲长查拿禀究。就是开店之家，并蒙老爷新行设立店中历稽来往人数，查其踪迹。各都窜寓者闻，即如老爷开印后刊示本发行保甲。三月内，老爷即公事赴省，即时保甲草创，值接界连的万载、新昌奸民作乱。那万载有乡民严陵森等，是福建人民；小的与李上珍等，都是闽广之人，闻风即团练地方，带领乡勇堵截把守新开著坪岭、土地坳、排埠各隘口，使贼不得犯境。怎么不见这相公出来建策立一计议？今说入籍异民恐为内应，呈请驱逐，若无土主出结，就该退佃逐回，实在众客户不服！

知州刘世豪经过调查，同意移民入籍。他在向上级官府的详文中说，"将各客户置有田粮现在完赋者，概以编入都图，使俊秀子弟皆得一体上进"。具体做法是，"于各乡中择空缺之都图，使该乡就近之客民品搭田粮，各立都图。每都分编十甲，与土著都图按年轮充地练，应例承赋完粮。其先八乡土著都图之不相合者，亦听改回作新都"。并汇报准备在编立都图之后，于雍正四年编审时造报客籍丁册。

而宁州土著对知州刘世豪的做法进行了持续的抵制。尤其是雍正二年正月户部尚书张廷玉安置棚民的奏折内容逐级逐层在江西地方传播开来以后，宁州土著更是采取了拒造清册直至罢考的激烈抵制方式，引起了达数月之久的地方失序。

雍正二年二月下旬，张廷玉的奏折内容经层层下发、转发，传达到了宁州知州刘世豪。南昌知府汪宏钰指示刘世豪"悉心筹画，按依条款，务必因地制宜妥议"，"毋得迟延及草率混覆，致干再催未便"。同时，奏折内容也经其他渠道传递到了土著当中。二月二十二日，宁州考试，无人应试。知州刘世豪"恐山陬僻远，不能尽知，有误考期"，遂改于二十四日再考，但八乡童生纷纷到城，至期仍无一人交卷应考。刘世豪"不觉骇异"，查明缘由，"皆因奉旨有辑客民编入本州县册籍，饬行妥议一案"，有"奸徒趁机煽惑，遍贴匿名关帖。不但不容客民入籍，即土著童生亦不许考试。并诬蔑卑职亦系闽籍，所以护庇客民，欲窜版图"。刘世豪数行晓谕，诸童生虽纷纷云集，但皆惧祸观望，甚至还有"交卷赴考者即打死"的匿名帖。为了不激起地方更大的事端，他又做了一系列劝谕等调解工作，但仍未能奏效。刘世豪一面访拿为首之人，一面再次申详巡抚。各级长官都表示支持刘世豪的做法，也都表明没有准许客籍马上参加考试，以此而劝说土著生童放弃罢考。约在三月底、四月初，一批宁州土著赴省城递呈署名为《土著呈里递流状》的诉状，并把矛头首先指向知州刘世豪："旧自刘主到任，护庇客民，疏视赤子，以致异党得意，歃血敛金，于旧八月纷然呈请入籍。州批汇详宪夺，随详府主，请许入籍承丁，取名新都，编图立甲，子弟一体考试。率意祖详，分图分甲，紊乱版图，为州烈祸！当经里递刘隐兴等具呈屏绝，讵料州主不惟不赐屏绝，反祖批王民一视，在地二十年者皆听入籍之定例。又引洞蛮来归，亦听入籍考试之例，斥为混渎不准。蚁等虽属山愚，窃闻定例所载，并未有在地二十年者皆听入籍之条。各省之客民，岂居是邑之地而即许入籍耶？实州主之左祖庇护匪类，不特变乱民籍，甚且变乱章程矣！"土著继续状告移民不得在宁州参与科考和入籍："至若洞蛮来归，是举其地来归，设立郡县，分别考试。此是我朝柔远之政，并未附入腹心内地。况闽广又非蛮洞可比，家有籍贯，路遥不上半月，自应回籍考试。今州主反其说而比其例，任意变乱，是国家之章程不妨颠倒逆施矣！……且宁邑八乡，按土分都图，编八十七里，泰市、高市为四坊，共计八百七十里递。递递有户有丁，户户有粮，何处可容逆党窃占？"

雍正元年下半年以来，宁州地方社会已经被搅动得沸沸扬扬，"客民"跃跃欲试，知州推波助澜。而土著则人心惶惶，其上告申诉在省城各个衙门都碰了钉子，官府都明显地做出了遵旨"安辑棚民"的姿态。宁州土著首事们不得不聚会合议，为保护自己的利益而奔走呼号，并采取了土著学童罢考，生员"具结退顶"，甚至还提出请求让土著全部"给牌转徙"的最后摊牌。土著提到："是以八乡会议，无策可施，情甘献产让籍，转徙他方，各自保全性命，不敢抗违州主。但前蒙州示考，而异民即呈颁试。州批近奉恩纶，均许编查入籍考试等语，以致诸童见批俱各拂袖而归。其不与考生员又见异试如此，各自具结退顶，此皆异民入籍立都之所致也！"

另外，刘世豪还在向省府呈送的公文中对土著的指责逐条加以反驳，并且还抓住土著引用三代"逸民"掌故，给后者戴了一顶"悖逆不道"的大帽子："又称'世祖章皇帝奠安亿万载之版图，圣祖仁皇帝抚绥六十年之黎赤，一朝混乱播弃，言之实切涕零'等语。查安辑蓬民，详议入册，乃奉旨谕朱批事理，岂衿等肆无忌惮，惟颂圣祖仁皇帝之奠安抚绥，敢屈新君之混乱播弃，又为涕零退顶，正大胆包天，无父无君，至此极矣！又称'四凶不废投畀，三代尚有逸民'，竟居然于四凶、巢由、夷齐之流。非特三尺之不足畏，其志竟不愿立身食粟于大清雍正之世矣！悖逆不道，炳炳直陈，目既无朝廷，又安知有官长？"由于多次劝说无效，加上首当其冲被土著直接点名攻击，所以刘世豪在详文中，还明确地将当地带头罢考和上告的土著领袖人物称为"劣衿"，将其归为"无父无君"之流，且挟持长官，包揽地方事务，动辄围攻官府衙门，实在等同于目无王法、"教化不行"的"刁民"。而言外之意，"客民"缴粮纳赋，积极要求入籍，而且听从官府调度，抵御贼寇，安分守法，实为"化内"的顺民。

到五月十九日，两江总督衙门对刘世豪的详文做了批示："编辑蓬民，系奉旨允行。何物生童，乃敢抗违阻考！除批行按察司会同布政司密拿倡首恶棍，从重严加究拟通报，并令札饬该府开诚晓谕诸童生集与考试，毋得观望滋事外，相应移会，为此合咨贵抚，烦为查照，希即转饬密拿倡首恶棍，严行究治，庶地方宁谧，良善得安，荷恩无既。仍仰藩、臬施行。"批示甚为明确而且严厉，藩、臬二司又转示到南昌知府，同时又要求知府亲自去宁州做劝解工作，另外，明确指示客籍子弟不参与该年的考试，给土著吃了一颗定心丸。到六月十七日后，南昌府知府汪宏钰又呈送一份报告，其中提到在六月十四日，两江总督衙门再次批示，要求按察、布政二司遵照前次批檄行事，"密拿倡首衿棍，秉公确审，按拟通报"。到了六月中旬，宁州生童已经结束罢考，考试得以举行。这样，雍正二年波及宁州城乡，震动省、府的土著生童罢考事件，至此基本平息。而宁州移民终于还是如愿入了籍。

4. 外地入籍与"冒籍"

初到新地的移民当中有相当一部分的人漂泊不定，实际上为流民，或有部分移民新近入籍但生计依然拮据，他们迫于生存压力或为了寻求更好的发展而在居住地以外的州县立籍。对于流民和移民来说，哪里能顺利入籍便在哪里入籍，这是生存和发展的一种策略。

宜春与万载接壤，两县地理环境相似，而且更重要的是，清初宜春的土、客区分不如万载严格。因此，首先在万载停留、而后在宜春入籍的移民很多。笔者根据民国《宜春县志》的"氏族志"制成表2-4。

表 2–4　清代万载县迁宜春县氏族示例

姓氏	居宜籍贯	户口（至民国时期）	迁徙情况
张	荐外乡十九福图五甲	户 30 余，口 100 余	清初由万载迁来
张	集云乡宜西二图三甲	户 12，口 40 余	乾隆时由万载迁来
张	化外乡东西一图六甲	户 10 余，口 40 余	始迁祖由程乡县徙楚浏邑之西乡，寻迁万载，至康熙三十年复迁此
刘	集云乡宜西二图五甲	户 20 余，口 40 余	清初由万载迁来
刘	集云乡宜西二图十甲	户 10 余，口 30 余	清初由万载白水迁来
刘	集云乡宜西二图十甲	户 3，口 8	清初由万载迁来
刘	化外乡东西一图六甲	户 10 余，口 30 余	清初由万载迁来
李	集云乡宜西二图四甲	户 80 余，口 300 余	乾隆时由万载迁来
李	迁乔乡显亲二图九甲	户约 200，口 800 余	康熙间由万载白水迁来
吴	化北乡信西三图十甲	户 100 余，口 400 余	清初由万载迁来
王	集云乡宜西二图三甲	户 1，口 1	乾隆时由万载迁来
王	集云乡宜西二图四甲	户 10 余，口 60 余	乾隆时由万载迁来
黄	集云乡宜西二图三甲	户 16，口 82	乾隆时由万载迁来
胡	迁乔乡醴泉一图五甲	户 30 余，口 80 余	乾隆时由万载迁来
谢	迁乔乡醴泉一图一甲	户 50 余，口 100 余	始祖寿七清初由赣州长宁县迁万，复迁宜
谢	化北乡信西二图三甲	户 100 余，口 500 余	清初由赣州长宁县迁万，复迁宜
谢	集云乡宜西二图一甲	户 14，口 28	康熙间由万载迁来
谢	集云乡宜西二图七甲	户 30 余，口 100 余	康熙间由万载迁来
陈	集云乡宜西二图四甲	户 10 余，口 40 余	乾隆时由万载迁来
陈	集云乡宜西二图六甲	户 10 余，口 40 余	康熙时由万载迁来
陈	迁乔乡醴泉一图五甲	户 13，口 50 余	清初由万载迁来
钟	集云乡宜西二图六甲	户 100 余，口 500 余	康熙时由万载迁来

续表

姓氏	居宜籍贯	户口（至民国时期）	迁徙情况
曾	集云乡宜西二图二甲	丁 1 口	乾隆时由万载迁来
曾	集云乡宜西二图四甲	户 30 余，口 100 余	乾隆时由万载迁来
曾	集云乡宜西二图九甲	户 10 余，口 30 余	乾隆时由万载迁来
叶	化北乡信西二图四甲	户 20 余，口 60 余	清初由万载县徙叶家墈，复徙此
蓝	集云乡九宜南图十甲	户 8，口 40 余	清初时由万载迁来
赖	集云乡宜西二图八甲	户 10 余，口 40 余	乾隆时由万载迁来
巫	集云乡宜西二图六甲	户 30 余，口 90 余	清初由万载迁来
巫	集云乡宜西二图七甲	户 10 余，口 40 余	乾隆时由万载迁来
邝	集云乡宜西二图二甲	户 15，口 60 余	乾隆时由万载迁来

资料来源：民国《宜春县志》卷四，《氏族志》。

从上表可以知道，与万载接壤的宜春北部几个乡、图，如集云、化北、乔迁乡和宜西二图，是万载移民较易获得户籍的地方。这种现象主要发生在清前期。移民当中，除了一两个较大的家族外，其余都是小户。据移民的族谱可以更加详细地了解这方面的情况。如管氏，"后子孙分居宜春，而伯承、玉承备出钱文，偕同子昌公房又入籍于修仁乡奉化二图四甲，册载'管严邹'三姓一比，日后任从捐考纳税，世代相承，以垂久远"。[①] 如此一来，管氏分别在万载和宜春各拥有了一个户籍。可见，移民即使已在万载取得户籍，但如果别县有更好的发展空间和机会时，他们还会争取在外县入籍。又如蓝氏上眷公，"其先闽人也，家于袁之万邑。生于二十四都三图板坑，及长，欲经营四方，爱宜邑山清水秀、俗醇而朴，遂入籍于宜。惜抱其才不获大用，因以其余智效陶朱、端木之为，人家由是益富。宜、万、新三邑田连阡陌，称素封焉"。[②] 这位"经营四方"的移民后裔，在富裕的情况下当然

---

① 民国《管氏族谱》卷三，《兆麟支怀仁世系》。
② 道光《蓝氏三修族谱》卷末。

更不会满足于一个"附图客籍"的户籍身份，所以他又"入籍于宜"。其后的发展也证明了他的选择正确性。钟氏乘华公，由赣州迁来，为万载开基祖。他在宜春金瑞市"募工数载，约得金数十，始买田山屋宇，日勤禾薯，夜事麻漆，积十余年辛苦又获金数百"。于是"欣然携孺人而转宜邑，约计男妇数十人，怡怡一堂"。他原来在万载时很难获得户籍，而宜春条件宽松，遂开捐入籍宜春。"先，开籍乏计，惟邀集同人立宜春集云乡宣南图，当即一甲载有开捐名户数。"① 潭溪谢氏，其输纳粮米的户名除隶于本县都图的四个户名外，另有"谢昌隆"户，隶宜春县化北乡信西二图三甲。②

万载白水王氏应富公支后裔更是利用多种方式，在几个县开立了多个户名。据其族谱载：

> 我族于康熙十三年后奉文招徕，自闽来万，即行立业。康熙四十二年沐县主何批准，合族将其毓公出名顶程长兴十四都一图一甲版籍。嘉庆十九年廷伟公、廷宣公、廷松公、廷玉公、廷玛公、贤权公邀集白水一图二十八姓，敛金起会，帮地保承差费，廷柱公顶入十七都四图□平和版籍……廷伟公、廷宣公、廷松公又共立册名王贵伦，入宜春金瑞宣南图二甲籍，粮二十厘，米二合，每年十一月初八日同席饮图酒者，罗、王、杜、湛、曾、周、廖、周八户其后各支。廷璧公雍正二年顶入分宜六班二十一都三甲双岭版籍，权连公嘉庆二十三年顶入宜春修仁乡奉化二图三甲花户民籍。徙萍乡者，乡贯册名未曾报来，兹不录。③

这里，我们有必要对移民入籍前后的经历有所了解，尤其是这种不断迁徙以寻找机会入籍的移民。从许多移民后代的记述来看，其先祖从迁入开基到最后顶充取得正式户籍，即从实际的定居到法律上的定居，经历了一个漫长、艰辛的过程，其中要经受当地土著"强宗悍族"的欺凌，并通过抗争，最后才得以在当地入籍。据族谱所载，袁州府李氏向宁公在康熙四十七年（1708）时，携同父亲奕先公、妻子曹氏和三个儿子（成梁、成材和成桂）由广东兴宁移到万载，是为袁郡始祖。乾隆四年（1739），其子成桂（大荣公）在宜春县石里乡置产投税，至乾隆五十九年（1794）才入籍于宜春迁乔乡显

---

① 民国《钟氏宁房支谱》卷一四，《记》。
② 民国《万载潭溪谢氏族谱》后编卷三，《契券》。
③ 民国二十七年《白水王氏应富公支谱》卷一，《籍贯表》。

亲二图九甲，其时大荣公（1706—1771）已死。从大荣公迁居宜春到李氏正式入籍时候，中间相隔五十五年。[①] 这几十年间，李氏的发展和定居状况如何呢？根据大荣公的家传记载："乾隆初，徭役征发，在所不免，不幸值不公，保甲任意捏报，诈者巧脱，善者重困，曾祖（大荣公）循例捐办，鬼蜮辈无所施其奸。又无赖之徒，常凌弱我族人，侵占我田亩，强葬我祖坟，曾祖毅然诉于官，呈其曲直，卒以理胜横逆之辈。"[②] 可见李氏由万载迁到宜春后，既要承担不均的徭役，又时常受到周边"无赖之徒"的欺凌。另据宗城公（大荣公之子）的家传所载："公初从先人寄居宜邑之北境，（邑）俗喜强悍，以意气相高，每结构不休，公曲为排解者不一而足，然终以其俗非善，当择邻而居。"可见，李氏在宜春入籍前的数十年间，所面临的处境相当艰辛。为了取得户籍，移民在入籍之前可能要接受比土著更低的身份和地位，甚至在入籍之后依然如此。所以，有些移民迫于生活的压力不得不再次迁徙，直到有个较为满意的地方使他们安居乐业。

我们看到，移民把在外县获取户籍变成他们谋求发展的正常途径。实际上，这种外县入籍的方法难免与"非法冒籍"发生密切的关系。对国家来说，移民拥有两个户籍往来于两县之间应考，这无疑是非法行为。学额案中土著攻击移民的一个重要理由，是指控移民"去来无定""冒籍顶替""临考冒混"。土著所指的"冒籍"其实包括外县移民冒考本县、本县无籍移民冒考和移民冒考"土籍"三种情况。必要时移民借助宗族或亲戚关系"冒籍"应考，这是事实，对此移民并不隐讳。在他们看来，这本身就是正当合理的要求。钟氏达道公，"窃念王父当时由赣州而来，剪荆披棘……尚未立籍，后人无从捐考，将何以成名以慰祖父"？于是他百计图谋，"乃假本姓以华公所考十四都六图十甲之籍贯，力战童军，一举遂获采芹泮召，不数年又获恩拔进士，自此开基愿偿。"[③]

如果说移民顶替入籍和附图入籍属于守法行为，那么外县入籍与"冒籍"则无疑是"非法"手段。移民之所以采取这种"非法"手段，在很大程度上是因为土著故意在移民的入籍问题上设置层层障碍。同时，由于移民成功地

---

① 咸丰《李氏族谱》卷一，《前序》《向宁公家传》。转引自前引郑锐达文，第81页。
② 咸丰《李氏族谱》卷一，《前序》《向宁公家传》。转引自前引郑锐达文，第81页。
③ 民国《钟氏宁房支谱》卷一四，《记》。

采用"非常"的方式得以入籍，因此又激起土著进一步采取措施。移民的入籍过程是一个土著与移民博弈的过程，一个充满矛盾、智慧的过程。这个过程可以表示为：移民合法入籍——土著抵制——移民"非法"入籍——土著进一步抵制——移民入籍。

当然，并非所有的移民都通过各种方式入籍了，"有欲回本籍者，准其回籍"。从闽粤、赣南等地远道而来的大量移民当中，也有极少量人因为不适应新的环境，或其他原因，最终返回了原籍。

实际上，所谓外来移民入籍，并不一定是取得图甲一般正户民籍或"土籍"，很多时候是进入客图取得"客籍"。由"客籍"转为"土籍"并不容易，到清中叶，有些清初移民的身份仍是"客籍"。由于转籍的困难，客图内的成分就变得非常复杂，它包含不同时间迁入的外来移民。虽然客图内的"客籍"理论上是可以逐步移入民籍之内，但是，这种渠道在清中期受到越来越大的限制。"客籍"的身份具有牢固性和延续性。这些编入"客籍"的清初移民虽然已拥有考试资格，但他们的社会地位和权利都不及"土籍"，甚至受到歧视，这点在学额纷争中官员和"土籍"的叙述中尤其清晰可见。

二、入学考试

清代的府、州、县学每年录取生员的数量都有定额，是为"学额"。移民入籍并在入籍地参加考试，势必要占取有限的学额，对土著利益构成直接侵害，土客之间的冲突因此而引发。早在康熙年间，湘赣边区州县移民的入学考试就已引起地方官府的重视。在赣西南上犹县，康熙二十四年七月，陈知县详文云：

> 入籍应试，普天有之，必核其虚冒，严其诡秘，名器不致侥幸，而匪类无从觊觎也。卑县蕞尔荒陬，叠因寇变，土著百姓徙亡过半，田土悉多荒芜，招佃垦辟。胡子田等移民犹境，陆续营产置业，于康熙十二年起户牛田又七甲当差，康熙十三年即乘逆叛，而粤佃附和肆毒，然其中亦有贤愚之不一也。兹当奉文岁试，粤民何永龄等二十余人连名呈请收考，虽人材随地可兴，而考试以籍为定。胡子田一户称已入籍，呈请与考，庶亦近理。然亦必须与土著结婚连姻，怡情释怨，里甲得以认

识，生童可以互保，习熟同群，彼此相安。庸有面不相识，突如其来，或借以同宗之名，自或借寄升斗之田粮，依葛附藤，呼朋引类，以犹邑有限之生童，何当全粤无穷之冒滥？况朝廷设科取士，首严冒籍，安容若辈率众恃顽，紊乱国法为也？至于胡子田一户，应否作何年限，出自宪裁，非卑职所敢也耳。①

从上述记载来看，康熙年间入籍且未卷入动乱的移民应已经获得了当地的考试权。胡子田等 20 余户入籍稍晚，且于三藩之乱中附逆，今联名呈请收考，地方官认为其"率众恃顽，紊乱国法"，不合情理，于是有上述申文。只是由于胡子田们毕竟已经入籍，知县也不敢轻易剥夺他们的考试权。可见，在没有专门法规的情况下，入籍移民的考试权成为地方政务中一个相当棘手的问题。

雍正九年二月，江西"棚民"入学考试的政策经礼部议覆："江西棚民内文武童生，入籍在二十年以上，有田庐、坟墓者，应准其在居住之州县一体考试。其入学额数，童生数满五十名者，请于额外另取一名，数满百名者，另取二名，数满二百名者，另取三名。其最多者，亦以取进四名为率。其不满五十名者，应令与本籍童生一体凭文考取。"②据道光《萍乡县志·学校》的记载，是指文武童生各一名、二名、三名乃至四名。可见，应试的棚民必须符合两个条件：一是要入籍二十年以上，二是要有田粮庐墓。在棚民数量较多的州县，入学额数则根据棚民童生数来定，并于土著额外另取。同时，在有棚民的州县如吉安府龙泉县另立棚校，专供棚民子弟读书。③ 这项专门针对"棚民"入学考试的政策对于广大移民来说自然是福音，但引起了土著的阻挠。

雍正九年八月十五日，江西南赣总兵刘章向雍正帝奏报所辖南安府南康县土著阻拦附籍广民童生入试科考。南康县于本年八月初四日举行科考，因有附籍广（东）民童生一例赴试，本籍童生群起攻击，因而阻考。处理此案的官军查明：八月初四日县考，因广民邱世正等户入籍康邑，一同进考，遂有土著童生明东隍等指为冒籍，倡率多人于八月初三日聚集县门喧嚷拦阻，

① 乾隆《上犹县志》卷一〇，《杂记》。
② 《清世宗实录》卷一〇三，雍正九年二月壬寅。
③ 《蔚起书院版图成案》（不分卷），民国时期南昌府学前街裕成刷印公司代印。

不许本邑童生纳卷报名，惟让广人考试。迨至次日点名之际，又复喧阻，是日仅有广籍童生数十人赴试，而明东隍等又迁怒廪生吴廷亮下应保结，群毁其门。南康县试用知县出示劝谕，复于初五日补考，亦无一人出应。初六日南安府知府发示晓谕，同城文武各员再三开导，知县复示期于初八日补考，众方宁帖。是日有 390 余人齐赴考试。该县访出为首童生明东隍、百姓王仿农等带头闹考，查拿详究。① 尽管有土著的阻挠，这些附籍南康县的广东民人还是得以参加考试。乾隆《南康县志》卷一九《杂志》记载："国朝雍正九年辛亥，东粤新民五十一户入籍与考。"

在吉安府龙泉县，明末清初人口稀少，土地荒芜，自顺治十二年、康熙十三年以来招徕垦辟，闽广之民接踵而至，于康熙初年即已陆续附籍，与土著一体编入保甲，但另编十七都、二十一都、二十三都等三都纳粮充差。移民自成都图，与土著素不浃洽。因户口日繁，渐与子弟读书应试，廪生无人识认敢保。至康熙四十二年有粤民童生刘伯才等控准入籍，令童生赴学月课，即无廪保，许学结送。至雍正时期，闽广移民"祖父子孙经延五世，秋粮三千，地丁千余，文武贡监不下百人，则此时又属龙泉土著而非棚民可比"，实际已为龙泉土著。此时龙泉人文已盛，尤其是移民文风日起，对原本只有八名学额、属于小学的龙泉土著带来巨大的压力。雍正九年新"棚民"入学考试政策颁布之际，龙泉土著借机意欲将三都童生分作"棚民"，执行新规，而土著因此能够获得全部 8 名的学额，大大增加土著的取进机会。而对移民来说，则不愿被贴上"棚民"的标签。双方由此互控结讼近三年之久。

雍正时期颁布新的棚民政策后，雍正三年，吉安府龙泉县报告称龙泉已无棚民。"前督院查（弼纳）饬查棚户，而前令未曾造送者"，"前任翁令既详泉邑并无棚民字样"。雍正三年九月，龙泉县翁知县奉吉安府命令要求立即查明棚民入籍年份、户口、丁粮、坟墓、田宅等，逐一注明，开造花户清册，具文送府。十月，龙泉县查明该县"粤闽流寓之民，自康熙四年入籍以来，前后编定十七都、二十一都、二十三都户口安插，凡有子弟读书者，悉听考试，与土著无异"。只是"除三都户口之外，无凭开造，合就据

---

① 江西南赣总兵刘章奏报南康县土著阻拦附籍广民童生入试科考情由折，雍正九年八月十五日，《雍正朝汉文朱批奏折汇编》第 21 册，第 46 页。

实申复"。①

雍正九年二月礼部议覆江西巡抚谢旻奏疏，确定江西"棚民"入学考试政策。除前引《清实录》规定外，还规定："其年例不符不许滥行收试。至棚民之兄弟叔侄及外姻亲属仍居原籍，未曾全为棚民者，不许冒顶应试，而本籍童生不得混入棚民内冒考，违者均照冒籍例治罪。各于本童应考之时，取其邻里甘结及五童互结，方准报名应试。至棚民取进以后，岁、科两考俱照本籍生员一体考试帮增补廪，凡选拔挨贡科举一体遵行。如此则入籍之人不至阻其上进之阶，而棚民子弟益知鼓舞问学矣。"

雍正九年八月，土著生员张义从等人具呈请"遵安辑新例吁详分棚以广皇仁"。其告词称：

> 窃泉邑僻处山陬，自遭兵燹，户口流离逃亡过半，迨际升平，陆续归里，民户寥寥，深山穷谷半为闽粤流寓棚栖，种山耕地，渐至殷繁，开列户口，各棚设立棚长，与本籍保甲同司稽察。嗣奉功令，凡入籍二十年以上者，许于就地考试，而流寓棚民不计入籍年分，契其原籍族属，混行冒考以至诘讼。蒙各上宪批饬，凡属流寓入籍子弟，谕令本邑儒学每逢岁科县试之前，令伊等先行赴学课试察核入籍年数，按例注册，该学出结保送赴考。此泉邑之儒童即为流寓之棚民所由来也。历科以来，本籍应试童生近以千计，即棚籍之附考不下三百余人，人文日广而学额仍限八名。本籍之童生既苦额窄，而棚民复分其数于八名之中，以致多士半生攻苦，垂老不获一衿，宫墙外望，进步无缘，良可惜也。

张义从等人提出"兹逢抚宪大人题请安辑之宏谟推广皇仁于士类"，借此时机，"是敢具呈吁请转详，循例分立棚户，额外按数取进，则增一额于棚民，即多一士于泉邑。不惟棚民世沐洪仁，即泉邑士子永戴宪德于无既矣"。

同时，张义从等人还假借棚民李学圣等之名，具呈"为遵例吁详分立棚民以宏安辑以隆作育事"。其文称：

---

① 《蔚起书院版图成案》（不分卷），民国时期南昌府学前街裕成刷印公司代印。以下此案资料，皆来源此。

民等原籍粤闽，壤接泉疆，自甲寅以来祖父陆续投治，棚居耕种，幸沐宪庇，渐至田粮庐墓就地入籍，前后编列十七都、二十一都、二十三都户口，每年轮点棚长，充应差役，相沿至今。前奉定例，凡入籍准其就地考试，民等棚民每遇岁科两试奉上宪饬令本县儒学查明年例，出结保送，与本籍童生一体附考。今幸升平日久，人文渐增，民等现在附考童生不下三百余人，人多额少，上进无由。欣逢抚宪大人题请安辑，凡江西州县入籍棚民，许今岁科两试额外按数取进。旷典奇逢，人人手额，是敢具呈吁请转详循例分立棚户，庶山陬下士同沾额外之恩，而流寓小民永铭安辑之德。

龙泉知县调查之后，于十月初具详到府，其详文称"龙邑僻处山陬，地近闽广，自顺治十二年、康熙十三年以来，闽广之民襁负就耕者接踵而至，随照例限升科"，分编龙泉县十七都、二十一都、二十三都入籍，纳银充差。"嗣因户口日繁，各有子弟读书应试于康熙四十二年，廪生不敢保结。"棚童生刘伯才等"以泣怜安插之里民等事"呈详知府，督学道批"闽广入籍二十年以上儒童"赴学，将姓名、年貌、履历等注册报县，"遇考果无廪保，该学亦可出结，既不悖于稽查之条，亦不阻人读书之气"，准如详行。龙泉县遵照奉行至今。本年二月内奉礼部议覆安辑棚民事一案后，龙泉县查得"闽广童生岁科县试俱准儒学结报，二百五十名应试在册"，认为"闽广之民入籍年久既与例符"，而与"现今应试童生与额外另取之例不符"。今年本籍现应县试者千有余人，而入学之额仅有 8 名，且因未经分别，故历科进取闽广之童每分县额。龙泉知县因此"详请宪台俯念闽广既属棚民，自应均沾化育，仰恩转请照例分别册报查照另取，庶本籍与棚民各不相碍，而山邑编氓益知鼓励向学，以仰副圣朝兴贤育才之盛治矣"。具详到府，又转详宪台。藩宪李批："龙邑既有棚童应试，仰饬速遵前檄，将实在入籍年例相符各姓名、住地照依前发册式造具确妥，册结详报，仍即勒催各县一并查明覆到以凭汇核请咨，毋再延误缴。"

至十一月，龙泉十七都、二十一都、二十三都等三都移民得知此信息后，大为骇异，"旋呈县宪为盗名捏呈恳颁准详免紊版籍事"，"叩乞宪台将盗捏之情准详各宪免割版籍以昭国典永戴鸿恩上告"。移民代表称：

生等祖父缘自国初定鼎以来奉旨入籍，承丁输粮，籍开第一都。厥后均差，更于十七都、二十一都，继均二十三都，粮有数千，丁有千余，籍几百年久沐皇恩培植贡监文武百余人。虽雍正三年抚宪题开棚民新例，仅有各府州县，泉邑原不在内，即今春抚宪复题棚民入学额例，亦为寄籍棚民，以广皇恩，未有更版籍而为棚民之语。罔知何棍乘借来文，突于八月将三都应试童生姓名背捏具呈，妄颁申详，罔上乱籍，悖旨违例，昨奉宪票唤造棚民册结，三都子民始骇异。切思籍已登于顺治年间，而棚例后起，杳不相属，国朝版籍，岂容更乱？

雍正十年正月，藩宪详文称："该县原详曾称流寓棚栖，设立棚长，是属棚民；今称自康熙十三年以后历来考试，则又以久为客户入籍者未便仍以棚童造报，但究系棚户、客户，仰再转饬查妥议另详报夺，毋任混淆，致干重咎。"

四月，土著生员张义从同生员 26 名、童生 36 名在府宪台前进呈称棚民违例抗挠，乞请造新册。府宪批："前因县册开造棚童，尔等称自康熙十三年以后历来考试，系客户入籍已久，未便仍以棚童造报，致奉藩宪饬驳行县确查妥议另详，应候覆到日核夺可也。"

雍正十年五月，三都士绅生员邹宗俊、黄位、骆文望、李长春、张飞腾、黄色朗、江青、曾开荣、廖龙蟠、钟韬等人，贡监生廖成钤、李长青、林仁岐、张开鹏、江山秀等人，童生李万达、邱次平、黄文亮、刘宁远、李作瑜、刘西麟、张开元等二十余人"为蛊党挟攻借例灰籍事"，在知县王名卓台前进呈。他们控告土著"于去冬届值编审，县宪科试，乘借棚民新例，窃生三都应试儒童姓名，捏谎县主，罔上乱籍，私将生等三都八十余年版籍符嘱册房，另造棚册解府"。十年四月，土著赴府状告，又于考试之日"禀保乘捏呈学院"。三都绅士称："生等丁籍户口多历年所，祖父递传，子孙世守，至今棚例虽出督抚两宪破格之恩，究竟不得以久远版籍而混改为流寓之棚民。且遵旧例，奉旨入籍二十年者，即与土著一体，何况生等版籍几将百年，岁科两试历历与考，不惟不在棚民之列，且与两宪题请棚民之意大相径庭，功令森严，岂容乘例妄肆挟攻，煌煌版籍，谁甘灰灭？欣逢宪台斯文主宰当代福星，俯察舆情，电劈挟党，赏详各宪，免借新例而混版籍！"

雍正十年七月，龙泉县知县奉命审讯，当堂吩咐各供单本月十八日缴进。移民生员邹宗俊、黄位、监生李长春、邱璜等人供：

生祖父自顺治二年奉旨垦辟龙泉，当充第一都、十九都承粮入籍，丁载户册，历考无异，自康熙七年入取邑庠刘发珍，二十七年又取入黄荣杰，至今文武贡监百有余人，粮有数千，丁有千余，籍近百年，只思世世子孙幸青云之路，皇图版籍历万年而不朽。不料遭喇张义从倡首蛊党乘借棚民新例，将生等久远版籍一旦改作棚民。这生员们万死也不甘，他们呈称住址有棚居之处，他不想都在龙泉居住，普天率土原属一体。他又自称有同乡共井之谊，既是同乡共井，何为又有棚居之处？他呈称考试有学保之别，他不想在前考试亦同系廪保，止因刘发珍、黄荣杰进学之后，张义从之叔张思斌等索诈童生刘伯才等保结银子，一名要五两，以致伯才等难填苦状。蒙上宪俯恤杜害，饬谕学保以免习指，仍将张思斌等发学戒饬以警多事，总是因他们诈害，方令学保，何得指学保而谓棚民。他呈称粮有另设之都，他不想生等粮载十七都、二十一都、二十三都，就论通邑都分自一都至二十四都。首尾中间又系他们的粮都，生等粮都同在廿四都之内，何为有另设之都？且生等祖父初年入籍，原在一都并十九都，因伊等派役不均，蒙前任县宪改编此三都，免致他们欺负重派差役，并非有分别客户、土著之谓也。他们称始则踊跃具呈，继又自行阻挠，他们考后盗名捏呈，不惟生员们不知，即应考童生亦尽归家去了，并不知情。后因王父师票唤造具棚民册结，始知骇异，三都子民就将盗名捏呈等情叠呈三次，若是三都儒童亲自进呈，王父师岂不究问？他们后来且又挺身倡首，又进许多呈子，务要改生等版籍做棚民，如今面质，他又说生等自愿，果系自愿，在生等都内所有文武贡监何为没有一个名字进呈？原系他们看见上宪严明，父师洞察，他就变计饰词，希图推诿脱罪，求大父师原情。再这棚民之例，起自雍正三年，生等户籍登于顺治十二年，何得借新例而混乱将近百年之版籍？况棚例系皇上格外殊恩，因流寓殖民仅有庐墓，未曾承丁成籍，子弟读书未获应考，怜悯屈抑人才，故开此恩。在生等久远版籍，若借新例希图改造，欺君罔上之事，生等断不敢为。今张义从蛊党连呈符商册房，擅将生员们版籍一旦改作棚民，这是违例悖旨，大干法纪了。

雍正十年八月二十四日，龙泉县知县再次向上级汇报生员邹宗俊与生员张义从等人争控土著棚民一案，详请核夺。知县认为，张义从等人以入籍年深者悉归棚册，另额取录，则原额 8 名悉为土著进取，"故坚欲棚童之另额也"。而在邹宗俊则"以向与土著同庠数十年，无所区别"，如复归棚童册内另额取录，则"祖父世世履泉邑之士子孙，世世不得为泉邑之民"，故"不愿居棚童之名色也"。"是以彼此纷争，终年讦讼，案积成帙，虽各怀排挤之心，亦各有可原之情也。"龙泉县知县再三思虑，无策可展，"若徇往例，以听彼此互考，仍取八名，则现有另额取进之例，土著自不肯照前也。若遵现例，分别彼此造册，另额取进，则挟向有同考之例，棚童又不甘另额也。势必至仍前讦讼无休也"。故他提出，"泉邑文风颇盛，实在人众额寡"，在现在学额为八名的基础上，请照小学改为中学例，题请广额文、武童各取进一十二名，则"土著乐广额之旷典，棚民尤乐无彼此之嫌疑，既无额外滥觞，复息彼此争端"。

雍正十年九月二十一日，三都生员邹宗俊、黄位，监生李长春、邱璜，里民李作瑜、刘宁远、吴文兰等在知府衙门前续呈。呈文称其祖父于顺治十二年奉旨垦辟龙泉，纳赋充差，丁载黄册，祖父子孙经延五世，秋粮三千，地丁千余，文武贡监不下百人，此时"属泉邑土著，而非棚民可比"。并粘连三都历科取进文武生员并丁粮都甲一纸，以为证据。

雍正十年九月二十七日，吉安府认为龙泉县"未确议详解，混以中学额例请题，殊属不合"。批饬该县立即查明"邹宗俊等果系远年编立都甲，久已登填版籍，现列文武生员及丁粮都甲若干，是与棚民例不相符，而张义从等胆敢悖官捏呈"，批差押解赴府，立等查讯，并转详藩、学二宪核夺。十月十一日，府宪又票行县。十月十九日，三都生员邹宗俊等人在县投呈词。

雍正十一年三月十七日，龙泉县要求县学将"各生入学年分，无论已故、现存，通造一册二本，注明粮都里甲、三代籍贯，缴县以凭核议"。四月初一日，学宪牌票催县。

雍正十一年四月，龙泉县请改中学之详，已蒙藩宪批准，土著生童踊跃欢呼①。南安府正堂署理吉安府正堂事游知府复核，"三都生员实系寄籍年久之客户，不便剖作棚户咨请另额进取"。"泉邑土著之绅士因人文已盛，岁止额进小学八名，意欲将此三都之童生分作棚户以邀旷恩，俾土著得进全额，

---

① 但实际上并未获清廷中央批准，故此后土著和龙泉地方官一直提出加额改请的要求。

原属私见。"并请藩、学二宪免于深究，从宽销案。至此，龙泉土客之间连年互讼案终于平息。

在与江西龙泉县相邻的湖南酃县，同一时期则有一县两籍案。①

雍正六年四月，酃县生童阻考，生员谭显名、谭泰京、刘文瑜、罗世冕等控告邹、周二姓一县两籍，跨考衡阳、酃县两地，占考酃籍，且以父兄作保廪，有顶替舞弊之举。生员邹致祥等亦有恳以父兄作保廪之呈到县、到府。据酃县儒学教谕、训导查复：邹、周二姓，派虽出于酃县，入籍衡阳已久，积弊相沿，于衡、酃两地考试。学册所载现在与考者，廪、增、附生员共一百六十名，而邹、周二姓共占去四十五名。酃县为小学，取进额数只有八名，而邹、周二姓，每逢岁、科两试，就占额三四名或五六名不等。真是"土著孤寒，实为零落"。酃县儒学也认为邹、周二姓有舞弊之嫌："岂果系高文，能操左券？抑因积弊，竟夺前茅？"且"春秋二祭、季考月课，居府之邹、周诸生，罕识其面，优劣品行无从稽查"。故酃县儒学认为邹、周二姓之举"上违功令两籍之禁，下乖教官董率之职，诚为未便"，请县"厘剔积弊，永禁两考"。

酃县知县刘朝佑同意儒学的意见，其具文称："一姓止有一籍，一籍止考一县。籍在是，则为是民；为是民，则当是差。以是在籍当差之民，为是在籍人考之士，至公至明，诚万世莫易之良规也。既入别籍，而可复考本籍州县；倘本籍州县之祖籍，或更由他省而来，将使本籍州县之人，又可逆溯而考他省。恐紫阳以后，无此两地博士。而一姓子弟，二三其籍，使东西南北之人，俱可借住，本籍互混，又何贵乎严冒籍，重保廪？流寓必限二十年，而寄学借籍俱不准行耶。住府城邹、周二姓，派原出于酃县，不知何年移居府城。在初移府时，衡阳未必许其入考。迨至历年既久，习为衡民，遂入衡籍。既入衡籍，而酃宗未断，以故并考，沿成斯例，遂至于今。苟使真才自试，绝无弊窦，犹滋物议。况其中或代考，或顶名，或混保，或逾越县府，为已前固有之事。遂至二姓以酃为渔猎之区，酃以二姓为腹心之疾，树帜操戈，频年争讼。职谓住府之邹、周可以考酃，则居酃之邹、周亦可考衡；抑居府之邹、周可以考酃，则由酃居府之李、刘、罗、尹诸姓亦可

① 同治《酃县志》卷二〇，《拾遗》。以下此案资料，皆来源此。

考衡。若酃之邹、周及府之李、刘、罗、尹不可考衡，而居府之邹、周既考衡而又考酃，不待智者而后知其不可。天下古今，无非经、权二字。一姓一考，斯为大经，一家两籍非经矣；有例可援，斯为大权，一家两籍非权矣。非经非权，则非律非例。而诩诩自逞，强人以必从，亦可暂而不可久；相沿于前，而不可复行于后矣。"酃县知县认为，邹、周二姓居于酃县者，应听其仍入县考；其居府者虽是酃县宗派，已成外邑民籍。府县之间远隔三百余里，"若仍令以衡人而考酃县，实违奉旨新例"。因详请上级"著令二姓，凡居府者考衡，居县者考酃。居酃考酃，以酃县廪生具结；居衡考衡，以衡阳廪生具结。则是以本县之人取入本县，适与例合，至公无私，德怨俱泯。庶通同混考之弊绝，而教官就近，易于董率"。

雍正六年八月，新到任的衡州府陈知府检阅原卷，查明："邹周两姓迁居衡城，伊等子弟在衡在酃互相考试，由来甚久。从前酃邑生童曾经攻阻该两姓，遂令已入酃学之廪生父兄自行保结，以为可杜酃童之口，而与酃无争矣。本年又届科试之期，酃童啧有烦言。（邹）致祥等上呈宪辕，前府遵批行查，以致酃邑生员谭显名等公呈儒学牒，县通详本府。"双方各执己见，衡州府陈知府认为："邹、周两姓之欲考酃酃籍者，谓其占籍多年，何得阻于一旦，似非过论。但定例最严，冒籍、两籍占考，尤干功令。今邹、周两姓，久入衡阳之籍，已为衡阳土著。酃邑虽属祖籍，而去之既久，岂可复入酃考？该两姓如果奉酃为汤沐，不忍忘其所自出，并不入考衡阳，则今日家居衡地入考酃庠，其谁得而议之？乃以进身之阶，希作齐女之计，抑何贪也！惟是两姓向有支派分居衡、酃，无论能文与不能文之士，遵照定例，总以现在居址籍贯为凭。"他也赞成酃县知县的处理意见，"应如酃县所详居衡考衡，居酃考酃，实为允当"。至于廪保，"果系两姓居酃童生，务令秉公保结，不许借端勒掯，违即详究，褫革治罪。如此则二姓无失籍之虑，而临场之纷争可息矣"。

衡州府的具文依次经分守衡永郴桂道徐、臬宪赵、藩宪赵、督学院习、抚督院王、督学院迈逐级批示后遵照执行。酃县知县批准照案勒石，竖立明伦堂，以垂久远。

第三章　清中期土客冲突与族群认同

当移民和国家相互取得认同之后，土著与移民的冲突愈来愈激烈，构成了湘赣边区地方社会的主要问题之一。土客双方的矛盾全面而深入，体现在经济、教育、信仰、文化、方言、习俗等各个方面，双方甚至在地方上建立了各自的政治权力中心，最终形成了土著与客籍两大族群。

第一节　清中期湘赣边区经济的发展与"棚民印象"

一、市镇经济的发展

湘赣边山区经济发展缓慢，经历了一百多年的休养生息，本区从乾隆中后期开始，特别是在清中期嘉庆、道光年间迎来了经济的繁荣发展，表现在市镇数量激增、商品种类丰富、商人活跃等方面。

义宁州共有 8 乡，分别为太（泰）乡、安乡、奉乡、武乡、高乡、崇乡、仁乡和西乡。道光初年，太乡有 3 市，为梁口市、彭姑市和三都市。安乡有 5 市，为湘竹市、长溪市、黄沙桥市、梁源市和石门桥市（同治志称石们桥市）。奉乡有 3 市，为吴仙市、白水口市和迎仙市。武乡有 8 市，为定江上市、定江下市、山口市、征村市、铜鼓市、漫江市、排埠市、大墩市。高乡有 2 市，为杭口市和赤江市。崇乡 7 市，为查田市、溪口市、修口市、西港市、马坳市、港口市和双港市。仁乡有 5 市，为黄沙市、杉市（仁乡五十六、五十七都，即今渣津市，附近有梅店、杨柳、山石坳诸市）、朱陂厂市（同治志称朱壁厂市）、当口市和街口市。西乡有 5 市，为白沙岭市、古城岭市、路口、沙坪市和桃树坳市（同治志称桃树市）。① 以上共有 38 个市，可见义宁州的市镇经济已比较繁荣。

平江县嘉庆后期有 27 个市，分别是三阳市，位于县东南附廓一里；横槎市，距县东三十里；肥田市，距县东四十里；磉口市（同治县志称爽口市），距县东五十里；献钟市，距县东六十里；义口市，距县东六十里；嘉义市，距县东七十里；长寿市，距县东九十里；西溪市，距县东九十五里；龙门市，距县东一百四十里；故县市，距县东南四十里；高坪市，在县东南四十里；塘口市，在县东南四十里；狮蹲市，在县东南五十里；江村市，在县南二十里；长田市，在县南四十里；瓮江市，在县西四十里；浯口市，在县西七十里；青市（同治县志称青冲市），在县西八十里；伍公市，在县西九十里；团山市，在县北十五里；梅仙市，在县北三十里；南江市，在县北七十里；月田市，在县北九十里；虹桥市，在县北九十里；浆市，在县北九十里；上塔市，在县北一百一十。② 平江市镇数量较为适中，市镇经济的发展较为繁荣。

浏阳县市镇较多，按县东、县西、县南和县北四个方位来划分。县东有 29 个市，包括渡头市，距县五里；双江口市，距县十五里；左家弯市，距县十五里；炭篷市，距县三十里；古港市，距县四十里；范家岭市，距县四十里；高坪市，距县四十里；永丰市，一名石弯市，距县四十五里；黄江桥市，一作黄冈市，距县五十里；桥头市，距县五十里；塘田市，距县六十里；永和市，旧名般步市，一作奔埠，距县六十里；沿溪桥市，距县六十七里；竹连桥市，距县七十里；官渡市，距县七十五里，相传旧县治在此，为居陵镇，或云官渡，河北镇为居陵镇；滩头市，距县八十里；横山市，距县八十里；兵马桥市，距县八十里；蒋埠江市，距县八十五里；观音塘市，距县八十五里；踏浒市，一作远浒，距县九十里；金钟桥市，距县百里；东门市，距县一百一十里，庚申志旧第七都地，按今市在上四都；彭家坊，距县一百二十里；田心市，距县一百二十里，岁十月十一日至二十日为墟期；上洪市，距县一百二十里；张家坊市，距县一百二十里，

---

① 道光《义宁州志》卷四，《建置志·八乡市》。
② 嘉庆《平江县志》卷二，《疆域·市镇》；同治《平江县志》卷四，《疆域·镇市》。

岁七月十八日至二十七日为墟期；白纱市，距县一百二十五里；陈家坊市，距县一百三十里，岁十月初一日至初十日为墟期。县南有 14 个市，包括南流桥市，距县十里；蹑云桥市，距县二十里；牛石头市，距县二十五里；路口市，一作鹭桥，距县四十里；枫林铺市，距县四十里；吾田市，距县四十五里；澄潭江市，距县五十里；大窑铺市，距县五十里；大平桥市，距县五十五里；鹪溪市，一作柘溪，距县六十里；金刚头市，距县七十里；杨家弯市，距县七十五里；石羊坪市，距县八十里；文家市，距县九十里，岁十月有墟期，戊寅志八月。县西有 11 个市，包括韩家港市，距县十五里，岁七月二十五日至三十日为墟期；青草市，距县二十五里，岁八月初一日至初五日为墟期；枨冲市，距县四十里岁八月初五日至初十日为墟期；蒜洲市，距县四十八里；跃龙市，旧名药弩，距县六十里；大水市，距县六十里；普迹市，距县七十里，岁八月初十日至二十日十一月初一日至初五为墟期；霞山市，距县九十里；镇头市，距县九十里，北岸亦列肆为西满仓市，岁六月十一日至二十日，十月二十五日至三十日为墟期；百嘉山市，距县百十五里，岁六月初五日至初十日为墟期；渡头市，距县一百二十里。县北有 18 个市，包括蕉溪市，距县二十八里；高升街市，距县四十里，岁八月有墟期；羊牯滩市，距县五十里；洞阳市，距县六十里，岁八月二十五日至三十日为墟期；洞庭滩市，距县六十五里；沙石街市，距县七十里；毛公桥市，距县七十四里；横山头市，距县七十五里；相公店市，距县七十五里；大桥市，距县七十五里；毛田市，距县八十里；赤马殿市，距县八十里；龙伏市，旧志作龙骨，距县八十里；永安市，旧名潦浒，距县八十里；焦家桥市，距县一百一十里；社港市，距县一百一十里；花溪桥市，距县一百一十里；黄泥界市，距县一百二十里。[①] 可以看出，浏阳县的市镇经济相当发达，市镇数量之多为其他州县所不及，县城的四个方向都分布着较多市镇，分布均匀。

醴陵县计有 12 市，县治东部有 5 个，分别为现头市，治东三十里；普口市，治东五十里；茅坪市，治东五十里；白兔市，治东六十里；华富市，治东七十里。渌口市，即渌口镇，治西九十里；昭陵市，渌口上大河三十

---

① 同治《浏阳县志》卷四，《营建·市集》。

里；石亭市，治西七十里。楚东市和泗汾市皆位于治南三十里。县治北部二十里有黄粱市，五十里有枫林市。[1] 渌口位于渌水与湘江的汇合处，为醴陵第一大市镇，"碓户、米坊，城乡皆有，渌市更多"，本地粮商"于秋冬间，贩谷赴渌市及湘潭粜买。即征漕时，粮户亦皆运谷就渌，碾米上仓，以免搬运之难"[2]。江西萍乡一带的物产也经渌水运往此地发售。由于交通便利，商业繁荣，渌口市迅速发展为湘东大镇。

攸县仅有 10 个市，其中横街市位于县治对河；万石市，离县四十里；黄花市，位于俱清阳乡；界海市，位于永平乡，县离三十里；新市，位于石桥铺，离县五十里；龙翔市，离县八十里；圳头市，离县九十里；小坪市，位于离县八十里的擢秀乡；井头市，属于北江乡，离县八十里；小集市，离县四十里。[3] 市镇大部分都离县城较远，数量较少，且位置大多较为偏远，市镇经济发展较滞后。

茶陵州共有 16 个市和 8 个墟。16 个市包括马伏江市，三都；管塘铺，五都；界首市，六都；书往台市，九都；黄石铺，十一都；具江市，十三都；桥头市，十四都；洲陂市，十四都；高陇市，十五都；官陂市，十九都；黄堂市，二十都；洮水市，二十二都；浣脑上市和牛路铺在二十五都；丫火市，在六屯；渌田市，在七屯。8 个墟包括盘陂墟，八都；东山墟，十都；泰元墟，旧名大台市，在十一都潞水；腰陂墟，十三都；仁和墟，二十都；同乐墟，二十一都；铿口墟，二十二都；湖口墟，二十五都。[4] 市镇墟市数量适中，分布相对均匀，呈现相对平衡的发展趋势。

永新县共有 17 个市镇，分别是虹桥市，一都；苦竹市，四都；钱市，禾五都；向釜市，七都；箭市，十都；澧田市，十四都；沙市，十六都；潞江市，十八都；万石市，三十九都；文竹石，四十二都；烟江市，五十五都；发关市，封五十八都；洋埠市，六十都；章市，六十一都；横江市，六十三都；白堡市，六十八都；环浒市，七十都。[5] 市镇数量不多，在各都分布不均，

---

① 同治《醴陵县志》卷二，《建置·市镇》。
② 嘉庆《醴陵县志》卷二四，《风俗》。
③ 同治《攸县志》卷一一，《诸市》。
④ 同治《茶陵州志》卷四，《市墟》。
⑤ 同治《永新县志》卷一，《市镇》。

市镇经济发展相对较弱。

桂东县共有 20 个市，包括正长街，在县城隍庙前；东街，县东门外；南街，县南门外；丁字街，在县西门外通长街；河街，在县前河边；寨前墟，在宜一都，即旧治，离城二十五里，三、八日集；大塘墟，在宜一都，离城五十里，二、七日集；太平墟，在零二都沙田，离城六十五里，五、十日集；苦竹桥墟，在零二都，离城六十五里，四、九日集；里仁墟，在零四都水口，离城六十里，一、六日集；桥头墟，在零四都，离城六十里，二、八日集；牛冈墟，在宜三都下保，离城六十里，三、六、九日集；桃坪墟，在桃坪泛新建，离城六十里，三、六、九日集；何家坪，在零二都老墟场；高湾市和周江市都在零二都；桥头市和长义市都在宜三都。① 桂东县市镇的数量适中，但分布不均，市镇经济的发展不平衡。

崇义县各里共有 23 个墟，包括太平里旧 1 墟，在演武场，久废；雁湖里有 7 墟：过步墟、思顺墟、麟潭墟、上保墟、古亭墟、丰州墟、上池墟；崇仁里 3 墟：长潭墟、杰坝墟、金坑墟；隆平里 4 墟：县古庙墟、龙江墟、龙旺墟；水安里 2 墟：文英墟、白溪墟；忠义里 6 墟：密溪墟、关田墟、聂都墟、稳下墟、铅山墟、义安墟。② 墟市数量相对较为均衡，市镇经济发展中呈平衡态势。

龙泉县共有 10 个市和 11 个墟。其中市包括县前市，在县南门内；城南市，在南门外；青门市，在东门内，今废；新市，在遂南四厢；水南市，在狮桥，直通至四厢新市；旧县市，在县东二十里；汤村市，在县南三十里，通南康；东垓市，在县西禾蜀一百里；黄坳市，在县西顺政乡一百一十里；五斗江市，在县西顺政乡一百里；另外墟有小濑墟，在县南十五里；雩田墟，在县北三十里，通万安；良陂州墟，在县西九都四十里；禾源墟，在县南二十三都四十里；南江口墟，在县南二十四都六十里；水口墟，在县西二十二都六十里；杨河墟，在县南二十二都三十里武陵，通桂东；左安墟，在县西南二十五都八十里，通桂东；堆子前墟，在县西三十都六十里；大汾墟，在县西南二十九都九十里；太平墟，在县西北

① 同治《桂东县志》卷二，《墟市》。
② 同治《崇义县志》卷二，《城池》。

三十一都九十里。[①]墟市数量适中，但县城附近墟市不多，且大部分墟市所处位置较为偏远。龙泉的市镇遍布全县大部分地区，市镇经济发展态势较为良好。

上犹县共有11个墟市，包括犹石墟，在县北二十五里犹石堡，今改名油石墟；社溪墟，在县东北十里童子里；寺下墟，在县西北八十里卢阳隘，与崇义尚德里接壤；水广下墟，在县西六十里大雷隘；太傅墟，在县西八十里村头里营前城外西南二里；鹅形墟，在县西北一百六十里匹袍隘，路通桂东；黄沙墟，在县东十五里南北隘渡北往赣大路；江口墟，在县西五十里山门隘，路通营前；清湖墟，在县西二十里山门隘，咸丰初开；中稍墟，在县南二十里麻阳隘，同治十三年开；石崇墟，在县东北四十里下童子里，光绪四年开。[②]上犹县墟市较少，且分布零散，主要集中西部和北部，且离县城较远，全县市镇经济发展缓慢。

酃县在乾隆中期墟市为17个。据该县县志记载，有石子坝市，在城东十里；沔渡墟，在城东三十里；九都墟，城东三十里；福口市，城东四十五里；十都墟，城东五十里；头巾石市，在城南十里；水口墟，城南六十里；梅江市，城南七十里；中村市，城南八十里；石鼓市，城西十里；河潢市，城西十五里；霍家市，城西十五里；甲南市，城西二十五里；龙爪石市，城西三十里，夹石市，城西三十里；大陂头市，城西四十余；同睦市，城西五十里。[③]至同治年间，酃县市镇有增有减，总体上略有增加，为18个市。[④]市镇数量不多，且分布不均。

桂阳县墟市，乾隆年间有土桥、濠头、益将、热水、集龙、白泉、大坪、外沙、马桥、田庄、拦洞、文明等12个墟市，至同治年间发展为18个。[⑤]

湘赣边区商品经济最不发达的地方应该是永宁县。至乾隆前期，各地经济呈蓬勃发展之势，而“宁邑独不然”，商品经济极不发达，“竹木无场，

---

① 同治《龙泉县志》卷一，《地理志上》。
② 光绪《上犹县志》卷二，《舆地志 · 墟市》。
③ 乾隆《酃县志》卷三，《地理志 · 市镇》。
④ 同治《酃县志》卷二，《地理志 · 都市》。
⑤ 乾隆《桂阳县志》卷二，《舆地》；民国《汝城县志》卷三，《舆地》。

必市于山；菽粟牲畜无牙，必问于家。街方无卖菜之佣，城郭罕贸丝之客"。有识之士认为"此虽物产不多，亦缘法制未备"，故建议"择宽广之所，设立牙侩，使卖者买者有定所，未必民之不乐从也"。据县志记载，整个永宁县只有三处集中交易的场所，在县城，原来主要集中在县治西街，近日东南门外市肆较多；县城以外，一市在古城，县西 15 里；一市在谷头，四保旧寨下。①

二、万载县和萍乡县的个案

1. 万载县个案

万载县处于赣西北山区，其社会经济发展缓慢。据县志记载，明代中期全县的市镇只有五处，即奇圃市、高城市、周家市、蓝田市和获富市，俱在怀旧乡，而且都距离县治较近。② 其对外的联系较少，交通不便，表现之一是邮传组织的简陋粗疏，仅有县前总铺、郭林铺、大乐冈铺及大乐冈二铺四处，分别通往府城宜春和瑞州府上高。③ 明代嘉靖年间兴起了潭埠市、株树潭市、礼山市、白良桥市和牟村市等五个市镇，"诸市上通湖湘，下达省会，商旅往来辏集"。经济有了初步的发展。但是经过明清之际的战乱之后，康熙年间各处居民鲜少，加上山路窄狭，"商旅亦非昔比，惟潭埠、株树潭二处通舟，贩谷买客多泊于此"。④ 直到雍正后期，万载还是一片经济萧条的景象，乾隆初得到复苏，全县市镇达 11 个 ⑤。

历经一百多年的休养生息，万载在嘉庆、道光年间迎来了经济、人文的繁荣发展。道光十二年（1832）县志称："万邑在群山之中，田不过十之二三。近年多所树蓄，财贷以通；四民俭朴习勤，皆有以谋其生。族姓崇建祠堂，尊祖敬宗以睦其族，上下之分，男女之别，礼义存焉。相与讲学术，育贤才，人文其日盛矣！"⑥ 全县市镇激增到31处，分布比较均匀，而且"街

---

① 乾隆《永宁县志》卷一，《街市》。
② 正德《袁州府志》卷三，《厢隅·乡都市镇附》。
③ 正德《袁州府志》卷四，《邮传》。
④ 康熙《万载县志》卷一，《市镇》。
⑤ 乾隆《袁州府志》卷三，《疆域·都图》。
⑥ 道光《万载县志》，《序》。

市喧填，货物凑集"，商人"拥资走数千里外江浙川广，往返尤多"，"其土产之利则以夏布、茶油、表芯纸为最重"。①万载县各乡（区）市镇分布如下：

怀旧乡（二区）：郭村市、周家市、高城市、礼山市、蓝田市、奇圃市、丁田桥市；万载乡（三区）：潭埠市、株树潭市、获富市、周陂桥市（黄茅市）、景衢市、枣木桥市；进城乡（四区）：白水市、白杨店市、牟村市、仙源市、上下花桥市、株木桥市、清水塘市、槽头市；欧桂西乡（五区）：里裕市、白良桥市、茭湖市；欧桂东乡（六区）：漳源市、卢家洲市、莲亭市、南园市、高村市、船埠潭市、西坑市。各市镇的具体方位如下图表所示。

表 3-1　清中期万载市镇分布表

距县治距离	方位及市镇名称	
30里内	南	郭村市（8）周家市（15）
	西	高城市（20）礼山市（30）奇圃市（15）
	北	丁田桥市（10）白良桥市（20）
	东北	里裕市（30）漳源市（30）
60里内	西	蓝田市（45）潭埠市（60）白杨店市（60）
	北	茭湖市（40）莲亭市（40）南园市（50）
	东北	卢家洲市（40）
	西北	牟村市（40）槽头市（60）
80里内	西	株树潭市（70）获富市（80）景衢市（80）枣木桥市（80）芳木山市（75）
	西北	仙源市（70）上下花桥市（70）株木桥市（70）清水塘市（65）
	北	高村市（70）
100里内	西	周陂桥市（90）南岸市（95）乔厦市（95）白水市（90）
	西北	船埠潭市（100）
100里外	西北	西坑市（120）

资料来源：道光《万载县志》卷四，《城池·市镇》。

---

① 道光《万载县志》卷一一，《风俗》。

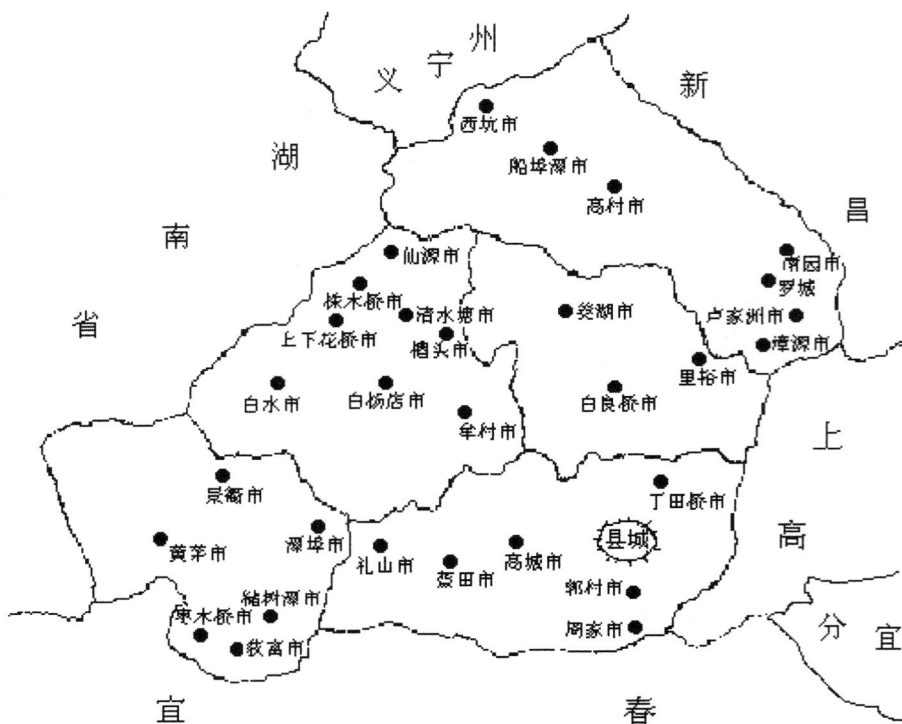

图 3-1　清中期江西万载县市镇分布图

　　道光以后至民国的一百多年里，全县市镇只在西部万载乡增加 3 个，即枣木桥市，西 80 里；南岸市，西 95 里；乔厦市，西 95 里；芳木山市，西 75 里。这些市镇的兴起主要是晚清以来万载与宜春、萍乡、浏阳等县经济联系进一步加强的结果。

　　人口的多寡历来是中国传统社会衡量地区经济发展状况的主要参照系。有关万载县的户口，据县志记载，至清代中期乾隆六十年（1795）土客户 25796，口 187333；嘉庆二十五年（1820）户 30886，口 193910；道光三年（1823）户 30922，口 195379。而此前顺治十三年（1656）仅载户 9665，口 51974，自康熙五十五年（1716）起至乾隆三十六年（1771）各届编审，共滋生人丁 3855 丁，妇女 998 口。虽然这些统计数字并非万载县的实际人口数，但也从在一定程度上反映了人口高速增长的趋势。

　　根据曹树基的研究，包括万载在内的赣西北地区清前中期人口高速增长的原因之一是土客之间争夺资源，因为在劳动力缺乏的时期人口也是一种有力的资源。空旷的丘陵山地为移民提供了充足的资源，迁入之初移民人口的高速繁衍在此条件下发生。在移民人口高速增长的同时，土客之间关于资源的争夺也已展开。土著在移民的示范下，也采取了人口高增长的生殖模式。[①] 对移民大族蓝氏、钟氏和县城土著大族辛氏的抽样表明了这一点。蓝氏 18 世族人蓝渭滨（1670—1751）于康熙三十年（1691）携眷始居万载北部歧源，有子七人。其后蓝氏 20 世、21 世及 22 世分别得男丁 23 人、83 人和 180 人。[②] 又如深塘钟氏，其开基祖钟泰清（1653—1732）于康熙三十五年（1696）迁居深塘。他在世"时三代娱目，男妇已三十余人"。至道光年间修谱的时候，"距今九世，生丁见九百有奇，统已丁不下千余百，又统妇口不下二千有零"。[③] 不过，这一规律可能仅仅适应于一些大族，一些小族的情况并不明显。

在移民的刺激与土著的反应下，至道光时期，万载县经济繁荣、人口众多的格局已经基本形成，在本县的发展史上具有重要地位。由于商品经济的繁荣，社会风俗出现了奢华的气息。这一变化引起了当时士绅的关注，"近商贾阜通，渐趋于华，而风俗与化移易长善救失，固贤有司之任，抑亦邑荐绅士大夫之责也"。[④]同治年间的万载士人对道光时期的富庶非常怀念，说"自温上贵以来一百三十余年，人民众庶、财物滋丰，百姓歌舞太平，不知有兵戈之事"。在太平天国运动中，太平军在万载所获甚多，竟至军中流传着"货物数樟树，银钱数万载"的流语。[⑤]将万载与江西四大镇之一的樟树相提并论，可见万载当时已经相当富庶。直到民国时期依然有这样的追忆，龙赓言在他私修的《万载乡土志》中称："明季加派，官民两困，以至山寇窃发，户口凋残，迄清康熙大局底平而土匪肃清。又承顺治汰减浮粮之后，休养生息，农乐耕耘，士知廉耻，嘉道之间，家给人足，盖几几乎有庶富之风焉。"[⑥]

① 曹树基：《中国移民史（清·民国时期）》第六卷，福建人民出版社 1997 年版，第 627 页。
② 根据道光《蓝氏三修族谱》卷三，《四房春茂公世次》统计。
③ 民国《钟氏宁房支谱》卷一四，《记》。
④ 道光《万载县志》卷一一，《风俗》。
⑤ 同治《万载县志》卷七之二，《武备·武事》。
⑥ 民国《万载乡土志·序》。

经过上百年的稳定发展，有些移民地主在经济实力上已经能够与土著分庭抗礼。乾隆年间修成的《袁州府志》记道：郡昔多旷土，嗣生齿渐繁，垦田日广，要止耕平地，自闽广人至，男妇并耕，高冈峭壁，视土所宜，漆麻姜芋之利，日益滋饶，土人效其力作，颇多树艺。惟万载棚民其来较早，占美田宅，与土著争富矣。①

土地资源一直是双方争夺的焦点之一。如土著大族田下郭氏有坟山一块，至乾隆三年（1738）"有同姓不宗郭杰之顶甲郭明春，盗卖坟前拜坪下基址与客籍韩又文竖屋"，于是土客双方结讼，"经县主严爷呈断拆去，惩以重杖"。② 另一土著大姓源头刘氏也与附近客籍"罗、陈、谢三姓争山构讼"。为"使后不致湮没且以杜异姓之觊觎"，刘氏在纂修族谱的时候，特意将仅存的一块祖先墓碑附载谱内，"以志一脉之传"。③ 实际上是想在发生纠纷时把这个记录作为证据，以取得有利位置。

从乾隆年间开始，随着移民的逐渐发展和土客矛盾的日益尖锐，双方遂分道扬镳，将原来的公共财产进行平分，各谋发展。《万载陂田邹氏族谱》记："先年土、客二籍起立九图会，创建社仓，置买业产。于乾隆四十八年土客俱各将业产平分。吾土籍鲍震冈、欧阳德安等，节年加捐乐助，另设义塾书院，建在潭埠栗山下新开天。"④

乾隆前期，万载县土客之间发生了一起经济纠纷。土著借此机会，将原本为一桩普通的"买卖细故"升级成了大案，给万载全县移民的发展带来了严重的影响。同治《万载县志都图甲户籍贯册》附录"客籍不得城居案"记载了此案的前因后果：乾隆十九年（1754），客籍监生马之骥、谢鸿儒等买万载县城康乐坊土著宋元菁的房屋，计划建造文公书院。此事遭到县城土著的强烈反对，经"贡生辛汝襄、汪朝祖、生员韩大学等历陈棚民之害，控阻知县朱封屋，出示禁棚民往来生事"。乾隆二十年（1755），客籍"复买（县城）花园里唐魁选等众屋，唐光华等出控知县张，批令（马）之骥等不得在城建塾滋事。宋、唐二宅断回追价，饬倾详完案。故迄今客籍无城居者"。客籍

---

① 乾隆《袁州府志》卷一二，《风俗》。
② 光绪《万载田下郭氏族谱》卷二〇，《坟山纪》。
③ 民国《万载源头刘氏族谱》卷三九，《坟墓录》。
④ 光绪十四年《万载陂田邹氏族谱》卷二，《书院》。

两次在县城买屋均未完成，而且还吃了官司，均以失败而告终。对于客籍来说，更为致命的后果是，失败还使他们永远失去了在城居住的可能。判决此案的万载县县令张立中的批示如下：

> 建设义塾，立词未始不正，但揣之该生等之本心，岂欲尔客籍读书者求圣贤之遭乎？抑欲与土籍树万年之乱乎？若欲求道而先蹈于争讼，匐匍公庭而不已，此本县所不取；若欲树敌，则是以客籍而欺土著，此本县所不许。尔何不思，尔等之衣食，何自而饱暖？有万载而后饱暖也。尔祖父子孙何自而安居？有万载而后安居也。不以万载为德，而反以为仇，不俯首下心以相让，反恃朝廷格外之恩以与之争，亦大不安分矣。夫朝廷所以异立棚籍之廪增附者，原不欲尔等多事也，而今借此图建义学矣，在土著实有不得不争之势。尔今日曰我有廪增附应建义学，从之；他日曰我有廪增附另立学宫，则亦将从之乎？他日又曰我棚民与土著人相埒、地相埒，入学额应与土著等，则又将从之乎？踵事增华，伊于胡底充其无餍之心，势将尽万载而有之方以为快。纵该生等未必有此深心，而其渐实不得不杜其微，实不得不防。若夫辛汝襄等出词诬枉焚毁神牌，不能无罪。该生等务须仰体朝廷息事安民至意，安分读书，无驰骛义学之虚名而忘求道之实际。孟子云："子归而求之有余，师则何必义学而后可以求道乎？"

> 总之，不建客籍之义学，此隙或可历久而渐泯；一建义学，将来土客之混争殊未有已时，而尔等客籍断不能安居饱暖于世。本县非偏袒土著，而实为客籍计之深也。其宋元菁等所得价银候追领，府宪陈批设立义学，例应通详批允方许兴建。马之骥等假立义学名色，谋买未清之产，倡建会馆未遂，架以纠众焚牌，大题捏词妄控，均干法纪。本应亲提严审，治以诬告加等之条，姑念事因买卖细故，免其深求。仰将唐魁选等所缴银两并宋元菁原得价银，照数追出，给领仍取。马之骥等不许借义学名色，私创会馆，科派棚民，遵依申送存案。马之骥等如敢抗违，立即详革严审究拟。以为劣生假公济私、敛金滋事者戒。

从"朝廷息事安民"的角度和治理的需要来说，地方官是站在土著一方的。在知县看来，移民借万载而得安居，理应"俯首下心以相让"，不应与土著发生争讼。朝廷给予棚籍学额，应知足感恩，不应为此设义学，立学宫。尤其是在土客学额的比例上，客籍更不应提出更多的要求，追求平等的待遇。若不建客籍义学，则土客之隙历久可泯；立义学，则土客矛盾加深。张氏口口声声说"本县非偏袒土著，而实为客籍计之深也"，但通观批文，其立论强横武断，建立在一系列的假想之上，偏袒土著的做法十分明显。在最后裁定时，知县更是将马之骧购屋建立义学之举，解释为倡建会馆，陷客籍于不义，然后恩威并施，从而结案。

尤为关键的是，此案成为客籍不可在县城居住的成例，载入历次所修的县志，为后世援引。直到同治年间修志时还特别强调："畛域之见，自可不存。而相沿之案，必不容没。故公禀县宪杜批准，移载存案礼科，两籍各守成规：城内寸土，土籍永不得卖，客籍永不得买，相安无事。"① 由此可见，不让客籍居城才是本案的关键。这一规定作为一种制度被沿袭下来，直到民国时期，万载客籍仍没有在县城居住的权利。

发人深思的是，细读地方官的批词，并未见有"城内寸土，土籍永不得卖，客籍永不得买"及客籍此后不得居住县城的明文规定或类似的信息，土籍士绅究竟是如何在这件买房案与客籍不得城居案之间建立起必然的联系呢？表面上来看，仅仅因为原本只涉及土客双方极少数人的一桩小买卖纠纷竟然导致了全体客籍从此不得在县城居住及从事任何稳定的职业，实在是有些匪夷所思，不合逻辑。但如果从万载县土客的激烈冲突和土著维护自身利益和优势的角度考虑，这也似乎在意料之中。当然，客籍并不会甘于被动受制的处境，而必须寻求进一步发展的途径来摆脱困境。

2. 萍乡县个案

袁州府萍乡县是由赣入湘的通道，在墟市和城镇的联络与沟通上，同样显示出水陆交通特别是水路的重要作用，连接和沟通赣江和湘江两大流域的市场。清代康熙、乾隆时有市镇 9 处，至迟到嘉庆年间，该县的市镇激增到 22 处。有城镇 6 处：萍乡县城、芦溪镇、上栗镇、宣风镇、湘东镇、插岭关镇；有墟市 16 个：新店市、茅店市、乌（五）龙桥市、南坑市、桐田市、麻山市、刘公庙市、蜡树下市、草市、彭家桥市、赤山桥市、清溪市、小枧市、均江市、湖塘市、桐木市。在这些城镇与墟市中，各城镇都在官道之

---

① 同治《万载县志·都图甲户籍贯册》。

上，所有的墟市也都有大道、小路相通。在主要河道边的，有县城和芦溪、宣风、湘东、上栗四镇，以及赤山、彭家桥、桐田、麻山、刘公庙 5 市。而其他 11 市，也都有水路相通。各市镇具体分布如图 3–2 所示。①

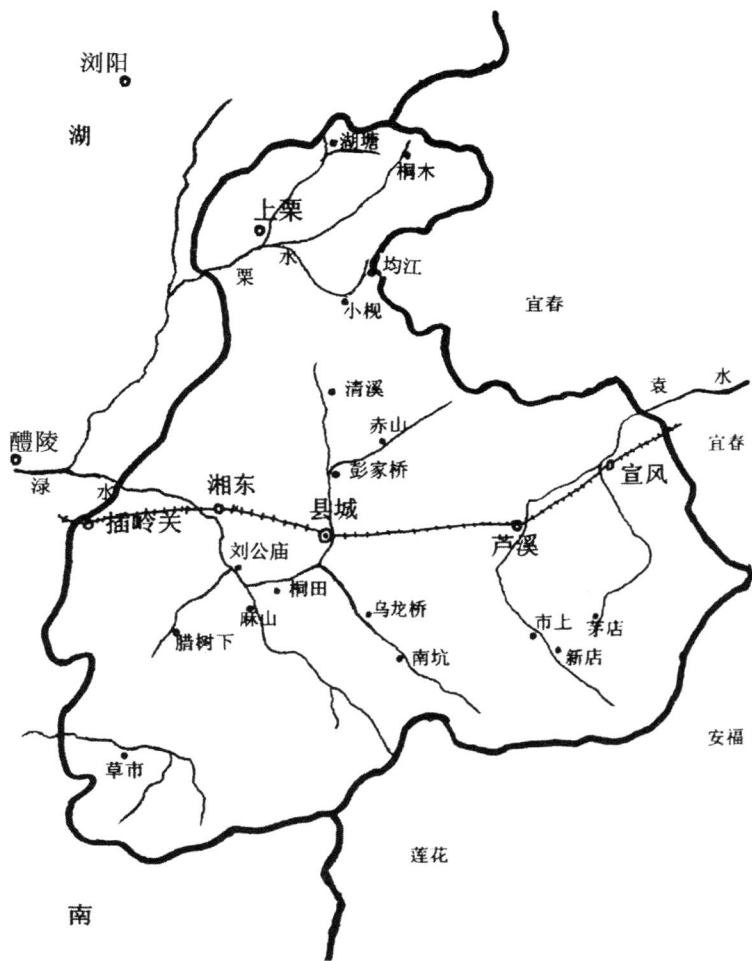

图 3–2　清代中期江西萍乡县市镇分布图

可以看出，萍乡县的墟市和城镇以县城为轴心，东、南、西、北四个方

---

① 　转引自方志远：《明清时期湘鄂赣地区的人口流动与城乡商品经济》第六章，第 531 页。

向的分布较为均匀，而又以东西方向更为繁荣。以城镇而言，自东向西沿官道一字排列着宣风镇、芦溪镇、萍乡县城、湘东镇、插岭关镇，县城的东、西方向各两镇。其间隔距离分别是 25 里、50 里、34 里、30 里，以县城及其两侧的芦溪镇、湘东镇覆盖面积稍大一些。这种分布，显然适应了本县核心地带城乡商品交换的需要。同时，贯穿东西的官道，将这五个城镇与本府所在地宜春县城、湖南长沙府醴陵县城联系在一起，并通过宜春、醴陵，通向江西省城南昌、湖南省城长沙，与全国各地相通。又有袁水经茅店市、新店市、芦溪镇、宣风镇通向宜春、分宜、新喻、临江府所在地清江县城，流入赣江。这条水路将萍乡东部城乡与江西腹地联系在一起，而物质的集散地便是芦溪镇和宣风镇。又有渌水及其支流经南坑市、乌龙桥市、草市、桐田市、麻田市、蜡树下市、赤山市、彭家桥市、萍乡县城、湘东镇通向湖南醴陵，流入湘江。这条水路将萍乡中部、南部及西部城乡与湖南的政治经济中心联系在一起，而物资集散地则在县城和湘东镇。也就是说，每个城镇乃至墟市都有水陆两途与其他市、镇沟通。不同的是，沟通城镇的是官修的大道及水运的主航道，而沟通墟市的则主要是乡间小路及水运的支流。

而且，由河流的联络，萍乡全县可分为三个相互联系又相对独立的区域市场。第一个是以县城为中心的本县中部、南部、西部，以渌水及其支流为纽带，包括县城，湘东、插岭关二镇，均江、小枧、清溪、赤山桥、彭家桥、南杭、乌龙桥、桐木、麻山、刘公庙、蜡树下十一市；第二个是以上栗镇为中心的本县北部，以栗水为纽带，包括上栗镇及湖塘、桐木二市；第三个是以芦溪镇为中心的本县东部地区，包括芦溪、宣化二镇，茅店、新店二市。前两个区域与湖南联系密切，而第三个区域则与本府、本省联系更为方便。而萍乡县的北部和东部地区，现已分别以上栗镇和芦溪镇为中心成立了上栗县和芦溪县。这两个区域都以山地、丘陵为主，是清初移民迁入较多的地区，市镇的增加与移民的活跃有密切的关系。

从萍乡县的城镇和墟市的分布情况可以看出，这里的墟市是作为本地区城乡商品交换的市场而存在的，它的功能主要是内向型的。城镇既是所覆盖地区城乡商品交换的中心，又是区内与区外商品的集散地，区内的商品在这里集中外运，而区外的商品则在这里分流销售；因而，它们同时具有内向和外向的双重功能。

嘉庆《萍乡县志》是这样记载清中期本县各市、镇的：芦溪市（镇），在县东，距城五十里，水东流入秀江，舟行始此，商旅辐辏如县市；上粟市（镇），在县北，距城八十里，街半里，商民三百余家；宣风市（镇），在县东，距城七十里，街三里，商民四百余家；湘东市（镇），在县西，距城三十里，街二里，临水通舟，商民四百余家；新店市，在县东，距城八十里，街一里，商民百余家；茅店市，在县东，距城九十里，街一里，商民百余家；乌龙桥市，在县南，距城二十里，商民四十余家；南坑市，在县南，距城三十里，街半里，商民四十余家；桐田市，在县西，距城十五里，街半里，商民四十余家；麻山市，在县西，距城二十里，街半里，商民四十余家；刘公庙市，在县西，距城三十里，街一里，临水流舟，商民二百余家；蜡树下市，在县西，距城四十里，街半里，商民一百余家；草市，在县西，距城九十里，街半里，地连东桥，商民五十余家；彭家桥市，在县北，距城二十里，街半里，商民六十余家；赤山桥市，在县北，距城三十五里，街一里，商民二百余家；清溪市，在县北，距城三十五里，街半里，商民百余家；小枧市，在县北，距城五十里，街半里，商民八十余家；均江市，在县北，距城七十里，街半里，商民五十余家；湖塘市，在县北，距城八十里，街半里，商民八十余家；桐木市，在县北，距城一百里，街一里，商民一百余家。①

在县志所列的 20 市中，有四个《清史稿》据《一统志》已将其列为市镇，其中，芦溪镇的规模最大，也最为繁荣，所以说"商旅辐辏如县市"；其余上粟、宣风、湘东各镇的"商民"都有三四百家。而墟市中，"商民"最多的是位于县城东北和西南、濒临渌水的赤山桥和刘公庙二市，都是两百多家，已经具备镇的规模；接下来是新店、茅店、蜡市下、清溪、桐木五市，各百余家；最少的是在县城南边的南坑、乌龙桥、麻山、桐田，各四十余家。

三、乾隆君臣的"棚民印象"

乾隆八年（1743）春，江西萍乡县棚民越界到湖南醴陵县抢谷，湘赣交界地区发生的案件引起了地方官员的高度关注。

---

① 嘉庆《萍乡县志》卷三，《建置·里市》。

醴陵县东乡十都地方与江西袁州府萍乡县连界，相隔仅一山岭。乾隆八年二月二十六日，萍乡棚民广东人李文高等白天成群结队逾岭越境，抢去醴陵农民陆文卿家稻谷六十石。二十七日，复越抢王孔章家谷六十石，陆连升家谷二十多石，李则光家谷十石。二十八日，又越抢张武臣家谷三十石。他们各携箩筐、布袋、扁担而来，未伤人，亦未抢取他物。醴陵县知县段一骙闻报后，迅即亲堵查验，一面关拿抢犯，一面商令驻防把总带领兵役前往巡缉。三月初四、初五两日，湖南巡抚许容接详文后，即日批司飞饬醴陵县密即移关萍乡速行查捕，并饬令该县加意辑宁晓谕保甲烟民小心守护，毋致滋事启衅。并移咨江西巡抚转饬查拿惩究。三月初八日萍乡县解到抢谷者李文高、黄良义、朱及先、刘罗妹等9人及山主张国凤、张众山、姚国英到案严讯。据黄良义、朱及先、刘罗妹等供称，俱系佃山开土种麻为生，今麻才出土，米贵乏钱籴买，饥饿无聊，系李文高起意邀约过山抢谷。而李文高亦自认邀众，于二月二十六日抢陆文卿家谷共有30人，二十七日抢王孔章、陆连升、李则光三家谷共有80人，二十八日抢张武臣家谷共有30人，每日每人各分得谷一石。李文高供出附和同行、确知姓名者有张任德等26人，余犯姓名不知。山主张国凤、张众山、姚国英亦供称李文高等为广民，陆续到萍乡佃山开土种麻，从前并无犯案，此次抢米一事实不知情。湖南巡抚照白昼抢夺他人财物者，杖一百，徒三年，伤人者斩，为从减一等并刺字律，批行按察司饬将李文高等9人按律分别首从拟徒刺配。其供出附和同行张任德等及不知姓名余犯，移令萍乡县就近查拘讯明，枷责发落。仍照追谷石移解给主。山主张国凤等三人亦移交萍邑，令拘寮长一并查讯，分别责处，以结此案。

湖南巡抚许容在三月二十二日给乾隆帝的奏折中还特意奏道："萍邑棚民因本籍广东田少，出外佃山种麻，搭寮开土，聚处山僻，呼朋引类，原易藏奸。今李文高等虽经惩治，而若辈棚民似应加意区画，以杜刁风。"并提到"已移咨江西抚臣转饬萍乡县稽查编管，严密约束，勿致再有滋事，务期两省交界永远安宁"。四月十六日奉朱批：所奏俱悉。钦此。①

---

① 湖南巡抚许容为办理江西萍乡棚民越界抢谷一案情形事奏折，乾隆八年三月二十二日，载中国第一历史档案馆：《乾隆初粤闽湘赣抢米遏籴史料（下）》，《历史档案》1997年第1期，第19—20页。

五月初一日，护理湖南巡抚阿里衮奏报抢米各案办理情形，提到已完结各案，有长沙府醴陵县民陆文卿等五家，于本年二月二十六等日，被接壤之江西棚民李文高等抢去谷石，已获首从，照律分别徒杖枷责，追赃完结。①

乾隆二十九年，萍乡、浏阳县又发生棚民拒捕并殴伤差役案件。涉案主犯张嘉隆，原籍广东嘉应州，乾隆六年由湖南浏阳县迁至江西萍乡县上栗湖塘地方建屋居住。他先于雍正二年在浏阳县买吴国贤田山，内有千金坪山场，曾与普济庵僧人控争，经浏阳官府断作官山，张嘉隆不服，屡次控告。乾隆二十九年正月，张嘉隆将千金坪杉树10株卖与木匠李国元。李国元伐树时，正好僧人妙相路过，被树压死。浏阳县验讯关提卖主张嘉隆质审。屡经萍乡县令张牧差唤，张嘉隆以在浏阳讦讼躲匿不出。七月十二日，萍乡县加派差役协同地保前往拘拿，张嘉隆关闭大门，于墙上摆列竹枪木棍，声言再来打死，吓退各差役。十五日，该差等又带伙役及地保并地保之叔武生萧光祖协同往拿。张嘉隆再次关门，站立墙内柴上，声称宁死不去。遂将家存铁枪自墙洞伸出，又令儿子张国琇从墙洞射箭一枝，吓人不敢近前。差役们商量后，武生萧光祖从屋后山上扔石抛打，欲逼迫张嘉隆出门以便捉拿。张嘉隆令儿子张国琇放铳鸣锣。张嘉隆旋即执持木棍开门奔出，其子张国琇、张国珠、张国珍、张国瑞、张国瑛，侄子张国球、张国瑚亦各持木棍扁担，其子张国瑸空手一同跟出，工人张元佐、李大富也随出门。差役许秀近前擒拿，张嘉隆用棍殴伤顶心。武生萧光祖从旁喝阻，张国琇用竹棍殴伤其肩甲。差役李光亦上前捉拿，张国琇遂将萧光祖推给张国珠，拉进门内，张国琇又以棍尖戳伤李光额角，拉进关门。张嘉隆勒令李光开出同来往各役名单，并令萧光祖与李光写立赔修屋瓦犯约，方于第二天放出。十七日，差役们回县禀知县府，十八日，萍乡县知县张牧亲往查拿，张嘉隆等纷纷躲逃，仅追获张国瑸一人。随即在张嘉隆家内搜出弓箭、关刀等，又于张国瑞屋内搜出边管枪一根，并派差役分路追拿。得知张嘉隆、张国珠、张国珍、张国瑸逃往浏阳县亲戚黄子

---

① 护湖南巡抚阿里衮为报抢米各案办理情形并各该管官员不必一律严参事奏折，乾隆八年五月初一日，载《乾隆初粤闽湘赣抢米遏籴史料（下）》，《历史档案》1997年第1期，第20页。

兴家，遂于二十五日派差役胡能等往拿。当时黄子兴堂兄黄玉山看见差役多人，即通风报信。张国瑸先即躲避，张嘉隆、张国珠躲在牛栏内。胡能赶进来将张嘉隆扭住，张嘉隆拾取竹梢打伤胡能额角，随即挣脱逃逸。胡能与李菁追至对门山上拿获，而张国珠亦被各差役在牛栏捉住。这时张国珍执棍从大门奔出，被张清、周奇用铁尺殴其顶心，因周奇又欲追拿张嘉隆，张国珍乘间走脱。黄子兴也想躲避，张清看见而去捉拿，黄子兴遂取扁担相拒，张清用铁尺殴其臂膊，将扁担打落，此时黄玉山持禾枪从旁边戳伤张清虎口，众人皆纷纷逃跑。

八月二日，江西巡抚辅德在省城获知此案，认为"拒捕殴差即应严惩，况系棚民更难轻纵"，当即委派南昌府知府李缙会同署袁州府事、南昌府通判王湘星速前往确查，实即拿审，并饬将萍乡县以"并无其事"坚词禀覆府札虚实情由一并查明具报。萍乡县令张敉添差干役，访明踪迹，于八月二十八、九月十二、十月初七等日先后拿获张国琇、张国珍、张国瑞、张国瑸、张国球及张嘉隆弟弟张嘉奉，又陆续关拿浏阳县民黄玉山、黄子兴、黄子福及工人张元佐、李大富先后批解到省。同时，缉拿逃往湖南长沙县的张国瑚，并于十一月初在萍乡、浏阳交界地方将其拿获解省。

江西巡抚辅德随即同按察使廖瑛提犯亲自审讯，张嘉隆等人供认不讳。辅德与臬司逐一鞫究，为"申国法而惩刁民"，认为张嘉隆"拒捕殴差即应严惩，况系棚民更难轻纵"。"以异籍棚民恃居山隅，先既抗拒不服拘拿，继且闭门列械，指令伊子施放铳箭，复敢统率一门多凶持械伤差，致将萧光祖、李光拉进勒写名单犯约。迨逃至浏邑黄子兴家，又敢拒捕伤差。种种凶横不法已极。"辅德认为张嘉隆应比照逃避山泽，不服追唤者以谋叛未行论，为首者绞律，请旨即行正法。并"将该犯情罪晓示各邑棚民，俾知炯戒"。而张国琇因差人拘拿其父，辄敢听从射箭、放铳、鸣锣，用棍打伤萧光祖、戳伤李光，复行拉进家内，"若仅照为从律拟流，未足蔽辜"，应比照为首纠谋聚至三人以上持械打夺伤差者照中途夺犯伤差拟绞例，拟绞监候。张国珠、张国珍、张国瑞、张国瑛、张国球、张国瑸或听从拉人，或帮同持械，或助势随行，虽未伤人，亦属藐法，应并照为从律，杖一百，流三千里。但辅德认为他们"系棚民恶种，桀骜性成，未便留于内地"，请将张国珠、张国珍改发伊犁，张国瑞、张国瑛、张国球、张国瑸改发乌鲁木齐分处安插。稍后拿获的张国瑚照张国瑞等之罪，发往乌鲁木齐，给予索伦厄鲁特兵丁为奴。黄子兴明知张嘉隆犯罪潜逃，容留住宿，复因差人拘拿，持械相拒，应照知人犯罪事发官司差人追捕而藏匿在家减罪人罪一等律，杖一百，流三千里。黄玉山因见差人捕犯，先行通信，又敢从旁戳伤差役，未便因已捕得复从宽减，仍应照知官司追捕罪人而漏泄其事致令罪人得以逃避者减罪人罪一等律，杖一百，流三千里。张嘉奉听任其子张国球、张国瑚随同拒捕并不禁止，亦属玩法，但究竟并未在场帮拒助势，应照为从律再行量减一等，杖一百，徒三年。黄子福及工人张元佐、李大富在旁观看，没有劝阻，亦有不合，应照不应重律，杖八十。差役李光等拾石抛打，已在张嘉隆关闭大门伸枪放箭之后，且系欲令出门以便拿犯，尚非肇衅滋事，应免置议。所获弓箭、关刀、边管枪等饬令萍乡县贮库，四眼铳与棍担各械一并饬令萍乡县追缴销毁。同时，辅德以萍乡县知县张籹隐瞒不报，"欲讳匿息事，迨见事难终掩，始行禀出，未便姑容"，请旨将张籹革职以示惩儆，而肃吏治。①

乾隆阅览辅德的奏折后，朱批"三法司核拟速奏"。十一月十九日，辅德接准部咨，内开乾隆谕旨："张嘉隆著即处斩，张国瑸著即处绞，黄子兴、黄玉山依拟应绞，著监候秋后处决，余依议"。随令将张嘉隆、张国瑸分别斩绞，即行处决。其余各犯或徒或杖，分别发配。同时，"发示晓谕各邑棚民，俾知炯戒"。辅德还鉴于发往伊犁、乌鲁木齐为奴之犯7人，"俱系弟兄，蛮野性成，若照例递解，长途恐有疏虞"，故分两起押解，交与陕甘总督衙门转发。②

江西地方官员直接将张嘉隆定性为棚民，认为"系棚民更难轻纵"，对此案件从严、从重处理，并"将该犯情罪晓示各邑棚民，俾知炯戒"。可见乾隆君臣的"棚民印象"。

---

① 江西巡抚辅德奏为审拟藐法之棚民、参革讳饰之知县以昭炯戒而肃吏治事折，乾隆二十九年十月十八日，《宫中档乾隆朝奏折》第二十三辑，台北"故宫博物院"，1984年，第5—9页。

② 江西巡抚辅德奏报续获萍乡棚民案内余犯审办情形折，乾隆二十九年十一月二十七日，《宫中档乾隆朝奏折》第二十三辑，台北"故宫博物院"，1984年，第321页。

第二节　土客学额纷争

一、乾隆二十八年前的学额纷争

雍正十一年，吉安府龙泉县土客学额互讼案平息之时，县、府请改中学之详，已蒙布政司批准，土著生童雀跃欢呼。客户童生即与土著童生一律由廪应考，不复赴学认识结送。总体上来说，土客之间基本相安无事。但实际上，"因值藩宪宋升任，未经详题"，这一请求最终没能获清廷中央批准，故此后土著和龙泉地方官一直提出加额改请的要求，但一直未获批准。乾隆元年以后，龙泉士绅胡振等呈请援例加额，经县令三保详蒙抚宪岳，于乾隆三年汇题，部议未准。乾隆七年，又据邑绅张振义等具呈三任县令详蒙抚宪陈，将江西各府州县从前原未增额之处分别议加汇题，仍奉部覆未准。

乾隆八年（1743），万载县棚童邹文耀、刘光裕援引伍、殷、周三姓之例，以从前并没有编入棚册为由，欲归入土籍进行考试。这一要求被江西学政断然否定。学政对此驳斥："自康熙一二年至康熙四十年之前入籍万载者不可胜举，此皆久可土考，遵例都归棚册。邹、刘二姓从前所以未入棚册者，不过无人应考故耳。雍正十年棚册未报名之人，乾隆五年既可续报于前，今何不可续报于后。惟伍音韶曾经被攻，而前守薄准入土考，彼时雍正八年棚童尚未开考也。嗣有周、殷二姓亦混入土考。若欲按例澄清，当并伍、殷、周改归棚考，但事属既往，不必追咎，岂得复援为例？况所借口者，仅伍、殷、周三姓，岂能敌棚册所载年例久远者之众乎？使邹、刘援伍、殷、周之例，他日又有援邹、刘者，必致混争滋事。"①

然时过境迁，乾隆中期以后，清廷开始对移民的考试政策进行重大调整。动力也首先来自江西。乾隆二十七年（1762），江西学政周煌奏请将江西"棚民"悉归土籍考试，"毋庸另立棚籍定额取进，以杜侥幸，以清弊源"。他称："棚民在江入籍，远者百余年，近者亦在五六十年以上，与入籍二十年以上之例较为过之。况原议不及五十名者仍与本籍童生一体考试，何必于五十名以上独宽另取之额，以开幸进之端？且查从前原议，有六七百名者今

———————
① 道光《万载县志》卷七，《学校》。

止百十余名，数十名者今止十余名至二三名不等。是棚籍入学已难符例，若今改归土籍，凭文考取，既无曲抑，亦无浮滥。"[1]周煌认为如今棚民人数未见加增，转致日渐减少，其中未免有凑数、窜名、顶充、冒考等弊，故他请将棚籍并入民籍一体考试。乾隆二十七年十一月，礼部议覆的意见是："应考人数或偶然减少，或该地方别有情节，若遽行议裁，恐客占主额，多有未便，亦因久定章程酌请更改，不得不加慎重。"故乾隆帝令江西巡抚汤聘切实查明江西各地棚童考试情形，摸清棚童应试者数量。如果为数不多，又"系年久合例，则将棚籍悉归土籍，毋庸另立棚籍取进"；如果数量变化不大，"与原议不甚相远"，则仍维持雍正九年定例办理。

乾隆二十八年三月，汤聘在逐府逐县细加清查之后，向乾隆帝奏报了江西的棚民现状，尤其重点奏报了自雍正九年定例实施30多年来的情况并相应提出了处理建议："江西通省除抚州、建昌、南康、九江、赣州、宁都州共六府州并无棚童毋庸议外，其余各府所属州县内有向无棚民之处，及虽有棚民而并无童生应考之处，即有应考童生，向归土籍，并未另立棚额，各县均应仍旧，毋庸更议。惟南昌府属之宁州、武宁、靖安、进贤、奉新五州县，瑞州府属之新昌，吉安府属之永宁，饶州府属之德兴，袁州府属之宜春、萍乡、万载三县，以上各州县俱自雍正九年起陆续题咨另额取进，但向之应试数百名及百余名、七八十名者，今或仅满五十名之数，或止三二十名、十余名不等，为数既属无多，又系年久合例，应请仍照原议定例，不满五十名者归入土籍一体考试，凭文取进。"[2]他还着重谈及万载县的特殊情况并提出了处理意见："惟袁州府属之万载一县，据该府县查报，现有棚民四十八姓，应考棚童尚有二百四十名，每届岁科两试俱入学三四名不等，按之另额取进之例，似属相符。但通省棚童今既清查请归土籍，未便独存袁属一县棚额，以致一事两歧，有失政体。况该县棚童雍正九年册报七百余名，乾隆五年尚报六百余名之多，今仅得三分之一，其为从前捏冒无疑，安知将来不更减少，自应悉如周煌所请一体改归土籍，以昭划一。"这样，汤聘虽

① 江西巡抚汤聘为酌改棚民之例折，乾隆二十八年三月十九日，台湾"故宫博物院"编：《宫中档乾隆朝奏折》第 17 辑，第 239—241 页。

② 江西巡抚汤聘为酌改棚民之例折，乾隆二十八年三月十九日，台湾"故宫博物院"编：《宫中档乾隆朝奏折》第十七辑。

看到了万载县的特殊情况，但为不失政体，从全局着想，再加上他的推测，万载县的情况也就变得不太重要了。另外，针对礼部质疑的、同时也是他困惑的问题，即"人数何以昔多今少"，"实属悬殊"，汤聘也根据各府县的报告作出了解释。其理由是"定议之初（棚民）希图幸进，多有凑数滥充之弊，迨后府县试去取日严，查察益密，互相保结，考试较难，实数渐少；更有力田谋食无暇读书及改业他图者，因此有减无增，并无别有情事。"实际上，造成"棚民"应考人数昔多今少的一个重要原因是这些"棚民"已经渐渐"土著化""在地化"，融入到当地社会中了。而万载则由于土著的强烈抵制，致使"棚民"长期不能转为一般民籍，所以该县的"棚籍"（客籍）生童人数比其他县要多。

汤聘的落脚点是支持学政取消棚籍学额，将棚籍归入土籍考试，并要采取相应的措施，严查枪冒顶替。他奏称：

> 再查棚民初至江西，原有土著、客籍之别，今住居五六十年、百余年之久，安居乐业，同为圣朝赤子，既无彼此之分，安有主客之籍？况通行各省定例，入籍二十年置有田粮坟墓，确有根据者，不论何省人民，皆得以住居地方入籍应试，何独棚民必加另额，是棚籍之名所当更定也。但棚童既请统归土籍，枪冒顶替必须严查。先于平日编排保甲，查实入籍年份、应考人数姓名、年岁、田粮坟墓坐落何处，逐一造册注明，不许稍有假借。再于府县考试之初，即按册稽查，责成廪保排甲互相根问，如果一无情弊，方准学臣考试。倘查察不严，少有滋弊，即照定例究拟，庶棚籍不致向隅而土著童生亦无顶冒占额之弊矣。①

乾隆二十八年五月，礼部鉴于江西宁州、武宁、靖安、进贤、奉新、新昌、永宁、德兴、宜春、万载等十州县棚童应试者少，议覆应如汤聘、周煌所请，将棚童改归土籍考试，乾隆帝从之。② 从此，雍正朝以来的"一县两制"被取消了，万载的棚籍与土籍一体考试，共同分享康熙年间该县的十二名学额。这一改变激化了本已非常紧张的土客关系，万载县"合额之年即有

---

① 台湾"故宫博物院"编：《宫中档乾隆朝奏折》第十七辑，乾隆二十八年三月十九日，江西巡抚汤聘为酌改棚民之例折。

② 《清高宗实录》卷六八六，乾隆二十八年五月戊辰。

吴兰贤等控案"。由此可知，这次学额纷争的直接原因是清廷政策的变更①，而根本原因则是土著和移民长期以来的激烈矛盾。

二、乾隆二十八年后万载县土客学额纷争

自此以后，万载县土客双方有关考试及学额的纷争和诉讼越来越多且愈演愈烈，"土籍绅士在官则以棚童人众侵占土籍考额为词，请照原例分考；在私则指棚民为冒籍，阻不容考，告讦不休"。②乾隆三十二年（1767），万载县土籍举人辛廷芝等请求恢复土棚分考旧例，知县亦向巡抚请复分额。乾隆三十二年（1767）辛廷芝等人再以裁去棚额合考、棚占土额请复旧制，知县翟廷法通详巡抚吴，巡抚以"甫经奏定，未便复请更张"，不予批准。其后"李明生控吴兰贤，宋轼控邹枚，朱琢亮控苏为美，难以枚举"。嘉庆元年（1796），土籍生员王选、龙崇光、武生杨锡诚、职员郭树茵等控告棚籍生员王朝球之子王耀先冒充土籍并阻挠其考试，提省审办，经巡抚张断令王耀先仍归棚籍，投考用五童互结。此后王耀先又以土籍私立"三单"③为由，赴院翻控。嘉庆四年（1799）巡抚批示万载县知县来珩"显违定例"，批文如下：

> 盛世编氓，即属外来客籍，如果年例相符，入籍已久，即与土著无异，有何贵贱之别？况江省棚民早经奏归土著，此案久经司详议，照土著一律收考，该县何得忽又设立三单名色故示区别，致滋讼端？布政司

---

① 这一年，清廷定稽察江西、安徽、浙江等省棚民之例。参见《清朝文献通考》卷十九《户口一》。

② 中国第一历史档案馆编：《嘉庆朝江西万载县土棚学额纷争案》（以下简称《学额纷争案》），嘉庆十二年十二月二十八日，两江总督铁保为万载学额请仍照旧例土棚分别取进事奏折。

③ 为了防止和惩罚冒考，清代童生考试时，要本籍廪生为其担保（保结），并且童生之间互结。"五人为一结，取行优廪生亲笔花押保结……点名时廪生与同结五人互相觉察。如有倩代等弊，即时举出，容隐者五人连坐，廪生黜革。"详见《清会典事例》卷三八六《礼部·学校·童试事宜》。万载县土、棚合考之后，所有考生试卷卷面虽无分别，但土、棚籍童生有不同的保结要求。土籍童生考前要取具邻里、廪保和本童甘结（订约互相担保），谓之"三单"。而棚籍则要在"三单"以外，再加五童互结。这种做法的目的是为了避免万载县以外的棚籍冒考，但却间接地识别了考生原来的户籍类型，应该是土籍"专为区别棚籍起见"。

即严饬禁革，毋任轩轻滋讼。①

这是江西巡抚据上所作的指示。万载知县在接到批示后立即解释："卑职遵查，两籍分界綦严，其作何分界之处，则以三单互结为别，本籍童生止用廪保三单，不用五童互结，棚籍则于三单内加用五童互结。在棚童每欲私用三单不用互结，希冀混入本籍；而本籍童生恐被占去学额，稽查甚严，不容稍有混入，此卑县本籍棚籍过分畛域之所由来也。自乾隆二十八年以来，迄今将四十载尚照旧例章程办理。而所谓棚籍者，又不仅指甫经入籍、初次应试之人，虽其远视自元明迁移至此，相传十数代之久，亦仍称为棚籍，必用互结。前因王耀先、利见自恃祖手迁居万邑，其父已于乾隆十六年考入县学，欲与土著一体用三单考试。经龙崇光等控奉，提省委审，详蒙前宪会同枭宪议请，嗣后棚童照例与土著一律应试，毋庸另取五童互结。是三单系奉文饬备，并非卑县生童私自设立以为区别棚籍之计。"②他还再次强调了万载县的特殊情形："若以入籍定例及他邑民俗而论，凡年例已符准其入籍者，即与土著无异，自应一律考试，无如卑县习俗相沿，本籍之与棚籍界限截然，万难混合。棚民虽住居数代，其言语服饰尚袭闽之旧，并不同于本籍。本籍民人向存歧视，从无缔结婚姻且不令其入城居住。"其原因是"康熙十三、十五两年有棚民朱益吾、朱君平因与本籍有隙，迭次聚众破城，恣行焚杀，本籍民人大受其害也。是以视棚籍若寇雠，迄今事阅百年虽已消，其仇怨之心而终未泯"。最后他再次坚持他的做法："卑职忝令此邑，极欲使本籍与棚籍两相和协，彼此胥融，万不敢任其故为区别。惟是体察地方士习民情，实有积重难返之势，故未敢轻议变更。本籍棚籍久分畛域，骤难合并。"

因此，鉴于本地的特殊情况，万载的地方官员继续执行"三单"，上级部门也只得默认。几乎与此同时，另一名"棚籍"士绅甘成瑞也先后与土籍士绅发生多次纠纷并有告官的举动。甘成瑞祖籍建昌府广昌县，于明崇祯年间迁居万载种山，隶入棚籍，已历九世。康熙六十年甘成瑞祖父甘其珍在万载县置买田产庐墓，印契完粮。乾隆二十四年（1759）及四十三年（1778）甘成瑞伯甘隆金、父甘隆银先后以万载籍贯报捐监生。乾隆六十年（1795），

---

① 道光《万载县志》卷七，《学校》。
② 道光《万载县志》卷七，《学校》。

土籍廪生辛锦瑞、童生郭自强等以甘成瑞"未遵新例呈明入籍"为由，控告他冒用"三单"；嘉庆二、三年（1797、1798）郭自强等又接连两次与甘成瑞发生冲突；嘉庆四年（1799），巡抚裁断棚籍仍用五童互结。甘成瑞不服，遂于嘉庆六年（1801年）径赴京城向提督衙门控诉江西巡抚仍旧容许"三单"之法以及郭自强等人阻考。案子递回审办，江西省府依照前议办理，且以"故违不遵，复捏词越控"的罪名惩治了甘成瑞。在审办过程中，虽然南昌府官员一度表达了不同意见，认为该县童生既已土棚合考，应遵例一律概用五童互结应试，毋庸区别，但礼部最后还是批准了"三单五童"的做法，并令该县童生永行遵守。

　　这个过程充满了中央政策与地方实际情况的抵触，上级官员与下级官员的分歧。显然，政府在土棚两方发生科考纠纷时大都偏向、支持土著一方，然而这并不能完全满足土著的要求。很明显，合考合额政策对于土籍非常不利。棚民占取原本有限的学额①，直接侵害了土著的利益。尤其到嘉庆初年，棚童每科占额多至六七名，占去了一半的学额，这令土著再也无法忍受。土著知道，要重新享受以前的待遇，光靠打击压制棚民已远远不够，最彻底的解决办法是官府取消合考合额政策，恢复以前的土棚分额旧例。嘉庆四年，举人辛炳晟、贡生邓镈和廪生郭光笏等再请分额未成。② 于是，嘉庆八年（1803），土籍副贡辛梅臣赴京呈请复立棚额，并称"棚民去来无定，言语不通，若不分考，势必党同伐异，酿成大案"。③ 这使嘉庆帝十分震惊，下旨令"两江总督陈大文会同江西学政李钧简将该省土籍棚籍查核情形，悉心筹议"。④ 万载土籍士绅的京控，促使清廷不得不正视万载县再次浮现出来的"棚民"问题及土客矛盾。

---

① 根据《清会典事例》卷三七三载"江西学额"，知"万载县学额进十二名，外额进棚童四名，廪生二十名，增生二十名，二年一贡"。嘉庆十一年（1806）万载县应考"土、棚二籍童生共计一千四百余人"，"核与历届应考人数相仿"，其中"棚童投考者共三百七十余名"，可见考试竞争的激烈程度。见《学额纷争案》，嘉庆十一年四月初六日，江西学政曹振镛等为请恢复万载考试事奏折。

② 道光《万载县志》卷七，《学校》。

③ 《学额纷争案》，嘉庆九年六月十八日，江西学政李钧简为申明万载分考一案未能随同督臣定议缘由事奏折。

④ 中国第一历史档案馆编：《嘉庆道光两朝上谕档》第八册，广西师范大学出版社2000年版，第235页。

　　嘉庆八年（1803）七月，两江总督陈大文和江西学政李钧简奉旨开始查办此案。"延令一载有余"，在考察了万载的情况后，陈大文和李钧简的意见发生了分歧，于是二人分折上奏。李钧简在嘉庆九年（1804）六月的奏折中指出，土、棚合考自乾隆二十八年（1763）起已经有四十多年，如果此时再分籍考试，恐怕会造成制度上的混乱。他进一步指出："江西各县棚籍自雍正二年准其报县收考，九年准其另额取进，乾隆二十八年以人数无多，年久符例，准其归并土籍考试，所以潜化其愚顽之习，而渐消其畛域之见者，立法意至深远。"如果重行分额考试，那就违背了这个促进土棚融合的初衷。况且，既然土籍投诉棚籍在考试时有冒滥之弊，那么就应该从严防外来混冒入手，而不是再去划分久居入籍之民。因此，他主张继续合考，并请相应增加学额文童四名、武童一名，"即可均平鼓励"；此外，万载县考土籍另用"三单"，与全省通用互结之例不相符，应该裁去。① 其实，在李钧简正式上折前的调研阶段，正在家养亲的万载籍进士辛从益"以交谊往，剀切指陈"，谓"旧规不复，万（载）不相安"，但李钧简"只允增额而不允分（额）"。②

　　两江总督陈大文则持不同意见。在嘉庆九年（1804）七月的奏折中，他首先解释了土、棚划分的历史原因，即"江西棚民从前来自闽广等处，栖止荒山，搭棚垦种。迨滋生日众，恐结党为害，另设客都、客图、客保、客练稽查，由来已久，土著民人至今羞与为伍"。自从乾隆二十八年（1763）裁棚归土之后，"历年攻讦不休，案卷累累"。而投考的棚童，忽增忽减，来去不定。更为严重的是，嘉庆六、七两年，取进棚童五、七名，占去总额的一半，土童心有不甘。陈大文认为："在棚民止愿合考，不愿分额，以便多占学额；在土民以棚籍人数无常，混乱占额，情实不甘。"所以他主张永远遵行雍正九年定例，复还棚额，土棚各考各额，则可相安无事。陈大文并提到在他会折具奏期间，副贡辛梅臣及该县生童李锦冈、吴道达等人，先后前来诉称，"呈请复还棚额，庶弊绝讼消"。③ 而且，袁州府知府与万载县知县也

---

① 《学额纷争案》，嘉庆九年六月十八日，江西学政李钧简为申明万载分考一案未能随同督臣定议缘由事奏折。
② 辛从益编，辛桂云等补辑：《辛筠谷年谱》，咸丰元年万载辛氏家刻本，中国国家图书馆藏。
③ 《学额纷争案》，嘉庆九年七月二十四日，两江总督陈大文为江西万载县考试应加额分考事奏折。

称"万载棚民曾于康熙十二、十三两年有朱益吾等两次入城滋事,焚杀土民甚多,嗣后世相仇忤,屡有控讦争斗之案,请分籍考试为便"。[①] 很可能陈大文受其影响,对土著抱同情态度。

同年八月,李钧简在他离任前的报告中补充了合考加额的意见及根据。他说,江西有棚籍的州县还很多,如义宁、萍乡、龙泉等州县亦闻风而动,有互控之案。如果万载县复分籍考试,恐怕会引起其他州县纷纷效仿。而且,万载棚民移入该县已有数十年至百多年,又有田产庐墓,符合考试的资格。同时,棚民"本系力农,身家原属清白,与闽广新附之客籍不同,与原不准考试之惰民、疍户迥异"。土著平时歧视棚民,已多争讼,"考试为抡才公典,若因其累世私嫌,官为区别,将来借端凌辱,启衅更大"。在调查过程中,李钧简又传集入京控诉的辛梅臣及土、棚籍士绅详加询问,结果他认为土棚为世仇,互不通婚之说并不可信。所以他仍旧坚持合考加额,并请裁去土棚名目,通用互结。[②]

因两江总督陈大文与江西学政李钧简意见相左,九月,嘉庆帝以廷寄的方式谕令新任学政曹振镛和巡抚秦承恩继续审议此案。[③] 赴任途中,曹振镛见过回京供职的李钧简,并与他"论及此事"。曹倾向于前任的合考主张,在给嘉庆帝的奏折中,他婉转而谨慎地说道:"臣李钧简在任三载,经岁科两考,似属确有所见。臣初莅西江,情形未能深悉。"[④]

嘉庆十年(1805)正月,秦承恩与曹振镛一边加紧清理万载棚民户口,以杜绝棚籍枪冒[⑤]之弊;一边奏请加额合考。[⑥] 二月,万载举行县考时,童生们俱不肯赴考。秦、曹认为此举"系属候旨遵行,尚无不合"。四月,礼部议准:"万载县棚民仍复雍正九年定例,另额取进,卷面分注'棚童'字样,

---

① 《学额纷争案》,嘉庆九年六月十八日,江西学政李钧简为申明万载分考一案未能随同督臣定议缘由事奏折。
② 《学额纷争案》,嘉庆九年八月二十六日,江西学政李钧简为万载考试应加额合考事奏折。
③ 《嘉庆道光两朝上谕档》第九册,第410页,嘉庆九年九月十八日。
④ 《学额纷争案》,嘉庆九年九月,江西学政曹振镛为遵旨会同秦承恩筹议万载土棚分考事奏折。
⑤ 冒名代考称"枪冒"或"枪替",代考者称"枪手"。
⑥ 《学额纷争案》,嘉庆十年正月初九日,江西巡抚秦承恩等为万载岁试请仍旧制土棚合考事奏折。

令棚民自相互保，五十名取进一名，最多以四名为率。"①万载县奉旨实行加额分考。但正当官员检查棚民户口的时候，土籍童生龙元亨不等查完，以朝廷仍旧不分土棚学额，易滋枪冒为理由，再次赴京要求分考。八月，在查完万载棚籍户口之后，知县即于九月悬牌宣布县考，但土籍童生仍以"册造不实"为由不赴考；廪生也"多以远馆外出为名，匿不赴案保领"。曹、秦认为土籍是因为要求分考不如愿，遂以此举挟制朝廷，准备按照罢考罪严惩土著。但土籍童生坚持声称他们"并非敢于罢考，实因棚籍烟户册尚有影射冒混，将来必多占学额，是以未考"。鉴于这个理由，也出于政治稳定的考虑，曹、秦建议暂时停止万载县县考，待复查棚民户口之后再行考试，如果土籍童生仍不赴考，则以罢考治罪；同时加紧查拿入京呈控的龙元亨及参与了这一行动的多名士绅。嘉庆帝批谕："所办甚是。"② 是年，礼部议准万载县不应区分土籍、棚籍，一律凭文取进。③

嘉庆十一年（1806）二月，新任江西巡抚温承惠与护抚先福继续调查万载县童生拒考事件。在审讯过程中，龙元亨供称是本籍休致知县孙馨祖、生员鲍梦嵩、郭自强、卢钟麟、唐晖等人在幕后主使阻考并借机设局敛钱，而且开了新一轮的集体越级京控。故温承惠奏请将他们全部缉拿受审。④ 先福又委任了前万载县知县张保复查该县棚民户口册内影射冒混之户，细心剔除并另造确册。四月，曹振镛因"该邑绅士衿耆纷纷率领生童，环跪吁求允准考试"，故奏请恢复考试。⑤ 六月，曹振镛到袁州府主持加额之后的考试。结果，土籍童生县额取进十二名，棚籍童生县额取进四名。因此，曹振镛认为"棚籍并未占土籍之额"，晓谕以后土籍不要再行攻讦，棚籍不得再有枪冒等弊。接到奏折后，嘉庆帝平静地朱批道"览，奏俱悉"。⑥

---

① 《清会典事例》卷三七三，《礼部·学校》。
② 《学额纷争案》，嘉庆十年十一月二十日，江西学政曹振镛为报各府县考试情形并万载土童抗不赴考事奏折；嘉庆十年十一月二十日，江西巡抚秦承恩等为万载土童拒考并现在办理情形事奏折。
③ 《清会典事例》卷三七三，《礼部·学校》。
④ 《学额纷争案》，嘉庆十一年，两江总督铁保为查明万载土童拒考及龙元亨京控情形事片。按：此片应为江西巡抚温承惠所附，时间是二月二十二日。
⑤ 《学额纷争案》，嘉庆十一年四月初六日，江西学政曹振镛等为请恢复万载考试事奏折。
⑥ 《学额纷争案》，嘉庆十一年六月二十三日，江西学政曹振镛为万载考试土棚合考极为安静事奏折。

土棚两籍再次合考，表面上相安无事，但暗中双方"视若仇敌，将有纠众械斗的事"。①连进士辛从益也不得不挈眷暂住临近的上高县，以"避邑人之乱"。十月，新任江西巡抚金光悌与新任学政汪廷珍接手此案。辛从益利用他与巡抚金光悌的私人交谊，百般陈说，谓"土客一日不分，祸端一日不息。今虽勉强应命，厝火积薪，终必复燃。务乞缕析入奏，预杜其衅，则造福甚大"。但金光悌"不能从"。②

嘉庆十二年（1807）二月初三日，万载县开考时竟无一人投卷，罢考事件再次发生。署县周吉士禀明知府郑鹏程。郑鹏程遂在县内张贴告示再次招考，同时有些威吓的言语，致使居民更加疑惧，四处逃散，整个万载县一片慌乱。于是周吉士步行到万载各乡进行安抚工作。二月二十九日，该县乡耆数百人来县，"恳求合考分额"。罢考闹事的再三发生，表明土籍对官府的强烈不满。早在乾隆二十八年（1763）后，土著在因为棚民的竞争而遭受损失时，他们除了把这笔账算在棚民头上，就对官府满怀怨气，认为是官府剥夺了他们的权利。知府郑鹏程认为这是孙馨祖在背后主使，于是加紧追捕孙馨祖等人。四月，巡抚金光悌将有私纵嫌疑的署县周吉士撤换，并于五月连上三折，称"廪生既不见面，童生又不赴考，决无转机"，奏请照例停考。③至此，清廷明确将这次闹事定性为"罢考"，表明土棚的学额之争演变成了土著与国家的正面冲突。这次罢考使朝廷再度关注万载县的情况，重新考虑土棚分额的可行性。

罢考事件发生后，辛从益"不惜怨谤丛于一身"，继续通过私人关系在许可的范围内为桑梓力争最大利益④；而他的门徒袁振藻则在"邑人相哄"之时，"独守师训，持正拂众论，不畏强御"。⑤嘉庆十二年（1807）五月二十四日，江西巡抚金光悌、学政汪廷珍一同上奏，详细报告万载土棚学额纷争的历史原因和最新动态。在长达两千多字的奏折及附片当中，他们虽未

---

① 《学额纷争案》，嘉庆十二年九月二十九日，大学士董诰等为孙馨祖在京投首请交铁保或金光悌审办事奏折。

② 乾隆四十八年（1783）辛从益25岁时，拜金光悌为"座师"。金光悌一直对辛从益关爱有加，寄予厚望。七年后辛从益中进士。见《辛筠谷年谱》。

③ 道光《万载县志》卷七，《学校》。

④ 当时土著内部与官员内部皆矛盾重重，此案平息后，金光悌对辛从益说："吾委曲只为汝。"见《辛筠谷年谱》。

⑤ 辛师云：《思补过斋遗稿》卷二，《袁君勤斋墓志铭》，道光三十年刊本，江西省图书馆藏。

提议解决方法，但委婉地表示同情土籍的处境。① 九月，金光悌奏报已经陆续缉获多名阻考案犯②；与此同时，孙馨祖经过辗转到达京城投首以求申冤，管理刑部事务的大学士董诰请旨交两江总督铁保或江西巡抚金光悌审办。③ 为避免江西承审官员的互相庇护，"不足以折服其心"，嘉庆帝于十月十三日下旨改交两江总督铁保负责办理，务必"秉公研鞫"。④ 十一月，铁保因为孙馨祖在审讯过程中坚决不承认是阻考主谋，于是奏请先将孙馨祖革职，以便质审。⑤ 十二月十八日，江南道监察御史邹家燮上奏，认为万载棚民无冒占民籍学额之名而有暗占民籍学额之实，建议"照礼部原议广东新安、新宁等县客童、土童互争，另设客籍之例办理，庶可永杜争端"。⑥ 当天，嘉庆帝即命军机大臣寄信铁保，谕令其会同江西巡抚、学政"务须秉公核办，不可稍有偏畸，以致定议之后，复又纷纷具控不已"。⑦ 于是，铁保"确核情形，参之舆论"，与巡抚金光悌、学政汪廷珍达成了一致意见后，于十二月二十八日奏请仍照雍正旧例土棚分额取进。不过，他认为孙馨祖等土籍士绅是因为要求分额不成而罢考，如果现在就批准分额，那么正好"遂其挟制之心，益以长刁民之志"。所以他建议采用恩威并施的办法，等处理好罢考事件之后再开恩分额，这样就会让天下百姓知道：带头闹事者朝廷定严惩不贷，而受鼓惑欺骗之人仍可沐浴浩荡皇恩。嘉庆帝对此意见大加赞赏，在奏折上朱批"是"及"甚是"，并批谕："阻考之罪必应治，治罪后再议未迟。"⑧

---

① 中国第一历史档案馆藏宫中档朱批奏折法律类审办项，卷号53—54，嘉庆十二年五月二十四日，江西巡抚金光悌、学政汪廷珍奏。

② 中国第一历史档案馆藏宫中档朱批奏折文教类科举项，胶片第5卷2620号，嘉庆十二年九月七日，江西巡抚金光悌奏为查拿阻考案犯情形折。

③ 《学额纷争案》，嘉庆十二年九月，前福建瓯宁县知县孙馨祖为在京投首以求申冤事呈文；嘉庆十二年九月二十九日，大学士董诰等为孙馨祖在京投首请交铁保或金光悌审办事奏折。

④ 《嘉庆道光两朝上谕档》第十二册，第480页，嘉庆十二年十月十三日。

⑤ 中国第一历史档案馆藏宫中档朱批奏折法律类审办项，卷号54，嘉庆十二年十一月二十八日，两江总督铁保奏。

⑥ 《学额纷争案》，嘉庆十二年十二月十八日，御史邹家燮为请清查万载棚民占籍以绝讼原事奏折。

⑦ 《嘉庆道光两朝上谕档》第十二册，第649页，嘉庆十二年十二月十八日。

⑧ 《学额纷争案》，嘉庆十二年十二月二十八日，两江总督铁保为万载学额请仍照旧例土棚分别取进事奏折。

软硬兼施是国家权力技术的特点之一，传统社会政治运作的某些微妙之处在此有所显露。

在嘉庆帝的指示下，两江总督铁保加速了此案的审理。嘉庆十三年（1808）二月三十日，罢考案有了最后结果，参与罢考的土著士绅及办事不力的官吏受到了惩罚。带头闹事的孙馨祖、唐晖、刘斯浩、张鹤鸣及署县周吉士等被流放，鲍梦嵩、郭垣等被褫革，地保辛世忠、华封吉等被杖责，把总吴从贵被革职，其他人均免置议。①至于土、棚的学额纷争，三月初二日，经大学士会同礼部商议后终有定案：土、棚两籍实行分额，土籍学额文、武科各十二名，棚籍学额文科四名，武科一名；裁去三单，土、棚一律用五童互结；棚童卷面注明"客籍"字样；棚籍自行保结；江西其他尚有棚民的州县不得援引此案。②虽然直到年底，周吉士还在努力为自己申辩③，但此时土棚已能相安，大局已稳。嘉庆二十五年（1820），江西学政王宗诚在奏折中还特意提到了万载的情况。他说："臣考试时访察情形，不特两籍悦服，且棚籍亦以各有定额，自相稽查，不令别县棚民冒考。弊绝风清，该处士民感戴皇仁，实无既极。"④嘉庆皇帝"欣慰览之"。尘埃从此落定。

此后，土、棚双方虽在考试方面仍有争讼⑤，各自的学额也有不同程度的增加，但分额取进的政策一直维持到清末。

发人深思的是，清廷实行土棚合额，本欲消除土客矛盾，但反而引起了土客之间更激烈的冲突。此后清廷又不得不重新实行土棚分额制度，这种对

---

① 道光《万载县志》卷七《学校》，两江总督铁保审拟奏交刑部议准定案折。
② 道光《万载县志》卷七《学校》，大学士等会同礼部议准土棚分额折。当天的实录亦有记载。不过，此案后来被浙江省援引。光绪年间，浙江长兴县的土客屡次因籍贯、学额而发生冲突，光绪二十四年闽浙总督边宝泉、浙江巡抚、学政等官员提出"预定学额以息争端，划分土客以清学校"的建议，清廷最后决定依照江西棚民定例分配长兴县的客童名额。载《清穆宗实录》卷四二九，光绪二十四年九月。
③ 《学额纷争案》，嘉庆十三年十一月十四日，左都御史特克慎等为已革知县周吉士遣家人在京具控请交部审办事奏折；嘉庆十三年十二月十一日，大学士董诰等为前署万载县知县周吉士控案请派吴璥等于江宁审办事奏折。
④ 《学额纷争案》，嘉庆二十五年五月初四日，江西学政王宗诚为陈明岁试袁州等府情形事奏折。
⑤ 参见道光《万载县志》卷七，《学校》。嘉庆十六年至道光九年（1811—1829）土客屡起争端，争端的焦点在于此前并未考过"三单"的"寄居顶籍之户"能否参加土籍考试。可见"客籍"仍然在为"土籍"这一类户籍及其权利而努力。

土著的妥协虽然缓和了国家与土著之间的紧张，但事实上承认了土棚的冲突并提供了制度上的依据，客观上加剧了二者的矛盾。

从这一系列旷日持久的学额纷争案中，至少可以清理出四重关系：一是土著与棚民的关系；二是土著与国家政权的关系；三是棚民与国家政权的关系；四是土著内部的关系。

1. 土著与棚民

土著与棚民的关系是本案的初始关系和基本关系。在这层关系中，学额纷争案显示了这一时期万载土著与棚民的激烈矛盾及各自的策略。土棚双方均施展出最大能量以求自己利益的最大化。

此案的导火线是清廷政策的变更。如前文所述，土著与棚民的矛盾虽由来已久且双方争夺激烈，但未酿成如此重大的事件。乾隆二十八年（1763），清廷裁去棚民学额，实行土棚合额。这一做法直接引发了万载县此后长达45年的纷争。直至嘉庆十三年（1808）清廷重行分额制度，土客双方持久的争讼始告一段落。由此可以看出，国家政策对于地方社会的发展具有何等重要的意义。

土客合额期间，客籍所获学额的逐渐增多，表明他们的经济实力及文化水平的提高。这对土著造成了很大的压力。从学额纷争案中可以看到，土著从始至终都采取主动进攻的姿态，而棚民则处于应付、忍让的境地。至清代中期，万载县的大部分移民已经不是明末清初频频起事的棚民及其后裔。在学额纷争的过程中，土著使用的重要策略之一就是"妖魔化"移民。其具体做法是：将移民整体"棚民化"，与以前的山寇、动乱、暴力等相联系，从而将其上升为对待王朝的政治问题，借此将移民置于死地或至少是不利的境遇。土著算"老账"是为了故意把土客之间的矛盾"扩大化"以更顺利地达到分额的目的。"棚民"并不是一个一成不变的"实体"，其确切的含义要放到地方社会实际的历史场景中才能得到理解。此处的"棚籍"完全等同于"客籍"。

其实，学额纷争案中的移民有新移民与老移民的区别，二者存在巨大的差异。土籍指斥那些"言语不通""来去不定"的"棚籍"应该是迁入不久的新移民。由于他们与原籍仍有密切的联系，招引其原籍的同姓或外姻亲属，所谓"冒考"可能主要是这部分移民所为。同时，"棚籍"中还包括入籍时间较长、迁入较早的移民。可见，"棚籍"是一个颇为固定的身份，一些入籍较早的清初移民甚至明末移民并不能抹去"棚籍"身份而转为"土籍"身份，只能与一些新进的移民一起留在"棚籍"之内。造成这种现象的原因正是由于土著实行严格的区分，因此也使万载县的棚籍或客籍人数比其他县要多。

这些不同时间进入万载的移民从清初至清中期都深受土著的歧视。早在雍正年间，前引江西按察使楼俨即指出："土民、棚民自相互视觉为异己，即州县意见亦不能无彼此之别，同属齐民，岂容歧视？"学额案中，万载知县报告说："（万载）习俗相沿，本籍之与棚籍界限截然，万难混合。棚民虽住居数代，其言语服饰尚袭闽之旧，并不同于本籍。本籍民人向存歧视，从无缔结婚姻，且不令其入城居住。"[①] 江西巡抚的奏折中也称：

> （棚民）与土著民人界限本自判然。虽同处一邑之中，而土民向存歧视，不许棚籍迁居城内，亦不缔结婚姻，偶有结婚者，则土著亲族群相诟病。棚民因土著不与为伍，遂于同籍之人愈加亲密，而于土民亦存彼此之见。且其习俗勤朴，生计宽裕，土民不能别加凌辱，此气味不投，非仅考试一节各分町畦之原委也。[②]

这种歧视的形成，一方面是土著为维护自身的利益及优势地位而刻意制造出来的结果，另一方面是因为双方文化习俗的差异。对于那些入籍较久的移民而言，他们虽然已经拥有考试权，但还是要与迁入不久的新移民同受土著的歧视与排斥，社会地位较低。所以，在土客互控的过程中就出现了一个颇有意思的现象：当土著控告棚籍冒用"三单"考试时，棚籍却反控"三单"与例不符，要求官府予以取消。原因在于这个土著专用的"三单"保结方法反过来暴露了棚籍的户籍身份。在这里，户籍的意义其实主要不再是编户齐民的凭证，而更是一种文化资源和身份象征。可以想象这些老移民对此措施相当不满，即使是否使用"三单"都不会影响其入学。所以，在现实环境下，他们只有极力利用外表、语言等有利条件冒用"三单"以隐藏身份，而当他们被发现冒用后，便会把对"三单"的不满诉诸更高一层的官府，希望可以

---

① 道光《万载县志》卷七，《学校》。
② 同治《万载县志》卷七，《学校》。

最终废除这种暴露他们身份的保结方法。

值得指出的是，冲突恰恰表明双方具有共同的利益。此案既反映了土棚双方深刻的矛盾，也反映了二者的共同利益。不管是分额还是合额，学额的增加总是使万载县获取了更多的政治、教育资源。毫无疑问，这对土著或者棚民都非常有利。正是在这个意义上说，土棚双方原本存在共同利益。有着共同利益的两个群体通过冲突的形式，进行了持久的对抗，最终获得了各自的利益。

2. 土著与国家

在本案中，土著士绅与清朝政府进行了激烈持久的较量。就清朝政府而言，政治稳定是首要任务，为此，任何破坏社会安定和动摇其政权基础的社会冲突都必须加以控制。本来，乾隆二十八年（1763）之后的土棚纠纷已令地方政府大为头疼，而嘉庆八年（1803）之后土著的京控和缠讼也已使清廷不堪重负。在政府看来，嘉庆十年（1805）的加额"已属曲顺舆情"，这种变通已经是对土著作出了让步；但土著竟得寸进尺，"赴京仍请分额取进"，"又抗不赴县考"，这使清廷非常尴尬。如果说土著的京控和缠讼尚属"合法的反抗"，清政府还能忍受、不便发作的话，那么嘉庆十二年（1807）二月土著的第三次罢考闹事则把清廷推到了无法下台的窘境。原本属于土棚双方的学额纠纷之所以激化为土著与国家的对峙，是因为土著闹过了头，其行为已经越过了国家控制的界限。在这种情况下，清朝中央政府不得不将部分土著士绅加以"阻考"这一非法罪名，进行惩治，以示天下。从此案中可以看到清代中期赣西北一个蕞尔小县的土著士绅与中央政府之间的关系是何等紧张。

另一方面，万载土著士绅在与清朝政府的博弈过程中，表现出较强的凝聚力与组织能力。在乾隆二十八年（1763）之后的合额政策明显不利于土著的情况下，土著在以辛氏、郭氏等世家大族的带领下，通过各种途径和技术将自己的困境建构为清朝政府本身真正重视的社会秩序问题。这一切虽然使土著获得了加额的初步成功，但分额依然遥遥无期。经过四十年的实践，土著士绅清楚地知道关键在于制度而非仅在棚民，如果不从制度上加以解决，那么一切努力都无济于事。因此嘉庆八年（1803）之后，土著士绅克服重重阻力毅然赴京呈控，要求清朝中央政府复立棚额，归还土著权利。京控从一次发展到多次，从个人行为发展到集体行动，这显示了土著的决心和顽强。

在迟迟得不到满意结果的情况下，部分土著士绅甚至不惜牺牲个人利益，罢考示威，以此迫使清朝中央政府再次实施土棚分额制度。在如此漫长的时间里，每一次与棚民的诉讼，与地方政府的公开交涉，与官员的私下游说，以及径自向清朝中央政府再三的呈控，都离不开一个有效的土著士绅集团的领导、策划、动员和组织。从中可以看出土著士绅是如何通过各种正式或非正式、合法甚至非法的途径影响中央政府的决策。

不过，需要指出的是，在此过程中土著内部也存在着重大的分歧。正是这种分歧，在一定程度上削弱了土著在集体行动中的整体力量。

3. 棚民与国家

相对而言，客籍在此纠纷中更多地采取了忍让和默契的团结，以应付来自土著方面的压力和攻势。

在本案中，棚民虽然是声音微弱的弱者，但也并非完全处于被动的境地。至清中期，万载棚民由于自身力量的增强，也由于他们与朝廷关系的改善，实际上已经开始了土著化，但遇到了来自土著的巨大阻力。棚民虽然不能对国家大政施加影响，但当乾隆二十八年（1763）国家的考试政策发生改变时，他们亦能调整策略，争取教育资源的方式有所改变，即重点从如何混入土籍转到控告万载县府私立"三单"。在棚民看来，万载县实行土、棚不同的保结方法，这暴露了他们的身份，对其不利。唯有废除"三单"，才能使棚民与土著平等地参加考试。地方政府迁就、偏袒土著的做法，几乎贯穿学额纷争案的全过程，所以棚民对此相当不满，而有向上级控告之举。

相比地方政府，清朝中央政府则对移民一视同仁，并无歧视棚民的本意，大多能持中立客观的态度。不过，清政府在最后还是牺牲了棚民的部分利益。两害从轻，与其继续分额而可能导致土著及其背后的官员集团的更大抵制，"酿成大案"，不如重分学额以顺应舆情，"杜绝讼端"。如果说雍正时期的土棚分额在当时给予了棚民发展的权利和机会，那么嘉庆年间的重分学额则在此时扼制了棚民进一步发展的势头。清朝中央政府在处理这场学额纠纷时的表现，与其说是为了维护某一特定阶层、群体的利益，不如说是为了维护其统治秩序和国体尊严。当某一阶层、群体的行为冲击和危及其统治秩序时，不论它是棚民还是土著，清朝政府都会加以控制。当清初棚民频频起事，卷入动乱时，清朝官方与土著联合对棚民实行了军事镇压，以稳定社会秩序。同样，当土著不满政府的合额政策，屡屡越级京控和罢考闹事时，清朝政府亦会进行惩处，以维护国家形象，"而于政体无乖"。

4.土著内部

在嘉庆十一、十二年（1806、1807）即学额案发展到高潮时期，土著内部的分化也最为严重。在对付棚籍以及争取土棚分额这些方面，所有土著是一致的意见，但在是否采取京控、罢考的方式以及罢考发生之后谁作出牺牲这些尖锐的问题上，土著内部则形成了针锋相对的两派。一派较为激进，主张京控甚至罢考等方式，以孙、龙、刘、唐、卢、郭等族为主；另一派则较为稳健，主张采取温和的方式循序渐进，反对使用违反国家律例的过激方法，这一派的代表以辛、袁、汪、张、巢等族为主。

孙馨祖是这次罢考事件中的主要人物之一。岁贡袁廷焕所作的《孙公此堂姻翁老先生传》称："适万邑棚民以合考混额结讼，邑人士推公首肯，公具才识明勇，遇事精详，大守郑几激民变，邑令周力为解释。当是时，合邑民情危如鼎沸，虽同事多贤，惟公任重，全一邑之保聚，安众心于衽席，而公几困矣。厥后乡大宪邹上其事于朝，蒙谕合考分额，而案始定。"作者在篇末对孙馨祖给以较高的评价："公被起事坐罪，不避祸患，图邑事于万难全之秋，公诚人杰矣哉。顾古来豪杰，维世任人所不能任，能人之所难能，其生也协服乎众情，其没也，可俎豆于千秋，其公之谓矣。"①

另一位激进人物是龙翊舜。对于他的事迹与遭遇，其族谱有详细的记载：

> 即学额事其最著者也。盖万之为邑，苦棚民之患者。自明季始至国朝定鼎垂百年日滋猖炽。甲寅岁被祸之惨，其详邑乘。既赖世宗皇帝包荒安插，俾劝之学付列黉宫，彼此区别，无所庸其争竞。又以他属改例，相为混一，遂复狡逞不驯，中伤士类，衿士因事被斥者计十有余人。考校时机成巨祸者三四次，火炎势炽，人人自危。邑之众廉公之端且能，以学舍考舍推为总计，兼属公以学额事。公慨然引以为己任，乃控京畿，赴江宁已蒙旨允命下矣。旋以当路赅格下省垣，议羁系者十余人。复叩京畿，命未至惨肆酷炼，人无完肤。适有旨定议矣，又不蒙措

① 光绪《万载田心孙氏族谱》卷八，《艺文》。

置，羁系者仍不释，且穷究煤蘖，祸无所底。邑之愤溢而起者乃不可复
抑矣。计两载间，合邑涂炭，无贵无贱，鸟惊兽散，邑之未至于倾覆
者，其间盖不能以容发。公虽隐身未赴有司，祸且不测，而调剂同事，
终始不乏，及垂成乃被刑就没耳。嗟乎！士有见义而赴历危险，百折以
至于死而终以成厥志者，此非有过人之智、任事之能、不牵于利害之私
者不克臻此。初，邑之将吁请于当事也，有为调停之说者，争持者累
月日。公曰："是犹牛骥同皂，益其刍是益之争也，为别其槽而争斯息
矣。"议者为之词塞。及中间事势倾跌，而彼引身事外者又或以其后为
先事者咎。夫棚民之害祸将不戢而谓可束手无事，是犹厝火积薪而以为
安也。致民情愤溢，几将一邑而轻于一掷者，此岂公之志也哉?! 夫人
慷慨赴义不狃于名，不怵于害，终始不逾，以死徇志，斯亦无愧于其心
矣。如公者犹有遗义，其他则又何说？然事久论定，此事垂于无穷，其
心迹当有常存于人间而不可泯没者。①

以上文字的作者为廪生李锦冈，与龙翊舜前后共事十多年，在学额案中
是龙翊舜的"同志"。事隔多年以后，李锦冈以悲切、激愤的笔触记述了龙
翊舜在学额案中的表现，不仅表达了对"棚民"的痛恨及对龙氏的纪念，也
对来自稳健派（"为调停之说者"）的指责（"民情愤溢，几将一邑而轻于一
掷"）进行了辩护。

源头刘氏有多人参与罢考。据族谱记载，松筠公，"嘉庆年间邑以土棚
二籍合考取进文童，而棚籍之入县府廪者至七名之多，合邑生童请在籍知县
孙此堂先生上控，公亦贻累褫革带而谪乐安"。松山公，"嘉庆十二年土客县
试滋事，讼延数载，客籍指名上控，公虽未曾到案而用费亦复不少，家渐
落，晏如也"。畹兰公，"嘉庆壬戌岁试，学宪李取进（棚籍）文童至七名之
多，土著文童共鸣不平，请在籍知县孙公此堂先生叠控县府督抚以罢考，县
陆示期县考，公愤激直夺册结，付之虹桥，新涨，县试遂废。公与此堂先生
逃遁荆楚，晨夕屡共，教以文字诗词……才人文士皆器重于公。然阻考重案
咎有由，归乃与此堂先生直至总督衙门投到，巡抚、学院、御史互相迭奏，
酌定额数完案。公遣戍西蜀……道光辛巳得叨恩宥……得序天伦之乐，事快

---

① 光绪《万载龙氏族谱》卷末，《儒林》。

何如之。"①

以上传记都带着赞赏、自豪的口气记载了激进派人物及他们在学额案中的行为,然而以辛从益为核心的另一部分土著则对此有不同的看法。

辛从益,进士出身,当时他正在家养亲,嘉庆九年(1804)学额纷争案开始升级的时候,他也认为"旧规不复,万不相安",主张土客分额,并利用其声望与人际关系游说江西学政,"奈学使李独持偏见,只允增额而不允分"。正在他与其他官员斡旋的时候,"某公耻负所任,因悍然倡罢考,邑之人咸惑之",辛从益极力反对罢考这一做法,"据理引例,怵以利害,舌敝耳聋,终不见信",反而"乐祸者至,群起为难,且谣诼焉",致使辛从益不得不举家暂居邻县以避风头。同时,在他身边集中了一批志同道合之人。据其子记述:"方事之殷也,合邑随波而靡,府君与同志九人独侃侃持正论,遭疑谤不辞,虽口众我寡,读书向道之士觉悟者亦不少。"而且,身为同志之一的袁振藻在辛氏危难时刻,"倾身障护,走数十里相救应,屡遭纷呶不顾也"。此外,承审此案的官员通过"密行访查",发现"此案实因刁绅等煽惑阻挠,借端敛钱肥己,有不附和者,即聚众斥辱。孙明荐(孙馨祖)等6人之外,尚有卢道南、郭敏猷、高芸圃、郭拱、龙翊舜等十余人,时常聚集商议。前有生员辛家源、巢典具呈求考,郭敏猷、高芸圃辄行阻骂,不许授徒教读"。② 可见,土著内部分歧很大,甚至导致内部争斗。

嘉庆十一年(1806)罢考发生后,江西巡抚温承惠抵任,刚开始他怀疑辛从益主持罢考事件,"初见辞色甚厉",经过辛氏"具陈本末,乃释然"。接下来温承惠"迫开滋事人名",辛从益没有就范。他说:"有牍在,何必苛求,同县可自相讦乎?"其后,辛从益座师金光悌任江西巡抚,辛从益再次赴省城劝说:"土客一日不分,祸端一日不息,今虽勉强应命,厝火积薪,终必复燃,务乞缕析入告,预杜其衅,则造福甚大。"辛氏与各级官员有良好的关系,他的这些游说活动无疑对办案官员对此案的处理及清廷政策的形成产生了重要的影响。但在当时,全县群情鼎沸,一片混乱,辛从益等人的

---

① 民国《源头刘氏族谱》卷四一,《人物录》。
② 《学额纷争案》,嘉庆十一年,两江总督铁保为查明万载土童拒考及龙元亨京控各情形片。注:据中国第一历史档案馆藏胶片,此实为嘉庆十一年二月二十二日江西巡抚温承惠附片。

稳健做法并没有得到多数县人的理解与支持，反而遭到诽谤。事后辛从益的儿子记述这一事件时悲愤痛惜地说："乃功不见德反遭众射，一控于妄禀之革员，再控于倡乱者之嬖妾，致府君以清白之身两次与庸贱人对质讼庭，思之可恨可痛也！呜呼！府君之于桑梓可谓仁至义尽矣。考当分则力求其分以息争端，不惜再三请于大吏也；考不可罢则力距其罢以醒群迷，不惜怨谤丛于一身也。而昧昧者顾阴受其福而不知，不功曲突徙薪而上焦头烂额，谁为祸首尸而祝之，岂不谬哉？"①

如我们在前面所看到的，土著的这两派结局完全不同，激进派最后都受到清廷不同程度的惩治，而稳健派则不受影响。学额案后，辛从益痛定思痛，多次生发感慨，提醒全县士人应当从中吸取惨痛的教训。他说："吾万邑士气本厚，自考额之争，激而已甚，士皆以党同为义，抗上为勇，诬上为智，有一二守正遵法之士，反群起诟病，匿名之帖四出，造言干禁，字之当惜，莫大乎此。呜呼！此乡先生之责也。"②在给万载县教谕的寿序中他也说："邑自土棚争额以来，元气未复，理宜休息，养其和平。"③

其实，正如下面民国时期有识之士的论述，学额案也体现了官员内部的复杂关系。官员们对此案的不同意见和处理，既源于个人气质与秉承理念的不同，如学政坚持维护科举的公平性，总督则从社会稳定出发，同时也源于各自的官场利益。

这一案件的影响如此之大，以致到民国年间县人依然对此念念不忘。民国县志虽然只是简略地记载了此案的经过，作者也只是平淡地说道："万载小县学额无多，率重视之，因多寡之数而有争，争之不已而有分额，今日都成往事。"④但在孙馨祖的传记之后，编者禁不住大发议论："孙馨祖，一在籍知县耳，考案之争数十年，赴诉重叠，馨祖无与也。事之既亟，署知县周吉士与知府郑鹏程见左，撤任待参。小官之不能与大官抗，夫人知之，况在籍知县耶？地方官各有所见，遂致大臣亦各有所属，总督陈大文、学政李钧简单衔独奏，上谕复准学政之详，考案如泰山不可移矣。时则人皆岌岌，事

---

① 《辛筼谷年谱》。
② 辛从益：《寄思斋藏稿》卷三，《记》。
③ 辛从益：《寄思斋藏稿》卷四，《寿序》。
④ 民国《万载县志》卷首《凡例·学校》。

情皇皇，譬诸荆棘之丛，误入其中者体无完肤。馨祖不知耶？然则谓馨祖为主谋者，盖其势之无可如何，亦其情之必不获已者。一王之治，政归独断，而俯顺舆情，则天下古今大公至当不易之理也。馨祖投荒老死塞外，未为不幸，而或以为可愧，抑或以为可惜，浅矣！"①

而且，民国县志也为其他几位"学额案"的当事人立了《人物汇传》以示纪念。传记有些泛泛而谈，写得比较隐蔽，但显然对传主进行了正面评价。如云："郭垣，一名自强，读书识义理，殉名节，再试始售其志，固不在一人之秀才，亦不以秀才二字为一人之轻重也。为秀才后仍负气慷慨，艰难险阻始终不渝。其时有与相应和者，龙元亨、卢钟麟、唐建节，其著也，然艰苦微不及矣。唐晖、鲍梦嵩，生性倔强，亦乡间出众才也。晖骁勇力敌数人，梦嵩气压侪辈，奔走耐劳千里不远，与欧阳柄杰、易兖章、刘思浩等辈殆皆有得于'知耻近乎勇'之语者。"②

由此可见这次学额纷争对万载地方社会的影响，也可见地方社会历史发展的延续性。

三、嘉庆年间龙泉县土客学额纷争

在吉安府龙泉县，乾隆二十八年实行土棚合额后，没有很快引起土著的剧烈反响。土著此时主要为增加学额而努力。乾隆二十九年，士绅李勉等赴抚宪辅呈请由小学改为中学，乾隆三十年又经知县杜一鸿议请改为中学，详蒙知府转详，巡抚明批示学宪金咨称"候斟酌移覆"。乾隆三十二年，巡抚吴准学宪金"以龙泉县童生岁科两试前后多寡不同，未可定准，俟文风日盛再议增复"。这样，龙泉县由小学改为中学，以此增加学额的请求实际上已为江西地方拒绝否定了。对于土著来说，原来马上要实现的美好愿望反而变得越来越遥遥无期了。③

嘉庆年间，龙泉县土客双方再次因为学额问题发生纠纷，从嘉庆五年至

① 民国《万载县志》卷十之二，《人物·列传二》。
② 民国《万载县志》卷十之三，《人物·汇传》。
③ 《蔚起书院版图成案》（不分卷），民国时期南昌府学前街裕成刷印公司代印，遂川县档案馆藏。此案资料皆来源此。

十四年互讼不已。龙泉县长达十年的讼案，自始至终都和万载县学额案有很大的关联。

此案因万载学额案而起。嘉庆四年，万载土籍童生郭自强与客籍士绅甘成瑞冲突正处白热化状态，万载县禀称自乾隆二十八年定例以来，业经三十余年，生齿日繁，文风日盛，棚籍应考之人既多，势必有占土著入学定额，请仍照雍正九年另额取进之例办理，恢复旧制。十二月，江西巡抚饬令全省各属确切查明有无类似万载情形之处，逐一声叙，"恐有因万载定额之后续行请奏，殊难核办"。

嘉庆五年正月十四日，龙泉县知县陈申覆吉安府知府，具文曰："卑职遵查棚童应试自乾隆五十九年以前必须呈请入籍，核其田粮庐墓年例相符者方准与考，五十九年以后则应遵照新例呈请入籍，年例相符详奉批准移知原籍，不许跨考，方准在寄籍应试。卑县虽有闽粤二省寄居棚户，多系种山务农，检查新例以前，历年考试卷宗并无呈请入籍之童，新例以后，亦无详准入籍之案，毋庸议详加额。"

嘉庆五年四月二十六日，龙泉县土籍贡生蔡宗玉等人"为遵檄呈恩详请立棚事"在县进呈。其呈文称，近数十年来，生齿日繁，文风日盛，本年县试童生一千二百余，棚民居其大半，近来入学大致五六名不等，武生则连府学历年俱在十名以上。土著童生皓首不获一衿者，十居六七，故多废学不考，其情形较万载尤甚。且龙泉棚民户籍向有成规，不惟与土籍不相混淆，即闽粤二省亦各立都分，其闽民户口钱粮则俱入二十三都，粤民与异乡零籍俱入二十一都、十七都，此三都内并无一名土著。故蔡宗玉等人恳请查明三都与考名数，详请立棚，则棚民不多占八名正额，而每年有四名入学名额，之后岁科乡试彼此归一体，"在棚民必乐于从事"。

嘉庆五年五月十三日，龙泉客籍三都①在县、两学进呈，举人林丛等"为指版为棚、貔案灭籍事"具呈。呈文称，龙泉并无棚户，雍正三年前县令翁已经详核在案，雍正九年有张义从乘查棚之风吁请立棚，"上宪明察，以久住之民不得妄指为棚，驳饬在案"。后前县令郑、知府游确核十七都、二十一都、二十三都"本事版籍，并无棚户，详覆各上宪，确凿在案"。而

---

① 三都即十七都、二十一都、二十三都，后指代龙泉县客籍。

近来"邑豪绅何为又效蛊党故智，胆指三都求详作棚"。"在此三都之籍始于顺治十二年纳粮当差，康熙初年取入邑庠刘发珍，以至于今，文武游庠登榜及职员贡监千百计，地丁钱粮万已有余，豪等何为谬指为棚？是先年铁案竟可灰飞，黄册版图竟欲渐灭！"客籍恳请知县查案核究，惩治蛊党喇衿以杜刁风。

嘉庆五年五月初十日，土籍士绅蔡宗玉等具呈布政使，五月二十二日具呈知府。五月二十七日三都代表举人林丛等具呈知府。六月内奉府宪催牌行县。六月十三日，三都举人林丛等在县具缴呈案。同日呈藩宪邵。上级饬令龙泉县详查前后例案，召集土客两造，悉心议详，"未便以三都应试之童较多于土著有占正额，率称碍难轻议"。七月十七日，三都在府呈缴抚宪汤奏稿。七月十九日三都举人林业等具呈抚宪张。七月二十五日奉抚宪牌行藩宪为饬查事。八月初三日，三都在县具呈催详。八月初六日三都呈学宪。八月初九日三都奉府宪张遵各宪行牌催县。

八月十五日，三都举人黄韬等具呈县宪。呈文称蔡宗玉等混呈三都为棚，已将前后案由次第备呈听候公详，而"喇等不自猛省，复敢支吾冒渎"，故不得不再次缕晰声明，对土籍的指摘逐一驳斥：

> 举等先祖国初奉旨招徕来泉开垦荒亩，编入都甲，纳粮当差，百数十年入文武泮、登文武科以及捐纳贡监杂职仕宦，百岁邀恩，靖难荫爵，悉著版图，虽名客户，实则土著。喇等必欲指版为棚，希图广额，讵开辟于斯、生长于斯、祖若父昔为土著，子若孙剖作棚民，是世居泉邑之地，竟不得为泉邑之民，其谁甘心？天朝版籍，永祚万年，孰敢纷更，此籍之不可改者也。国家例定丁粮满二十年者准与土著一体应试取进，多寡凭文优劣，何庸区别？词称儒学保结即系棚民，不思昔三都应试，廪保多方索诈，以致讦讼。蒙大宪批准，学保免受习难，廪生郭三发等俱经发学饬戒完案，并非以学保为棚民也。况乾隆六年学宪饬令廪生照例保结，历今又数十年。檄行查棚另额取进，专为棚民而设，于久住客户籍归土著何涉？前大宪议看寄居年久编入土著者为客户，依山蓬居种麻耕作者为棚户，分别甚明。且乾隆二十八年更有奏覆定例，凡州县有棚民者尚归土著一体考试，毋庸更立棚籍。龙泉从无棚民另额之例，罔何借风兴讼，又罔以案非秉例漫引县志，试思定例在部，昭如日

星，而县志悉属喇等之手予夺，任其颠倒，岂例反不如伪造之志乎？圣
朝定例，率土恪守，谁敢稍逾此例之不可违者也。凡案以既结为定，雍
正九年张义从等诡掣朦详，既经驳饬，而郑、游二宪详覆年久客户不得
剖作棚民，应令一体考试，沐各上宪批准销案。滋事之张义从都能够姑
从宽免，历有成案可稽。今喇词称王县宪续详额外取进之新例，不得指
为分编之版籍。试思隶籍应试以来，谁是额外取进，况王详乃窃名捏
呈，所掣上宪明察，掷为废卷，岂郑游详结之案不为凭，而王驳饬之案
反足为凭乎？此案之不可灭者也。以万万不可更张之大典，必欲支离置
办胁县朦详势恶悖施，理法奚容。至从前请申中学，词称应试文童千
余，始则引三都为共事，公同敛费，今则剖三都为棚民区别，何心？此
又难以自解者也。尤可骇者，但云财可通神，试问所通何神？忝列绅
衿，漫无顾忌，一至于此。总之，喇恶不悛依恃在城衿势，衙门书役皆
有党援，弊端何难百出，肆支离之口舌，为挟持之张本，不颁法究势
恶，胡底冤结滋深。

八月十八日，三都举人林丛等在县续呈，称其"与流寓无籍依山耕种之
棚民迥别"，"系国初招徕之民，科名世代，不得以棚民比拟"。并质问蔡宗
玉等人："借问谁为土、谁为客？举等国初招徕之民尚不得为泉入土著，岂
喇等反入为土著？若如喇等之说，欲以举等为棚，而以八名正额归伊，则举
等亦可指喇等为棚，而八名正额归于三都。"认为蔡宗玉等人"狂悖挟制，
竟欲例由己出，详由己定，案由己灭，目无法律，莫此为甚"。请求将其拘
拿到案，讯明按究。九月初七日，三都续呈府宪。

嘉庆六年四月初四日，三都具呈府宪催详。七月初一日，知县陈履信具
详知府，请照旧让三都童生与全县童生一体考试，凭文取进，毋庸另议分
棚。再鉴于文风较前愈盛，题请广额，改为中学，多取数名。其文曰："卑
县十七等三都之民于顺治康熙年间自粤闽二省来泉县居住，迄今百有余年，
已与土著无异。雍正八年前令据绅士之请，欲将三都分作棚民，连年争讼未
定。嗣经郑前令查明，三都系寄籍客户，不便作为棚民，详请销案，至今又
阅七十余载。历奉清查棚籍，卑县俱以无棚申复，今该贡生蔡宗玉等因泉邑
应考童生人多额少，现奉行查棚民有案名数另取之例，欲将三都客户分作棚
户，俾土著童生得以取进全额。虽事属因公，究未便将向无棚户之县忽立

棚户名色率请具题，致与部案不符，有干驳饬。况据在县控词有三都童生冒混骑考之语，既不能切实指名廪控，亦难借此以为口实。所以卑县十七、二十一、二十三都至童生应请照旧与通县童生一概考试，凭文取进，毋庸另议分棚，致滋事端。惟查卑县近年文风较优，学宪按临时亦蒙鉴察，以卑县童生文优额隘见许。现在考试童生约一千三百名上下，内十七都之童生实居其半，即如上年科考文童连府学共进十七名，三都实有八名，是蔡宗玉等所称有占学额原不为无因。伏查先年各前宪据绅士之请援例加额，屡经请详，蒙各前府宪汇题，奉部议覆未准。现今卑县文风较前愈盛，应请宪台恩赐转详抚宪、学宪、藩宪准予题请广额，改为中学，多取数名，俾文优童生得以及时脱颖而出，则本籍客户均沐宪德于无涯矣。"府宪张批示："县详文据详查叙前后成案，历以县属俱无棚户详覆，所有十七都等三都既毋庸议缘由，固属详备。惟议请该学额一层，查通县土著士庶与三都生童本无别嫌，只因考试童生有一千二三百名而三都之童已居其半，取进名次又较多于土著，以致两造讦讼不休，各有其因，亟须议请加额以息讼端。但从前屡奉宪准而又从缓，必因各学额数久有定制，未便率行更张。若以该县已改为三项相兼之大县而学分何仍以小称请改为中学之处，亦须援引别省学宪奏请挹彼注兹之成案，方可声请。今以广额一语率详，势必仍干驳饬。且未取两造允服各结，并据蔡宗玉等随详具诉到府，尚未折服，碍难遽转。仰即再行确查核议取结，另具妥详，以凭核转，毋再率延。"

七月三十日，蔡宗玉等具呈丁署县宪，月内随详到府具呈。八月二十日，三都具呈署知县丁名湛。其后，丁名湛检查上届县试案，共文童1299名，内十七等三都实有702名，取进之人亦多于土著。他认为"客占正额，与万载情形相似"，九月二十二日，具详知府转详。十月初五日，奉府宪杨批驳："署县宪丁名湛详文，查该县十七等都客户向与土著一体考试，从无棚户名色，与万载情形不同。前据该前县议请照旧合考，并以现在应试者众多，声请广额，当经批饬再加查议，自应遵批办理。乃又以客占正额，与万载情形相同具详，殊属未协。"令县遵照前批确查妥议，取结另详。十月初四日，三都举人林丛等具呈府宪杨，初九日府宪杨批"即核卷办理"。十月二十七日三都林丛等具呈布政司，藩宪批："已有久定章程，自未便率请更张。"十二月十三日，土籍贡生蔡宗玉等具藩宪，十二月二十一日，土籍朱英等具呈巡抚衙门，抚宪批示："该县棚籍久经入土籍一体考试，何得违例复请分别棚籍？"

嘉庆七年四月十二日，三都"为乞惩滋讼以正籍贯事"具呈学宪李。学宪批："该县棚籍久经归入土著一体考试，即与土著无异，尔等何得违例哓哓滋扰？"同日，蔡宗玉等也具呈学宪，学宪批："查棚民久经归入土著一体考试，即万载亦无分棚考试之事，本部院只能照例办理，尔等何得扰渎？抄案发还。"

嘉庆八年正月二十五日，蔡宗玉等以合邑土著生童"乞发三单以遵功令以清积弊事"具呈县宪。县宪陈批："万载历有棚籍，咨部有案，是以分用三单互结。泉邑无区别，断不能仿照办理。即丁署县所详，久奉各宪批驳，亦不可借为口舌也。"三月内，土著具呈府宪武，府宪武批："查龙泉止有客籍，自雍正年间起即以并无棚户具报，与万载情形不同。"并附藩宪衡详文，文称："本署司查龙泉寄籍闽广民人久经编入该县户籍，与土著一体应试，向未立有棚籍，与万载县情形本不相同。且万邑土棚合考章程已于甘成瑞控案内奉准部覆循旧办理，并未议请棚籍另额取进，是龙泉县之寄籍童生自可毋庸再事纷更。至该县以近年文风渐盛，县缺业已改繁，学额仍照小学取进八名，生童不免向隅，请照中学酌加进取名额，固为鼓励人材起见。第该学额从前历经详题请增，未奉大部覆准。此时该县应试童生据称每届或九百余生至千余名不等，人数尚不为多，应请饬令该府县察看，如果数年后文风日盛，再行另议加增详题。是否允协，相应具文详请宪台查核批示饬遵，亟请咨明学宪查照。"四月二十五日，吉安府奉督学部院李批本府详称："客籍童生定例与土著一体考试，即万载一县现在并未另立棚额，所有龙泉土著客籍自应仍照旧规一体考试，毋庸区别，以杜混争。"五月二十五日，府宪武名鸿行牌龙泉县知照毋违。十一月初三日，土著士绅蔡宗玉等具控藩宪。藩宪批："此案经前署司查明，该县寄籍民人久经编入户籍与土著一体考试，向未立有棚籍，与万载情形本不相同，毋庸纷更，详奉院宪批示饬遵在案，生何复呈渎至称府抹县详尤属妄控。查此案自雍正九年至今迭次行查，该县本无棚籍，历历在案，该府可抹现在之县详，岂能改百数十年之成案耶？该生不知安分，本应斥责，姑宽不准。"

嘉庆九年二月十八日，土著士绅具呈知县陈廷桂。陈批："万载童试，向有棚民名色，是以应查有无占额。至泉邑向无分别土棚名目，难以具详。"二月十九日，龙泉县儒学认为贡生蔡宗玉等与武举林业等彼此攻讦，欲增学额。龙泉虽无土棚之分，究系人数繁多，未免有额少之憾，为此具牒移请知县申详各宪请增学额。二月二十五日，土著士绅具呈县宪陈，县宪批："泉邑童试向无分别土著棚民名色，难以占额具详。即蔡宗玉控案，屡经院批司议未经准行，可见历久成规，势难一朝创改。现在详请广增学额，该生等慎勿再行攻讦，恐上宪以士风不淳，即广额亦不获准行，是非徒无益而有损，得毋贻悔将来耶。"二月二十八日，三都举人林丛等具呈县宪，知县批"既详请广额矣"。三月初一日，因两江总督陈大文令江西布政司议详万载县副贡辛梅臣赴京请复棚籍一案，县宪陈申详龙泉县向未分有土棚名目，毋庸议请棚籍，请照中学增额。五月内，土著贡生蔡宗玉等呈督宪陈。六月二十一日，县宪陈申详"并未立有棚童名目"。六月二十三日，蔡宗玉等具呈县宪，指控礼房增饰详稿，回护棚童。礼房张兆升、王三赐、康荣升等禀称："书等在房缮写详文，有贡生蔡宗玉、闵觐，廪生曾传忠，生员郭鸣珂、郭映荃，监生王声远等来房索看，声称奉上饬查棚童名数若干，今稿内缮写并无棚童名数，详覆明系房内回护棚童情弊等语，众口哓哓，难以分说，且伊等俱系绅士，书等不敢争执。"七月初八日知县批："此案本县查卷叙详，毫无增饰，如蔡宗玉等谓未公允，尽可上控，何得向该书等饶舌？而该书等自问究竟有无情弊，若果自问无他而校由本县核发，亦复何畏人言，乃以不敢争执，联名具禀，其意何居？岂欲把持此稿不使发申耶？本县若将此等情形据实通禀，恐该书等不能当此重咎，仍着明白禀覆，勿谓本县水懦可玩也。"七月十三日，三都具呈县宪。七月廿四日，县宪三次详文，称龙泉县童生向无棚土之分，县试又不区别土客注载卷面，且无"三单"互结之分，本与万载情形迥异，"未便因蔡宗玉出控，即将百数十年相安同考之童生指为棚童，创设棚额，应请仍照历次详定案毋庸区别。"至于蔡宗玉偏执书生之见，不肯出结，请照通饬，免其取结。八月初六日，三都举人林丛等具呈学宪。学宪李钧简批"客籍童生定例与土著一体考试"。八月初八日，三都举人林业等具呈藩宪。藩宪批："该举人等既系久入版籍，而该县又向无棚籍，何以该府欲照万载之案办理？候檄饬吉安府查明例案详夺。"八月十三日，土著岁贡萧作霖等人具呈县宪并递甘结。县宪批："饬遵文稿皆由本县裁定，礼书何能舞弊耶?"蔡宗玉又呈县宪为截词改批弊详搁案事。县宪批:"控词批语例应出榜及县牌示知,不容书办及私行传抄漏泄,即告状之人亦例禁回科房抄批。尔前词因批有误,是以裁改于粘缝处,所盖有图记,何得指告礼房抽改?并公然自认向承发房抄批。在官文书理应秘密承房,胆敢交通告状人作弊,究竟受贿若干,值日即将该书带案以便严究。"八月十八日,土著钟毓灵等具呈县宪。八月二十一日,藩宪牌行府,二十九日,府宪牌行县。九月初八,蔡宗玉在县进呈。县宪陈批,告状人向书办抄案卷批语,定例所禁,该生未读律例,故不及知。至于控告棚籍一案,万载系原有棚额,与此地素无其名者情形本不相同。并称"倘该生必谓本县未能公允,尽可诉诸院司道府照例办理",不要再作舌口笔墨之争。九月初二日,三都具呈县宪并递甘结。九月十三日三都续呈藩宪。十月十二日,三都续呈府宪。

十月十八日,三都为"被房抽匿为抗蔽拒殴恳会详究事"呈报县宪。呈文称:"有蔡宗玉之子蔡绥与郭映荃、曾传忠等纠众数百余人充斥公庭、借漕挟制,声称详棚则概许完纳,不详则概行阻蔽。生嗤其非,遂触虎威,蜂拥拒殴,非幸疾奔逃脱,定遭毒手。"同时,亦以此控府。吉安府令该县立将此案应讯两造人证,即日逐名拘集到案,检齐全卷,具文签差批解赴府,以凭转解藩宪听候会同审办。十二月十三日,三都在县投解。

嘉庆十年二月二十三日三都举人林丛等人具呈县宪陈。林丛等称:"兹逢宪台示期考试,(蔡)宗玉等胆将宪示旋挂旋扯,今于二十二日传帖,四门遍贴,纠集无赖凶徒数百余人于真君阁一本祠等处,未识何故。举等三都应试儒童闻风丧胆,诚恐不测,是敢揭取传贴禀明。"县宪陈批:"贡生蔡宗玉与该举等讼案,现奉院宪批示,司道会审,勒传两造赴省候讯,蔡宗玉身属明经,岂敢不遵功令,纠人滋事,自取重咎,愚者不为,矧属儒生而肯冒昧若此。该举等毋庸轻听风影浮言,纷纷过虑。"二月二十六日土籍王儒珍、李绍圣、朱映辉、曾文达等以"为畏凶让考非敢阻闭事"具呈县宪陈。陈批:"尔等控案,现奉院宪批委司道会审,自应静候公审。三都之人断不敢滋事揭帖,不必轻听浮言,自生疑虑。至让棚先考,殊与国家体制不符,仍照旧章考试可也。"三月初一日,三都举人林丛等具府宪武。武批:"考试章程例候钦定,凡属臣民焉敢擅自更张?蔡宗玉身属明经,宁不知国家成宪?土棚应合应分,须奏明请旨,何敢先自阻挠,不畏有干严例。而应试诸童为求荣显，亦断不肯轻听簧惑，转为犯法之举，所呈殊难全信。第既经示期，何以未经考试，是否另有别故，现以委员驰往会县确查。如果有无知之徒妄行阻挠，即行严拿照例究办。该举等各令弟子在县静候考试，曲直自有地方官审定，毋任稍滋事端。"三月二十三日，三都职员李绍馨等具呈藩、臬两司。藩宪批"候催提人证解省讯夺"，臬宪批"蔡宗玉等借端攻讦，混行阻考，已据该县禀报。"三月内，府宪武据李绍馨呈控蔡宗玉等鼓众阻考，查律载"妄生异议，擅为更改变乱成法者，斩"。又例载"考试混行揽闹者，发附近充军"等语。因未能前往查办，札委该县星驰前往龙泉会同庐陵知县沈、试用知县吴二令暨教职人等迅速查明事实。四月初三日，三都廪生吴云亭等人在府投到。四月二十日，府宪武委员从九试用杨有牌催提。四月二十七日，龙泉知县陈廷桂回禀知府已勒传蔡宗玉，检同全卷宗刻日解府，立等转解审办。

此后土籍蔡宗玉畏罪潜逃，土客双方偃旗息鼓，表面似属风平浪静，实际上暗流涌动。

嘉庆十三年正月，江西巡抚金光悌要求江西有棚籍州县饬查自乾隆二十八年裁改归并土籍合考以来，"约计近年应考棚童若干名，土棚合额是否均属相安，有无窒碍之处"等情况。二月初一日，龙泉署县宪刘焜申覆："遵查卑县考试土棚两籍共计童生一千六百五十名，内棚童八九百名不等，自合考以来均属相安，并无窒碍之处。"土客纷争再起。

四月初五日，土籍贡生蔡宗玉等为"棚童占额枪冒稽查乞恩饬县据实详覆事"具呈府宪张。张批："此案尔与李绍馨等互讼多年，各宪行提赴省审办。是该县土棚棚籍应否分额，应候讯明办理，静候崔提人证解审可也。"同时，土籍童生袁晓等具呈巡抚，具控棚籍人众，恳请分额考试。

五月十八日，三都举人黄韬、职员李绍馨等为"妄援混指叩拘解讯事"具呈县宪陆。陆批"吊查康熙、雍正等年各原案及嘉庆五年案察夺"。月内，三都举人卢廷芳等具呈抚宪金。抚宪批："查蔡宗玉等呈控龙泉县三都客户分额考取之案，久经该府县查核，与万载棚籍名色不同，仍请合额进取。词据童生袁晓等以近年客户人文倍盛，欲援万载章程吁求分额，复批司确查在案。今该举人卢廷芳等又称合考相安并无窒碍之处，是否属实，仰布政司迅速一并确切查明妥议详夺。"五月二十八日，黄韬等为"节录成案恳核按吊免遭抽匿事"呈县宪陆，粘节录成案一本，计 37 帙。六月初二日，三都具呈府宪行署；初八日，卢廷芳等人具呈抚宪金，十三日批"土客两籍应否分额，业已批司查办，该举等之是土是客，或仍旧合额考取，自无不彻底根究，毋庸多渎。"二十一日县奉上宪催牌。二十三日，卢廷芳等人在县具呈投案。

同时，卢廷芳等具呈学政汪廷珍，称龙泉从无土棚名色，嘉庆五年有蔡宗玉等"乘万载请复棚额之隙，蛊众敛金，以百数十年相安同考之版籍，诬指为棚"，故连年讦讼，经县府确查，详奉院司核结。嘉庆九年土籍"复效尤万载，蔽漕阻考，抗官挟详"，致使客籍奔控各宪。而官府拟亲提会讯，屡奉催提，土籍则畏罪远逃，"今窥万载复棚案定，妄希援照，又复滋讼"。其舞弊手段是将废卷装点"棚童"字样，将申复详文"假为成案更换"。客籍入籍龙泉几十上百年以来，生齿日繁，人文日盛，历科文武进取比土著更多，土著因"嫉妒为怀，妄冀分额"。客籍指控土著"粘呈假案借为分考张本，词捏枪冒骑考"，致使双方不能相安。而且"历科舞弊，皆伊丑类，枪替如王应星枷号城门示众，冒考如谢天开，匿丧如郭其渊，隶卒如彭万李录之辈，作奸犯科，未此为甚，反以诬人，欺罔曷极！"何况"现奉部覆宪示，江省有棚州县不得因万载分额希冀招援。是有棚州县尚禁妄援，而无棚泉邑奚容诬指。以无棚泉邑可讼而分棚，窃恐效尤万载，他邑即无难效尤龙泉，纷纷效尤"。汪批："查该县并无棚籍，案据甚明，蔡宗玉等胆敢纠合多人思分考，如该举人等所控属实，殊为大干法纪，若非严拿确讯，按律重惩，将来酿成巨案。候布政司详到察夺。"

七月初八日抚宪金牌催布政司，即速分别严饬所属上紧催提人卷，确切查讯，限一月内妥议详结。七月十八日三都举人卢廷芳等人具呈臬宪，称土著"复仍前挟抗，邀同劣衿数十人冲闹县衙，总欲以无棚泉邑援照有棚万载，挟制县详。当经举等呈明在县批候讯详，竟致闹挟不问，诚恐权不自操，若非提省公讯奏结，难免县宪偏徇，讼祸曷极"。月内，三都同时具呈抚宪、藩宪、学宪。各宪批示吉安府秉公议详察夺。

八月初二日，卢廷芳等人为"奉批投到恳拘现犯早赐究结事"具呈府宪张。张批："此案业经饬提，蔡绥等是否在省，候行南、新两县查复。"初四日，卢廷芳、生员曾宽、监生罗封扬、职员李绍馨等具呈学宪。十三日，吉安府知府张奉布政使司札文，令该府遵照立即提齐两造，亲提讯议详夺，将互控各情节先行确讯详覆。龙泉县立即查照前檄粘单内开有名人等，刻日勒差拘集，检同卷宗具文，批差解候，亲提究详。二十日，南昌县知县龙奉吉安府知府移请，差役前去境内协同地保查拘蔡绶、罗振、刘书思、王元晖、叶华藻、张固、张棣信等人赴县，以凭解讯。此时，客籍卢廷芳等人得知土著蔡绶等现在省城，禀恳拘讯。八月二十五日南昌县奉宪台文，同时移新建县拿拘。南昌县将土籍生员张固拘获候解，而蔡绶、罗振、刘书思、王元晖、叶华藻、张固、张棣信俱先潜逃回籍。

九月初一日，南昌县将张固解赴宪辕查核收审。次日，张固在南昌拘获具呈取保。张固称，先年合邑土著蔡宗玉具控卢廷芳等棚籍一案，历今多年，他并未曾出身上控。客籍卢廷芳供词所粘名单上的蔡绶、罗振、刘书思、王元晖、叶华藻、张固、张棣信等7人，今俱已试毕回籍，唯他一人候榜。现奉拘到案，恳请将其暂行取保，修书回家，要名单上其他人一同来省投审。南昌县批：业经取保候即申解可也。初四日，府宪张奉臬宪催牌。同日，三都举人卢廷芳等"为贿详抽卷乞委严提事"具呈府宪张，抄粘遗失词禀批示等件。张批："县卷有无抽匿，候饬查严提察究。"初八日，卢廷芳等为遵批投解恳拘被犯事在县宪陆投解。十八日，府宪张催牌吉安府正堂张。同日，卢廷芳等人再具控已故土籍蔡宗玉之子蔡绶，指陈其劣迹。蔡绶等传案解讯后，卢廷芳等恐申送案卷过程中蔡绶等"弊窦多端，嘱承抽匿要紧词批等件"，故于九月二十八日呈县宪陆，并开录粘贴词目清单一纸共51件，乞请县府照单检齐申送，以免抽匿。知县陆批："现在照单查点，并无嘉庆五年十月初八日呈词一纸，七年十二月十六禀贴二纸，六年十月十八日呈词二纸，十年二月二十六日具呈词一纸。讯据礼书张兆升等，佥供并未递有此呈。是否尔等混开，抑系前县并未归卷，候即确查。"十月内，署县宪陆模孙具详府宪张，张批"候亲讯察夺"。

嘉庆十四年正月初十日，吉安府正堂张加差守提，差役星驰龙泉县，令立即查照前提有名人证，逐一拘齐，具文签差，同来役押解赴府，急等讯详，并查明县书欧阳挺秀、张蕴辉有无抽匿县卷情弊。县宪吴批："礼房禀贴如果并未抽匿，岂有挟嫌妄控之理，所禀断难凭信。此时及早缴出，尚可挽回末路，若一味狡赖，将来提府提省，必致严行责讯，后悔难追，县为保全尔等起见，尔各思之。"

二月内，土籍童生袁晓、曾志达、康伟升等在袁州具呈江西学政汪廷珍。汪批示如下：

> 此案前已据呈批司议详，应候查明详夺，并候本部院岁科试竣察看应考人数。士子文风，再行核夺。尔有应呈情节，亦应禀明该府县转呈，何以不候司详，率行上渎本部院。查阅抄粘所载俱系一面之词，并无证据。且使客籍果属莠民，何以朝廷百有余年准其一体考试出仕，独至今日，忽欲加以区别。俾其分额，是何情理？又称前令郑庇护闽人，查郑令莅任时距土棚归并凡三十余年，尔时土民何隐忍不言，任其延容。至所引旧案，皆系已经审驳之件，何足为证？蔡宗玉挟私妄控，畏究潜逃，设非其身已故，尚当严拿治罪，又可牵引以图耸听乎？尔等身为童生，当安分读书，以希上进，慎勿轻听棍徒煽惑，自蹈愆尤也。

四月初一日，三都卢廷芳、彭廷玙等为"藐催叠抗叩委严提齐犯究结事"具呈府宪张。初七日，卢廷芳、彭廷玙等为"差提无益再叩委员事"续呈府宪张。张批："候公旋严提。尔等亦即回郡候讯，不得逗留省垣延案。"十九日奉府宪催牌，吉安府再行催提龙泉县立即比差勒拘蔡绶、刘思书、袁晓、彭藻心、王元晖、叶华藻、张固并县书欧阳挺秀到案，刻日具文，签差解押赴府，急等亲讯详究。五月十二日，三都卢廷芳、彭廷玙等人为再恳终恩专委严提事具呈府宪张。五月二十三日，吉安府再次斥责龙泉县"止将卷宗解到，人证并不拘解。前经檄委该员守提，迄今仍未解到。玩延殊甚"。札催解讯。并委员万安县丞王赓周为催员，立即束装前往龙泉县守催。据龙泉县申覆，蔡绶等已于四月二十八日自行赴府投到，但直到六月初吉安府未见其前来投到。故吉安府认为龙泉县"显系经承率覆，殊属玩延"。除催委员守提外，再次严催。并行牌严催委员前往龙泉县守催，待该县勒拘蔡绶等到案，勒限五日内星驰解府，急等亲讯究详。

六月初八日，卢廷芳、职员李绍馨、生员曾宽等为"狡商蔽抗捏禀销差叩专委提事"具呈府宪，并粘抄县申覆文一纸，礼科抽匿呈批禀等一纸，一件系嘉庆五年十月初八日奉批批详事，一件系七年十二月十六日礼科禀贴并县批语，一件系九年十月十八日张云衢控抗蔽拒殴事，一件系十年二月二十六日王珍儒畏凶让考事，一件系十年二月二十八日邹和衷纠众闭考事。府宪批"候崇差严提"。六月二十九日，吉安府严催解讯。

七月十一日，卢廷芳、生员曾宽、监生刘超群等为"讼累十载叩椷严催勒限究结事"具呈学宪汪。汪批："此案前据袁晓等具呈，业经明白批饬，仰候椷催藩司详结可也。"

八月初三日，举人卢廷芳、廪生李兆馨、生员曾宽、监生刘超群、黄章翰、童生傅蔚峰同时具呈抚、藩宪，于十月初八日，客籍士绅具呈总督吴。呈文称：

> 龙泉从无棚籍，一体考试，备案确据。嘉庆五年各宪椷查江西州县有无棚籍，前宪陈已以无棚申覆在案。喇棍蔡宗玉等借影生风，妄援万载情形，诬指举等为棚，希图分额，因而闹漕阻考，百般舞弊，挟县偏详，激举等历控各宪，批示明晰。去年六月学宪汪牌云，查该县无棚籍，案据甚明，蔡宗玉胆敢纠合多人妄思分考，殊为大干法纪，若非严拿确讯，按律重惩，将来必致酿成巨案。奉府宪椷饬节次差委员催解，逃不向案，反敢掣肘大人，捏称棚童若干。不思举等先人隶在版籍百数十载，共此籍贯，共此学额，何云被占？况江省之有棚籍者惟十县一州，龙邑不在其中。十三年，萍乡欲请加额，混牵泸溪、龙泉。学宪咨云，泸溪、龙泉本无棚籍棚额，与万载、萍乡情事迥殊，不应牵入，剖析划然。即万载定案，现奉部覆，江省有棚州县尚不得因万载情事希图援照，而无棚泉邑岂容诬指？大人天朝股肱，封疆节制，是敢抄录奏章并节控案据千里奔叩，伏恳赏电一笔斩讼。

吴批：龙泉有无棚籍名目，自必载诸志乘，不难立时稽查片言定断，岂容任意有无，纷纷滋讼。仰江西布政司饬府查明，摘提两造讯议详报，勿再宕延干咎。

十月二十九日，藩宪奉督宪牌文。十一月初十到府，十一日署府宪宁瑞审问张固，立结在案。十二月初又讯两造各取遵结。客籍岁贡生吴云亭、邱步琼，监生黄禹九，职员李曰璜等具递甘结，云："嘉庆五年被蔡宗玉、郭鸣珂、闵觃、欧阳辉、张固等诬版为棚一案，今沐讯明，生等龙泉均系版图，从无棚籍，所具遵结是实。"土籍生员郭鸣珂、闵觃、职员欧阳辉等所递甘结，云："具控藩宪分棚一案，有名在内，今蒙讯明，一体考试，嗣后再不敢生端滋讼。"至此，土客双方终于不再互控。

署吉安知府、饶州府景德镇同知宁瑞向学政、布政司报告龙泉县土著贡生蔡宗玉等人与客户武举林丛等互控籍贯一案，给出处理意见：

> 卑职复查龙泉县分编十七都、二十一都、二十三都之人自顺治、康熙年间其祖父由闽粤来自泉邑，编入民籍，本无棚户名目，迄今百年有余，即与土著无异，岂能为棚民？非若万载原有棚籍分额取进之例。嘉庆十三年，奏办只系复还雍正九年旧例，且部议指明别邑棚童不得援照率议纷更。况泉本无棚童名目，岂能援照办理？所有龙泉县分编十七都、二十一都、二十三都之人仍与土著一体考试，毋许区分。如有再行妄告滋讼者，即行拿究。惟查该县从前原系简缺，是以学额照依小学取进八名，迨后改为繁缺，其时未将学额增议。迄今文风日盛，每届应试童生多至千余名，而取进仍依小学之额，士子读书数十年不获一衿，情殊可悯，可否俟讼案完结之后，另行由县申详请改中学？如能题准，出自宪恩。

十二月二十一日，署吉安府知府由马上三百里飞申学政汪。汪批："如详销案，余俟藩司核转批示。"藩宪袁批："所议棚土一体考试，不必区分，未据取具各结具送，殊难核转。仰即取具切实各结，以凭案夺。至加增学额，仰候学宪批示录报。"

嘉庆十五年二月二十五日，吉安府奉藩宪批示后，取存两造遵结，照录具文，申送藩宪，以便核转。三月，吉安府知府张敦仁录批申报学宪。

嘉庆十五年三月内，吉安府知府、布政使会同道台详请抚宪查核批示。详文称："请奏所有龙泉县分编十七都、二十一都、二十三都入籍之民仍与土著一体考试，毋许区分。如敢再行禀告滋事，即严行拿究。至议请学额一案，毋庸另议。"至于之后江西巡抚的意见、最终清廷的判定，未见记载。这样，嘉庆年间龙泉县土客双方达十年之久的纠纷至此终于结案。经历几番风雨之后，一切似乎又回到了原点。

第三节　书院的兴盛与土客竞争

一、万载县书院的发展

万载县最早的书院建于宋代，元代较有名的是张岩书院。明代万载县书院有记载的为 28 所，地方士绅在其中扮演着主角，至中后期官方力量介入较多。崇祯年间的知县韦明杰不仅十分关注百姓的经济生活，而且先后为雅人之居、篆篁书屋以及丛桂书屋立匾，视教化为急务。

清代万载县的第一座书院吴公讲堂也与官方有关，是知县吴自肃离任后绅衿里民为纪念他而公建的。清初，政府一方面强调要重视科举，另一方面限制书院发展，严禁士人结社结党。清初统治者对书院的严格管制可以通过顺治、康熙、雍正时期新建书院的数目反映出来。至雍正时期，万载县只新建书院三所，即吴公讲堂、常公讲堂与何公讲堂，它们都是万载绅民分别为三位知县所建，与"去思碑"有异曲同工之效。清初的国家力量牢牢控制着书院乃至地方教育系统。雍正后期乾隆初期，清廷才对书院解禁，开始鼓励士绅兴建书院。万载书院发展缓慢，乾隆九年（1744）知县严在昌建造了龙山书院（后来的龙河书院），这所书院此后一直充当万载官学的角色，是一所"官学化"与"科举化"的书院。而乾隆时期兴建的其余七所书院则是由宗族或士绅捐建。就一般情况而言，全国书院普遍在乾隆时期获得蓬勃发展，而万载的书院则是在稍后的嘉道年间迎来了发展史上的最高峰。究其原因，经济发展、文风日盛固然是一个重要因素，但更重要的则是土、客双方对教育文化资源的激烈争夺。万载书院的发展带着明显的土客竞争的色彩，呈现出你追我赶的状态。

整个清代，万载进入县志的书院有 71 所，其中乾隆朝以前建造的有 11 所，咸丰朝以后建造的有 14 所，其余的 46 所都是嘉道年间兴建的。清代万载实行的土、客分额制度使与此相应的教育机构出现了土、客分野。随着移民的逐渐强大，这种趋势在清中期表现越来越明显。这里主要简要介绍万载县各大书院的发展情况。

"至书院，首龙河。"① 龙河书院② 是清代万载县的官学，为土著所控制，其发展情况说明了这一点。道光后期知县崔登鳌下车伊始，发现此地文风不错，人才辈出，不过"其翘然特出者"，还数"龙河书院肄业士也"。他在《龙河书院增置膏火田记》中明确说："龙河者，通邑土籍之义塾。"③ 龙河书院的前身是龙山书院，因其坐落在县治后偏左的龙山而得名，乾隆九年（1744）由知县严在昌捐廉倡建，当时里民聂嘉会、汪淑躬助银买田，之后易观国、辛汝歧、郭孟牖祠、辛汝襄等先后捐助田、银，资产计田 530 把④。乾隆二十年（1755）知县朱菘因为其地近闹市，不便诸生肄业，在士绅的吁求下，于是移建书院于距城半里外的龙河河滨，督邑绅汪朝祖、郭治清、汪发楫等倡捐。改建后的书院规制仍如龙山书院，学舍共 12 间，易名为"龙河书院"。乾隆二十七年（1762）知县张仿白鹿书院颁布条规。嘉庆年间有多任知县捐廉助学。道光二年（1822），太学生宋海峤之妻闻氏继承宋家遗志，先后共花费白银 5100 多两重建书院，并捐助诸生膏火。规模宏大，屋宇为五进。学宪李宗昉、进士辛从益都有记。知县卫增订章程。道光四年（1824）辛朝聘妻郭氏助田，五年知县、抚宪捐银。道光二十二年（1842）知县张文诰捐廉为倡，全县绅民慷慨乐输增置田产。知县崔登鳌有记。地方官员的大量参与表明了龙河书院的"官学化"，从书院的经费来源和经营情况来看，龙河书院具有浓厚的"土著化"色彩，完全把客籍排除在外。

不过，仅有一所龙河书院，无法满足全县众多土著士子的求学需求，清

---

① 道光《万载县志》卷首，《凡例》。

② 有意思的是，万载土著建造的五座中心书院都以"龙"命名，而且万载县城附近的山、河皆以"龙"命名，历代士人多有记咏。这或许暗示土著与"龙"的某种关联，又或许是土著的文化制造。

③ 道光《万载县志》卷二九，《艺文》。

④ 万载民间买卖田地以"把"为单位，至今不改。据民国《万载县志》卷一之三《方舆·风俗》载，计田以"把"或以"种"，盖指莳秧及浸种之多少言，大约二十五把为一亩，一亩为种七升半。又，同治《萍乡县志》卷一，《地理·风俗》亦载："论田数曰若干把，谓莳秧若干把也，一亩合三十把"。再，"萍乡等县乡间习惯，计算田亩不计几亩几分，只云丘数、把数，即买卖契约内所载，亦只书明坐落土名某处，计田几丘，共几百把或几千把。所谓'把'者，因乡民思想简单，布种时只知手握种子，应需若干把也。"载南京国民政府司法行政部编《民事习惯调查报告录》上册，240 页，中国政法大学出版社 2000 年版。何炳棣也注意到这种以"把"计田的特殊情况，见何炳棣：《南宋至今土地数字的考释和评价（下）》，《中国社会科学》1985 年第 3 期。

中期万载各区土著还建设了几所中心书院。龙冈书院，在邑西株潭市龙家岭，道光七年（1827）三区士绅汤荐馨、周治睿、龙文、陈常等倡建，购置田亩供束脩膏火并给童试卷费、乡会试程仪。其后因公用不敷，县令韩捐廉为倡，先后得银 20000 余两，添设斋舍数十间。道光二十五年（1845），知县崔登鳌商定劝学条规，又捐俸置十三经注疏、钦定四书等，并有记。龙云书院，在邑西小江滨，道光二十年（1840）镜山陈绵韵、陈勋等倡捐，四区及上五区各士绅合建，并置有脩金膏火田。龙桥书院，在邑北云峰里万岁桥，道光二十三年（1843）五区士绅张居敬、高起河、钱惟日等 11 人劝捐创建。屋宇三栋，书舍 32 间。龙洲书院，在邑东北罗城，道光二十三年（1843）六区士绅卢昆銮、喻炳、彭士模、杨罗峰、卢及芝等劝捐创建。有学舍 40 余间，并置有束脩膏火田，一切章程皆仿龙河书院。相比其他土著建造的大型书院来说，龙洲书院创建较迟但有奋起直追的势头。参与书院建设的举人彭士模记道："龙洲书院在罗城，故康乐旧治也。先是合邑书院惟龙河，而邑分六区，独一二区附近，余皆远处乡村，负笈艰艰。自三区创建龙冈，四五区龙云继之，各乡以为便，而六区顾阙焉，何以称人文之乡哉？适刺史卢翰坡守制在籍，亟出金为倡，邀余偕劝捐，合区子姓莫不踊跃，得缗万有余千……一切章程俱仿龙河，其地踞全区之胜……吾龙洲人文岂特为一区光已哉？昔以旧治之乡而仍各城，行且以一乡之义学方驾一邑之书院，视彼龙冈、龙云或过之矣。"[1] 土著士绅表达了赶超龙冈、龙云的意愿，大有直追龙河的气势。

值得注意的是，土著描绘的蓝图与万载书院的实际分布格局并不一致。龙河书院居于全县教育的中心地位，一区、二区是其主要势力范围；邑西的龙冈书院是三区的中心书院，龙云书院是四区的中心书院，邑北的龙桥书院是五区的中心书院，而邑东北的龙洲书院则是六区的中心书院。

从前面的全县书院的分布图中可知，在规划全县教育资源的分布格局时，土著有意识地排除了不论是地理位置还是办学规模都不让于龙冈、龙云的高魁书院和东洲书院，因为后两者是客籍所办。

高魁书院，在邑北 70 里高村，道光三年（1823）客籍廪生潘维新、监

---

[1] 道光《万载县志》卷一二，《文征·记》。

生刘凤喈等集同乡捐建，监生蓝桥捐银 800 两为倡，置讲堂、学舍，购田550 石为束脩膏火费，费银一万余两。督学李宗昉有记。知县卫鹓鸣捐百金以助额，其斋名曰"课心"，并有记。道光六年（1826），知县武穆淳捐廉100 两并购存十三经注疏并有记。值得一提的是，高魁书院是第一所具有资格进入县志中的客籍书院。知县卫鹓鸣写道："癸未（道光三年）之冬，乡人士潘维新、刘凤喈、饶廷锴等请即于龙山之麓创建书院，以便远近来学者，众皆乐输。"翌年十月，当他前来视察时，"则讲堂学舍俱备，置膏火田数百亩"。① 督学李宗昉也记道："道光癸未余按试袁州，万载绅士有以龙河书院记请者，余允其请，记之。逾年科试复至郡，邑人士潘维新、刘凤喈、饶廷楷等又以记高魁书院……规模宏远，置田数百十亩，通计縻白金一万有奇……于龙河书院外，别创是举。"② 在这里，李宗昉对客籍举办的高魁书院给予了与龙河书院相当的期望与评价。但是，高魁书院的发展受到限制：第一，其地理位置偏僻，距离县治较远；第二，移民相对较少而土著势力强大，与土著创建的龙洲书院同属一区，面临激烈的竞争。而紧接着它之后创建的东洲书院则具有诸多得天独厚的条件。东洲书院的情况会在后文详细论述，这里简单介绍一下它的概况。

东洲书院在城西 40 里处大桥市河东沙洲上，道光六年（1826）客籍钟斯敬邀同志张瀚、叶懋本、曾维新等 37 人劝捐，钟天亶捐银 1500 两以倡，屋宇为三进，有学舍 60 余间。客籍所捐银两达三万余，除建造书院外，购田数百亩及店数间。知县陈文衡捐银 100 两并酌定学约条规，有记。书院山长由首事延请。新昌进士卢殿衡有记。道光二十年（1840）又捐膏火田1000 余把。同治三年（1864）因地势下陷，谢大舒、曹庆余等倡捐，升高地基并重新改造院宇及魁星阁，费银 5000 多两。举人廖连城、岁贡赖作霖、新昌举人刘嘉树皆有客籍。除了以上两所很有影响的书院外，坐落在邑西潭埠市的"九图文会"也不容忽视，它也是知县卫鹓鸣"不胜欣赏"的客籍义塾。卫鹓鸣在《文会义塾记》中说："九图文会肇自乾隆四十三年，邑人士廖俊旺、周彬文、李佐堂、王廷机、张书秀、谢云峰、邓九松、罗明通等集潭埠、白

---

① 道光《万载县志》卷一二，《文征·记》。
② 道光《万载县志》卷一二，《文征·记》。

水、书堂、花桥等处九图地方，捐金置买田产，为奖励读书士子而设者也，甚属义举。迨道光五年廪生谢国华、张毓祥、监生傅春廷、张铭堂、李弼经等始将岁收租息奖给童试岁科卷赀、生监科费。又聚九图生童百有余人会考社课，汇其诗文送置余，于批阅之下觉新颖超脱，殊多可造之才，不胜欣赏，因为之次第焉。"[1] 可见这所客籍合资捐建的书院，从乾隆四十三年至道光五年（1778—1825），经过三四十年的发展才成气候，终于培养出了自己的精英与后备军，引起了地方官的重视。

与此相适应，书院的经营及各项宾兴基金的管理机构也带有明显的土客分离的色彩。宾兴基金大致可以分成以下几种：童试卷赀，乡会试路费、卷费及束脩经费等。

土著方面，管理宾兴基金的机构名为万载宾兴堂，道光五年（1825）由进士郭大经等倡捐，城乡土籍绅耆捐建。"一、二、四、五、六区诸君子相与成之，或折公赀众业，或捐己产己缗，罔弗慷慨乐输，共襄盛举"，共计捐资三万余金。[2] 所置田产及各姓助产择首事三年轮管核算，为文武童试卷费、乡会试程仪。其捐助名氏、契约、条规有册记载。这里，土著竟然排斥了客籍势力强大的三区人士，从《万载宾兴堂册》所附的"知单"来看，道光五年、八年（1825、1828）三次开会时都只是"通知各城乡土籍"，完全排除了客籍的参与。道光二十三年（1843）郭光筠倡导续捐并作序，光绪七年（1881）郭赓平再次倡捐，这可见土著世家大族郭氏在此机构中的领导作用。

除此之外，土著还设立了其他一些专供本籍使用的教育基金。如思永堂卷费，道光二十二年（1842）职员易锡纯捐助共田 1955 把，额租 202 石，交宾兴堂一区首事带管，每科通计所入分作四股，以两股发文乡试入闱者，一股发文会试，一股作交粮备补零用之需，有余归下届核算。首事糕饼钱、岁贡千文，此费亦止发土籍。学宫文武乡会试费，自乾隆年间始乡试每名 200 文，后渐增至 400 文至 600 文不等；会试初仅一二人，每科十两，后人数渐多，改照乡试钱数按名十倍之。"此皆出自学田，客籍所无，故不预。"吴公

---

① 同治《万载县志》卷二九，《艺文·记》。
② 道光《万载县志》卷一二，《文征·记》。

讲堂，康熙十七年建，约以合邑本籍茂才讲堂会课。土著辛、王、张等族历有添产，计田 3522 把半，岁入租钱，香灯祭费外，悉给本籍乡会试斧资。①

客籍东洲书院也设有宾兴堂，为"书院度支会计地，而多士及乡会试资费亦皆经划于其中"。②

当然，万载书院的发展进程除了反映土客双方对教育资源的激烈争竞以外，也显示了土著与移民各自发展的一些特点。同治年间的方志记述："书院，近日尤盛，各区竞立义学。今录先公后私，首合县书院讲堂，次乡族义塾，次同志合建者。"③基于宗族组织的发达以及经济力量的强大，土著所办的书院不仅数量众多，其数量是客籍数量的七倍多；而且呈现出强烈的"族学"色彩与士绅合办的性质。在此基础上，土著也就更有能力建造中心书院。相比之下，移民所建的书院数量极少，这是由于宗族组织尚未发达，除了一家势力较大的"族学"性质的书院外，其余都由士绅合力共建。需要引起注意的是，移民毕竟在倾其全力建设自己的中心书院，造就自己的精英与代言人。移民的团结对于自身的发展至关重要。

二、义宁州书院的发展

清前期，宁州书院的经营及各项宾兴基金都由土著掌控。从清中期开始，随着客籍力量崛起，齐心协力兴办教育，创建书院和宾兴组织，并进一步刺激了土籍。

土著方面：旧学田，在武乡山口等处，额系土著蓝、谢诸姓，佃耕后因客民顶耕辗转以致混淆。乾隆十二年，生员陈嘉湛、胡超相、王学会呈明知州许渊，饬令诸绅同该地练保，执册履亩，清踩丈田，并谕令各佃户具结承租，给发印照，不许私批私顶，共计额租 71 石余，每年照时价折银交纳。举人刘显祖等复呈明知州，除完条漕贫士膏火解额外，凡奖赏钱送及乡会试中式诸费，俱可取给。④

---

① 道光《万载县志》卷一二，《文征·记》。
② 道光《万载县志》卷一二，《文征·记》。
③ 同治《万载县志》卷首，《凡例》。
④ 道光《义宁州志》卷五，《学校志·书院》；同治《义宁州志》卷一三，《学校志·书院》。

宁州向来乡、会试中式归日，经承设席东关粮仓，廪请州官同集宴会。除肴馔银三两付房备办，其余银两计算若干，以作乡、会试中式礼仪，存库给领，诸费均出土著学租，棚民不得干预。奎光书院捐助上武乡二十一都土名马迹田租35石，以为廪保设局盖戳公费之资。但该业离州城180里，不便装运，每岁租谷折缴钱35千文，于岁科试设局之期，赴局交兑，其田仍归书院经理，其粮亦归书院完纳，永为助产，廪请立案。又梯云书院捐助下奉乡十六都土命杨家坪及冈上田租35石，以为廪保设局盖戳公费之资。亦因该业离州城60里，河路崎岖，虽以装运，每租谷一石折缴钱一千文，于岁科试设局之期，赴局结算交兑，其田仍归书院经理，其粮亦归书院完纳，永为助产，廪请立案。

濂山书院，在州治迎恩门外修水东旌阳山麓。周敦颐任分宁（宁州）主簿时创建书院，此后或毁或重建。康熙七年，知州徐永龄重建并塑黄庭坚像合祀，仍称濂溪书院。不久复罹兵燹。康熙十七年，知州班衣锦复修，合祀濂溪、山谷两先生于其中，后常就以延师课士而膏火不给。乾隆八年，知州许渊始鼎新之后称濂山书院，详拨云岩、洞山二寺田租759石余，除完条漕及拨给普济堂谷100石外，余俱作书院经费。二十五年，知州周作哲详拨大源山官庄田租银33两；三十八年，署知州边学海倡捐重修；四十年，知州徐肇基详拨卢、韩氏田租银45两，陈密捐田租银50两；五十二年，署知州王茂源捐廉茸修。嘉庆八年，知州陆模孙加意培植，广生员正课名额，捐廉倍增，奖赏邑人士，奉木主于书院，十四年公捐修濂溪石桥。二十二年，知州周澍倡修，陈审、胡机、朱晚成后裔捐银重新，复详请官府，嗣后敦请本邑绅士主讲，捐置安乡朱玉昇田4亩，详拨甘贵龙佃租5石，张铎妻胡氏捐田35亩余俱入书院以资膏火。学资倍增，士子遍及全州八乡。历任山长皆本州县举人。

社学，在州治西，明知州蒋芝建。义学，康熙十七年，知州班衣锦茸黉宫东西二隅为学舍。各乡尚有义学，其中族学占了很大部分。州宾兴组织，八乡于道光五年修志后，将志费羡余买老道前铺屋数间，又买卫前街铺屋一大所，没岁收租若干，至大比给科生每名钱两千。泰乡宾兴馆，在白水口普庵堂前，刘姓助出基地，合乡本籍捐费公建。武乡宾兴馆，在铜鼓街，里中本籍合建。周氏宾兴，八乡本籍周氏捐立，置田租若干石。①

义宁州的书院在道光至同治年间迎来了一个大发展时期。从清初直到道光初年，义宁州的教育资源一直为土著掌控。至道光十八年，客籍合力在铜鼓城外创建了第一所较大规模的书院，"奎光书院，武乡铜鼓城南岸棉花坽，向立社学。道光十八年，知州衡倡捐，将社学旧址建立书院，详请咨部"。奎光书院前身为距离州城 180 里的铜鼓文昌宫奎光堂，建于乾隆四十年（1775 年），至道光年间由数十姓客籍捐资兴建而成，客籍士民乐输总计田租 634 石，生息以为生童膏火、延师课馆，并改奎光堂为奎光书院。道光十九年，书院首事监生曾省三、王家桢，副贡生温丰，武生黄万容，职员卢敦化，监生曾宾春、李见心，童生邱贵良等呈称该书院近因肄业日增，添造房屋，买卖典租，师生膏火难以接济，书院经费入不敷出，故倡首劝捐。一时客籍人心感戴，愈加踊跃，统计捐银 20360 两，其中捐银 220 两者 46 人，捐银 320 两者 23 人，分别给予奖励。②

客籍由此倍受鼓舞，热情高涨，其后又在义宁州城内建造了颇为壮观的梯云书院。道光二十四年，客籍绅民捐赀建造梯云书院于州城铁路巷，并置田租，"乡间岁入谷一千数百石，为师生脯脩膏火"。梯云书院蔚为壮观，也是当时义宁州城内的唯一一所书院，"宁邑城中之有书院，则自梯云始也"。③

客籍合力建造梯云书院，就是要获得更多更大的发展机会和出路。一方面，土著依然把控地方教育资源，在地方社会掌握话语权；另一方面，已经入籍上百年的客籍（怀远籍）随着人口的增多、经济的发展，人文渐兴，不再满足于原有的格局。建造属于自己的书院，培养人才，成为客籍打破既有格局的突破口。道光二十四年四月初三日，怀远籍士绅监生林汁青，贡生郑体元，廪生张灿云，生员邱甸南、黄林、洪彬彦，监生赖振衢，职员林捷、程朱轩、陈琢如等 60 余人联名具呈署义宁州事蒋启扬，乞示劝捐。呈文称：

　　生等先人来宁，雍正初呈请立籍应试，蒙各宪大人会详部议准立怀远四都八图八十甲，爰同州属士子一体考试，文武各生幸登科甲者代不

---

① 道光《义宁州志》卷五，《学校志·书院》；同治《义宁州志》卷一三，《学校志·书院》。
② 《续修奎光书院志》卷一，《后案》，光绪二十八年刻本。
③ 《重修梯云书院志》卷一，《新序》，光绪十八年刻本。

乏人，惟濂山书院向归土著，生等因未与考肄业。迄今业儒者多，各乡生童志期上达，合同商议，欲择近城胜地新立书院，取名梯云。每岁凭宪玉尺，考取正副课卷，酌给膏火延请良师，共沾启迪。现有宁远兴、宁怀兴、长远兴各文季捐出田租二百余石，俱愿随同首事呈明乐助，襄成义举。但工程浩大，需费孔多，必待添捐钱租备具公用……禀恳示谕劝捐，钱数符例者并请议叙，俟后功成另禀请详立案。

蒋批："据禀该生等先人于雍正初年立籍，另立怀远四都八图，与土著一体应试。惟濂山书院向归土著，该生等各都不能与考。兹因业儒人众，志切观摩，共议捐资于近城择地另立书院既可培养人才，又与土著有所区别，系属善举。候给示劝谕怀远乡图各绅民踊跃乐输，该生等妥为经理，可也。"① 四月二十日，发布劝捐书院告示。

蒋启扬在义宁州创建梯云书院劝捐序中说：

> 分宁之濂山书院，康熙间为土著绅耆捐修，新入版图者不获与考。怀远各都图自雍正初立籍安业，百余年来生养滋息，涵濡教泽，家弦户诵，而有志上达者苦无书院以为师资观摩之地。道光十九年，上武乡建立奎光书院，考课生童，每岁由州署封题扃试，汇其卷而甲乙之，惟地处偏隅，官不能躬诣较课，他乡士子亦以跋涉为艰，故应试者绝少。乃者大学生林汁青，贡生郑体元，廪生张灿云，生员邱甸南、黄林、林署芳、洪彬彦，监生赖振衢，职员林捷、程朱轩、陈琢如等合同吁称，怀远等都佥谋择近城胜地创建梯云书院，乞示晓谕劝捐，并求弁言于首简。旋据宁远兴季众呈请愿以承先书院向管葛家源、汤家湾、杨岭下等处田租共计一百三十五石及省城文星试馆，宁怀兴季众愿以安乡田租八十二石二斗，长远兴季众愿以田租二十石一体捐入书院。

修建一座全新的书院所需费用巨大，光靠各文季所捐田租200余石是远远不够的。蒋启扬捐廉以倡，劝谕怀远绅民踊跃乐输，乐善之士慷慨解囊，集腋成裘，以襄盛举。还提到将按照清廷政策予以奖励。他还期望此举能够对土客之间的交流融合起到促进作用："（梯云书院）并与土著学士大夫望衡对宇，交相切劘，泯其门户异同之见，则人文蔚起，结绶弹冠，共梯乎青

---

① 《梯云书院志》卷首，《前案》，同治二年刻本。

云，以无失命名之义。本署州事有厚望焉。"①

本年九月蒋离任，新任知州周玉衡重申原定奖励章程。告示发出后，怀远都内人士热烈响应，踊跃捐租捐钱。总计捐钱 26763 吊 500 文（钱 1000 文合银 1 两），捐田租 280 石 2 斗，其中捐银 300 两以上者 3 名，捐银 200 两以上者 106 名。陈宝箴家族即为怀远人，其父于梯云书院创建时捐钱 100 吊。据同治二年《梯云书院志》记载："陈子润，泰乡七都竹塅，捐钱一百吊文。男：树年、宝箴；孙：三立、三畏、三厚、三凝。"② 怀远籍共有邱、林、李、张、赖、陈、黄、钟、何、刘、谢、曾、朱、罗、郭、王、吴、廖、韩、温、杨、冯、叶、蓝、彭、戴等 121 个姓氏宗族捐钱。梯云书院竣工后，道光二十五年十一月，怀远籍士绅向知州禀请，并恳详请议叙。此次工程一切费用实用实销，除实在用去外，尚余钱 12549 吊 470 文，怀远士绅公议暂存殷实之家付出印契，每月一分生息，以待购买田租，永为师生脩火、乡会盘费、花红等费。道光二十七年正月，清廷照例奖励表彰修建梯云书院出钱出力的怀远都绅民，或给予记录二次，或给予顶戴八品、九品，或给予匾额花红等。③

陈宝箴所撰《梯云书院记》云："咸丰乙卯之岁，粤贼陷我州城，而城中梯云书院毁。寇既平，诸君子乃仍其旧址而重构之。资用不给，载辑载赓，又数岁始复其故。"④ 梯云书院重修后，怀远士绅"走书来武昌以嘱宝箴"时，陈宝箴"顾念昔者先君子实与始事，小子不敏，其何敢辞"。在旧址上重修之后的梯云书院焕然一新。同治二年，梯云书院志局公撰《梯云书院记》载：

> 宁城为冠盖幅辏之区，祠宇民居相错，而有栋宇周遮、长廊四绕者，梯云书院也……迨来寇氛迭扰，瓦角无存，都人士从而复修，仍其基址，而增大其规模，门竖屏墙以蔽内外，是书院之所首出入者，堂皇高大如建坊然，壮观瞻也。门以内地甚厂，有惜字亭，有捐赀碑，碑之侧有公局，由坪而升，题其门曰"为国储材"，昭郑重也。进此则有站

---

① 《梯云书院志》卷一，《义宁州怀远创建梯云书院劝捐序》，同治二年刻本。
② 《重修梯云书院志》卷四，《捐名三代》，光绪十八年刻本。
③ 《梯云书院志》卷首，《前案》，同治二年刻本。
④ 《重修梯云书院志》卷一，《新记》，光绪十八年刻本。

亭，有讲堂，堂之上有文昌座……讲堂之后有奎星楼，有尊经阁，阁下
为崇祀堂，有禄位牌……阁之左右有师位，有官厅，外此则皆为肄业房
舍，上下左右广厦数十间，环拱讲堂，殆蔚然为书院美观。而因有感焉。
夫吾都自隶籍以来，岁经郁积，而始立书院，治兵燹之余，又岁经瘁虑，
停课数载，而始得修复。肄业于斯者，追维于前人之所郁积与继事之艰难，
当必穆然思、皇然惧，奋与鼓舞，刻意穷经以远到程途为自期，以维持
书院为己任，此倡建诸绅士之所默慰，亦复修诸同事之所切望也。①

义宁州怀远籍建设梯云书院以来，人文蔚起，科第日盛，"自书院兴而
士之肄业于斯者，率皆腾达以去"。这大大刺激了义宁州土著，于是有土籍
（本籍）建造凤巘书院。同治四年，八乡土著绅董倡建，禀请宪谕办理，按
粮捐费一千有奇，买奉新商户吴姓园业，在州治北秀水门下修建凤巘书院。
同治四年八月，义宁州本籍绅士朱延禧、查凌云、陈嗣沆、龚淞、荣定元、
傅汝霖、曹文昭、李镜华、帅人凤、涂家杰、韩继藜、胡炳升、卢炳炎、何
章、温其玉、徐云凤、郑人瑞、徐家幹、冷梅蕃、程镜麟、丁联奎、樊寿
昌、王年丰、张五云、袁体仁、熊有光、车元龙、叶魁元、戴凤鸣、樊汝襄
等 190 人"为呈议请正并恳预示以宏乐育事"具呈知州。呈文称：

> 义宁本籍前朝建义学于州治，曾有凤山书院，嗣后废改，遗迹无
> 存，有心者意欲复建以启人文。迭经公较，已于城北秀水门内新买基
> 址，鼎构讲堂精舍，拟以"凤巘书院"署额。另设月课膏奖，综计需费
> 不下数万金，势非劝捐末由藏事。因将往常一切分乡派捐，挨户写捐，
> 按姓出捐，章程再三公议，均谓事需时日，供应浩繁，实费虚糜，难免
> 动形掣肘，迁延未定。前月初旬，八乡会集始得大同，妥议拟照咸丰七
> 年助勇捐章，按每民米一石劝捐，书院费钱八百文。凡在土著，现在得
> 与课濂山之户，无论升斗勺合一体照议，分别随本年征期交兑，不得少
> 有遗漏。议出均称平允。惟濂山书院系康熙七年土著先人捐赀自课子弟
> 之举，除雍正年间以捐置省仓融通外，其余原不与课事，有成规从无更
> 变。此届另建，按米捐赀，务仍其旧。倘有混捐希图事后借口，查出公
> 同禀请扣除。事关文教，合并声明，公叩仁辕伏乞钧裁一体预颁晓谕，

---

① 《梯云书院志》卷一，《梯云书院记》，同治二年刻本。

俾共遵行，庶美举克成，而院宇易建，栽培多术而士气备兴矣。①

义宁州知州收到具呈后批示在案，不久因公赴省城，得面禀上级，得到批准。九月，知州出示晓谕：

> 合州土著人等知悉，尔等须知书院为培育人才之地，既经公同酌议添建于城内，另设月课膏奖，自应按照所禀议定章程踊跃赴捐，并责成八乡催差户长，俟本州示期开征，随漕每完民米一石，交兑捐费钱八百文，无论升斗勺合均照议章扣算，制钱若干，随漕缴署，由署发局，以便迅速建造。所议按米捐数，准与课濂山之户捐输，如有混捐，希图事后借口，一经查出，许即禀明扣除。

凤巘书院"起于乙丑十一月，迄丙寅十月而垂成，计白锅一万四千有奇，费亦巨甚。第馆谷薪水每岁需用浩繁，筹备不先，恐难为继。乃仿邻邑成章，按户劝捐存费，逐年完息，自丁卯冬起，岁入息钱一千数百，而美乡善酿金献田，先后又捐买，岁得租钱一千余串，俾养士有资"。义宁州土籍期望新建的凤巘书院可与广信府鹅湖书院、吉安府白鹭洲书院媲美。土著绅士特别提到："州属地方寥阔，居民杂处，外省外府州县来宁者不少，现怀远都已创梯云，与凤巘两不相入，易于区别。"负责修建凤巘书院土著士绅与梯云书院严格区分开来。至于"其中有向未入濂山考课者，实系本省年例相符，并非外省可比，只可从宽加捐，收入载明姓名，准入凤巘与考，不得籍入凤巘兼考濂山，以杜希冀而息争端"。"至非本省者，即年例久符，亦不准入。若怀远籍现有梯云者，更无庸议。""倘有一姓联合混带客籍捐入者，虽比时失于觉察，自宜秉公厘剔，毋庸徇隐。"②自光绪元年开始，凤巘书院每年应完正米七石九斗一升五合，地丁银九两二钱四分二厘，由州完纳。同时，重新拟定书院章程。

凤巘书院的创建，表明土客之间的竞争趋于激烈，双方的区别和界限愈加明显。同时，凤巘书院地位的逐渐抬升，其势直逼全体本籍共建、号为"八乡总汇"的濂山书院，显示着义宁州土著内部也在进行新的分化和组合。

---

① 《凤巘书院志》首卷，《案牍》，清光绪元年（1875 年）刻本。本志五卷，影印本收录于《中国历代书院志》第二册。
② 《凤巘书院志》首卷；《案牍》第四卷，《章程》。

三、酃县、永宁等县书院的发展

清代湖南酃县的书院也有土客之间的严格区分。康熙五十二年，知县张瑶创黄龙书院，后易名洣泉书院，专收土著学生。嘉庆二十二年，知县麦连倡建梅冈书院，专收客籍学生。土著、客籍双方以书院为中心，逐渐形成各自的认同。酃县的本地人与客籍人遂有"洣部"与"梅部"之称。①

洣泉书院资产雄厚，官田官山共 24 区（处），共（田）苗 20 亩余。又公买田租（地）共 60 余区，共（田）苗 230 余亩，另有庄屋园塘若干，及山岭茶树税钱若干，分布于各都。②洣泉书院的院产还有各项捐献的田山等。如，十都明代庠生万人钦捐十都翔字号田三区共苗五亩四方；谭显名捐六都阳家湾田苗一亩四分、黄沙砦阳家湾田苗三亩五分、六都社家冲田八分、四都石盘上黑里坑田苗四亩五分；谭衡安捐十一都下馆田三区苗十亩，因水冲淹，减苗二亩；尹祖高妻、节妇李氏捐十一都上馆田二区苗二亩一分；罗文灿率男铜章等捐六都塘砦砦下田、山、茶、桐、杂木等项，又对门杉山一面，田一区苗六亩零一厘，附载田山界址，与捐入罗户田共管，契附罗户。周耀堂男礼等捐一都石湖铺田六区，共苗八亩；城南邓户惇裕堂英才等捐一都石鼓流丝冲田苗 14 亩，附载界内束修田四亩，实田十亩，同治年间补捐。谭圣谆捐十一都坪子脑田苗 24 亩；万典璋捐六都走马洲三亩三方，十都坝洲里、分水坳、芭蕉冲、梅冲、砦口里、中麻莱七区共三十八亩零、十一都横坑八亩七方五厘，共田五十亩零六方七厘五，尽拨入束修会。

梅冈书院在东城外，因书院南边为梅峰，故名"梅冈书院"。嘉庆二十二年知县麦连倡，客籍士绅朱光贤、贾元贞、张朴庵等创建。知县麦连记："酃有天河、洣泉两书院。天河业为司铎署，惟洣泉独存。迩来负笈从游，趾相错也。顾限于地不能增廊，虽咸思请益，而每叹向隅。嘉庆丙子春，余权兹篆。甫下车，邑绅等以增建书院请，余闻而韪之。未几，醵众金，相东城外里许之桃花园，辟地庀材，为崖四进。前为奎光阁，中为讲堂，后奉安先师。左右室为主讲砚席之所，两翼为诸生斋舍，最后为帝君

---

① 《酃县志》大事记，中国社会出版社 1994 年版，第 6 页。
② 同治《酃县志》卷八，《学校志》。

殿。园圃庖湢周不毕备。计缗千余，阅时十月而工竣。”地方官府期望给客籍的人才培养提供更多的机会，“以辅洣泉所未逮”，“由是学庐对峙，竞秀联辉，共沐浴圣天子崇学右文之化。”①

梅冈书院的学产也较为丰厚，除书院所在地东城外桃花园产业外，又买田 30 余区（处），共田苗 90 余亩，另有房屋店宇 3 所，分布于各都。书院有大量客籍捐献的田、租，共计 45 区（丘），苗 75 亩余。各项公买及捐献田租，皆详载《梅冈书院义田志》。②

洣泉书院与梅冈书院各有宾兴会，各有会产。洣泉宾兴义田很多，其中宾兴会公买：洪义龙十都南流中心坝田一塅，苗 4 亩，额租 8 石；公管南城外赵公殿内外税钱 2400 文及北城内文昌宫右厢园土税钱 800 文。其余来自土著捐献。乾隆三年，谭显明捐祖遗及自置二都田 23 亩 5 分，为每届文武生员乡试卷资。其他士绅民人等捐田（租）达 30 余区（处），苗共 100 亩。又续捐宾兴会田 30 余区（处、丘），近 70 亩。梅冈宾兴义田，宾兴会各户捐资置买田亩 30 余区（处、丘），共田苗 130 余亩，以及瓦屋、鱼塘、茶山若干。以上田租，均归梅冈书院首事经理存留。每届乡试之年，预期首事备出积收租钱 180 千文，交赴闱士子带至省垣，遵照文七武三的旧例发给。其余租钱，仍归书院各项支用。

在江西永宁县，清代中期以前几所书院都是土籍所建。巽峰书院，“宁之土著古书院也”。宋代建于古城一保金钩湾，因面峙巽峰，故名。元至正间分县，始购屋城北郭外，设为义学。清初鼎建于城西南隅，本籍捐银 2700 余两，置田 30 余硕（每硕合 4 市亩），每年甄别考课，按月给发膏火。乾隆二十六年（1761），知县何朝福劝捐修造，余银置买田亩。乾隆四十年（1775），知府卢崧委员会同知县勘丈田亩，复劝谕增租，膏火略裕。嘉庆二十四年新创文昌宫，后造屋 12 间为诸生肄业所。而后就城西南旧址重修，规模完备，租谷充裕。联奎书院，一、五、六保旧建义塾于古城，名曰三乐斋，年久将颓，道光十九年（1839）就旧地广阔基址新建，落成于道光二十一年（1841），“用费四千余金，悉区内捐输，复募义田若干亩征租以供

① 同治《酃县志》卷八，《学校志》。

② 同治《酃县志》卷八，《学校志》。周华龄等纂：《酃县梅冈书院捐簿》，道光二十二年（1842）木活字本。

束脩暨膏火"。咸丰元年，在府城东门买地建联奎试馆。笥峰书院，即古龙溪阁，二、三、四保醵金所建，道光年间士绅就古阁改造，共计房屋11栋，宅舍50余间，因玉笥山祚落其右而得名。玉峰书院，八、九两保向无乡学，道光十六年，两保劝捐田亩得租800余担，谋建书院，为两保义塾。香泉义学，在巽峰书院右，七保捐资独建，名七教堂，道光二十七年建。八家书舍，一、二、三、四、五、六、八、九等保捐资立，在巽峰书院左，名曰奎联、玉笥，道光二十七年。①

道光后期，永宁县、酃县与茶陵县三县客籍绅民捐资合力创办龙江书院，成为当时湘赣边界最大的书院。书院在四保舂头河西，位于今井冈山市龙市镇西北的龙江河下游，背依五虎岭，面临龙江河，书院因而得名。龙江书院始建于道光二十年（1840）春，完工于道光二十三年（1843）秋。书院正栋三进，宅舍百余间。书院建成后，因工程浩大，"度支为艰，缮租并输，尚乏羡余为膏火计"，"复饬劝捐钱文，筹备膏火，计捐输之多寡，援成例而详请议叙"。由是"财用不匮，延请山长，士之负笈肄业者，咸视馆如归焉"。② 相邻数县的客籍深知创建属于自己的书院迫在眉睫，故大力鼎助。如酃县士绅吴奕汇，为筹集建造学院的资金四处奔波，动员了很多客籍绅民襄助办学。据道光二十九年刊印的《龙江书院尚义录》记载，为耕作放租方便，永宁客籍山民主要乐输田亩，茶陵、酃县山民则以乐输缘钱为主。现存两块碑刻（今嵌于龙江书院墙壁）显示了客籍捐建书院的热情。碑文记道光二年（1822）年初，联文会319人"统共捐钱五百一十二千一百文，至庚子年（道光二十年，1840）并息输入书院起造用讫"。在建造龙江书院的过程中，永宁、酃县、茶陵三县客籍总共捐助田地192.5硕，年收租谷1924担，充当教育基金。

龙江书院有一整套严格的管理制度。从《书院章程》可知，计有规定20条，对掌教山长、坐局士绅、起闭馆时间、课程（官课、师课）、生员录取比例及条件、生员伙食补助标准、田租管理、书院事务、县宪官绅莅院考课等，均作有详细规定。对院中所设的报功祠，规定为每年谒祭帝君之处，

---

① 同治《永宁县志》卷四《书院》；卷九《文征》。
② 杨晓昀：《创建龙江书院原序》，《宁冈县志》第31篇《艺文》，中央党校出版社1995年版，第777页。

"必有实心培养嘉惠士林者方许附祀"，崇义祠必须是"捐六斗以上者方许附祀"，对已乐输田者，规定"子孙永远考课，肄业无异"；对未捐田的贫困人家，则强调"日后家业增盛，准其量力捐输"，"一体同仁"。书院管理得法，治学严谨，并定期派出生员赴鹭州、豫章等书院学习，影响很大，培养了大批人才。

清中期，湖南浏阳县涌现了一批书院，办得有声有色，尤以东乡洞溪书院最具代表性。它坐落在群峰怀抱、山清水秀的张家坊，由客籍始创于道光年间，后经咸丰、同治、光绪三朝，历时70余年，培养了不少人才。洞溪书院的前身是浏阳张家坊例贡生张良赞费资4000金兴办的文昌祠义学，道光十七年（1837）开始招收本乡童生。几年后张良赞又捐膏腴田120亩作为办学经费。尔后，张年老多病，因无子女继承，忧义学无人接管，乃召集亲朋戚友，嘱妻陈氏，将全部家财捐于义学。道光二十七年（1847），张良赞去世，夫人遵其遗嘱，召集众人商议，推举乡贤张祖德、李元善经理，并将义学改为书院，取名"洞溪书院"。经过筹备，书院于咸丰二年（1852）正式开馆，延聘浏阳西乡举人熊冲之主讲。乡人奔走相告，远近士子纷纷聚集书院就读，竟使斋舍一时人满为患。时"远近士子麇至，至斋舍不能容"。乡人办学热情高涨，决意扩大斋舍，乃发起募捐。是时正值年岁丰稔，乡人捐资非常踊跃，数年间共募得白银17000余两。湖南巡抚骆秉章得知此事后，专题奏请朝廷嘉奖捐资人士。到咸丰十一年（1861）又捐入银25320两。浏阳县知县邓尔昌详请议叙，湖南巡抚毛鸿宾再次题请朝廷嘉奖。刘得朋等114名捐银200两以上者，给予九品顶戴；徐方清等8名捐银300两以上者，给予八品顶戴。同治四年（1865），有张昌芾、李元善各垫月钱1000多缗，垫千缗以下者还有不少人士。六年毁于兵火。同治八年（1869），浏阳县知县盛康乐带头捐资百金，乡绅富户竞相仿效，捐款十分可观。洞溪书院始得修复，有大门、龙门、讲堂、大成殿、文昌宫、魁星楼、揽英阁及主敬、存诚（作藏书处）、亦乐、斗文、敬业、诚意、志道、养心诸斋，另辟崇义祠祀张氏夫妇，梓敬堂祀有功于书院之知县及捐资者，共计有房屋4进40间。至此，洞溪书院规模始定，成为可与省城长沙诸书院媲美的学府。

洞溪书院学规严明，极为讲究教学方法，而且十数任山长均系知名学者，如大学者湘乡郭昆焘（郭嵩焘之弟），先后掌教过南台书院、狮山书院、文华书院的长沙府著名经学大师袁懋森，浏阳西乡举人、浏阳文庙的著名乐师邱庆诰，都在咸同年间先后主讲于洞溪书院。万载汤成三、潘梓材、汤肇熙、新昌熊清河、长沙周湘矞、陈鸿业、湘阴姚腾汉、龙山李如崑、醴陵吴德襄、本县熊冲之、邱景山轮笭、黎先汇等亦先后任山长。[①]

洞溪书院自创办义学到书院规模初成，都离不开浏阳士民尤其是客籍的慨然捐资与苦心经营。良源里张氏，康熙初由广东嘉应迁来浏阳，"环良源皆张氏"。至清中期张氏"遂甲于浏，而为邑之巨族"，人称良源张氏。"明经张良赞建良塾，赞死，其妻陈以田种十石与塾归公。"历十余年，书院始成。[②]请以邑令，因其地洞溪，遂名曰"洞溪书院"。而且，洞溪书院也吸引了邻县的移民入学。据民国《义门陈氏宗谱》卷首上载，"百岁公"陈朝清，为义宁武乡二十一都民籍，不仅本州奎光、梯云两书院及山口义学皆倾囊捐助，以资作养，"即邻邑乡塾如万载之高魁、浏阳之洞溪，胥捐以襄之"。

总之，在清中后期，湘赣边区各县土著与客籍均致力于发展教育，迎来了书院及各类教育组织的大发展时期。书院也渐渐成为双方的权力中心，在地方政治格局中占据重要的地位。

四、其他地方公共事业的举办

并且，土、客的分野也反映在其他公共组织、公益事业的建设上。如清中期万载县地方官倡导各区建立义仓，邑廪生闻宗弼详细记载了土著合建恒足义仓的情形："县北十七都一图与十八都六图相距二里许，村落毗连，可呼而应也，聚族于中者，丰田为喻氏，东溪为彭氏，下碓之喻、里源之曹、高田之李、坑里之喻，寄居者复有陈、简、汪、王四姓。其人多朴质而重乡谊，其俗务节啬而谨盖藏，皆土著也。道光乙巳（十四年）因太史奏立义仓，吾邑应者叠起，于是职员喻钧藻、增生彭钺、监生喻含英、庠生汪庭藩、王树槐、儒童曹金泮邀两图士庶踊跃捐输，得钱一百缗有奇，谷五百七十余石，相地于圳上文联书院右构屋五楹列两廊，廊各二仓；又置田，岁租岁

---

① 《浏东洞溪书院志》上、下卷，光绪二十五年（1899）刻本。
② 《良源张氏十一修族谱》卷一，《艺文下》，清光绪二十七年（1901）孝友堂木活字本。

纳其中，现贮谷六百余石，名之曰'恒足'。"① 作者明白地记录了合建义仓的各姓及士绅，并特意指出他们"皆土著也"。这段文字最早出现在道光二十九年（1849）修的《万载县土著志》中，恒足义仓及文中出现的文联书院都是《土著志》的捐户。

而事关一县的公共事业的建设情况可参见表 3—2。

表 3—2 万载县土、客籍公共事业建设概况表

公项名称	建设概况及功能
吴公讲堂	康熙十七年（1678）建，约以合邑 本籍 茂才讲堂会课。土著辛、王、张等族历有添产，计田 3522 把半，岁入租钱，香灯祭费外，悉给 本籍 乡会试斧资。
京城袁州会馆	乾隆九年（1744）土籍 及三县绅民旗丁等捐买公建，瓦屋一所大小房 16 间。
学宫文武乡会试费	自乾隆年间始乡试每名 200 文，后渐增至 400 至 600 文不等；会试初仅一、二人，每科十两，后人数渐多，改照乡试钱数按名十倍之。此皆出自学田，客籍所无，故不预。
因兴堂	王昌仁、李荣陞等 70 人建，置有田亩、山场，岁施棺。辛从益有序。
宜分万会馆	道光二年（1822）邑 土籍 及宜、分两县合买，并店房共 50 间。又路西屋 8 间，价共 2300 金，万载出金 900。道光三十年（1850）改建头门，以后尚有增加。
宾兴堂	道光五年（1825）城乡 土籍 绅耆捐建，共计捐资 3 万余金。所置田产及各姓助产择首事三年轮管核算，为文武童试卷费、乡会试程仪。其捐助名氏契约、条规有册，有记。
皆有堂	道光九年（1829）职员欧阳春偕监生欧阳精、欧阳鹤、甘会凰等各子孙倡捐置产施棺，二十三年（1843）建堂。
思永堂卷费	道光二十二年（1842）职员易锡纯捐助共田 1955 把，额租 202 石，交宾兴堂一区首事带管，每科通计所入分作四股，以两股发文乡试入闱者，一股发文会试，一股作交粮备补零用之需，有余归下届核算。首事糕饼钱、岁贡千文，此费亦 止发土籍。
圣诞祭产	道光二十四、二十五年（1844、1845）职员鲍钟、贡生郭如衡、职员郭如磐助田 1214 把，26 年教职宋鸣谦捐钱 200 千文。有记。

① 《万载县土著志》卷二九，《艺文》。

续表

公项名称	建设概况及功能
三区乐育堂	同治二年（1863）三区六姓捐田 500 余把，以补乐洋堂经费不足所减之文武新进印卷、饭食两款；后复增捐以备新进文武之用，为龙冈乐育堂。有记。
万载公所	同治十年（1871）合邑 土籍 捐建，一连三厅，后左侧有书屋。
龙冈育材堂	就原有乐育堂及分县堂之款复捐赀，以备新进文武之用。考试停后此款附属龙冈，以为奖励升学之用。
三区惜字堂	附生龙元鳞、树槐、监生汤日煊倡捐，以 500 大钱为一股，日积月累买有田庄，有册。
东洲宾兴堂	道光六年（1826）绅耆捐建书院，时共捐金三万有奇。除建东洲书院外，买田 300 余亩及店房等业，岁收租息以为师生膏火，其余则为童试、乡会两试资费。
东洲敬教堂	在东洲宾兴堂左，购田数百亩为科、岁试文武新进及补廪公费。邑教谕、南昌举人蒋芳有序。
京城万载会馆	同治四年（1865）东洲书院公建，价 700 余金，房屋共计大小 12 间。
敬教公所	同治十年（1871）东洲敬教堂公建，厅房大小计 10 间。
县署	明代以前略。道光七年（1827）知县重修，二十五年（1845）知县修整，咸丰五年（1855）毁于兵火，同治七年（1868）知县率 绅民 重建。
株树潭巡检司署	明崇祯六年（1633）知县买民地建，咸丰六年（1856）毁，十年（1860）三区绅民 重建。同治六年（1867）水毁，七年（1868）捐建如前。
兴贤堂	嘉庆四年（1799）知县倡建考棚，当时"土著人者十之七、寄籍人其三"，输者踊跃，考棚竣工而金有余，遂为合邑 乡会试斧资。有记。
县考棚	嘉庆四年（1799）就万本立（注：土著之意）买构文昌宫基创建，有田六千余把，公择首事三年轮管收租，为土、客二籍 文武乡会试赆费。有碑。道光二十六年（1846）首事张藻、辛子魁因修学余赀添建号舍，费四百千有奇。咸丰六年（1856）号舍概毁。同治八年（1869）职员宋仕豪捐建，费千六百有奇。

续表

公项名称	建设概况及功能
府城考棚	系四邑朋建，嘉庆十一年（1806）知府倡议改建 12 棚，邑 土籍 捐 4 棚：辛大祠，辰棚；郭孟牖后裔，巳棚；职员刘昆，午棚；贡生李以正，亥棚。道光二十一年（1841）绅士辛东卓、汪茂楠、王简心等劝捐分修，嗣职员汤伊衡捐建雨亭。咸丰十年府檄四邑分建，土客合修 头门、礼科、工科厅，各房共 10 扇 9 间。辛大祠建亥棚，郭孟牖子孙建西棚，东洲书院 建未棚，汤伊衡子孙重修雨亭，同治九年（1870）复修葺。
府学	嘉庆十四年（1809）移建，贡生李珽、以正同修大成门、名宦祠等。道光二十九年（1849）李以正之子桢独力重修，举人刘文縠、生员郭陶、辛思诚等劝捐合邑 土籍 承修，共报销银 5000 余两，捐户俱邀议叙。辛、郭、刘、易、鲍各祠捐数有碑记。咸丰四年（1854）兵毁，八年（1858）乐泮堂 重修。
省城贡院	嘉庆二十一年（1816）更修，郭孟牖祠、宋珊众、唐锡铎各捐纹银 100 两，西门鲍祠捐钱 7 千文，集贤坊张祠、后街汪祠、双虹桥刘祠各捐元银 50 两，白良袁祠捐纹银 30 两，辛大祠捐钱 30 千文，陈孟楠捐银 20 两，大北门丁祠捐钱 2 千文。咸丰九年（1859）合邑 捐银 800 两，同治六年（1867）增设号舍，合邑 捐银 400 两。
乐泮堂	道光三十年（1850）城乡绅士 邀集同志捐集资费置数千亩，店房数所，脩金，印卷，饭食一切取给，公择首事轮流经理，嗣因广额过，经费不足，堂内止认脩金，其印卷、饭食，新进自备，案存礼科。

资料来源：同治《万载县志》卷七《学校》、卷八《公署》，民国《万载县志》卷二之一《营建》。

　　从上表可以看出：乾隆以前客籍由于力量微弱，无力建立一个单独属于自己的大型公共机构，嘉庆以后则逐渐参与一些公共项目的建设，道光年间开始有能力独建自己的教育机构。土、客合建的情况从嘉庆到同治年间都一直存在。这些现象既反映了双方分道扬镳的事实，亦反映了双方接触融合的迹象。值得注意的是，万载客籍独立建造的四个组织机构无一不与"东洲"有关。在客籍与土著分庭抗礼的过程中，"东洲"逐渐成为万载客籍的代名词。

　　其他如信仰习俗，客籍与土著皆有不同，各地移民都修建了自己的公共场所，拥有自己的空间。醴陵县天后宫，"系福建会馆，在治西汤家巷。每岁春祭三月二十三日，秋祭九月初九日，届期致祭祀"。[①] 据民国《醴陵县志·建置志·公所》载：

> 豫章会馆，一名万寿宫，在西后街，明代西都创建，清乾隆间重修。光绪元年复修，内祀许真人逊。计管店房数所，田一石有奇。凡赣人落拓于醴者，伙以川资。病给医药，死无所归者，则畁以棺槤。它如治东官察、白市、普市、王仙、枧市，治南美田桥、泗汾、豆田，治西神富市、伬坞、石亭、昭陵，治北东冲铺、板彬铺、花草桥、渌口，皆创建之。规模之大小虽不一类，皆以联乡谊为帜志。福建会馆，一名天后宫，在汤家巷北，清道光二十九年闽都创建……此外，治东白市、普市、王仙、枧市，治西神福市，治北渌口市，皆已创建……广东会馆，一名南华宫，祀禅宗六祖慧能，乾隆中叶粤都创建……其他由乡镇创建者三：一在王仙，一在枧市，一在泗汾。

在醴陵县城的 3 处会馆中，江西会馆建于明代，时间最早；广东会馆和福建会馆则分别建于清乾隆及道光时。县城之外，江西另有会馆 16 所，福建 6 所、广东 3 所。从会馆创建的时间及数量，可以看出三省移民及商人在湖南东部地区的规模和迁徙时间。

位于醴陵城东的南华宫，由迁入醴陵的广东移民、商人始创。明末清初其先辈同志已醵金立祀，乾隆间购屋于东城文庙西创建宫宇，"相传乡先辈冀萃南楚英华于此，宫以因名"。"是宫肇自乾隆中叶，泊嘉、道、咸、同赓续缮修"，规模宏大，蔚为壮观，为城中一大胜景，"见者咸谓宫宇堂皇，为一邑最"。其中殿祀文昌，后殿改为佛殿，"岁时荐馨燕飨，借以妥先灵，联乡谊"。环宫左右建房舍赁资生息积金置产，为祀神祈福修葺奖励之资。[②]

南华宫内有各种"祀"的组织，是由不同时期不同移民群体先后建立的。"祀"是较为独立的组织，祀名、人数和祀资不一，其中以永兴、普庆、绵远、文英、财源等祀规模和影响较大。永兴祀最先创立，嘉庆间众姓捐资修缮奉文昌。普庆祀规模最大，始自雍、乾间，嘉庆、道光年间三次募捐改

---

① 同治《醴陵县志》卷五，《典祀》。
② 《醴邑东城南华宫志》，《叙》，光绪年间刻本，湖南省图书馆藏。

造，同治十年再次募捐修造，"其捐有数万千、数十千、数千、数百不等"，同治辛未续捐，光绪丙申再续捐，"皆以十千为大捐，不改为散捐"。"普庆捐普而款亦较丰，宫中诸务向以普庆为主。"绵远祀仿之。其文英、财源两祀，由同治初年乐捐多寡悉归一律。① 先是普庆祀"每逢大比之年，同人齐集宫内，然租息无多，供香火奖励之外，赢余无几"，故再设立绵远祀。② 文英、财源两祀都设立于同治八年，"各醵钱一缗（串），襄成一祀"。③

在宁州，客籍从原籍带来了不同于当地的信仰习俗，其中最典型的是天后信仰。至道光初年，宁州至少已修建6座天后宫。据记载，一在州治东街，乾隆甲午年（1774）怀远绅民修建，道光三年（1823）重建石坊并积庆宫，以祀先代；一在武乡二十四都铜鼓营前仓街，怀远士民置买基地，嘉庆十年（1805）修建，置产奉祀，宫左建崇圣殿。一在武乡二十六都大塅帅家洲，嘉庆癸亥年（1803）怀远都士民捐建；一在武乡山口市，乾隆乙卯年（1795）怀远都士民捐建。一在泰乡梁口市，乾隆中怀远都人众建；一在崇乡马市中街。④ 这些天后宫修建于乾隆中后期及嘉庆、道光时期，以武乡居多，而且有建于义宁州城内。这显示出客籍怀远绅民对自己信仰的坚持，也反映出他们与土著的紧张关系。

万载学额案中，知县已指出："（万载）习俗相沿，本籍之与棚籍界限截然，万难混合。棚民虽住居数代，其言语服饰尚袭闽之旧，并不同于本籍。本籍民人向存歧视，从无缔结婚姻，且不令其入城居住。"⑤ 江西巡抚也称："（棚民）与土著民人界限本自判然。虽同处一邑之中，而土民向存歧视，不许棚籍迁居城内，亦不缔结婚姻，偶有结婚者，则土著亲族群相诟病。棚民因土著不与为伍，遂于同籍之人愈加亲密，而于土民亦存彼此之见。且其习俗勤朴，生计宽裕，土民不能别加凌辱，此气味不投，非仅考试一节各分町畦之原委也。"⑥ 同治《永宁县志》记："宁邑丁户近多流寓，服食异制，语言殊音，婚姻弗通，交际弗协，积重难返之势，匪以强分秦越也。第使客主

① 《醴邑东城南华宫志》卷一，《凡例》。
② 《醴邑东城南华宫志》卷三，《绵远祀原叙》。
③ 《醴邑东城南华宫志》卷三，《文英祀原叙》、《财源祀原叙》。
④ 道光四年《义宁州志》卷二四《祠祀》。
⑤ 道光《万载县志》卷七，《学校》。
⑥ 同治《万载县志》卷七，《学校》。

相安，庶几狱讼永息，是在长民而持其大体者。"①这种歧视的形成，一方面是土著为维护自身的利益及优势地位而刻意制造出来的结果，另一方面是因为双方文化习俗的差异。

第四节 《土著志》的出台与土著集团的形成

一、图甲户籍资料的编修

清中期，随着土客双方在教育文化、地方政治权利等方面的纷争日渐增多，湘赣边区尤其是赣西地区采取了更加严厉的措施来加强户籍的清查和管理，最突出的表现就是江西袁州府四县都编修都图里甲户籍资料。②此类文本编纂，主要目的是土著要对已经拥有的各种权利加以确定，并以此来分别土、客，区分新、老客民，以阻止和杜绝客籍占有分享各种资源。

清中期袁州府四县的都图里甲户籍资料，既有单独成册的文本，如萍乡县于嘉庆十六年（1811）编成《萍乡十乡图册》，宜春县于道光二十二年（1842）刊立《宜春县图册》，万载县于同治十一年另立《万载县志都图里甲籍贯册》；也有保存于地方志当中并未独立成册，在历次编修地方志时都会及时更新各户资料，如分宜县，从乾隆后期直到民国时期，历届《分宜县志》都对各户信息进行增减更新。此举又促使各图各甲相继编立本图本甲更加详细的丁户册，如《宜邑修仁乡奉化二图丁户册》（光绪十三年）、《宜春宣南图名册》（光绪三十一年）等。图甲资料的编修有时和族谱的编纂结合在一起，如《清溪十甲喻氏宗谱》（光绪二十九年）、《宜春北关杨氏五甲支谱》（光绪三十二年）、《萍乡竹溪彭氏四甲宗谱》（民国五年）等。

这里重点介绍《万载县志都图甲户籍贯册》（以下简称《甲户籍贯册》）并力图结合具体的社会历史环境，以探究这一文本的形成过程以及由此映射出来的地方社会变迁。③

---

① 同治《永宁县志》卷三，《户口》。
② 参考郑锐达：《移民、户籍与宗族》第五章，第85—102页。
③ 参见谢宏维：《〈万载县志都图里甲籍贯册〉介绍与解读》，《文献与田野》2008年7月第52期。

《甲户籍贯册》不分卷，一册，共四十一页。全书可分为前言、正文与附录三部分。

在前言中，编者说明了"另立一册之意与移载不准城居一案之故"，开篇即明确宣称："都图册何以另立一卷，非赘也。"接下来说道："万邑土客之籍分别甚严，客籍各附于土著都图之末，而版图本归土著，辛志分别标题，另立一卷，土著凭之，籍贯清而考试无争，意良深也。客籍不准城居一案，原备录于都图门，今届志乘仍照辛志，另立都图册一卷，而客籍不准城居一案从都图门内移载于此，以志系合修，畛域之见自可不存，而相沿之案必不容没。故公禀县宪杜批准移载，存案礼科。两籍各守成规，城内寸土，土籍永不得卖，客籍永不得买，相安无事，同我承平，岂不懿欤！"可见，万载县激烈的土客矛盾由来已久，土著为了自身的利益和优势，于是出台了这一文献。文中提到的"辛志"，指的是道光二十九年（1849）由万载土著士绅辛辰云主持增订的《万载县土著志》。而"仍照辛志"另立一册的"今届志乘"，则是同治十一年（1872）修成的《万载县志》。故这本《甲户籍贯册》其实是同治《万载县志》的附件。

该文献的主要内容是详列万载各乡都图甲的总户名单，更为重要的是，各甲户名下标明该甲属于"土籍"还是"客籍"。如果该甲各姓由不同籍所组成，甲户名下会加以区分，即注明某姓是"土籍"，某姓是"客籍"。如果出现无人顶充的绝甲绝户时，则在该甲户名下注明"本图轮差"或"本都轮差"。例如，第一种情况的形式是：东都一图一甲王兴，土籍；五都二图十甲欧阳逢淳，本杨逢春改，土籍；三区一图七甲詹黄兴，本许仁礼，乾隆间顶，客籍。第二种情况的形式是：三区二图六甲彭钟兴，本彭廷，审册改，彭，土籍，丁单，钟，客籍。第三种情况的形式则有：六都二图九甲何黑牙，土籍，本图轮差；五都一图一甲李春和，土籍，本都轮差。此外，如某图有附图客籍，则将各姓附于该图之后。如，十都一图，附图客籍陈、温、杨、江、张、吴六姓；二十三都一图，附图客籍姚、钟、张、王、罗、谢、袁、邓、陈九姓。

正文之后附录客籍不准城居一案。对于"移载不准城居一案之故"，编者作出了解释，认为"畛域之见自可不存，而相沿之案必不容没"，土客双方只有各守成规，方能相安无事。而且，《甲户籍贯册》在客籍不准城居案之后还有记载："吾邑二百年来，县署十房并以清白土著承充，相约不引客籍，以杜弊端，不保任差役。"在土著的联合抵制下，客籍竟然连充任县衙胥吏的资格都没有。

至此，一份严格区分土客界限，极力维护土著利益和全面打压客籍的文献得以产生并流传至今。不过，《甲户籍贯册》拥有如此的完整性、规范性与合法性，其间经历了一个较长的过程。

《甲户籍贯册》的主体部分即里甲户籍资料，最早刊登在道光十二年（1832）《万载县志》卷四《城池·都图》第十二至五十三页。编者按："今本雍正间里甲册底，参考历届编审丁册，仿庐陵、分宜志例，挨图编载，或输差，或顶改，分别土客，据实开注。至附图客户……爰本嘉庆十二年奏准清查客籍烟册，汇录其姓于编。"又按："万邑籍分土客，其来最久。雍正间里甲册底、户名本诸明代，最为详备。厥后历有顶改，乾隆十一年及三十六年编审印册，又历历可据。其土客之分则恪遵嘉庆十六年部议，通查礼房考结。自乾隆二十五年起至嘉庆八年止，分别三单五童，参以各区采访，注明土客，以杜争竞。"可见，道光《万载县志》的都图甲户资料是以雍正年间的里甲册为底本，同时参考历届编审丁册以及嘉庆十二年（1807）清查的客籍丁册精心编纂而成。"客籍不得城居案"则附于其后，这一案件实际上是因极为普通的买卖房屋案而起。此案成为客籍不可在城居住的成例，载入历次所修的县志，为后代援引。毫无疑问，编者此时编订都图甲户资料及附录客籍不得城居案，此举与清中期万载县愈演愈烈的土客冲突应有密切联系，尤其与嘉庆年间土客学额案发生以后土著严厉防范客籍进入图甲组织息息相关。不过，这些都图甲户资料和客籍不得城居案一起，尚未独立成卷。

道光二十九年（1849），由于土客冲突及土著内部的矛盾，以辛辰云为首的土著集团出台了《万载县土著志》，客籍不得城居案附录于卷四《城池·都图》，而上述道光《万载县志》的都图甲户资料则未见于其中。《甲户籍贯册》称："万邑土客之籍分别甚严，客籍各附于土著都图之末，而版图本归土著，辛志分别标题，另立一卷，土著凭之，籍贯清而考试无争。"据此可知，原载于道光《万载县志》中的这部分资料此时开始另立一卷。咸丰十年（1860）《万载县志摘要》匆匆修成，客籍不得城居案附录于其第四卷《城池·都图》，而已另立一卷的都图甲户册此时则成为其第十八卷《甲户》的内容。至同治年间重新纂修《万载县志》时，我们看到了一本独立出来、体系完整的《甲户籍贯册》。

《甲户籍贯册》和载于县志当中的都图甲户资料除了在形式和地位上有区别外，在内容上也有区别。通过仔细核对比照道光《万载县志》《万载县土著志》及《甲户籍贯册》的相关内容，同时根据《甲户籍贯册》所作的修正，发现有以下变动的地方：

第一，三区十都二图二甲欧阳生，土籍。道光《万载县志》误作杨继宗，《万载县土著志》因之，《甲户籍贯册》据保里册更正。第二，三区十都二图七甲施麟祥，土籍，道光《万载县志》误为九甲，《万载县土著志》因之，《甲户籍贯册》据保里册更正。第三，三区十都二图九甲刘仁兴，土籍，住居任家坳。道光《万载县志》误"仁"为"在"，《万载县土著志》误"仁"为"任"，又误载为客籍，且俱误为七甲，《甲户籍贯册》审册更正。第四，五区二十都六图七甲钟仕昌，土籍。前志误为客籍，《甲户籍贯册》遵知县照会更正，于十七都四图九甲钟良名下捐考。第五，五区二十都六图八甲胡再兴，土籍。前志误为客籍，《甲户籍贯册》更正。

这几处改动，看似细微，实则意义重大。从中可见土、客籍身份的重要性、甲户籍贯与科举考试的密切关系，也可见不同时期划分土、客的标准可能不尽统一，以及在实际操作中可能存在误差。一份重要文献的一处改动可能会影响甚至决定一个人、一个家庭以及整个家族的命运。

这些都图甲户资料一旦得到官方认可，编入县志或单独成册后，其社会影响就会不断扩大。表现之一在于甲户籍贯册被大量的族谱收入。土著对里甲户籍相当重视，其族谱一般都会刊登本族的甲户籍贯。银山周氏的族谱简略地记道："本贯江西寄袁州府万载县小南城外，册载二区三都二图一甲怀旧乡城俗上里银山村，里递土籍周守江"。① 嘉庆二年（1797）《万载李谱提要》为万载境内李氏联谱，内载"十七支籍贯图表""城乡居址图""隅乡都图表""甲户表""宋元以来府存甲户册""本县续编里递册"等。② 万载第一大族辛氏，鉴于本县常有异姓和异支影附冒托等情况，"诚恐日久传闻失

---

① 光绪《万载银山周氏族谱》卷一，《都图甲户里递册》。
② 嘉庆《万载李谱提要》卷下。

据，或有过厚无识之人误涉通融收载，必至异姓阑杂，入庙紊宗，所关不细"。于是"考府存宋元以来旧册暨国朝乾隆初年县册"，将本族长房、幼房各支籍贯详载于族谱中，所有异宗户名略载于后，以防冒滥。① 这一做法不仅便于土著区别土、客，同时也是炫耀社会身份和权力的方式。另，《甲户籍贯册》刊印之后，在必要的时候仍然会增补更新内容。万载县图书馆藏有一本《万载县都图甲户籍贯册》（书口题《万载县籍贯册》），至少为光绪六年（1880）以后刊印的。该书于二十一都二图三甲廖永盛户名下记："本易西牙，雍正八年改，长园墩土籍，后与客籍合谱。查廖永盛的裔，光绪六年有成、外成、才成……止有八人。"编者如此关注廖永盛的后裔，是因为本属土籍的廖氏与客籍合修族谱。

《甲户籍贯册》产生的根本原因在于万载县的土客矛盾，不过它的价值决不仅限于移民史研究。这份资料对于我们更加深入地了解明清时期的里甲组织、赋役制度、宗族组织、户籍制度以及万载地方乃至赣西地区社会的历史面貌，也提供了一些有益的线索。

《萍乡十乡图册》的编修也反映了极为复杂的土客矛盾。② 郑锐达《移民、户籍与宗族》一书对此有精彩细致的研究。《萍乡十乡图册》的编修完成于嘉庆十六年（1811）。早在嘉庆十一年（1806），萍乡十乡保正代表立约，声明今后"永不招顶"，该约如下：

> 立合约萍乡县观、遵、归、安、新、廷、大、长、名、钦十图众等，考我萍志，兵燹之后，各图间有粮尽丁稀，无人承充差保者，是以招顶，历今百余年。承平日久，户口日增，差事日省，而各图仍纷纷招顶，或十数姓而入一户，或一户而散处四乡，不相识认，来历不明，遂至以张冒张，以李冒李，无从稽查，冒捐冒考，流弊无穷。事经发觉，累及官长，即如各县攻讦案积，皆由从前户籍混冒所致。况目今寄籍日多，田山现已垦尽，田价益见昂贵，贫者不能重规批耕，富者不能高价置产，溯厥由来，职此之故。兼之宜、万与萍接壤，现在清查户籍，各图编约永不顶补，将来舍彼投此，萍邑竟为渊薮。若贪目前之利，必贻日后之

---

① 民国《万载辛氏幼房谱》卷尾，《谱余汇载》。
② 参考郑锐达：《移民、户籍与宗族》第五章，第85—97页。

忧。今我十乡公同立约，永不招顶，即一递如果户绝，九递自应朋充，倘或借顶射利，不顾图纲，共逐出户，恐后无凭，立约永远为据。

可知萍乡在清初由于社会动荡而图甲粮尽丁稀，差保无人承充，故图甲招入新户承充，是为"招顶"。经历了百余年的休养生息，图甲户口充实，不再有沉重的差粮负担，但很多甲户仍继续"招顶"，导致很多社会问题。且邻近的本府宜春、万载也正在清查户籍，萍乡如不禁止"招顶"，可能会涌入大量外来无籍者，因此十乡立约以后"永不招顶"。嘉庆十二年，十乡保正向知县禀明，为了厘清户籍，共同编约，永不许招顶破户，请知县将此规定勒石留存。嘉庆十三年，全县士绅再将十乡立约之原委向知县禀明，恳请批示存案。土著乡绅担心合约成为一纸空文，不能持久，所以将十乡各图甲户名刊立成册。

《图册》除了在序中简略交代编修的原因，尚有《议禁滥招闽户五条》和《禁户利弊九条》，更详述《图册》编修的背景及当时萍乡土著士绅对地方社会状况和户籍问题的看法。《议禁滥招闽户五条》如下：

（一）向来田地价值平正，每田一百巴不过二十、三十两可买，佃耕不过六两六石租可批，今异民辐辏而来，买则价增十倍，佃则自愿重加规租，抢买抢批，至土著富户不愿买业，其次少有财者不能批耕。若再招入，恐寸土寸金矣。此宜禁者一。

（二）来萍入籍者每多先在别县立有户籍，又或兄则隶此，弟仍留彼，种种骑跨捐考之弊，从前人少尚难稽查，若此日不禁，愈招愈多，将来攻讦无已也。此宜禁者二。

（三）入籍之人，初则以二三人出名进户，继则八九名不等，一经入后便呼朋引类，同姓不宗者联为嫡派，外府别省者称为眷属，树党讦讼，变易淳风，无所不至。此宜禁者三。

（四）勾引进户者只图得财，不顾自己名下亦管有粮银，乃串商图中，滥指甲内一穷户，捏禀抛粮难垫，抛差难当，朦胧嘶准，及加细查，或原起有图会，买有图租，本毋庸垫，即或偶有抛粮，不过几分几厘，同甲殷实户多朋代些微，原不甚累。此宜禁者四。

（五）凡进户之辈，分帜树党，初则稍觉安分，久则好居人上，小而饮酒争席，大而借占公田，似此案件，不一而足，致先在藉（籍）者被其欺压，始悔昔日招之使来，今难麾之便去矣。此宜禁者五。

《禁户利弊九条》原文如下：

（一）我萍自乾隆元年后，外省客民见其田美赋轻，山土广厚，纷至沓来，四路谋买积渐，至今田山为客所有者，十之六七，且批耕顶替，开挖无余，人满土满，可不虞哉？

（二）我萍向有棚籍，自乾隆二十八年，学宪周因棚籍不满五十名数，奏准土棚暂行合考，俟人数满五十名日，仍复旧额。近因万载区别严查，分额取进，萍邑虑其蜂拥蚁聚，恐生骑冒事端，是以公议各乡禁止阉顶破户，庶版图不至混杂，土客永远相安。

（三）萍邑每图每甲不过一姓二三姓为止，本朝百余年来亦能当差，近查图内竟有六七姓合户者，多至十四五姓合户者，总由贪金滥招之故。呼朋引类，不思今日混入，异日遗害不浅。

（四）十乡老姓有唐宋隶版者，有元明隶版者，有国初隶版者，悉从吉郡各处分派立基，今数百年谱牒世系可对，时敦宗好，未闻有以姓冒姓，勾入户内者，亦未有去此之彼骑跨者，诚上念祖宗开创之难，下树子孙悠久之计，不敢混乱交派，俾有识者窃笑也。

（五）招户当差，原因丁寡粮稀。萍邑各图从前有户绝者，有无图产并会者，是以招顶承充；今查各图内丁视昔年增倍，且均有田产，有社会并有义祠，充差外尽有盈余，欲复招入，须用何为？近日递呈招户者，总以丁寡粮稀难以当差禀，挟制官长准招，曾不顾外省异类逼处可畏也。是丁寡粮稀四字反为滥招者取钱脚注，一味贪金，不顾波累图众。即如长丰乡一保二图七甲尹康云与图讦讼，既招复逐，铁案确据可查。

（六）萍邑从前架科有编审丁册，于乾隆三十六年县会裁去，归并粮科，嗣后入籍者，均令图内递呈立完粮，一二厘粮立一户名，或一二分粮立一户名，或二三钱粮立一户名，遇有外省同姓人来，即将此户名私卖，伊甚至有不同姓者，即共商改姓，认为一家，伯叔兄弟相称。此等弊窦，官长固无从稽查来历，粮科不能取资分文，图内并不能查明根由，一旦衅生，又复自相攻讦。若先来者争胜，伊旋将田山屋宇变卖他往，在若辈性情习俗既非礼义者比，且昧良灭祖，欲求根深蒂固，长久此土得乎？

（七）萍邑各图大户外另有客图，惟廷宣乡、大安乡无客图。近日入大安乡户者甚多，而各图内招引者不下千余户，板图则有池界，客图则散居四乡，或在邻省攸、醴、浏阳、湘潭、茶陵者，或在宜、万、安福者，既不当差，往来无定，甚且年分未满，竟不遵例呈明，擅行捐考，此等尤难稽查，为此并邀客图永禁滥招。

（八）客图外有畸零户，原以安置书院义田学田暨各庵僧田，邻县富户寄买之田粮银，以便完纳。今十乡及客图粮竟有另立户名，将所管粮十之四五飞入畸零。揆厥所为，诚恐有事照粮科派，如此方可逃差，不思服畴食德，世受国恩，居心行此，殊属不良。嗣后亦宜改并归入各图本户为是。

（九）禁入户所以维持兴贤会也。萍邑嘉庆六、七年间，倡建劝捐兴贤田租二千石零，原为已籍萍者子孙发越永远之计，欲复滥招，彼将混冒捐费，借此滋事，大起争端。是以十乡绅士暨保正列列出名，公禀禁止存案，并公议各图甲户泐碑义祠，总碑竖上谕，永垂不朽，伏冀合邑图众共相遵守，幸甚幸甚！

可见，萍乡士绅编修《图册》的最重要目的，就是要禁止县内的图甲再招纳新户。其原因大致有六个。第一，压抑高昂的田价，及制止土地开发和客民占地的情况；第二，已经没有招户当差的实际需要；第三，维护原籍者的学额和考试权利；第四，重新整顿县内混乱的田产登记及防止逃避差粮问题；第五，维护原籍者的公产；第六，维护传统礼仪和避免受移民欺压。

由于萍乡自乾隆年间滥招入户的情况严重，带来诸多问题，故萍乡十乡乡绅立下合约，决议"永不招顶"。如图内有一递户绝，其余九递应自动"朋充"，即共同承担绝户差事，倘再有户为图利而招顶，不顾"图纲"，会被逐出图甲。

《图册》的编修究竟如何有助于禁止招纳新户呢？这取决于《图册》的内容编排与设计。除了刊印了十乡公约和有关禁户利弊等条文外，《图册》的主体部分分十乡（观化乡、遵化乡、归圣乡、安乐乡、新康乡、廷宣乡、大安乡、长丰乡、名惠乡和钦风乡），各列出每乡内每一图之下每甲的户名。《图册》有《户籍凡例八则》如下：

（一）此册遵循十乡次第，载明各图十甲，其一户一姓者，只载某甲名，其数姓为一户，十数姓为一户，又有合六盛、合四盛等户名，总户之下，注明各姓入户的名，以杜同姓相冒之弊，即内有十数图未刊的名，或一图内二三四甲未刊的名，虽屡催保查明送局，乃或以世远无稽为词，或以开有遗漏，不如不开为说，但总户既已注明，各家俱有册摅，本图十递纵欲私招，一经邻图查发，合邑势必攻讦，人谁敢顶？故载与未载，自可并行不悖。

（二）数姓合为一户，十数姓合为一户，其一姓一人者，固只分载一人姓名，其一姓数人者，亦照顶约明数人姓名，此杜将来兄顶弟冒，同姓私顶之弊，然各图自有顶约存摅册内，虽未尽然，似亦不必深求。

（三）数姓合为一户，自应照总户次第刊列的名，间有颠倒次序，或一二未经注明者，皆凭各保来单刊定，并非故为如此，祈共谅之。

（四）各图内有一递一绝，一递二三四五绝不等，向来本图朋充，历不顶补，今于该甲傍载明绝字，或一户数姓有一二姓之传者，亦傍注止字，庶免后来冒姓私顶之弊。

（五）有从前入籍，经县批准有案，而当差或数十年至百余年不等，仍照老户原姓原名，至今未曾破户者，即于老户下注明又一户某，或注子户某，或注帮户某，庶令伊子孙不敢忘其所自。

（六）有老户已绝，虽有数姓而仍存老户姓名者，此系后人忠厚存心，册中亦照来单刊正，亦有两姓共户，其一姓已绝，曾经同图禀除有案，亦照来单只载现在某姓某名，此系各图成规，并非故为刺谬。

（七）是册刊发散布通县，使家有据，户户能查，只期共杜将来召顶之弊，并无先后之分，亦无彼此低昂之见，故入籍年份俱不必载，即有注明原某户名，某年改为某户名，亦照该递来单注明。

（八）萍乡自乾隆二十八年土棚合考，是客图与畸零回别，盖畸零原属僧户，及邻省邻县以至来历不明之人均于此户立户粮。是伊既未破户顶籍当差，虽买田买屋百余年，总不能呈明在萍捐考，此系我萍旧例。若客图内则有已经捐监应试取进者，虽未入正户，亦得与正户同捐同考，今各客图亦编立合约，刊明各甲各户姓名，永不招入私顶，将来户籍一清，讼狱衰息，亲逊成风，其为我萍之利也，岂浅鲜哉？但此册经数年始定，今已刊行，无能再改，若或借有小疵，或存私见因而起衅滋事者，此则各图保正奉行失查之过，非董其事之咎也。

凡例（八）说明萍乡图甲分"正户"和"客图"，凡例（一）至（七）主要针对"正户"。

　　萍乡图册总户名称主要有三类，分别显示一甲内部组成的三种形式：第一，一甲之内的户口全部或大部分属于同一血缘群体开立，总户的人名常是个人的姓名，该人可能是该族始祖或开户祖先的名字，并往往是该族最早开立的户口所述的户名例子；第二，一甲由两个以上的社会单位开立的户口组合而成，以其中一个群体开立的户口为总户及总户名所述的户名例子；第三，一甲由两个以上的社会单位组成，但各户皆是子户，总户名则由各子户的姓氏联合而成所述的户名例子。

　　至于客图方面，户名的刊列大致有两种形式：一、一甲之下有总户名，然后在其下注明子户，但总户名并不必然包含所有子户的姓氏；二、一甲之下没有总户名，只列该甲包括的子户。无论是哪种形式，客图一甲的子户数目一般都比正户多。

　　从《图册》凡例可知，《图册》编者是通过十乡保正收集和查核所有正户和客图户名数据，以便在《图册》中罗列当时仍然存在的各甲或户的总户和子户名称，而且清楚标明已绝的甲或户则。事实上，十乡保正所收集的户籍资料有不少是不完整和不一致的，因此不能尽列所有总户和子户的名称。虽然如此，《图册》编者认为《图册》中各图甲的总户名已大致齐全，刊印好的《图册》会派发给各乡，各图甲本身亦有各自顶户的合约为据，在《图册》和顶约的印证及图甲各户的互相监察下，可以达到禁止再招纳新户的目的。

　　值得一提的是，《图册》的户名部分中有不少关于萍乡图甲招户的记述。此外，《图册》内除了有很多标明的"子户"外，尚有"又一户""帮户""傍户"的名称，上引《户籍凡例八则》对于这些不同类别的"户"已有解释，大抵上这些名称都是相对于原来的"老户"而言。其实，"子户"可以是由"老户"分衍出来，即与"老户"同属一个血缘组织，也可以与"又一户""帮户""傍户"一样，是后来招入帮差的外来移民。从字义看来，这些户的地位都是从属于原来的甲户。而由于萍乡十乡公约永不再招户，以后再有绝户只可由其余九甲朋充，这种延续图甲的方式已经不是清初普遍实行的招顶法。

　　此外，表面上，萍乡编修《图册》是针对那些在清中叶及以后企图进入萍乡的外来移民，但实际上一些清初已经迁到该县的外来移民亦受到很大影响。上文提及萍乡乡绅除了要求正户不得再招揽新户，亦要求县内客图跟随这种做法。萍乡客图内的户包括一些"已经捐监应试取进者，虽未入正户，亦得与正户同捐同考"的户，也有一些"往来无定，甚且年份未满（不能捐考）"的户。可见，萍乡的客图是一个临时的户籍类别，内里包括了很多进入萍乡时间不一的外来移民；除了一些较新的移民，还有一些入籍已久的清初移民，他们虽然已有一般民户的捐考权利，但因"未入正户"而仍旧编在客图之内。在其所附之乡或图有户绝的时候，他们便有机会顶替而入籍于一般民户之内。但是，由于循正途顶替绝户而取得正户身份并非短时期内可做到，因而在《图册》编修时，部分入籍及可捐考的清初移民仍被编在客图之内。随着萍乡编修《图册》和立定十乡公约，强调以"朋充"代替招顶，不但清中叶的外来移民要入籍会相当困难，那些较早入籍的清初移民要消除客籍身份，转入正户，也变得很困难了。

此外，义宁州早在康熙年间即已设立八乡递里册，土著认为其"为厘正版图善本，于吾州籍贯大有裨益"。八乡共计七十八都，内失二十都、三十九都、四十都、四十三都、四十四都、五十都及五十六都等7都。依次载泰市、高市及泰乡、安乡、奉乡、武乡、高乡、崇乡、仁乡及西乡等八乡甲户名。例如泰市一图十甲：一甲徐阮张，二甲吴众兴，三甲张福寿，四甲刘公和，五甲詹再旺，六甲张施隆，七甲王添福，八甲车饶保，九甲游添福，十甲云岩寺。八乡都图名称前则冠以"天、地、玄、黄、宇、宙、洪、荒……"等，依次排列，例如泰乡天字一都一图十甲：一甲陈兴隆，二甲陈叶朋，三甲张吴先，四甲张一太，五甲陈朱旺，六甲余广庆，七甲陈国祥，八甲陈鲁孙，九甲徐尚纪，十甲陈刘张夏王；地字一都二图十甲：一甲苏周兴，二甲余汪禄，三甲汪添福，四甲郑宗旺，五甲汪玉坤，六甲朱陈朋，七甲董穆兴，八甲曾三保，九甲苏天元，十甲张刘寿。[①] 八乡递里册并不录客籍怀远都各图里甲。与袁州府各县的里甲户名资料相比，目前所见刊印的义宁州的资料较为简略。

二、道光十二年《万载县志》的纂修

县志的纂修是地方社会的一件大事，尤其是在像义宁州、万载县这样土

---

① 《凤巘书院志》卷五，《递里册》。

客矛盾十分激烈的地方。哪些人能够主导、参与县志的纂修？哪些内容可以入志？县志对此作何评价？这些都是土客双方的敏感话题。万载自从雍正十一年（1733）纂修了县志之后，一直到道光三年（1823）才动手纂修新的地方志。九十年间，进士辛从益早有续修的想法，但因条件不具备而作罢。他说："吾县志自雍正十一年汪邑侯重修后，遥遥至今几及百年，中间历任之宰官师儒、邑人之选举仕宦、学额之增设分合，与一切政绩事实阙焉弗载，将恐久渐讹失。昔与民部质夫先生官京师时，曾具公启并致书来侯请厚冈李先生主修，时李方致仕家居也。后各以事不果，李先生旋逝，邑之贤能同志半就凋谢，或就试京师，或远官四方，兹事久成愁，实矣。"①其实，修志真正的困难在于难以调和土客双方的矛盾。如何摆平理顺土客双方的关系和兼顾双方的利益，一直是地方官面对的一大难题。辛从益所提到的知县来珩，他在学额案中偏向土著的立场非常明显，故不可能做到公平公正，而客籍此时的利益已经到了不得不考虑的时候。经过土客双方长久的争夺，直到道光十二年（1832），新县志才正式面世。时任萍乡知县、曾任万载知县的闽县举人杨际华对此深有感触：

万载县志道光三年修，阅十稔，至今而始成，何若是之难也？余往昔摄县事，闻志久有稿，借观之，盖刊者半半以浮言，故未刊②。何若是之舛也，亟议刊全，因循载余不果。是谁之过欤？余滋愧焉。今夏宰萍乡，与万密尔，而万邑乡先生以志来，居然成书，是向所深咎其未成而亟望其成者，而今竟获成，以是知邑之人群情尽释而相忘于大道之公也。夫志，史之余，其体宜严，纪宜实，采择宜详，论断宜正，与作史等第一。然而当日之论、之评、之议、之纠、之辨正、之删改之，是非错杂，谣诼旁兴，未尝为诸公少怨而卒无损于诸公，无累于诸公之著作，而谓区区邑乘必能无毫发滥遗，悬诸国门不可增损一字，问诸作者之心，其亦未敢自信也。第一，邑地近、事易实，以邑人修邑志，搜辑易详，在邑言邑，当不敢以己意为笔削之，三者要可信，是志也。邑人士各置一编，平心而静读之，为略为详，或得或失，必有能辨之者。大

① 道光《万载县志》，《序》。
② 据《中国地方志联合目录》第495页登载，江西省图书馆藏有道光六年（1826）刊刻的《万载县志》十四卷，由知县卫鹓鸣纂修。不过笔者未能查见此书。

抵著书立说，各视其人之识与才，而以不诡于正为是，固不能每人而悦之也。况志以垂人，远不能阿所好，亦不能使乡人皆好，则何如听乡人之自好之而自恶之也。余因斯志之宜成而难成，几几不获成而忽成，而不禁为万邑诸君子解前惑且志喜也。①

曾身处其中、深知底细的杨际华一方面庆贺县志终于能够成书刊行，另一方面也对其中的内容表示了质疑，"问诸作者之心，其亦未敢自信也"。而此次县志的纂修、致仕在家的进士郭大经，在"跋"中也同样表达了修志的艰难与无奈，但他认为"诚不敢没一邑公论"，能做到现在这个样子已经算比较平允了。他说：

> 新纂志乘三十卷，盖邑侯卫松甫、杨肖岩两先生属经偕同志辑而成之也。邑之有志，为一邑公论，所由定即后世公论，所由定成于一手，寔难，集众手为之，苟或依违涉私，公论曷定哉！斯志之辑，就旧志所存者修其芜而归于简明，其论之所定，悉以程中丞刊发章程为准式，存乎其公，讵能徇乎人之喜厌？非经与分辑诸公有所矫异于其间也，诚不敢没一邑公论，听存后世公论而已。后之博雅君子覆视旧志，谛审斯志，当必有共谅此衷而仍存公论者，不无厚望焉。②

比较前志，这部县志的内容有何特点呢？第一，有客籍人员的加入。康熙、雍正年间两次修志都是土著一手操办，那时移民忙于生计，没有能力与土著争夺话语权。据康熙《万载县志》载，纂修姓氏除地方官外，其余的是谭经国、辛金贵、龙星、辛硼、汪映极、郭远、辛承顼、辛金振、张日豫、何士杰、谭任、张鳌等人，皆为土著大族的士绅。③ 至乾隆时期编修袁州府志时，万载县的代表是举人辛廷芝、生员王昌典、郭大鼎、监生宋嘉秩，也都是土著士绅。④ 经过一百多年的发展，移民开始形成了自己的精英，他们有了这种需要与能力。增加的三名客籍代表是：经理采访钟斯敬、张瀚和潘维新。张瀚和潘维新的家族都非常富裕，取得了低级功名，钟斯敬则高中举人。虽然他们在其中只是担任"经理采访"的工作，虽然他们在编纂人员中

---

① 道光《万载县志》，《序》。
② 道光《万载县志》，《跋》。
③ 康熙《万载县志》卷首，《姓氏》。
④ 乾隆《袁州府志》卷首，《姓氏》。

所占的比例也很小，但是移民毕竟有机会、有权利参与地方上的这一大事，这本身就是对客籍力量的一种认可与承认。

第二，县志也因此增加了一些有关移民的记录。前面提到的高魁书院、东洲书院和文会义塾，都被载入志中，在全县教育资源的分布格局中取得了一席之地。并且，政府官员对这些书院的赞助之举与支持之词（实际上就是对移民的认同与赞赏）也都被置于相应的位置，占据了一定的篇幅。

第三，土客的区别非常明显，如以上三所书院明确标明是"客籍所建"。最重要的地方则是首次将我们前面看到的都图甲户册辑入其中。其凡例称："城池建置，必详始末，街坊巷市亦当胪列，若疆域合一邑全壤。至道里乡村市镇在在均宜核索。至都图保甲分别土客，注明籍贯，亦本李穆堂临川志、林平园分宜志之例也。"①学额案中，万载地方官员应土著的要求曾多次严查户籍。学额的纷争与官方对户籍的清查使土客的界线变得非常明显，所以土客重新分额后，土著极力要把这些"成果"记录在案，以杜绝以后在户籍、学额方面的争端。编者在详列都图甲户的名单前说道：

> 既遭甲寅、癸卯之变，甲户颇多沦没。除本都本图均补及公同轮差外，本邑土籍随田顶差者不少，而客户顶充者亦多。今本雍正间里甲册底，参考历届编审丁册，仿庐陵、分宜志例，挨图编载，或输差，或顶改，分别土客，据实开注。至附图客户间有报充客保、都而散处土籍之中，一图或止数户，一姓或居数图，稽查良难周密，须通计各图按户编甲，联以客都客图，令与土保互相查察，庶免推诿滋弊。道光四年五月内钦奉谕旨，严饬府州县将棚民逐细查察，按十户设立甲长，每年递换门牌，随时抽验，禁止匪类潜匿勾串滋事。如查有不安本分、斗狠健讼之徒，立即查拿示惩，等因。旋经督宪奏请秋收后派员切实会查，在案，自当恪遵办理。爰本嘉庆十二年奏准清查客籍烟册，汇录其姓于编。②

实际上，此次县志虽然有客籍力量参与，但由土著把持的有些记载依然掩盖不住土著对移民的仇恨甚至诬蔑。县志第十二卷用很大篇幅记录了明

---

① 道光《万载县志》卷首，《凡例》。
② 道光《万载县志》卷四，《城池》。

末清初地方的战乱与动荡，在提及移民的时候都冠以"寇""匪""贼"等词；第二十九卷《艺文》更是辑录两首由土著士绅创作的诗谣《前井蛙行》《后井蛙行》，对移民进行恶意的攻击，表达了土著对移民不共戴天的深仇大恨。① 土著的这些诗词无疑使他们的情感得到了宣泄，而把这些诗词载入县志又使他们的情绪在地方社会中以合法、有力的途径弥漫开来，并使土客的冲突最终成为一种社会记忆。

此外，义宁州自乾隆丁巳年（1737）续修州志后，已近80年未修。期间虽有士绅查氏倡修，但"事起中辍"。道光二年（1822）冬，知州曾晖春召集土著查、冷、胡、龚、陈、徐、周、彭、鲁等族士绅开局纂修，道光四年冬完成。② 本届州志最大的一个亮点就是有怀远都士绅代表参与其中。怀远都监生邱芬、武生邱蔚林、监生赖冀、监生曾鸣等4名士绅虽未列于"修志职名"，但见诸州志开篇之"乡都首事"，列于七乡之后③。因此，此次《义宁州志》增加了怀远人关于科举功名、人物、书院、祠祀等方面的记录。

三、《万载县土著志》的出台与土著集团的形成

冲突有助于建立和维持社会或群体的身份和边界线。在土客冲突与土著内部矛盾④ 的背景下，道光二十九年（1849）万载县土著刊出了《万载县土

① 《万载县土著志》卷二九，《艺文》。
② 道光四年《义宁州志》，《序》。
③ 道光四年《义宁州志》，《乡都首事》。所列乡都首事，独缺义宁州八乡的西乡代表，原因不明，待考。
④ 辛氏为万载土著第一大族，有"辛半县"之称。其始迁祖竭公自南宋时从山东迁来万载，生子英、勇、冠三人，勇无传，所以有长、幼房之分。明代洪武、宣德、天顺、正统、嘉靖年间辛氏五次编修族谱，其中的序言都只谈到长、幼两房。其后因为长房发展较快，康熙四十五年（1706）续修族谱时长房把其六支即"延""顺""觐""达""昌""孚"六户和幼房"通"户照依族内七户里名分为七房，嘉庆九年（1804）续修族谱时又精心造了新的"宗派图说"。所以，幼房一直对此不满，长、幼两房一直存在较深的矛盾。道光十二年《万载县志》刊印后，辛氏长房对县志刊登其祖先的反清活动非常气愤，长房士绅辛炳汉、辛尹传等人于是控诉纂修郭大经诬蔑其先人。而辛氏幼房与郭大经联姻，因此在这件事上幼房并没有与长房联合，反而偏向郭大经。由此，长房与郭氏的矛盾转化成了长房与幼房的矛盾。道光十二年底到十四年底，辛氏长、幼两房发生互控案。详见谢宏维：《和而不同》，第166—173页。

著志》。从道光十二年到二十九年（1832—1849），万载县在短短的十七年内又出台了一部方志，可见事情非同小可。而将地方志直接、公开冠以《土著志》之名，此举在全国可能绝无仅有。

土客之争无疑是导致《土著志》出台的主要原因。编者在《凡例》中说：

> 邑志本宜归一，无如客籍意见龃龉，动辄兴讼，致原编久阁。兹订亦几败垂成，不得已，照分额例听其分修。一邑两志，事虽创闻，然志者志也，志既相睽，理宜通宜。昔人耆旧虞衡各志别自单行，客籍何妨另为志乎？郡邑原以土著为断，侨居不过附见志，曰土著则一邑事宜纲领条目，全志之体无所不该，特不欲独居其名耳。①

很明显，双方在修志的问题上存在严重的分歧，以至构讼，只得分修。同时，土著表达了对自己的优越感和对移民的极度歧视。主编辛辰云在"跋"中也对这一创举的来由作了更加清楚详尽的交代：

> 易邑志为土著，创也。曷为以增订原编言，名创而实因不敢攘善也。先是癸未、甲申间邑先达郭星峤先生应聘修志，遐引旁征，裁以程式，整严博瞻，视昔之冗滥而多遗者，不但过之，惜众论不一，传者寥寥，几为名山秘藏矣。然其补疏漏订舛讹，既有光前乘，又自雍正后志旷不修，经群力上下搜罗，俾九十余年人文故实粲然著明，以为后来者凭借，功尤不容没。奈何因细故掩全美乎？云念此久，思与贤士大夫商订画一，期可通行，而未得其会。

> 客岁大中丞吴公拟修通志，征垂各属，刘象九明府奉檄集议，佥以新旧两志为疑，而属云总其成。夫弇陋如（辰）云，何敢言志哉？顾念传述易于创作，远溯不如近征，郭先生原编具在，稍加厘正增辑，事半功倍，即可应命，因谂先生子海门明经，海门欣然出以相示。诸事和衷，期归妥善，云方喜海门不胶俗见，可谓善继善述。而同事诸君亦皆合心并力，踊跃趋公，若以鄙见为不谬者，岂非先生之书应时而显之一会耶？不图客籍自分畛域，珥笔为能，屈意调停反遭叠控，不得已呈明分修，两不相谋，以杜争端。此土著志所由名也。然名虽别而实则一，凡本籍事宜壹以原编为底本，众欲乙者乙之，众欲补者补之，众欲

_____
① 《万载县土著志》卷首，《凡例》。

续者续之，意所未安。时复尽愚事，增文省篇，怢略相当，非敢谓有功先生，亦庶几千虑一得，使先生广搜文献之深心不因细故而晦，而云亦得附青云而显也。韩子云："莫为之前，虽美弗彰；莫为之后，虽盛不传。"岂云与先之谓夫？①

当然，把创修《土著志》的责任全部推到客籍的身上，这是不符合事实的。状元、翰林院编修吉安府永丰县刘绎的序言写得委婉含蓄，少有门户之见。他说：

史莫难于志，尤其难于邑人修邑志。若志有可因而不得不为创，其势似有所偏，而实则欲为两全之计，此尤难之难者也。

万载之有志，旧矣。然自雍正至道光，始有郭星峤进士重加编纂，久而后定。夫以百年旷缺，得乡先生为之，搜佚而订讹，宜其协于众志，遵为典章。而顾成焉而未即刊，刊焉而未通行者，岂非邑人修志之难哉！

乃者，中丞吴公有新修省志之议，檄各州县补辑各志以备采。于是万载刘大令延请邑孝廉辛君星浦主其事。计郭志之刻，距今十余稔耳。因其成而缀茸之，固亦易易。顾以万载人志万载，则又有时殊事异者。盖在雍正以前，客籍未盛，纪载略无所及，自因考试涉讼，经奏定分额之后，人事递增，是以郭志援而入之。而历年益久，生值日众，学校渐兴，遂有主客之形不相上下，亦势使然也。志之以土著创，岂得已哉！星浦门望既高，丰规故峻，又兼才、学、识三长，乡人咸推为祭酒，笔削之权宜可以独操，而星浦抑抑然，不敢自是。功归于原编，事衷乎公论，而考核精严，义例正大，一经删润，蔚然改观，斯不朽盛业已！

或曰："斯志诚尽美矣，惟是别土著而外之，彼客籍者，将何所凭借依附以为继乎？"余曰："不然。万载置县，几何年矣。其同沧桑变革，迁徙靡常，今日之土著，安知昔日不有为客籍者？惟此不以为他族之逼，彼不以为耦居之猜，则畛域之见两化，亦何至久而不能相安乎！且万之星野疆域山川土田，无可分者也，其赋役户口又不能不合者也。星浦因其可合者而加订正焉，而留其可分者，俟客籍之人自为之，非乙之

————————

① 《万载县土著志》，《跋》。

也。若曰，此其分焉者，安在后日不可以合乎？于是乎星浦（辛辰云字）之用心隐矣。吾故曰难也"！ ①

刘绎明确指出了这一客观事实，即随着移民逐渐强大起来，土、客双方的力量对比已经发生了变化。尤其是他最后的申论部分可以说是立意极高，"今日之土著，安知昔日不有为客籍者"以及"此其分焉者，安在后日不可以合乎"，这些话道出了土、客关系演变的一般规律：今日的土著是由昔日的客籍发展而来，今日的客籍也可成为明日的土著，两者是可以相互转换的，并不存在一条明显的界限。当然，辛辰云等人也许对此发展趋势并非不知，只不过不能明说罢了。

本来置之于事外的状元为何会卷入此事，为这部有些冒天下之大不韪的《土著志》作序呢？因为他与担任《土著志》纂修的辛辰云家族有姻亲关系。据《辛筠谷年谱》可知，辛辰云的侄子辛秉衡首先娶本邑廪生周树华之女，继娶刘绎之女。由于辛氏家族门望也很高，故两家得以联姻，保持良好的关系。所以辛辰云能够请到这样一位显赫人物写个序言。不过，在刘绎的文集中，以上序言则以《万载县志序》为题。也许，他心里还是认为以《土著志》命名终究有不妥？

让我们看看所谓的"土著"究竟是哪一群人。首先从《土著志》的参编人员来看，根据卷首《修纂姓氏》有 53 人，加上本届人士认可的道光十二年《县志》"原编姓氏"50 人，再减去两次都参加了的人员不重复计算外，共计 101 人。各族参编人员分布情况如下表。

表 3-3　道光《万载县志》和《万载县土著志》参编人员的宗族分布

宗族	人数	宗族	人数	宗族	人数	宗族	人数	宗族	人数	宗族	人数
辛	14	刘	5	王	3	汤	2	潘	2	易	1
郭	12	李	5	陈	3	袁	2	杨	2	萧	1
宋	6	张	4	高	3	喻	2	韩	2	何	1
周	6	卢	4	鲍	3	汪	2	闻	1		
龙	5	彭	4	欧阳	3	邓	2	敖	1		

① 《万载县土著志》，《序》。

本次《土著志》还有一个变化较大的地方是对人物传记的编辑。地方志作为权力的文本，其中的人物传记部分无疑是地方志的重要和敏感之处。一般来说，一个人对地方社会的影响越大，他就越有可能进入地方志的人物传记。同样，一个家族对地方社会的影响越大，这个家族的人就越有机会进入地方志的人物传记。所以，入传人物的家族分布有助于分析家族力量在地方社会权力网络中的变化。《土著志》改编和新辑的入传人物是112人，加上《汇传》新辑25人，总计137人。这些人物在各族的分布情况如下。

表3-4　《万载县土著志》入传人物的宗族分布

宗族	人数	宗族	人数	宗族	人数	宗族	人数	宗族	人数	宗族	人数
辛	42	王	6	卢	3	汤	2	宋	2	何	1
郭	14	袁	6	杨	3	刘	2	鲍	2	朱	1
陈	7	闻	5	高	3	喻	2	易	2	胥	1
龙	6	汪	4	周	3	彭	2	巢	2		
李	6	邓	3	张	3	欧阳	2	唐	2		

综合以上二表，可知所谓的"土著"即指辛、郭、宋、周、李、龙、王、张、卢、彭、鲍、陈、喻、欧阳、刘、汪、巢、唐等族。万载有"十八古户"之称。县城北门巢氏族谱即称："吾巢姓居于万邑，诚'古户'耳。前唐宋之时，英才辈出，子孙蕃衍，科甲连登，美不尽书矣。及由元而明，世故日多，县遭兵燹，为后人者俱出逋外郡，而吾县一改'康乐'，再改'康城'，三改'龙江'，复改为'万载'，仅存十八姓氏，名为'十八古户'，而吾族与焉。但人丁仅存国本父子，单传至今，已十五代，昔之蕃衍称盛者，消归乌有。"① 入清以来，巢氏虽然已经失去了往日光彩，但仍为"古户"的资格感到自豪。乾隆年间，李姓支派繁多、散居县境，"贫寡特甚，综计之不抵邻邦巨族十二三"。以本县土著大姓为榜样，全县李氏遂有收族联宗之举，在县城建立了大祠。进士李荣陛《安仁坊李大祠述》记："吾县风气近古，族而居者必遵家礼为祠堂，以严岁祀而洽其族。辛、彭、宋、郭且无论，如

---

① 　光绪《万载北门巢氏族谱》卷首，《序》。

张、王、龙、刘、陈、周、唐、鲍、易、胥之属，城内外十余祠相望，而吾李独前未有。"① 这里他提到的姓氏都是土著大姓。万载县人非常讲究著姓门望，"传数百千年至今未泯也"。直到民国晚期说起本县的氏族情况时，还是"人之恒言动称'辛郭'。"② 根据民国《万载县志》卷八《选举》中的资料，我们可以进一步了解土著大姓在地方上的影响（见表 3–5）。

表 3–5　明清时期万载县五大土著宗族科举功名统计表

宗族名称	贡生数量	举人数量	进士数量
辛	53	40	7
郭	33	30	4
龙	42	24	3
彭	13	16	1
宋	19	14	1

上表五大族总计贡生 162 人、举人 124 人、进士 16 人，所占比例分别为全县总数的 38.94%、42.91%、53%，其中辛氏所占比例分别为 12.74%、13.84%、23.3%，郭氏为 7.9%、10.42%、13.3%。由此可见土著大族的实力和地位，亦反映了大族占据高级功名的比例偏大。当然，这些都是土著大姓，除此之外土著还有一些依附性的小姓。

入传的人物与参编的人员在家族分布与比例上大体是一致的，这可以有力地证明《土著志》是现实家族势力的一种反映与投射。不过值得特别注意的是，尽管辛氏参编的人数不比另一大姓——郭氏多出很多，但辛氏的入传人物却大大多于包括郭氏在内的其他家族。这种特殊情况的出现，主要是由于主编辛辰云所在的辛从益家族的影响所致。

辛从益，《清史稿》卷三百七十六有传。下面来了解一下这个家族的谱系（参见图 3–3）及婚姻状况。辛从益及祖、父辈与本县土著大族龙、郭、宋、闻、李等族通婚。辛从益子女婚姻状况：桂云，娶本县太学生闻荣松之

---

① 民国《安仁坊李大祠田册章程》。
② 民国《万载县志》卷三，《氏族》。

女；辰云，娶萍乡任赣州所千总王庸之女，继娶怀宁进士路华之女；师云，娶本邑副贡宋赋梅之女；鹏云，娶吉水文学、后任巴陵知县李正晋之女；女良金，适陕西留坝厅同知唐锡铎之子县丞唐若馨。

辛从益孙子、孙女婚姻状况：镇东，娶本邑监生宋海廷之女，继娶易氏；惟寅，娶本邑武举朱映辰之女；秉衡，娶邑虞生周树华之女，继娶永丰状元、翰林院修撰刘绎之女；宗卿，娶按察司照磨宋赓之女；履闲，娶邑举人唐釜之女；鼎亨，娶姑夫唐若馨之女；孙女朝莲，适邑监生、万年训导宋庸；素莲，适邑文学刘炳辉；小莲，适廪贡宋廷英之子贡生景濂；璋莲，适本邑举人、安远训导袁开庆之子文学芳泰；蓉生，适邑孝廉彭士模之子星耀；桂蟾，适安福举人谢文煃。

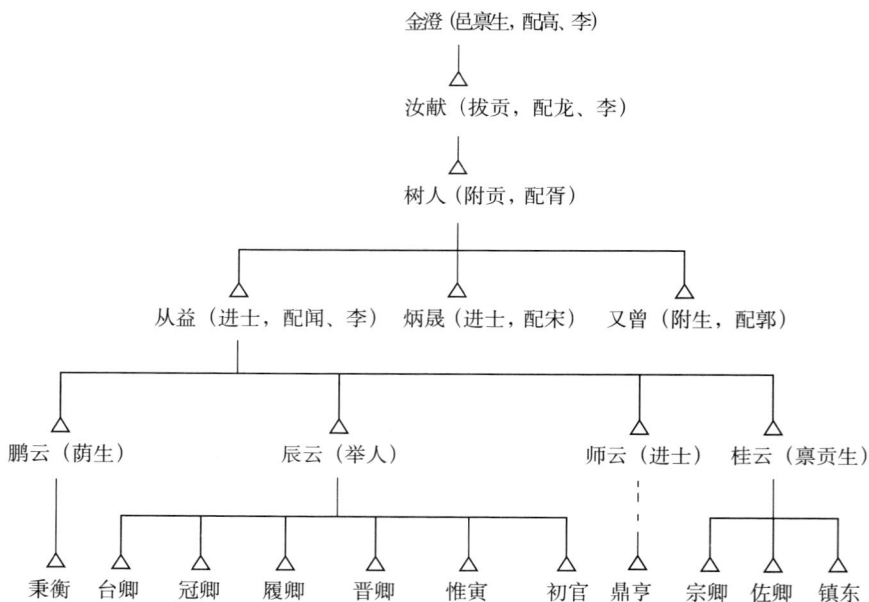

图 3-3　万载县辛从益家族谱系图

这个家族在三代之内出了三名进士、一名举人和两名贡生。此外，辛从益同祖兄弟九人，其从兄炳昭之子绍业亦为进士；绍业三子，其中二子为举人，另一子为廪生。尤其是辛从益告养在籍期间，积极参与家族与乡族建设，使这个家族在万载地方上的影响大大增强，而他之后在外地任官无疑更加强了本家族的辐射力。辛从益再次做官后，其家族婚姻圈扩大，通婚对象的门望升高，不过多数后裔仍与本县士绅联姻。这样，辛从益家族在本县的影响愈加巩固和扩大。

辛辰云能够领导编辑《土著志》本身足以反映其家族已经获得了相当部分的地方精英的拥护与支持，具有很大的号召力。而在纂修《土著志》及撰写人物传记的过程中，辛辰云同时成功地勾画了道光时期万载地方势力最新的分布格局。辛氏人物可以在《传记》中居于显赫的位置及占据大量的篇幅，一方面说明辛氏的地位已经得到广泛的认同与充分的肯定，另一方面则是辛辰云精心描绘和努力塑造的结果。入传的辛树人、辛汝献、辛从益、辛师云、辛鹏云、辛炳晟和辛绍业等7人分别为辛辰云的曾祖、祖父、父亲、二哥、弟弟、伯父及堂兄。

在安排本家族及辛氏长房的位置时，辛辰云也没有忽视辛氏幼房的影响。为了保持平衡，辛氏两房的入传人物都有大幅度增长。另外，闻、巢、唐、胥、朱等族入传人物明显多于参编人员，或者即使本家族没有参编人员，亦能有人入传，其原因是这几个家族都与辛氏有姻亲或师承关系。而刘、袁、陈、汪、张、高等族人一直与辛氏保持较好的关系，尤其是在学额案中他们患难与共，有"十人同志"之称，故这些家族的参编人员与入传人物都有一定的数目。潘、敖、萧、韩等族有成员参编而无人物入传，说明这些家族可能已渐衰落，只不过还有些影响而已。如潘氏族人在修谱的时候禁不住感叹说："我族先世发自宋朝，其间科名仕宦详载史册者，代不乏人，厥后迁徙不一，又值元明兵变，人文两减，可胜悼哉。"[1] 辛从益在给县城晏氏族谱写跋时道："余读之瞿然，念盛衰靡常而叹茂才维族之殷也。后街晏氏前明时为邑望族，今其祖居既为他人所得，见存男丁至不满二十，衿士自廷颁外无闻焉，盖常盛之不可保如此。"[2]

当然，郭氏的影响仍然很大，并且拥有深厚的基础，如周围聚集龙、卢、鲍等族，与辛氏幼房也有良好的关系。传记中的郭大经、汪元英、袁开庆、汤荐馨、欧阳韶仁、李宗彝、辛朝俊、袁振藻、汤誉光、郭光笏、何蔚

---

[1]　同治《万载湖源潘氏族谱》卷末，《跋》。
[2]　辛从益：《寄思斋藏稿》卷三，《后街晏氏谱跋》。

春等 11 人皆为道光《万载县志》的编纂者；而且，《土著志》的人物传记与主体都以道光县志为基础，这充分反映了《土著志》对郭氏和参与编修道光县志的士绅团体的承认。

可以知道，辛从益家族代表辛氏长房，联合辛氏幼房，进一步整合和扩大力量，出台了《土著志》。为了进一步澄清其他土著在学额案中对自己的误解及扩大影响，《土著志》之后，这个家族又紧接着于道光三十年（1850）、咸丰元年（1851）由辛桂云、辰云等编辑刊行了辛从益的《寄思斋藏稿》十四卷和辛师云的《思补过斋遗稿》六卷。这一系列措施使辛氏在万载地方社会事务中赢得了绝对的领导地位。辛氏族人的自豪感溢于言表："吾族在万载有'辛半县'之称，生齿无虑万余。"[①] 由此，民间有谚语"辛无客（籍），曾无土（籍）"的流传。而且，辛氏家族也得到了官员的认可。道光末年至咸丰初年泸溪县举人卢歗任万载训导，他在给辛绍业的《小同诗钞》作序时就说："万邑人士类多杰，特辛氏族运尤盛。"[②] 此话虽不无官绅文人之间相互应酬唱和的成分，不过确实也是当时事实和地方观念的一定程度上的反映。

我们可以通过表 3–6 了解《土著志》的关键部分是如何在地方势力的操纵和删改下被重新制造出来的。[③]

表 3–6 　《万载县土著志》对道光《万载县志》的删改之处

位置	内容及删改
卷首《修纂姓氏》	经理采访客籍钟斯敬、张瀚、潘维新等三人，皆删。
卷四《城池》	所附都鄙，详列各里甲户籍，并注明土、客籍。改，另立一册，名为《万载县都图甲户册》。
卷七《学校》	学产，作土、客籍区分，增加《学田原委纪略》《试费祭产附》《思永堂卷费》等记录；学额纷争案所附官员的奏折，其有不利于分额之篇，皆删去。
卷九《书院》	其中有关客籍东洲书院、高魁书院、文会义塾的概况，皆删。

---

① 　辛从益：《寄思斋藏稿》卷三，《辛氏义学兼行义田册序》。
② 　民国《万载县志》，《文征·序》。
③ 　参考谢宏维：《文本与权力》，《史学月刊》2008 年第 9 期。

续表

位置	内容及删改
卷一四《武事》	其中记辛氏长房祖先的反清之事，顺治三年（1646）六月，"知县杨泽领国朝县印，至九月辛崇一等起兵于演武亭，十二月总兵郭督兵至县，吴副总大战小水源，获崇一等，杀之，余党散"。删。
卷一九《名宦》	内有记录福建龙岩州进士陈文衡在道光年间任知县时对东洲书院的支持，其传记删。
卷一八《选举》	道光十二年举人钟斯敬、嘉庆三年武举潘文彪、乾隆二十七年恩贡钟金云；仕籍，张瀚、傅扬光、张威仪、张烈、张绍京、张尽性、钟宣章；武仕，罗老满、陈辉玉、严林森。道光十二年至二十九年之间获取的科名未记的有：道光二十年举人谢大舒、道光二十四年举人曹瑞祥、道光十四年副贡钟斯卓、道光十七年岁贡谢国华。皆删。
卷二〇《人物》	孙馨祖的传记。易联也的小传，"东都人，雍正元年温上贵之乱，陈辉玉、严林森等率乡勇捕剿，联也捐饷谷三百硕（石），事平，知府李春芳额奖之"。皆删。
卷二九《艺文上》	学政李宗昉《新建高魁书院记》、知县陈文衡《东洲书院记》，分别记录了两人对客籍书院的支持与期望，皆删。
卷二九《艺文中》	知县武穆淳《存高魁书院十三经注疏牒》，言即将离任，"恐书院生童无所依据"，"亟捐廉为置十三经注疏两全部"，分别"贮于在城龙河书院、高村高魁书院各一部"。删。
卷末	乐输姓名，其中的一、三、五、六等四区的客籍捐户名单有删除痕迹。

资料来源：道光《万载县志》和《万载县土著志》。

可以清楚地看出，土著是如何通过删改的方式重新制造出合乎自己利益的"历史记录"。这是中国传统士绅所常用的"春秋"笔法。对一切有利于客籍的言论、建筑、人物，甚至官员，一切不利于土著尤其是辛氏家族的记录，都统统删除和修改。钟斯敬、张瀚、潘维新都是客籍精英和代言人，倡建了书院，参加了道光县志的编纂，但在土著志的《原编姓氏》中三人都被删去。辛氏祖先在清初的反清事实，明显对辛氏的现实处境不利，也被删除。孙馨祖原在道光县志中有传，此处删去，只在卷二九中的《艺文》中保留其两首描写本地风景的诗。这是因为他在学额案中与辛氏有过激烈的冲突。虽然如此，但他在"土著"集团内依然有一定的影响。易联也，本为"土著"，就因为他在雍正元年与客籍一起并肩作战过，在传记中于是被删。

而知县陈文衡的传记被删则尤其值得注意。道光《万载县志·名宦》的记载是：

> 陈文衡，字品士，号讷斋，龙岩州进士。道光六年知县事，精明勤干，吏莫能欺。下车睹河流被煤渣雍遏，水溢市衢，遂捐廉倡疏，并改崇文堰为石闸，以资蓄泄。及境内溪河有碓坝碍灌溉者，请上台悉禁添设以畅水利修南门城楼，额曰"迎薰"。时文昌宫、宾兴堂甫鸠工，多方奖掖，以底于成。校士以实心，拨置田亩山场，助龙河书院膏火，捐廉倡建东洲书院。每课生徒，必躬阅录，亹亹不倦。以文学饰吏治，士类颇依之。因母忧去，邑人惋惜。①

陈文衡能被列入"名宦"，完全符合县志编纂者所开的条件，即"有功德于民"及"播在口碑"。应该说上述文字对他的评价相当不错，从中也很难看出土著对他有什么不满。实际上陈文衡为土著做了不少实事，但《土著志》为何会对陈文衡有如此"大胆"的动作？有两条线索可以帮助我们了解真相。第一，陈文衡"捐廉倡建东洲书院"，他在任时对东洲书院及客籍的发展有较多的支持。第二，陈文衡来自移民迁出地之一的闽西南龙岩州，自然他在情感上会向客籍倾斜。② 可以说，陈文衡的"客籍"身份与支持客籍的行为致使土著士绅剥夺他在原来方志中的位置。由此我们似乎可以推测，陈文衡能入道光县志，这与客籍人士的参编与努力分不开。而在同治年间纂修县志时，因为客籍力量进一步增强，参编人数增多，县志中关于陈文衡的记录又为之一变：

> 陈文衡，龙岩州进士。廉明慈惠，待士尤殷，悯远方学者负笈维艰，于邑西大桥捐廉倡建东洲书院，一切章程皆手裁定，并赐联额，勉以明体达用之学。每逢县试必局门留宿，覆至五六场，所取皆一时知名

---

① 道光《万载县志》卷一九，《名宦》。
② 来自移民输出地的官员一般都与万载移民保持良好的关系，这一点还可以从谢家桢的例子得到印证。谢家桢，赣州府定南厅拔贡，乾隆五十四年（1789）任万载县教谕，任职期间他至少给三部客民族谱写过序。见道光《蓝氏三修族谱》卷首、同治《袁祠曾氏族谱》卷首及道光《谢氏族谱》卷首。

士……至今传为盛事。

有理由相信这些文字是出于客籍士绅之手。在移民的集体记忆中，陈文衡是与东洲书院紧密相连的。直到宣统初年东洲书院改办东洲中学，首任校长谢济沂在开学典礼上的训词中开篇即称："我东洲中学堂原系书院基址，为前宪陈龙岩明府（陈文衡）倡捐创建，籍人纪念至今。"① 由客籍对陈文衡的感激与怀念可以推想土著对他的愤懑与痛恨，这样，陈文衡在《土著志》中惨遭删除也就在情理之中。

自然，对于为全县"土著"积极谋求利益、对抗客籍的士绅，《土著志》则予以褒扬。如学额案初期的活跃人物郭光笏，"性端方，有干济，邑公事恒倚为重，如建考棚、创宾兴、疏河建闸及郡修考舍城垣，皆始终其事。晚年念先人修学宫历久渐就颓，乃率先呈请募赀重构，经营三载，卒观厥成。为族长二十年，多善举，族论翕然。至于维持城内族产，使侨居者顿沮成谋，尤合邑土著所共倾慕者"。② 又如，在学额案中最先京控的辛梅臣，《土著志》评价他"事关合邑利害，图之甚力，如呈复棚额，中虽牴牾，卒如所请"③。

可见，方志的编修实际上就是一种话语权的争夺。谁有资格编修，编修的内容是什么，这都是地方社会重大的事情。由此也就不难明白土、客籍绅士在地方志的纂修权及具体编修方面所存在的重大分歧与激烈争夺。

另外，道光县志目录标明篇末附有《乐输姓名》，但作者并未在县志中见到这一内容，不知为何。不过，在土著志所附的《乐输姓名》中，一、三、五、六等区的捐户名单明显有删除的痕迹。据此似乎可以推测，其实《土著志》与道光县志的经费可能来源一致，为同一笔资金，是由万载全县人士捐助的，只不过《土著志》的编修者把"客籍"的名单从中故意删除掉了。另外，从土著有"加捐"的信息，似可推测，为了编修此次《土著志》，土著还在道光县志的基础上进行了新的捐助。根据这份资料，可以知道资金总数为三千九百七十二千二百文，各区捐助金额所占比例大小依次为：一区（38.91%）、五区（18.82%）、二区（12.79%）、六区（12.30%）、四区（8.95%）、三区（8.23%）。这一统计结果表明，一区（县城及近郊地区）的

---

① 谢济沂：《鼎山山房集》卷一，《论辨类》。
② 《万载县土著志》卷二〇，《人物下》。
③ 《万载县土著志》卷二〇，《人物下》。

土著捐款最多，三区、四区的土著捐款最少，各区"土著"捐款的多少基本与各区土著势力的强弱成正比。

再有一点需要提及的是，本届土著志还特意把此前辑入道光县志中的"里甲户籍"单独编成一册，名为《万载都图甲户册》。土著这样做的目的是要使"（土客）籍贯清而考试无争"。根据后来同治年间新辑的《都图里甲户籍贯册》所作的修正，可知辛氏在此次分别土、客的过程中出现了五处错误（引号内为同治册原文）：第一，三区十都二图二甲欧阳生，土籍。"郭（大经）志误作杨继宗，辛（辰云）志因之，今据保里册更正。"第二，三区十都二图七甲实麟祥，土籍，"郭志误为九甲，辛志因之，今据保里册更正。"第三，三区十都二图九甲刘仁兴，土籍，住居任家坳。"郭志误为'在'，辛志误为'任'，又误载为客籍，误'仁'为'任'，且俱误为七甲，今审册更正。"第四，五区二十都六图七甲钟仕昌，土籍。"前志误客籍，今遵县宪杜照会更正。案，归十七都四图钟良里递捐考。"第五，五区二十都六图八甲胡再兴，土籍。"前志误为客，今更正。"

这几处看似细微的改动实则意义重大，可见土、客籍身份的重要性、甲户籍贯与科举考试的密切关系，也可见不同时期划分土、客的标准可能不尽统一，以及在实际操作中可能存在误差。一份重要文献的一处改动可能会影响甚至决定一个人、一个家庭以及整个家族的命运。

总之，在土客激烈的冲突中，土著通过严查户籍、力争重新分额分考、编修《土著志》等方式，确立了"土著"的边界，完成了自我区分。区分是非常艰难和微妙的工作，最便利的手段之一是划定范畴，贴上标签。《土著志》是万载"土著"集团的公开宣言：所有万载县人，要么是土著，要么是客籍，非友即敌。它的出台，标志着不论在形式上还是在意识上土著集团都已经完全形成。反过来，土著集团的形成一方面有利于加强内部团结，另一方面也将促使客籍集团的形成。

第五节 "东洲籍"与客籍集团的形成

江西万载县学额案中，土著进一步加强户籍管理，进行更为严格的土、客区分，后又编订《土著志》，划清了自己与客籍之间的界限。在此情形下，客籍已无转入"土籍"的可能。客籍"因土著不与为伍，遂于同籍之人愈加亲密，而于土民亦存彼此之见"。外部的敌对与压力愈大，内部的友善和团结愈强。为了对抗土著，客籍益加自强不息，合力建设东洲书院。客籍在与土著分庭抗礼的过程中，尤其是在经营东洲书院的过程中，逐渐产生了自己的族群认同，形成了以"东洲籍"为中心的客籍集团。在义宁州，客籍修建梯云书院的过程实际上就是动员、整合客籍的过程，最终形成了以"怀远籍"为标志的客籍集团。在龙泉，经历长期的土客学额之争与共建蔚起书院，客籍形成了"三都人"或"蔚起人"的认同。在湖南鄘县，客籍倾力建造梅冈书院，以致客籍有"梅部"之称。

现以万载县东洲书院的发展为例，展示书院在客籍集团形成过程中所起的特殊、重要的作用。

一、东洲书院的发展

东洲书院的建造晚于高魁书院，但它依托得天独厚的条件很快发展成为万载县甚至赣西北影响最大的客籍教育基地。首先，它"自各乡计之，道里适得其均"，距离县城只有 40 里，且处于全县的地理中心位置。它所在的牟村市（大桥市）是商业繁华的市镇，为交通要道，是万载通往浏阳、萍乡等县的必经之路。更为重要的是，其周边地区是万载最大的移民居住区，土著力量较弱，且这一区域与宜春、萍乡、宁州及浏阳等地移民集聚地连成一片，具有充足的生源与很强的辐射力。所以当客籍士绅倡捐的时候，各地响应的人士众多，所筹集的资金也非常可观，达白银三万余两。

相比之下，高魁则不具备如此优越的条件。在东洲未建立之前的几年中，高魁书院有与土著的龙河书院平分秋色的势头，这从前面对高魁书院的简介中可以知道。其地理位置偏居邑北，与义宁州接壤[①]，距离县治 70 里，

① 不过，高魁书院的这一地理位置有利于吸引义宁州的部分移民入学。据民国《义门陈氏宗谱》卷首上载，"百岁公"陈朝清，义宁武乡二十一都民籍，"梅洞腴产永存为文学贡举膏修资斧，奎光、梯云两书院及山口义学倾囊捐助，以资作养，即邻邑乡塾如万载之高魁、浏阳之洞溪，胥捐以襄之"。

移民相对较少而土著势力强大，且面临土著书院的激烈竞争，自然其发展受到更多的限制。所以，即使居住在万载县北部的移民也宁可舍弃高魁而选择东洲，最先捐建高魁书院的大族蓝氏后来也把资金与精力转移到了东洲。高魁在此后的发展中一直逊色于东洲，至清末，高魁改高小而东洲则改中学。

根据罗艳春的研究，赋予东洲书院客籍核心书院地位最主要的因素，是东洲宾兴堂的兴建。东洲宾兴堂不仅资助客籍童生童试卷结程仪、乡试会试资费等，而且具有为应试童生出具保结的职责和权力。[①] 如《白水王氏应富公支谱》记："我族于康熙十三年后奉文招徕，自闽来万，即行立业。康熙四十二年沐县主何批准，合族将其毓公出名顶程长兴十四都一图一甲版籍……道光辛卯，客籍绅董倡建东洲宾兴、敬教二堂，童生由宾兴取结，给卷送考两学，束脩、学宪饭食均敬教备办，合族将富公尝出资卷入。嗣后富公支下由东洲保送，皆得万载考籍。"[②] 白水王氏应富公后裔因为是东洲宾兴、敬教二堂捐户，故可获"由东洲保送，皆得万载考籍"的资格。

东洲书院的这种比较优势是在客籍士绅的主观努力和长期的发展过程中形成的。

道光六年（1826），闽西南龙岩州进士陈文衡出任万载知县，"甫下车，观风试士，远近生童就试者数百人，佳卷林立，窃喜此地文风远跨他邑"，但是当他将所取的士子送入龙河书院后，却发现不少士子因为"远处乡村，艰于跋涉"，无法参加月课，因而知县感到非常遗憾。此后他每次"因公下乡接见绅耆，辄告以创建义学，延请名师，俾乡中之秀得以就近观摩，庶士无弃材焉"。是年秋天，当客籍士绅拜谒新任知县陈文衡并请他为设立书院写一个劝捐序文的时候，他喜不自胜，"亟为之引书于简端并捐廉为倡"。是年冬天，东洲书院建成。关于其捐建情况、规模、管理等方面，陈文衡记道：

时有耆民钟天亶遽捐银千余两，各乡踊跃争输，未阅月酿金以万计。乃酌四乡之中大桥河东洲上置造广厦……曰东洲书院……告竣。复于院左建阁奉魁星，院右置宾兴堂宇为馈送科举度支会计地，如肄业众多兼可分住。堂后设立木牌，胪列乐输姓名以彰义行。统计捐项三万有

① 参见罗艳春：《宗族、祠堂与地域社会：以十六世纪以来的江西万载为中心》，南开大学 2007 年博士学位论文，第 106—114 页。
② 民国二十七年《白水王氏应富公支谱》卷一，《籍贯表》。

奇，除建造书院宾兴堂外，买田三百余亩及店房等业，岁收租息为师生脩火，以其余为童试乡会两试资费。①

由此可见，东洲书院属"各乡踊跃争输"的客籍书院，资产雄厚，置有田产、店房等教育基金。宾兴堂是书院经费的管理机构，为"书院度支会计地，而多士及乡会试资费亦皆经划于其中"。

曾任书院山长的新昌进士卢殿衡在《东洲书院记》记东洲书院的布局："有享堂以祀文昌，享堂之西有小厅储藏经籍，东有小厅以批阅文艺，又其东另为客厅以宴会宾客，其外为讲堂，为前厅，为门厅各一，生徒栖息之所。左右罗列计六十余间。"②可见东洲书院规模宏敞，其布局与县城龙河书院相仿。与龙河书院相比，东洲书院在建制上拥有两个优势。第一，东洲书院的规模比龙河书院要大。以学舍为例，龙河书院初建时只有 12 间，道光初宋闻氏捐赀重修后，"规模倍昔"③，如果将此文学性的虚指视为实指的话，学舍增加为 24 间；而初建时东洲书院已有学舍 60 间左右，同治三年（1864）重修时，又"左添置学舍七，右添置学舍四"④。如此巨大的规模，除了表明客籍人士踊跃捐助，全力提供强大的经济支持外，也显示此时客籍子弟就学者数量之多。第二，东洲书院的建筑种类比龙河书院更丰富。在大河的东洲上，为围垣缭绕的这所书院除了讲学问道的建筑之外，还包括文昌阁、魁星阁、宾兴堂、敬教堂等建筑，可谓门类齐全。而在龙河书院，这些建筑则独立于它之外。文昌、魁星二阁能够为东洲学子提供精神上的动力，而宾兴、敬教二堂则给予了物质上的有力保障。可见，这所客籍书院拥有很好的硬件设施。

东洲书院另一个成功之处在于多聘请邻县有声望的人士担任讲席和山长，如新昌进士卢殿衡、举人刘嘉树，萍乡举人萧、刘洪辟，以及宜春、奉新等县士绅。这些经过严格挑选出来的士绅除了尽职尽责教导东洲学子以外，还为东洲书院带来了更加广泛的影响。东洲书院的教育大体注重科举考试与经邦济世两方面。前来东洲任教的山长大多数为屡经科考、拥有功名的

---

① 道光《万载县志》卷一二，《文征·记》。
② 道光《万载县志》卷一二，《文征·记》。
③ 道光《万载县志》卷一二，《文征·记》。
④ 民国《万载县志》，《文征·记》。

人士，自然他们对科举教育热情极高而且轻车熟路。如书院聘请的山长、新昌举人刘嘉树认为自己的责任就是要让这些生童取得科举的成功，"由家而进于学则为歌在泮焉，由学而举于乡则为赋鹿鸣焉，由乡而贡于礼部策于朝廷则题雁塔宴琼林焉"，待到某天"登金鳌玉栋之巅"，再"回忆大桥东洲之地，不信有如天上人间乎"？卢殿衡也在文中表述了类似的祝愿："东洲之士，安知他日不即为圣天子东观石渠之选哉！"① 而作为东洲书院主要倡捐人之一的钟斯敬，他中举之前一边在东洲苦读，一边"加以培植有用之学"。钟氏生平以经济自许，教育学生要有远大的器识，常说"吾他日要做好官"，后任广东开建、新兴等地知县，"皆有惠政，民怀其德，为建祠立碑"。② 这些教育确实对客籍子弟和文风的发展发挥了重要影响，如在以后的太平天国运动期间，客籍积极入世，涌现出了一批活跃的人物，应该说与东洲书院的这种教育不无关系。

受聘于东洲的士绅，自然对书院日久生情，而当他们辞去教职之后进行其他的社会活动时，就会广泛传播书院的影响。如萍乡刘洪辟，即把他清末在东洲书院任教的有关情况写进他的诗文集里。他写道："万邑东洲书院为客籍造士之区，膏火充盈，士皆宿院，延师课士，数十年无间。光绪丙申余受聘主讲，历任二载，其第二年丁酉适逢乡试之期，因题一联于柱曰：辱诸生随马帐两年，我惭北斗，君祝南丰，结文字因缘，敢说裁成施化雨。期多士奋鹏程万里，载笔西清，读书东观，喜瀛洲咫尺，先挥消息向秋风。"③ 刘洪辟同时提到了在东洲书院时期的挚友，"余主讲东洲时，钟君子城经理局务……子城侍亲宦游粤省多年，近始归里，是年以疾卒，余为挽联之"。并且，他还有多首诗吟唱、怀念、赞美东洲书院。④

二、"东洲籍"的形成

下面，我们来看客籍绅民对东洲书院的建设（参见表3-7）。

---

① 道光《万载县志》卷一二，《文征·记》。
② 民国《万载县志》，《文征·记》。
③ 刘洪辟：《学余轩文稿》卷六，《联络》。
④ 刘洪辟：《学余轩文稿》卷六，《联络》。

表 3-7　客籍绅民及其与东洲书院的建设

姓　名	活　　动
钟斯敬等	举人，生平以经济自许，倡建东洲书院，加意培植，勉为有用之才。举人廖连城《重修东洲书院记》：东洲书院，吾师钟慎斋先生邀同志三十七人于道光丙戌岁倡首捐建。道光《万载县志》卷九《书院》：道光六年客籍绅士张瀚、叶懋本、钟斯敬、曾维新等劝捐。（以下皆来自民国《万载县志》。）
钟天亶	出银 1500 两捐建东洲书院，为众领袖。
曾起麟	太学生，业儒，捐置义山三处，建五百兴年丰仓、东洲、高魁两书院及修郡城，施棺木，桥梁道路辄不吝。
黄金印	监生，构家塾课子侄，劝捐高魁、东洲两书院。
王廷揆	举人，东洲捐入袁州中学亦与有劳。先是续修家乘，严定规约，监学东洲书院，参定学章，均令人称道。
谢大舒 曹瑞祥	皆举人。书院故近洲，迩来洲渚涨沙日高，渐与院中基址等……甲子（同治三年）冬曹君庆余、谢君畅轩谋于众，谓宜升基五六尺庶免水患，众以为然，举曹君次秋、黄君博万董其事。
叶南英	岁贡，历任东洲劝学所所长、教育会长、袁州中学堂董事、东洲中学国文教员。
邱良瑚	年四十以上与同堂兄良箕统族人捐写东洲义塾，捐修圣庙学宫。光绪年《邱氏族谱》卷一。
谢兆杰	道光七年邑西创建东洲义塾，纠金逾万，慨然率子侄辈捐赀助成之。谢大舒《春草草文集》卷五。
管怀义	公生于康熙十年，年十一随母及兄而来万邑黄茅石子山居住，立籍十二都一图八甲，公名捐修东洲书院，学有册据。民国《管氏族谱》卷三。
毛阳泉	勤俭兴家，创田至数百石，故生则乡人服其德，殁则乡人领其恩，即以捐东洲言之，己之财非不足而必会集各房，俾概得有分。《万载白水毛氏族谱》卷一。
杨鹤姿	我邑创建东洲义塾，慨然捐白金三百两用资膏脩，当事举以上闻，优奖八品议叙，其他诸善举靡不解囊。光绪《杨氏族谱》卷首。
钟景方	总理东洲书院事几二十年。（以下皆来自民国《钟氏宁房支谱》卷末。）
钟玉麟	东洲，为一籍之大局，疲敝之秋，借公维持历有年。
钟承宗	乡里有劝捐义举，即如义塾东洲，为我籍人文渊薮，以公生长农务，安知养育人才大计，必须为子孙贻谋，乃竭力捐输，各款俱备。

续表

姓　名	活　　动
钟南轩	先生为东洲书院首事，卒获连选连任，其嘉惠后学，讵浅鲜矣。此有功于一籍。
陈赓	东洲肄业者每不下四五十人，推夫子为院长者数年……越十余年复聘为监院……事无巨细，取夫子片言立决。民国《义门陈氏宗谱》卷首下。
张香永	乾隆二年自闽汀武平县迁袁州万载县官元山建居立业，捐助东洲、高魁二书院，万载县正堂崔登鳌奖赐匾额曰"劝学乐施"。民国《张氏合修族谱》卷十。
蓝氏家族	蓝鼎中高祖德权公于道光七年捐入东洲书院，光绪三十年蓝鼎中亲手以德权公名义加捐东洲登瀛堂，然后始得投考，当蒙录取。（以下材料皆出自万载县档案局，全宗二目录四，卷号1136。）
谢氏家族	谢宗咸则由祖诚公于道光七年捐入东洲书院，于光绪三十年加捐东洲登瀛堂，因而族兄绍咸、族侄峡得入袁州中学增额肄业，可为铁证。
谢氏家族	谢树珊则由先祖挺芳公于道光七年捐入东洲书院，于光绪三十年加捐东洲登瀛堂，族叔宗泄（廪庠生）理东洲款产十余年，于东洲登瀛四堂捐户规条莫不了如指掌，树珊亦在东洲中学毕业。
范氏家族	留学日本帝国大学的范希陶则由先祖德安公于道光七年捐入东洲书院，于光绪三十年以德安公之祖宣二公加捐东洲登瀛堂，因而希陶之父范懋修得入袁州中学增额肄业，希陶及其弟范希仁于东洲中学毕业后，先后以私费留学日本，希陶之叔父文彬亦系私费留学日本，其在未得官学之前均由东洲学产津贴，每年各一百元。

从表中可以知道：1.参与东洲书院建设的包括全县大部分客籍，其中既有大宗族如钟、谢、蓝等族，也有小宗族如毛、管等族，而管理者则为大宗族的成员，具有延续性，他们是大股东。2.客籍对东洲书院已经有种自豪感与认同，如族谱载"义塾东洲，为我籍人文渊薮"，"东洲，为一籍之大局"等语。

这里，需要对以上两点再进一步明确。第一，大部分客籍参与了书院的建设并不说明书院属于全体客籍。事实上，书院的性质从一开始就是私有性质的。从民国时期东洲中学捐户代表状告国民政府的陈词中可以对此有清楚的认识。兹摘引如下：

案查万载东洲中学校最初为东洲书院，系清道光七年由代表人等先祖捐助设立，名曰东洲宾兴堂，聘请山长，使其子孙入院肄业，束脩膏火借此开支，非捐助者之后裔不得入院。又因科、岁两考入泮时两学束脩追呼迫切，于是又复捐资设立敬教堂，为捐助人后裔入学束脩花红之用，非捐助者之后裔不能沾此利。

盖继因乡、会两试川资重要，寒士往往裹足不能前进，乃又捐资设立舒翘堂，为捐助人后裔赴京省考试川资之用，非捐助者之后裔不能给领。且自该书院成立以来，非已缴东洲捐者则不得投考入院读书，已非缴敬教捐者则不得免缴两学束脩及领花红津贴之利益，非已缴舒翘捐者则不得领科、会两试川资之利益，非已缴登瀛捐者则不得入东洲中学肄业。自来科岁两考即须先报捐名，查对无讹，然后由东洲廪保盖戳送考，否则不准应考。苟非有直系先祖之捐名则必临时补捐，且须四堂同时并捐。严格章程，虽改中学，世守不失，显属私产，适合民法财团且属特别财团，与普通捐资一经捐出则私人所有权早不存在之性质有天渊之别。

东洲四堂均属捐资成立，其分子于万载客籍固居多数，但客籍未经捐助者亦复不少，外县如宜春、分宜、萍乡、铜鼓、修水、宜丰、上高、浏阳八县均有捐户。凡未捐助者即不得享其权利，各堂规定甚严，从无假借。在昔所聘山长携带子弟来院读书，亦不得享受膏火、花红、奖品。自来四堂后裔有一堂未捐者即不得享该堂利益，显与现行民法财团法人规定相符。除办理教育依照法令外，其内部聘请校长教员、用人行政一切支配，均由捐助人本人或其直系继承人依法会议选举办理。①

以上东洲学产代表的陈词最重要的是强调了学产的私有性质，决不允许官府任意剥夺，为全县客籍或全县人所共同分享。这样明确从法理上规定了东洲学产的私有性质和排他性，"非已缴东洲捐者则不得投考入院读书，已非缴敬教捐者则不得免缴两学束脩及领花红津贴之利益，非已缴舒翘捐者则不得领科、会两试川资之利益，非已缴登瀛捐者则不得入东洲中学肄业"。同时，诉愿书也指出捐户代表的情况，"其分子于万载客籍固居多数，但客籍未经捐助者亦复不少，外县如宜春、分宜、萍乡、铜鼓、修水、宜丰、上

---

① 江西万载县档案局历史档案，全宗 2，目录 4，卷号 1136。

高、浏阳八县均有捐户"。这表明东洲书院已经逐渐发展成为全县乃至赣西北地区最大的客籍书院。在资源与权力重新整合的过程中，势必导致客籍内部阶层的分化和权贵集团的形成。这就造就了一个所谓"东洲籍"的精英阶层，同时这一阶层也就成为客籍的代言人。

在此基础上，我们再来看第二点，即客籍自称的"我籍"究竟是指什么。根据一般的理解，"我籍"有可能指"棚籍""客籍"或者"东洲籍"。但是，所谓"棚籍"从来就是和土著官方对移民的称呼，带有歧视性与暴力、野蛮、落后的色彩（虽然官方在清中期以后已不在这个意义上使用），因而"棚籍"决不会是移民的自称。而对于"客籍"这一称呼，从前面的论述我们知道尽管"客籍"是一个国家承认的合法的户籍，是个中性的概念，但在万载地方社会中拥有"客籍"身份的移民在现实中还是受土著的歧视与排斥，故移民还是极力想摆脱"客籍"这一显示其身份特征的户籍，进入土籍或普通的民籍。所以移民理直气壮地自称"客籍"的可能性较小。实际上，移民最有可能认同的称呼是"东洲籍"。正是在东洲书院的建设过程中，客籍造就了一批自己的优秀分子和权贵阶层，"地以人传，人以地重"，"东洲籍"就成为一个带有精英意味和优越感的称呼。事实上，只有精英才有能力制造认同，同时民众也只认可精英。这批"东洲籍"人士在客籍民众中拥有较高的声望和地位。清末成立的万载东洲旅省同乡会《章程》第一条规定，本会由万载东洲籍内旅省人士组织而成，故定名为"万载东洲旅省同乡会"；第三条规定凡籍东洲者得加入本会。这说明"东洲籍"已经有了较为健全和严密的组织。而且，该组织的会员即东洲学产的主人翁，"属于东洲籍者均能指证其捐名捐额"，也能在客籍事务中起到重要的作用。因此，到清中后期，至迟在清末，随着东洲书院影响的日益扩大，东洲书院成为地方社会一个新的权力中心。万载移民已经形成了"东洲籍"的族群认同，"东洲"遂成为客籍的代名词。这标志万载客籍集团的正式形成。

当然，客籍集团的形成不像土著具有明显的宣言和明确的时间，而是以书院的发展为象征。道光六年（1826）和同治三年（1864）在东洲书院的发展史上有特殊的意义，前者是东洲的创办年代，意味着客籍力量的初步整合；后者是东洲的重修年代，表明客籍认同的增强。

所以，从时间上，客籍集团的形成要比土著集团晚，而且显得有些被动。土著集团并不是在明末清初或更早时候就已经天然存在了①，客籍集团也不是当移民进入万载时就自然形成了，也并不是当土著集团一形成就自然形成了，这是一个动态的、长期的、丰富的历史过程。族群认同的过程是一个实际利益的争夺过程，一个身份认同的制造过程，也是一个社会文化的创造过程。

土、客籍集团的形成过程提醒我们，要对"土著""土籍""本籍""棚民""棚籍""客民""客户""客籍""民籍"等概念保持必要的警惕，保持其开放性与流动性。这些概念的内涵和外延都不易辨析，晦涩难解。在不同时期、不同文献和不同人士的表述中，其含义都会有所迁移变化，所谓"土客何常之有""今日之棚客即异日之土著""今日之土著，安知昔日不有为客籍者"。只有将这些术语置于具体的区域社会历史环境中，对其内涵进行具体考察后，才能得出符合实际的认识，也才能更深刻地理解地方社会的复杂关系。

---

① 清前期土客双方的关系比较融洽，尤其在移民较多、土著较少的地方。进士李荣陛为移民王文光写传时道："君之先世尝居庐陵，宋元之际有官汀之武平者，子孙著居十余，传为盛族。皇朝康熙四十一年君年十三，随其父田生公北来，过庐陵四百里，得万载极北宁州之界前。时县苦丙戌丁亥饥疫，又甲寅避寇，累年户耗粮亏，远乡为弃壤。田生公偕所娶梁孺人拮据营于黎源关门石，尝往来高村，雍正六年乃基石垅之宅，分君及次四、五两弟居之。是时里户尚寡，喜君来，故乐传其耆德，而与吾族尤近。田生公少予祖赠公五岁，君长吾五伯父二岁，子侄数相闻，盖世好也。"载李荣陛：《李厚冈集》卷一二，《传》。同里移民潘立鸣乐善好施，命子建造石桥，李荣陛"甚嘉之，赠以联"。见民国《万载县志》卷一〇之二，《人物·列传二》。雍正《万载县志》卷一〇《武胄》也记载了移民陈辉玉、严林森、罗老满等人的事迹。

第四章　晚清及民国时期国家治理与土客融合

第一节　晚清至民国初期土客关系的松动

一、太平天国运动与湘赣边区土客士绅的反应

来自外部压力的威胁有利于强化内部的团结与友善。轰轰烈烈的太平天国运动结束了中国南方大部分地区自清初以来一百余年的承平时期，也促使湘赣边区各州县的土、客籍开始了空前的大联盟和大融合。

19世纪中叶的鸦片战争及此后世界资本主义对中国的冲击，使中国社会发生了巨变。中国幅员广阔，各地区所受到的影响与所发生的变化，在时间先后和程度深浅上并不完全相同。大致而言，东南沿海江苏、浙江、福建、广东等省受西方影响较早较大，而地处中国南方腹地的江西、湖南、湖北等省的社会经济、文化思想的变化，则主要始于太平天国运动。

1851年1月，洪秀全领导的太平天国革命在广西金田爆发后，起义军迅速击溃了清军和地方团练的围攻堵截，挥师北上，出广西，过湖南，1853年1月攻取武昌。接着太平军水陆并进，蔽江东下，乘胜连下九江、安庆，于3月占领南京。改南京为天京，定为太平天国的首都。太平军定都天京以后，于当年5月挥师北伐，同时，派出西征军溯江而上，以控制长江中游、上游地区，为天京屏障。太平军在江西、湖南、湖北等省出入十余年，给地方社会带来了巨大的影响。在太平天国运动中，湘赣交界地区各州县是重要的战场、通道和舞台，成为太平军、当地农民起义军（大多是秘密会社组织发起的）与清军、地方团练与清军反复争夺的"锋面"。湘赣边区所受的冲

击和发生的变化与全国局势密切相关，主要经历了四个主要阶段：第一阶段是咸丰二年（1852）到三年（1853），太平军于1852年兵出广西，由南向北，席卷湖南，本区湘南、湘东各州县震动较大。1853年2月攻占江西九江，三日后顺江而下直袭南京。本区赣西北各州县纷起响应；第二阶段是从咸丰三年（1853）太平军西征到六年（1856）天京事变发生前后。这一时期湘赣边区风起云涌；第三阶段是从咸丰七年（1857）到九年（1859），石达开出京远征，自1857年10月率军由安徽入江西，至1858年4月由赣东北入浙江，其后于1859年2月突入湘南，与湘军激战；第四个阶段是从咸丰十年（1860）到同治三年（1864）太平天国的失败，这一时期本区不再是主战场，主要有李秀成造成的影响。^①

　　湘赣边区各州县经历了太平天国运动的洗礼。湘东平江县，咸丰年间，太平军席卷湘东地区时，平江官府、邑绅督勇于县境各要害地方修筑多处关隘关卡，率乡团、练勇扼守防御。如龙门关，在县东140里，接江西义宁州境，为两省分界处。咸丰五、六年，太平军"踞义宁二载，日窥平界，练勇扼防于此"。邑绅张岳龄等督勇筑土城，吴锡震、罗国桢等易以砖石，上为雉堞，有门楼，知县俞凤翰题额曰"龙门关"。雷塘卡，在县东140里土龙源，路通义宁之朱陂。咸丰中，乡团修筑石卡，并于卡侧之虎坳修筑土堡。膝头仑，在县东145里土龙之梅坑，路通义宁、台庄等处。咸丰五年，乡团修筑土堡，驻勇巡防。浆市关，在县东147里丫髻山下，接义宁及湖北通城界。咸丰五、六等年，太平军久踞通城、义宁，乡团筑土城设防于此。上塔市，在县北95里，又5里至界头洞，为南北两省分界处，距通城县治40里。小坳，在县北100里，介黄龙、幕阜二山之间，接义宁、通城界，距通城县治65里。大坳，在县北100里，距小坳八里，即雷公峰，为幕阜五峰之一，距通城县治60里，地险隘不便结营，然就界口立关，即可扼守。枫木岭，在县西南40里，通长沙界，地势险峻。咸丰初，太平军逼近平江界时，乡团督守，因累石为城垣，设门以司启闭。十八盘，在县南50里，接浏阳北乡界。朱砂坳，在县西50里，

① 参考杜德风编：《太平军在江西史料》（江西人民出版社1988年版）；杨奕青等编：《湖南地方志中的太平天国史料》（岳麓书社1983年版）以及中国第一历史档案馆编：《清政府镇压太平天国档案史料》（全部26册，自1990年以来陆续出版）。

接长沙界。绞车坳，在县西 50 里。杖梓岭，在县西北 60 里，接湘阴界，为西北要隘。①

平江勇为湘勇，随曾国藩征战，极为著名。咸同军兴以来，平江以团防得力，未遭残破，而外省避乱者纷至，久即为家，故户口日多。② 此前，平江团练由各团总抽派壮丁赴界堵剿，自备口粮，只防界而未应调出征。自咸丰二年七月太平军进攻长沙，距县界 150 里，平江戒严，吏民惶恐。曾国藩驻节长沙，帮办团防，发给各县乡团、族团执照，平江遵办。县士绅谒知县林源恩，定议募勇筹防，劝捐充饷。知县派黄崇策、彭斯举协同陈必昌、喻万邦等带勇防西界朱砂坳，凌大寿同单理亮、单德宣等带勇防守搅车坳；袁文光带勇防守江口桥；张壁澍带勇防守澄清渡；丁兆麟、黄敦祥带勇防守浯冈岭；钟曾、张愉远、陈宣舫、曾传训带勇防守西南界之莫桐岭；岳龄、水清综理局务；陈兆桂督造军火器械；拔贡苏词炳、诸生黄金鉴等均来局会办军需捐务，四乡一律团练，人心大定。第二年，知县奉檄练平江勇五百人备调遣。咸丰四年，邑绅皆奉檄督办团练，率官营、练勇营防界，与团丁相辅而行。官营、练勇，皆以土人充之，与团勇尤相习，由北界转战至东界，坚扼龙门、浆市、山枣岭等隘，于是东乡各团练投袂而起，练勇设防。③ 为筹措经费，咸丰五年，平江县设厘金局于县城。咸丰六年、七年，"江西、湖南道梗，各商由义宁出长寿，买舟达湘潭，最称繁辏"。咸丰十年，添设东征局，推广厘税。④ 其后平江团勇出境作战，转战数省，死伤颇多。地方志记平江籍员弁勇夫 8400 多名，"皆军兴以来剿粤寇⑤ 死事者也，其中防界死者什之一，出境搏贼死者什之九，可谓烈矣"。⑥ 知县请建忠义专祠，后李元度等人集资扩建，并购置祀田 300 亩，祭祀"前后死绥者二千六百有奇"。⑦

---

① 同治《平江县志》卷七，《地理志七·关隘》。
② 同治《平江县志》卷二一，《食货志二·盐法》。
③ 同治《平江县志》卷三六，《武备志一·团练》《武备志二·兵事》。
④ 同治《平江县志》卷二一，《食货志二·厘税》。
⑤ 所引原材料中称"寇""贼""匪"者，系清朝统治者对太平军及其他农民起义军的诬称，其反动立场显而易见。本书不另作说明，读者明鉴。
⑥ 同治《平江县志》卷四五、四六、四七《人物志》。
⑦ 李元度：《敕建平江县忠义祠碑》，同治《平江县志》卷五三，《艺文志三·文二》。

浏阳县，咸丰二年秋，太平军进攻长沙之际，浏阳古港周国虞率日渐强大的征义堂会众欲响应太平军，事机泄露，浏阳各乡团练因而与征义堂为敌，捕杀征义堂会员。征义堂"自称团练卫民，县东集团拒之"。在清廷密谋镇压征义堂之时，十二月十八日，周国虞率众发动武装起义，分兵三路出击，经十余天战斗，最后失败。① 咸丰三年，太平天国定都南京后，派兵西征。大军至江西时，"楚边大震"。湖南巡抚遣官来浏阳，督东南诸团出丁助官军守御。先后遣军官率团丁460人驻浏阳县南与万载县交界的铁山界，又委官募楚勇400人驻渠城界，团丁分防。县南诸绅为请筑铁山、东峰、渠城诸关以抵抗太平军。次年春，太平军出入浏阳旁近义宁及平江、湘潭、醴陵各州县，县境戒严，诸团再防守，所费军需多由民科亩捐济。咸丰五年夏，太平军攻陷义宁，诸团复集勇守隘，增勇至二千余。时翼王石达开往来江西临江、袁州、吉安、瑞州间，湖南巡抚遣守备杨虎臣诸军戍县南隘，县东诸团亦益兵增勇至三千七百余。年底，太平军连克袁州、萍乡，再陷义宁，浏阳军民汹惧。此时，江西毗邻浏阳州县如义宁州铜鼓营、万载县大桥，多为太平军占领，欲攻浏阳县东南部。六年春，守备杨虎臣率浏阳团绅及踏浒团、陈坊、张坊、白沙诸团团丁重创自东南攻打浏阳的太平军。不久，太平军自湖北败入浏阳县北境，走县西，由普迹入醴陵，"掠县民数百，西北各村男女死者颇多，并掠丁壮数百"。自咸丰五年夏至六年冬，浏阳地方费饷不下十数万。七年春，清军败于临江，浏阳戒严。十二月清军收复临江，东南始安枕。自咸丰五年四月至此时，"浏患始稍纾"。浏阳团练防堵历二年余，东南界隘30余所，紧急时调团丁至四五千名，大小8战，以军功得奖者200余人，请祀昭忠、节孝祠者600余人。耗费巨大，城乡军需凡18万有余，湖南省"拨地丁银三千两易钱六千余缗，支厘金钱九千余缗，常平谷价四千五百余缗，余悉案亩科捐，不足请给空名，实收七百余缗，就地劝民捐钱九万九千余缗销抵，又不足，盖财力怠矣"。几年后，咸丰十一年，李秀成部至江西，浏阳边界复震动。三月间，知县与士绅商议联团置局法，遂共定团局所：县城一，县东六，西、南、北各三。县置防局总之。官军、团练逼退太平军。八月始撤防，"费军饷七万四千余缗，详请大吏拨浏捐输

① 同治《浏阳县志》卷一三，《兵防·征义匪之难》。

九千缗及空白实收劝捐钱六千八百余缗支抵，余悉就田科捐钱四万三千余缗助给，犹不足云。浏至是五遭粤贼之乱矣。"① 浏阳士绅涂先声，东乡东门市人，州同职衔。咸丰二年大力捕杀征义堂成员，至征义堂"由是气夺"。次年，为怨家所杀。李祖舜，西乡人，监生。咸丰初，办团练，率团勇捕杀起事农民。王澍，东乡人，家本素封，由监生援例为县丞。咸丰四年，太平军进入江西袁州时，王澍团结乡人子弟堵御。五年冬，太平军攻占万载时，知县求援于浏阳，王澍奉檄率信营勇随按察使萧启江进剿，军饷皆王澍自备。六年夏，收复万载后，遂攻袁州，王澍亦"毁家赀，充饷至七千余缗"。

醴陵县"僻处东南，土瘠民贫，素非商贾丛集之所"。自咸丰三年，太平军东下，定都南京，大江梗塞，凡江、浙、闽、广、川、黔诸商贾率道乎是，舟车往来，络绎不绝。其时委绅设卡，征收厘税，"以资本省援剿军饷"。醴陵设大卡二，一在县城，一在渌市，分卡则废置不一。同治元年"以前收解颇赢，后渐难如额者，盖金陵既经恢复，大江路通，客多就便泛运，其势然也"②。醴陵先后捐银二十万两有奇，学额以例限不得过十名，除陆续按加暂额，不著为例外。③

咸丰二年七月，太平军占领郴州、永兴县后，萧朝贵率精兵经湘东僻径小道北上飞袭长沙，连克安仁、攸县、茶陵。二十四日，攻占醴陵。一日后离开直扑长沙。"时承平日久，民不知兵，乡村闻贼至，扶老携幼震惊逃避，四郊鼎沸。"八月二十四日，洪秀全率大队仍由茶、攸占领醴陵，二日后走长沙，与原来部队会合于省城南。是年秋冬间，"土匪乘乱窃发，幸各乡族严相捍卫，不逞者犯必杀，风乃息"。其时有官军号"潮勇"者接踵而至，沿途淫掳。初，太平军过醴陵，廛肆尚如故，照旧开张经营，而潮勇至后洗掠一空。故当时有"兵不如贼"之谣。三年，醴陵南乡有乡民密约起事，官府率兵民及南勇剿灭。咸丰四年四月，小队太平军由渌口奔醴陵，即走江西。六年，太平军进攻岳州，由平江经浏阳，复由浏阳九鸡洞入醴陵界。五月至醴陵北乡官庄，"连营据宿十余里"，络绎不绝。地方志记载"贼猝袭，不及避，民间劫掠一空。二十日拔营走，沿路掳人无算，奸淫杀戮，惨不忍

---

① 同治《浏阳县志》卷一三，《兵防·粤贼之难》。
② 同治《醴陵县志》卷三，《赋役·厘饷》。
③ 同治《醴陵县志》卷四，《学校·学额》。

言"。太平军攻占醴陵县城，三日后走攸县，为追兵所败，"旋追败贼于攸县城外，被掳难民始多乘间逃归"。①

义宁州，咸丰三年，通城金之利等起兵，义宁州知州协城守营、团练防堵。五月，太平军进攻省城，州绅募勇赴援，战于沙井，团练防助堵楚隘。咸丰四年至六年，太平军与农民军活跃在义宁州、武宁及相邻湖北崇阳、通山一带。咸丰四年正月，卢拐子等自崇、通来攻义宁州泰乡，知州督团练协城守营击退。二月，太平军出崇、通扑西界，义宁州团练堵御不敌，渐逼崇乡，马市武举黄得雨、武生戴邦环带勇御战阵亡。崇乡、高乡团练再集，太平军败退。三月，太平军进攻州城，知州饬城中居民守御，督广勇出战，协同八乡团练杀死太平军1000余人，坠水溺死者众多。四月，黄州太平军自湘潭战败，由袁州、新昌至境，为各乡团练沿途堵截。五月初，崇、通农民军进入义宁州仁、西乡，焚烧冷氏房屋，"被害者百余名"。总兵率团勇及壮丁进攻太平军，大胜。七月，太平军复入义宁州仁、西乡，为都司督带靖勇协赣标、团练击退。闰七月，再遭团练偕官军进攻。八月，太平军数万至州东界。泰乡团练随同官军进剿，斩杀2万余人。九月，泰乡团练偕官军援剿武宁。咸丰五年四月，太平军数万由通城进攻义宁州西界仁、西、崇、高乡，各团练随驻防官军节次堵御，皆败。十九日，围攻州城。知州札调泰乡团勇4000名、高市西关团勇500名入城，并饬城厢居民尽数协力守御，各乡群起救援。泰乡团练七战于梅岭、南岭、凤凰山等处；安乡团练偕委员李会同士绅招募义勇，六战于桐树岭、下坑等处；奉乡团练四战于城西南上坑岭等处；武乡合高乡团练，随铜鼓营三战于五里坳、犀津等处。高、崇、仁、西等乡团练俱由西北分路前后堵剿，死者以千汁。太平军激战21个日夜，终于攻占州城。义宁州损失人口达10万，"屠戮之惨，实有不忍言者"。"初，城内编查保甲共男妇十万六千七百余人，逃出妇女仅数千。当此祖孙、父子、兄弟、夫妇同时殉难者以千百家，一门俱尽者约三百余家，沟渠街道，尸积如山。修水数百里皆赤，浮尸蔽江而下，舟楫为之不通。""知州叶济英死之，其子、妇、仆、丁，文武员弁、绅商兵民，或巷战毙命，或溺缢自亡，或坚矢节烈"。七月，罗泽南率军协同团练，前后消灭太平军万

① 同治《醴陵县志》卷六，《武备·兵事补辑附》。

余，遂复州城。"时城厢铺宇公廨，焚毁殆尽，肉骨骷髅残尸满地。"官府请人收殓，按斤赏钱，多者数万斤，少者七八千斤。安葬于北门凤凰山下，题为"万人墓"。十月，石达开率军至州境，各乡连村募勇堵剿。咸丰六年三月，太平军再次攻占州城，"州人士饮泣愤恨，密图恢复，奔往楚南，募勇万余"。五月，铜鼓营都司会各员弁士绅，督领楚南募勇，密约各乡团练，九战皆胜，旋复州城，杀太平军无数。州属士民妇女踊跃捐输，以充军饷。各乡团练益加紧严，凡与他地毗连扼要之处，增修隘垒。咸丰八年春，知州募勇防守八乡，按米助饷，日夜训练，声势益振。咸丰十一年三月，李秀成部攻克州城，"掳掠甚酷"。六月，李元度率军取道州境，八乡团练大振，州城赖以收复。①

义宁州自咸丰二年军兴以来，团练乡勇为江西省首倡，一闻寇警，凡年十六以上，五十以内者踊跃效命，名"扫地男"，前后大小胜负约数百仗，经费百万，就地捐输，不费公帑。故曾国藩评价："天下团练并皆有虚名，而鲜实效。惟江西之义宁、湖南之平江办团确有成效，以本地之捐款，练本地之壮丁，屡与粤贼奋战，歼毙贼匪甚多。故该二州县为贼所深恨，亦惟贼所甚畏也。"后增加文武学额多名。②

萍乡县，咸丰四年四月初六日，太平军由湖南而至，攻占萍乡，教谕死之，"所至劫掠一空"。五年十二月，太平军先占领袁州，而后攻占萍乡县城，建立政权。湖南巡抚骆秉章调兵来援。六年正月，太平军再次占领萍城，"城厢二三十里无人烟"。二月，刘长佑率领援江清军至，遂复县城。三月，清军驻营高岗铺，而后"大破贼于芦溪市，斩获无数"。太平军退回袁州。③

攸县，咸丰二年秋，太平军萧朝贵、洪秀全部先后来攸县，清兵追至谭家村截尾击杀，决安乐陂水溺之。咸丰五年五月，太平军自宜章入郴、桂至安仁、茶陵，攸县练勇出境防堵。咸丰六年三月，太平军由莲花厅进入攸县，清军千总胡国安引兵来援，贡生洪恩垣等率练勇堵御。④ 攸县绅士彭

① 同治《义宁州志》卷一四，《武事》。
② 同治《义宁州志》卷一四，《武事》。
③ 同治《萍乡县志》卷七，《武备·武事》。
④ 同治《攸县志》卷二五，《武功》。

泽樽，恩贡，"见贼杀邓作霖断其首悬之门，愤骂之，与诸生彭书升同时被害"。陈宪章，监生，倡率乡勇，奋不顾身，"追匪被杀"。欧阳象甫，童试屡拔前茅。遭遇太平军"索金帛，拷掠一昼夜。象甫曰：'我门第清白，屡代诗书，岂可辱身以从尔乎！'身被数枪而死"。文植棣，邑诸生，性刚直，遇事敢言。被太平军所执，骂不绝口，断其舌，浮其尸于江。①

　　茶陵州，咸丰二年，太平军由郴、桂进攻茶陵，州治被毁；咸丰五年再至，茶陵再经兵燹。官军与地方政府"纠民力"筑堡驻军防堵太平军。九路冲堡，在十五都，州东80里，与莲花厅接壤。城隍界堡，在十八都，州东90里，界连永新，有"吴楚雄关"之称。②

　　永新县，咸丰二年七月，太平军至茶陵，永新戒严，县令督邑绅募勇堵城隍界。第二年七月，泰和邹恩灌起事，占领泰和县城及吉安府城。八月，起义军进攻永新，被官军击退。五年九月，太平军数万由茶陵入永新，知县督兵勇御于城隍界，官军战败。太平军攻占永新县城，城内公所焚烧殆尽，后占安福，奔袭袁州。十月，太平军复由茶陵入永新，不久陷万载。十一月，太平军由莲花厅入永新，永宁等各县"受害尤甚"。六年正月二十五，石达开部攻占吉安府城，分设乡官，设立地方政权。二月初五日，太平军占领永新，"逼凌绅耆，搜括民财，民甚苦之"。邑绅往湖南乞师，绅民各潜结乡团以应。七月，邑民潜结众击杀太平军。时湖南和营统帅赵焕联督兵守楚界，邑绅因民怒可用，惧太平军复仇，遂请分兵来境。从八月起，期间历经多次战斗，永新县城再遭屠城，"邑绅与难者甚众"。最终在湖南官军和本地团勇的夹击下，至十二月终复永新城。知县集邑绅检阅乡团，四乡分设筹饷练团诸局，城内设立总局，编派团勇分守城堡，复于各乡团丁内，挑选精锐1500名，归总局训练简派。七年正月，太平军毕集龙泉。四月，永新官府遣生员陈之愈督城中练勇，会同官军进攻龙泉。闰五月，收复龙泉城，遂还师。六月，遣勇500名会东南乡团赴斜埠塘堵御东界，又遣勇1000名会西北乡团扎驻逢桥堵御北界。七月，邑绅添募壮丁五百，合前练勇为义字营，编立五军，协助官军进攻吉安的太平军。仍留各乡团勇分守城堡，兼为义营

① 同治《攸县志》卷三九，《人物·忠义》。
② 同治《茶陵州志》卷四《城池》、卷五《山川》。

后援。及义营驻扎回龙桥各处甚多，太平军始惧，呼为"蛮子"，每出队即相戒无与永新兵敌。至次年八月十五日，太平军溃败，吉安城复。"是役也，吾邑办饷转输，筹防筹剿，艰难万状。计自举义旗迄复郡城，诸绅同心勠力二年有余矣。而各首领类能鼓众，奋勇与诸大营兵分地合围，屡有战功，称'劲旅'焉。"①

永宁县，咸丰五年，太平军由湖南酃县至永宁，占踞县城。永宁团绅带乡勇5000余人与太平军对峙。太平军被击败，连夜开城退走，遭乡勇四面堵截。县城为清军收复。六年，太平军攻占吉安，派遣监军"来城胁逼苛索，遭其毒者，不可胜言"。永宁各都士绅计无复出，潜往茶陵求援。湖南巡抚骆秉章于十二月调遣和字营至永宁，恢复城池，县令遂带兵勇扑杀太平军，练团防堵。七年，永宁境内无太平军，然四面并不安宁，与龙泉、永新、茶陵交界地方，有"匪徒数百人，藏匿山谷，三面犄角，时出焚劫，潜有窥伺永宁之意"。因有练勇驻守城内，城因得以保全。②

龙泉县，咸丰三年三月，天地会成员刘通义等人在左安地方聚众数千人，乡绅禀县，知县请兵吉安，知府等带兵前来镇压。五月，又有路斌超等以"忠义堂"之名聚众，"威胁各处贡献，否则焚劫抢杀，无所不至"。乡绅请发兵，县令带兵会同乡勇攻剿。官军复退扎大汾张家祠，檄各姓族房有为匪者捆送，免连坐。各姓共计生擒并送来280名，俱在大汾斩首示众。六月，浏阳邹恩隆在泰和聚众起事，破泰和城。七月，义军由万安至龙泉，乡绅探报，龙泉官军会同团勇与之对仗。义军不能敌，皆避入学舍闭门以拒。知县乃谕令搬取柴草，将学舍紧围，烧死义军千人，歼灭殆尽，万、泰俱得以安。第二年，龙泉会众以"聚义"之名，集于羊蹲峒，县令会营兵往剿之，各团勇为乡导。咸丰五年冬，太平军围吉安，邑令谕团乡勇为备。次年春，郡城陷，各属先后皆失守。县令调留守城兵勇外，分遣各要隘防堵。官军溃散，太平军占领县城。"贼与山寇焚杀劫掠，肆行荼毒，远近受害者无算。"至咸丰七年四月，太平军又添援军数万，势更壮大。邑绅复诣南康请团勇千余名，又诣吉郡颁湖南风字营劲勇三千，上下夹攻。"与官军对仗者，

---

① 同治《永新县志》卷一五，《武备志·武事》。
② 同治《永宁县志》卷五，《武事》。

多系山寇。"至闰五月二十五日，义军计七千余人歼灭无遗，"其渠魁五人，举人张谦、武举钟起凤、廪生钟毓灵、监生陈邦烈、童生刘相桂，俱凌迟处死，悬首四城门示众"。八年正月，郑世标等又"啸聚余逆，并长发邹乌狗等，在新、宁、泰、龙四县及湖南酃县界肆行抢掠"。龙泉邑令移知各县知县订期会剿。至九年六月，郑世标、饶亚三等六名解送郡城正法，仍将首级解回龙泉新江口悬挂示众。龙泉境始肃清。① 龙泉县自咸丰三年以来，五乡绅民踊跃捐资，设立大小团48局，招募训练，随同官军出征，"节节助剿，克复邑城"，共用经费28万两。清廷镇压太平天国后，增加龙泉县学文武永额各8名，加吉安府学文武永额各2名，广龙泉文武暂额各68名。②

上犹县，咸丰三年正月，太平军起义的消息传至上犹县，人心摇动。"且邑自乾隆中何亚四倡乱后，百数十年，民间未见兵革，城乡惶惶，莫知为计。"三月，县令传集城乡各绅富，举行团练，集资得三千余金，归官办理。近城招募壮勇200余人，制造旗帜枪炮，每日于城外操演，以营前峒头民人胡志尧为教习。五月初，胡志尧见官府无所防备，遂引龙泉天地会刘通义等起事，占领营前，直袭县城，围攻不下，连夜奔回营前。清军陆续抵达营前后，搜捕胡志尧、刘通义等人。官府令地方绅富设局办理善后，"然真伪莫分，殃及无辜，在所不免"。自后咸丰四、五两年，南赣水陆之道遂隔绝不通，上犹人心不定。③ 咸丰六年大乱。四月，南康县会党首领黄炳才等在上犹县会党的引领下，"假粤西贼伪程尚书旗号，纠贼数百人来扑县城"。城无守，遂据之。入城后，"于明伦堂设局勒捐，令附近居民纳贡，民既无主，不得不从"。其后上犹官绅、在籍御史李临驯与县令相商守御之策。崇义生员带东岭勇500名，前来应募，即日攻城。太平军连夜乘雨出城，败退，沿路为各乡团勇截杀。李临驯与县令意见不一，遇事龃龉，迁居府城。上犹团勇不甚得力，又添募平江勇500名。至七月，太平军数千人围攻县城，相持旬日，互有损伤。李临驯不忍坐视，遂向南康县令求援，出己赀为饷，故南康勇转援上犹，后又有兴、潮、

---

① 同治《龙泉县志》卷一八，《杂类》。
② 同治《龙泉县志》卷六，《学校·学额》。
③ 光绪《上犹县志》卷一六，《军务纪略上》。

福、泉四军来援。太平军大败，撤围而去。至十一月，地方安稳，"而吾邑殷实之户，盖精华略尽矣"。①

上犹地方受害更惨、为祸更深的在咸丰八、九、十年。地方人士悲叹："天下兵革之祸，有如吾邑咸丰八、九、十年之事之冤苦者哉?! 非苦于贼，而苦于勇；非徒苦于拳勇以杀贼，而贼不胜杀；苦于无用之勇，耗有用之粮，勇多而贼少，不及旬月，而罢勇之毒遂至经年屡岁而未穷，而民莫敢白其冤也。"咸丰八年十一月，太平军攻占南安府城，蔓延上犹、崇义各边界，绅首黄耀晖、蔡太琳率领本隘团勇数百人越境抗击。十二月，太平军始入县西南境，其地距城二十余里。时县令因甲勇单弱，适潮勇 700 人来投，遂以此军为助。后又有南康勇来赴。所谓"贼患暂息，而勇患方兴"。需饷愈巨，城乡搜刮捐输，"无如旧勇既不能分撤，每日搜罗仅供目前支给，旧欠无减分毫，日累日深，竟无善策，鼓噪之事，几于无日不然。"军需视前加至数倍，直至同治七、八年间，上犹以报销兴讼，上控巡抚衙门，犹牵涉潮勇未清之款，荼毒之苦，可想而知。②

崇义县，咸丰三年五月，有廖倡儒、钟老七、黄传永等农民起义军响应太平军，五年三月，有扶绍华等起事。咸丰六年七月，王明经由上犹营前进攻崇义，知县何元廉失守。咸丰八年十一月，石达开部攻陷南安府城，十二月，太平军进攻崇义，知县朱渊失守。咸丰九年正月，朱渊克复。咸丰十年十一月，太平军由桂阳而来，知县郭宸失守。③

酃县，咸丰二年秋，洪秀全、杨秀清等部自广西全州入湖南郴、桂，率太平军数万由酃县毗界之永兴、安仁、茶陵直取长沙，围城八十余日。期间酃县知县邱华东立谕城乡绅民设团防堵。咸丰三、四年间，酃县遵照清廷举办团练程式，设立城中总局，按都立团，"无事耕凿相安，有事则聚众巡城"。咸丰五年，石达开率军再至湖南，巡抚骆秉章饬令各县办团练，酃县知县梁作霖率士绅分都遵办，设隘守御。咸丰六年春，石达开率军占领吉安府永宁，屡次进攻酃县。酃县城中戒严。知县章保顺飞请衡勇 200 名防剿，督城乡绅民按里团防，城中复设捐输总局练勇，一面传谕各团及下四都

---

① 光绪《上犹县志》卷一六，《军务纪略中》。
② 光绪《上犹县志》卷一六，《军务纪略下》。
③ 光绪《崇义县志》卷三，《武备·寇变》。

勇守城，一面谕东乡上馆、下馆、沔渡墟各乡士绅率团屯勇，防隘备边。酃县四面皆山，唯东路稍平，官府率各团勇防御于黄烟堡关隘。[①] 三月，太平军数千占领永宁砻市，长驱直抵酃县城下。知县率官绅登城督战，又衡营千总喻元发、刘平寿督先锋王光耀等缒城出队，西乡炳蔚团由西路突至，自朝及夕，击退太平军。而太平军又沿途遭各团截杀，死亡百余，遂退回砻市。四月二十日，太平军占领酃县沔市，复谋攻城，遭官军及酃县上馆效忠团、下馆合心团前后围杀，大败，仍据守睦村。其时有尹氏村固守抗拒太平军，八月，太平军突至尹氏村，烧毁祠宇、民房殆尽，连下馆龙、李各姓住房均遭焚掠。团勇俱抵抗，龙富宗、尹春华、刘济群、钟含章战死。十月，太平军万余屯兵酃界黄烟堡，时千总喻元发、刘平寿带领衡勇，金超群带领团勇，分三路堵御，太平军大败，"被践踏蹂躏者尸填沟壑"。酃县"战功推此为首"，自此太平军驻扎永宁，"未敢逾界滋扰"。[②] 咸丰九年春，石达开率军数十万出江西，循岭攻占郴、桂与酃毗界之桂阳、永兴、兴宁一带。知县率邑绅练勇，分布各隘防堵，太平军未入境。其后，太平军往来江、广之界，酃县戒严，知县集众防守。同治三年春，太平军再至江西近边等处，知县筹防驰报，奉省拨镇字营团勇二千名来县驻守，三月解围。[③]

桂东县，咸丰三年，当地农民纷纷响应太平军，发动起义。桂东知县调灶勇合官兵围攻，把总被杀，邑绅黄达三战死于沙田墟。时湘乡王鑫以精锐三百军随同候补道夏廷樾、郴州牧邹道垄来援，集邑绅办团练，教以阵法。桂东县险要之处，皆派邑绅率勇防守。当是时，邑绅筹饷练勇，家喻户晓，"桂东之能自保卫不受寇躏者，今皆推德于（王）鑫之赐云。"第二年，桂东团练援桂阳，又援兴宁、酃县、郴州等，大小数十战。咸丰六年，邑绅率团勇 2000 驻长义、桥头等处防御，三战皆捷，又战茶寮、烟洞、牛江墟等，皆胜，而桂东灶头勇之名著。所谓"灶头勇者，家派一人以为勇，桂东之团练所由名也"。后湖南巡抚令邑绅募新吉字营，从援崇义、上犹、龙泉等。咸丰九年，石达开率大军由江西南安而来，占据桂阳，扰上犹、崇义、

① 同治《酃县志》卷三，《山川》。
② 同治《酃县志》卷一一，《事纪 · 兵燹》。
③ 同治《酃县志》卷一一，《事纪 · 团练》。

兴宁。桂东邑绅率勇数千，并集灶勇据守寒岭隘、漳溪隘等隘，分途堵守，大小几十战，击退太平军。其中沙田、长义、龙查、猴子岭之役及桂阳、上犹、酃县、龙泉之役阵亡较多。[①]桂东三都与江西龙泉接壤。咸丰六年，太平军攻占龙泉时，三都人皆惴惴不安。绅士李宝臣捐赀，集何荣先、罗章杏、胡席珍、蓝宝堂等，"率乡人为团，户出壮丁以练"，"十五至二十者皆执戈以从"。三都地方多山，李宝臣诸子会同东团胡氏、西团黄氏设险自守。一年来经大小数十战，战死数十人，而三都人尚能众志成城，最终保全乡人性命。[②]

　　面对外来的太平军，湘赣边区的土著和移民空前联合起来，共同抵抗，以保境安民。以江西万载县为例，咸丰二年九月，浏阳征义堂起事，万载官军驻守槠树潭，分防铁山界、太平关各隘口。时县西黄茅、白水等处，居民一日数惊。太平军西征期间，咸丰四年至六年，太平军进入江西西北部，清朝地方官军不堪一击。万载县城三次被太平军攻破，"搜刮民财不下数百十万"，所以太平军中流传着"货物数樟树，银钱数万载"的谚语，"则万载之丰富固可知，丰富之财尽为贼有亦可知"。[③]地方政府与绅士请求湘军来援。咸丰四年四月，太平军由宜春金瑞转至万载槠树潭、潭埠，攻占县城后，旋奔卢家州，往新昌。万载地方"仓卒无备，报至官民皆逃，劫掠城市货财，不可胜纪"。五年十月，太平军出安福、分宜，进入万载，周家市战败堵御的官兵，遂占领县城，"在城十余日，搜劫铺户人家银钱一空"，并焚毁各官衙署、文庙及城隍庙等。十一月，清军龙泉、兴国团勇来援，太平军让城奔新昌，与上高严守和会合后再度入城，并建立政权，"置朱衣点为伪监军，并设军帅、旅帅、卒长各伪官，勒贡钱米。一、二、四、五、六区，大受其害"。十二月，骆秉章派遣湘军守铁山界，控制万载三区地方。六年正月，太平军至槠树潭。二十九日，典史吴云松与四区士绅辛学乾、吴家柽、吴月桂、韩金良等起兵，战败，浏勇、浏阳团首之子被太平军抓至县城被杀。先是，举人辛辰云、郭春熙逃至槠树潭，与举人谢大舒、曹瑞详、高思训等谋恢复。不久闻袁州、临江

① 　同治《桂东县志》卷七，《兵防志》。
② 　萧鹤龄：《三都慰忠祠记》，同治《桂东县志》卷一七，《艺文志·艺文上》。
③ 　同治《万载县志》卷一四，《武备·战事》。

失守，知事不可为，辛辰云遂往湖南乞求援军，谢大舒往改江，夜访知县
李吉言于野店，导往浏阳，募勇得一千数百人，分作信、同两营，请浏
绅王澍带信字营，黎献带同字营，自率数百人回扎鸿胪第，与楚军互为
犄角。辛辰云、唐朝栋、郭存熙、高思训与宋仕辉至曹瑞祥家共筹军饷。
二十八日，湖南巡抚骆秉章遣刘长佑统军来援，辛辰云等联名请分路进，
于是刘长佑由萍乡攻袁州之西，萧启江由万载攻袁州之北。二月，太平军
失利，三月，被清军三路追杀，大败。四月清军收复县城。太平军遂重新
集结力量，会合上高、新昌、瑞州各处约万余人，兵分三路进攻万载，夺
城后又被清军击退。五月初，太平军再次进攻万载，大败。本月，举人彭
寿颐、优贡廖连城起兵高村，职员刘如松、彭以南等，纠合乡团杀太平
军。六月初五日，清军击败太平军。十二日，太平军入县北高村，被廖连
城率兵击退，"悉驱坠水溺死，浮尸蔽江，水为不流"。八月，官军再击败
太平军，"阵斩上高伪监军艾春荣，贼由是不敢再犯"。

　　其后咸丰十一年（1861）间，李秀成因安庆失守退兵至江西，期间主要
是万载的团练组织"勇营"与太平军进行对抗。19 世纪中期的这场战争是
对中国传统社会的双重统治格局的检验和挑战。研究表明，清朝上层政权已
经逐渐丧失了主导地位，基层社会组织的作用极其显著，呈现强烈的地方军
事化色彩。[①] 咸丰末年万载县再度遭遇太平军时，这种变化变得格外明显起
来。此时江西各地兴起了办团练的高潮[②]，万载县的团练组织在咸丰十一年
迅速壮大完善，"军声大振"，在抗击太平军的过程中发挥了主力军的作用，
甚至多次出境支援邻县。咸丰十一年三月，李秀成率太平军至临江樟树镇，
官民闻风悉遁。知县魏邦达急集士绅陈中实、郭春熙等谋起兵。二十一日，
举人曹带三区乡勇至。二十二、三、四日，各区勇陆续皆至。合一区之勇起
保安营，以武举张弼臣、谢殿传管带。同时优贡廖连城、举人彭梦彰、武举

① 　参考张研、牛贯杰：《19 世纪中期中国双重统治格局的演变》，中国人民大学出版社
　　2002 年版；[美] 孔飞力：《中华帝国晚期的叛乱及其敌人：1796—1864 年的军事化与
　　社会结构》，中国社会科学出版社 2002 年版。
② 　《清文宗实录》卷三二二载："咸丰十年六月，兹据尚书陈孚恩拟办团练酌保办理人员，
　　并拟团练事宜八条呈览，自应一律举行。在籍四品衔、前任翰林院修撰刘绎著加赏三
　　品京堂衔，作为江西督办团练大臣。"可见江西大规模地办团练始于咸丰十年（1860）
　　六月。另外，督办大臣刘绎与万载辛氏有姻亲关系。

杨应桢、附贡生王如纶等，亦起保和、保太（泰）营于高村。城内各祠聚集壮丁，大族如辛、郭或数百人，次之或百余人，或数十人不等，号为"祠勇"，以资城守。六区毗连新昌、上高，为来万载门户。举人彭灿垣起天保团，生员卢瑶林起观溪团，拔贡李春尊起漳源团，举人杨罗峰起博字团，廪生喻绍书起忠字团，武生高星辉起义字团，监生刘如松起同兴团，并约同斗门黄姓、新昌举人王保仁起团，互为声援，"由是军声大振"。四月，太平军由新昌、上高逼近万载县境时，知县分保安营勇移扎罗城，以备冲锋，就近鼓集各姓壮丁，有事尽行出助。其后廖连城等会同新昌举人王保仁率保和营会合各营团败太平军于港口，张弼臣、谢殿传带领保安营协同六区各团勇又败太平军于罗城。五月初一日，太平军遭廖连城、杨应桢所率保和营袭击，大败，奔入新昌城。五月十二日，知县檄令保安、保和、保泰营进攻新昌，同兴、天保、观溪、漳源、博、忠、义团各以兵从。十七日，万载团勇大败太平军，二十日，收复新昌县城，休整半月后班师回万载。六月十六日，太平军由奉新再度攻占新昌，波及万载罗城、卢家洲等处。七月，廖连城率兵会同卢、彭、李、喻、杨、刘各姓数千人，再复新昌。而后袁州知府飞调万载团练抵御太平军，谢殿传救上高，张弼臣救分宜，廖连城赴袁州，因太平军避走，乃罢而还。万载经咸同兵燹，"粤贼蹂躏于前，不下二三百万，城中如洗；土匪复引西寇搜刮乡村半年之久"，"本地之财实已搜刮殆尽"。又以"浏勇楚军兵差团练援郡救邻，饷糈无一不出自捐输"，于是"民穷财尽，生计索然"。①

办团练的皆为万载地方有功名的士绅，而这些士绅无一不来自大宗族。外部局势的动荡与国家政权的努力客观上促进了土客双方的融合。面临太平军的威胁，万载土著世家如辛氏、宋氏、郭氏、彭氏，移民大族如谢氏、钟氏、潘氏、廖氏，都积极响应清朝中央政府的号召，修筑城壕，督办团练，组建乡勇。在保境安民的过程中，土著和移民空前联合起来，共同抵抗太平军。② 基本情况参见表4-1。

---

① 同治《万载县志》卷一四《武备·战事》。

② 当然，在此过程中，土客之间既有联合，也有矛盾，如发生在咸丰四、五年的"团练案"，但主要趋势是合作。参见民国《万载县志》卷尾《案牍·团练案》及万载县图书馆藏稿本《万载案件》。

表 4-1　江西万载县土客籍士绅对太平天国起义的反应

姓名	功名	县志所载内容与事迹
辛辰云	举人	咸丰五年，贼窜江西及万载，所至郡邑风靡，独省城未陷，因走湖南乞师援军，骆秉章遣同知萧启江、都司田兴恕等进援，委令筹办劝捐勇以助官兵，首倡大义，豪俊响应，袁、临、瑞三郡相继克复，万载接济之力为多，骆抚谓是役"吴楚第一勋"，萧、田后至藩司提督，辰云保湖南候补知县，殊无意出山。
陈素舒		承先世之遗富。咸同之间知县李吉言逃死无所，挈眷住其祠堂累年。湘军入境剿贼，自是基之，是谓能见其大者。
彭寿颐	举人	值粤党窜万，办团练捐……适曾文正国藩驻师江西……谓是才气可用，召至营，檄令管带一营，巡抚陈炳迈不允，且与国藩为难，营饷军火勒而不予，不得已而奏参巡抚臬司。国藩见江西人士辄曰："识彭子文否？江西人杰也。"
宋成祥		咸丰六年，发贼据县城，投都司刘培元部下，遇贼与斗，由是知名，后投虎营，充马队哨官，转战江西、浙江、福建、广东，积功累保花翎游击。
王如纶	副贡	咸丰六年举人彭寿颐、优贡廖连城起忠义军在港口，杀贼千余，如纶与，有功。十一年贼据新昌逼万载，募勇八百，自备口粮，偕新昌举人王保仁奉檄立保泰营，祖孙父子亲冒矢石，屡获胜仗。四月克复新昌，府县为制"忠义义勇"额旌其门。五月以饷乏军哗，忧愤卒。
杨罗峰	举人	咸丰十一年粤匪据新昌，督率练勇克复邻城，加国子监学正衔。
宋仕豪		自粤匪窜乱前后捐饷十数万……常自言曰："贼能平便是福，戈戈者何必较？"
谢殿传	武举	咸丰六年办大畲口团，十一年与武举张弼臣带保安营御贼罗城，获胜。五月偕举人廖连城克复新昌，麻田之战……殿传独率勇趋进助剿，叙功保升守备。
曹启瑞		赋质英勇，矢志从戎，随左宗棠转战数省，累功保游击。
辛学乾	举人	发逆据万，潜谋引官军入援，复郡邑城襄筹饷糈，殚心瘁力。
卢熙典	举人	贼氛告警，举人彭寿颐办团练以书速回，查乡团筹饷甚难，且粤匪终不足有为，贼退仍益理旧业……以克复新昌功保知县。

续表

姓名	功名	县志所载内容与事迹
刘如松	监生	办团练屡败贼，屹然为一方保障。咸丰十一年奉札随优贡廖连城进剿新昌，克复城池，饷缺鬻其产以偿，以劳卒于军。
蓝光苑	增生	咸丰五年，发贼窜据乡里，无赖辈争先从之，苑时为族督，西坑蓝氏丁壮二千余人，无一敢投贼者，年九十余卒。
谢大舒	举人	咸丰中叶东南丧乱，万载亦几非清。有知县李吉言数十人岁暮到黄茅，大舒招入改江族人家，与辛辰云、曹瑞祥等筹划，图恢复。辰云以世家子走湖南乞师于巡抚骆秉章，秉章遣师赴援……大舒入参戎幕，羽檄纷至，挥毫立就。
谢日郊		咸同间东南弗靖，摘录唐、宋、明史略各三卷及郑志马考、马步舟车阵法共二卷，以备参考应用。时堂兄大舒幕赞左节相西征，函请往，竟以母老辞。
曹瑞祥	举人	咸丰初粤党石达开连陷江西数十州县，邑令李吉言失守，时近除夕，避入黄茅鸿胪第，密请谢大舒谋。适邑绅辛辰云至曹家，乃偕谢与令潜商，促辛往湖南请援，谢介函先容楚中丞骆……己与辛筹饷济师……即办团资助防堵。不数月载……时太平军渐退，官军剿除胁从拿刑拘监，先后赖救全者百数十人。继将离局，同事以保卫桑梓固留，遂不计危险，力任之，在局垂三十年。
廖连城	优贡	咸丰初年金陵建太平天国，分军四出，江西郡县多不守。适彭寿颐亦自京回，相与倡办团练……既又办团复新昌，谕功以知县用。
赖炳熹		咸丰六年官军剿贼于其里，扶杖往迎，欲条陈时事，路遇贼为所戕。
钟玉明		举人钟斯敬之子。适发贼据县城，楚帅进剿，襄办饷团，不辞劳瘁。
冯岑		性豪爽，有侠气，办理乡邑公事、保甲团练胆识过人，与谢大舒为莫逆交。

资料来源：同治《万载县志》卷二〇，《人物下》；民国《万载县志》卷一〇之二，《人物·列传二》。

战时及战后客籍力量的兴起，对万载土客关系的演变进程有重大影响。其中最为著名者为谢大舒。谢大舒，字日长，号畅轩，其高祖自清初随父元由赣州长宁迁袁州，遂为万载人。大舒自幼聪颖，年十三补弟子员，道光庚子（1840）中举，屡荐不售，主讲义宁奎光、浏阳文华两书院。咸丰中叶，太平天国运动期间，大舒以湖南候补同知在万载办理团练，"品正才长"。太平军占领袁州后，跟随萧启江克复万载及袁州，萧启江死后入四川总督崇朴山幕府，入蜀襄赞军务。经左宗棠推荐，入浙署理台州海防，入闽宰浦城。后又随左宗棠入甘肃，同治八年（1869）任庆阳知府，颇有政声，十二年调任宁夏府知府。谢大舒为宗族的建设与客籍的发展做了许多工作。故县志把他列入"道咸之间县中举人之有名者"。① 并且，由于土客籍积极向政府捐输军饷，双方都获得了学额增加的奖励。据府志记载："袁郡四县捐输军饷先后报销，奏准加广永远文武学额各有定数……万载于同治三年加广土籍文武学定额各八名，客籍文学定额二名，武学定额一名，复于同治四年加广土籍文武定额各二名。"②

　　由于战争中土客的协同作战和客籍力量的进一步增强，战后双方出现了一定程度的融合。这直接反映在同治年间县志的纂修上。③ 政府官员无疑也为这种融合作了努力并且感到由衷的欣喜。知县金第在为同治十年（1871）修成的新县志作序时说：

　　　　邑之有志，即采风意，要在一道德，同风俗。何本邑志先以土著闻夫？何邑无志，何志不一体，而必分门别户成泾渭异流之势？诚以天下事，有通权达变，良非得已者。自学额案定，垂六十年来彼此无间言。盖久则相安，相安则相契，虽吴越不难为秦晋。且兵燹之兴，英才辈出，聚族于斯庐墓于斯者，莫不同仇敌忾，与乡之人协力捍卫，纵风鹤之惊几无虚岁，而众志成城，安如磐石，谁谓土客之果得而分哉！

　　　　庚午，大府檄府、厅、州、县各修志乘，邑诸绅不欲因其旧也，进而质诸余。余不才，何足以议典礼？然征文考献，政事以之。况同处声明文物之邦都，人士雅能，以礼相接，以情相联，上追乎康乐和亲之治，尺地王土，安用畛域为？乃不惮一言为之决。爰集诸名哲，交相考

---

① 民国《万载县志》卷一〇之二，《人物·列传二》。
② 同治《袁州府志》卷四，《学校·学额》。
③ 咸丰九年（1859），此时战事尚未结束，为了执行上级修志的命令，万载县遂依据十年前的《土著志》匆匆编修了《万载县志摘要》，实为《土著志摘要》。

订，不数月而告成。夫以数百年旷缺之举，累万言聚讼之端，欲后之人起而纂辑之，使浑同而化，无形迹之分，亦大非易易。乃一转圜间而众论翕然，或笔或削，理与法具，此二百年来所未有，诚不朽盛业已！虽然，志者志也，一字之增损，系乎万姓之奸恶。向非秉笔诸君子克洞达事，体一衷诸，在邑言邑，大公无我之规，又乌知不格于主客之见而能众口称善？①

时在京城任官的土著进士辛孚德也不胜欢欣，感慨颇多：

> 志之为言记也，书之于版曰志，存之于心亦曰志。志不一而能志一邑之文物典章，未有之有也。万志自雍正迄道光凡三修。客岁，中丞刘公将修通志，征乘于邑，金翥云明府属德续辑以谰陋。辞不获，于是批读旧志，见考据之精，纪载之确，前人所编已成善本，踵事而增，固自易易。所患人心未合，意见未融，有所窒碍耳。因与同事诸君折衷至当，一以中丞刊发章程为准，规模粗定，而德供职入都，虽远离桑梓，未尝不惴惴焉。恐其志之未合而事之不成也。今年春，诸君计偕来京告德曰："吾邑之志成矣！"向虑其难合者，今竟合矣。夫人心之萃涣，凡事之举废所关。② 今吾邑人举曩昔龃龉之意，涣然冰释，和衷共济，以求其成，可不谓众心既萃欤？

此次新修的县志又对之前的《土著志》进行删削。如嘉庆初年任知县的来玠，《土著志》把他列入名宦，其事迹是"时土客构讼，毅然以分额请，上司动色，方饬通省查办，会（来）玠以卓调，不果行，后邑中多故，卒如所请云"。③ 因其偏袒土著，其传记在同治县志中被删，而当初被《土著志》删除的有关移民的记录又重归它们应有的位置。新志的人物传记还相应地增加了移民的比例，而且不再冠以"客籍"字样。

即便如此，土客双方在县志的纂修过程中还是发生了冲突，远在甘肃任职的谢大舒也对"邑乘龃龉，略有所闻"。他在书信中规劝同籍："其实两籍并立，决宜讲信修睦，勿操同室之戈，凡事以彼此无碍为是。"④ 谢大舒接宾

---

① 同治《万载县志》，《序》。
② 同治《万载县志》，《跋》。
③ 《万载县土著志》卷一九，《名宦》。
④ 谢大舒：《春草草堂集》卷一二，《覆丁甲甫孝廉》。

兴局函，知万载客籍"欲图大举，固义愤所激"，回信说："鄙意且相机暂歇，既无大题目即京控，亦可不必……宜综叙一篇，通陈各大吏明白立案，或亦冀聋聩忽启，再为更正。物极必反，智者总须自强以俟时会也。"①

　　这一时期，虽然土客双方有合作的"蜜月期"，但毕竟双方矛盾还是根深蒂固的。在万载客家人中还流传着这样的故事：万载某土著做东，邀谢大舒到县城赴宴。大舒自知凶多吉少，席间托故出去，把一件呢子衣服留在座位上，乘事先备好的快马出城往株潭方向疾驰。土著们刚开始并没在意，以为谢老爷一会儿就会回来，因为他的衣服还在座位上放着呢。但时间一久，他们知道上当了，便派大队人马去追谢大舒。大舒驰至潭溪，眼看要被追上，策马进入了丁氏的宅子里。丁氏本为土著，但丁氏和谢氏同为姜的分姓，故而丁氏保护谢大舒，架起土炮轰击追来的土著。经此事变，丁氏与谢氏世代同好，直至今日。另外，还有一个关于这一时期的小故事：万载县筑城墙，分派土著筑三面，客家人筑一面。土著时常来偷客家人的砖，大舒便在砖上印上记号，上头派人来检查，结果发现四面围墙皆为客家人所筑，土著大惊。②

　　由于移民的整体实力毕竟不及土著，他们在各种权利、资源的争夺与分配中大多处于劣势，其策略也是委曲求全，以守为攻。

　　为了维护既得利益和优势，土著则仍然故作区分，一个明显的例子就是他们援用《土著志》的做法，在县志之外继续另立《万载县志都图甲户籍贯册》。该册开篇明确宣称："都图册何以另立一卷，非赘也。万邑土客之籍分别甚严，客籍各附于土著之末而版图本归土著。辛志分别标题，另立一卷，土著凭之，籍贯清而考试无争，意良深也。客籍不准城居一案，原备录于都图门，今届志乘仍照辛志另立都图册一卷，而客籍不准城居一案从都图门内移载于此。以志系合修，畛域之见自可不存，而相沿之案必不容没。故公禀县宪杜批准移载，存案礼科。两籍各守成规，城内寸土土籍永不得卖，客籍永不得买，相安无事，同我承平，岂不懿欤？爰将另立一册之意与移载不准城居一案之故志于简端。"③ 很明显，土著还深存"畛域之见"，极力制造和

---

① 谢大舒：《春草草堂集》卷一二，《致赖子奎廖荆山赖岳生三君》。
② 这两个故事承蒙万载县谢启勇先生讲述，谨致谢意。
③ 同治《万载县志都图甲户籍贯册》。

加深土客之间的界限。

大约演唱于晚清时期的一首万载县的唱本，生动、深刻地反映了同治时期土客之间的尖锐矛盾。唱文用万载本地话唱道：

> 列位看得是有味。且表客籍同本地。客籍举人有三个。就是曹廖来起祸。谢家举人就更相。一心做官不跟样。就是瑞祥不是人。用尽计谋想进城。可怜瑞祥起干戈。东洲书院钱也多。防备东洲用不构。把人出乡见丁抖。东西四门寻地盘。谋买地盘做会馆。访得唐姓余地空。就到花园做一栋。胞是瑞祥用个计。商同连成造假契。造张假契谁人卖。瑞祥干戈起得大。将把唐姓作鬼名。就是魁选出卖人。唐姓祠堂在先做。那有子孙卖宗祠。瑞祥心下就在活。文契界至鸣得阔。都骂瑞祥不是货。上至城墙下至河。只有瑞祥相更相。横直想谋四十丈。本地量尔硬不敢。前后左右几姓管。年皇写得一百几。同治登基正来取。在前羊牯把绳敦。至今羊牯起威风。造张假契通文客。见丁都要抖二百。抖到钱来下省用。东洲今里切莫动。同治壬申修起志。瑞祥有分在局里。修起志书解下省。瑞祥连成就不肯。早前修志哑了颈。而到后来正睡腥。瑞祥就把省来下。告状就把官司打。官司将把钱来酒。列位房科奉城矮。舍得钱来就有理。进水用发两万几。个个官府都受财。颁张告示上万载。告示出得劝本地。同乡共井要和气。客说城内有块地。做只会馆落考试。本地看得人人笑。客想进城望定头。绅仕看得真有味。先卓印信假告示。瑞祥连忙走到城。下来将把衙门进。就同金拐来说情。委员县官先清界。后来颁得知府来。知府大人断把矮。界碑议了几十块。瑞祥记谋来得快。就请地先坐轿来。踏清界至说起做。谁知丈尺不相扶。妄占人业天不肯。用发东洲打不转。这只会馆做不成。地先也要用脚行。卓光骂曹心不平。昨日坐轿今日行。走到里山书院里。耽搁人工真不抵。盛杰子孙更不是。执倒浆交打界至。本地看得是有气。连打几未在唐里。打了几未今软脚。张姓喊到田下郭。听得本地打句贺。客籍斯文都要和。本地个个都喊打。坐在轿里喊了下。打滩轿仔无可变。连忙走到官面前。客籍进城如当狗。地盘未清达肠走。客籍官司用了钱。壬申打到酉癸年。三月十九踏地盘。城内人有几千看。我看瑞祥不算奸。又把知府骂一餐。这场事是大不情。如何尔是这等人。妄占人地要不得。

个个自己来下结。骂得瑞祥无了胆。一边下结正不腥。晦气晦气直晦气。这场事务酌鬼迷。客籍帮里都骂曹。发子人功又无劳。上春吃谷都不构。见家抖发钱几吊。个个都说曹有意。在打官司用了钱。本地个个都骂曹。用了几万未动毛。当初老志定了位。城内客无插计地。用了钱来都在尔。颁官踏地是原事。这场事情表不清。假作各下在招兵。知府老爷清子断。今日羊肉四兵盘。万载会馆未有做。圆州过考生意固。瑞祥生意改明籍。本地同生闭考试。要改明籍万不能。本地打了扯破拳。句来客籍是广东。想到万载起威风。人人骂尔是短使。瑞祥连成就不愿。骂尔短使怀不算。人人骂尔两寸半。瑞祥连成真不抵。此做羊仔进圆里。全拐正堂得了钱。牵到羊仔进花圆。全拐狗官来相劝。贪婪授贿受银钱。山里羊仔一肚草。本地吃到不算保。明地客籍禾争光。不如把尔去当娼。朝思莫想实不低。骂尔曹廖婊子仔。句句骂得好场心。吃药跳河去吞金。连成起意想造反。无人商量谁常胆。几场事务表不青。又说在外各招兵。客想进城万不能。同治在位十二年。①

同治年间，吉安府龙泉县的土客矛盾也较为激烈，客籍蔚起书院的建造是一个典型案例。蔚起书院的兴建充满着曲折，遭遇了龙泉地方官员和土著士绅的阻拦。蔚起书院，在龙泉城西北门内斜街，系客籍三都（十七、二十一、二十三都）嘉庆初年众建试馆，原有宾兴田租 100 多石，咸丰年间遭兵燹毁废。同治八年改建书院，添捐田租，为历年聘请山长束脩、课士膏火、花红并给文武上进奖赏、乡会试卷资。②

同治八年（1869）春，龙泉客籍在原有试馆基址上捐修上下两栋，添建尚义堂一栋，余屋数间。八月初八日，客籍"为新建县书院禀恳开考立案待详以资作育事"禀知县王肇渭③。因客籍人士"读书苦不得地"，"爰谋公建书院以期广育人材"。借助捐输集腋成裘，"得租者二千余石，因在城而筑馆，经费者一万多缗"。书院已兴工半年，不久将落成。故禀请知县更定书院章程，援案奖叙慷慨好义之士。王肇渭面谕嘉奖出示，于八月十八日开场

---

① 此文本存于万载县谢启勇先生处，谨致谢意。
② 同治《龙泉县志》卷六，《学校》。
③ 据同治《龙泉县志》卷七，《秩官》：王肇渭，直隶拔贡，同治四年至六年任知县，七年为陈本濂代，八年、九年王复任。

考试，共有客籍子弟 700 余人参加考试，录取生员 28 人，赏花红洋银四圆，揭榜晓谕。①

十月，客籍为"公建书院广育人才恳恩檄县存案以垂久远事"呈吉安府。吉安知府批："据禀该处十七等都公建蔚起书院，以为培养士子之所，地方义举，深堪嘉尚，仰龙泉县查照准予立案，所有捐输出力绅民，应否给奖之处仍俟工竣核议详夺。"同时，客籍又上禀江西学政、布政司及江西巡抚衙门恳请立案。十一月巡抚刘批示："据禀已悉，该绅等捐租创建书院，可嘉之至，仰布政司即饬龙泉县，一俟工竣即将捐输数目、院租额数、月课章程详请立案，并将捐租各户按捐数多寡同出力董事分别酌核，请给外奖。"可见，江西各级地方政府对客籍建造书院都是大力支持的。

到了第二年三月，客籍欲在已修建的试馆的基础上再兴工大力添造书院，"嗣经合都前辈酌议于试馆后余土创造书院，捐设膏伙，聘请名师，陶铸人材，以为培值群英之计。都人士莫不抚掌称善，踊跃捐输。"由于土著的抵制，这种情形逐渐发生了变化。土著控告客籍借建造蔚起书院包漕阻捐，阻拦不成后又愿与客籍捐租同考。

先是同治九年（1870）三月十六日，知县王肇渭奉上级指示发布告示，只许客籍将现修之尚义堂试馆改为书院，不准再捐添造，不准干预钱漕词讼，并不准给予外奖。告示文称：

> 晓谕三都绅民一体遵照事。照得现奉抚宪饬将三都试馆并乡约所尚义祠以及典当、饭店等项名目一概禁止，着将现修之尚义堂试馆改为书院，不准再捐添造，不准干预钱漕词讼，并不准给予外奖，等因。奉此，除全批另行示谕外，所有访闻三都词讼先投绅首一节，合先出示晓谕。为此，示仰三都绅民诸色人等知悉，尔等如有大小词讼以及鼠牙雀角，不准投鸣蔚起书院绅首理处。自示之后，倘敢阳奉阴违，一经访闻，即将严拿究办，该绅首等亦大干未便，本县言出法随，决不徇隐，勿谓言之不早也。各宜凛遵毋违，特示。

二十一日，蔚起书院因关聘山长随时课艺事禀县，请知县作主聘请江西

---

① 《新立蔚起书院案稿》，载《蔚起书院版图成案》（不分卷），南昌府学前街裕成刷印公司代印。如无特别注明，本案资料皆来源此。

兴国县蓝拔奇为山长，一切束金膏火俱由书院筹供。知县批："查创建书院，每年官课师课共开几次，田租若干，正附应取多少，膏伙奖赏如何给发，山长脩脯若干，以及一切应议章程尚多，本应由该绅等详悉酌量情形逐款妥议，呈候本县核定后，再由本县关请山长主教。今蔚起书院一切条规尚未议定，似难遽先送关，惟山长既已请来，可将去秋本县已取生童送院暂先由师考课，一面赶紧会议妥善章程，呈候立案，再行补关，以符定章而资遵守，本县实有厚望焉。"

二十四日，蔚起书院开课，蓝拔奇出课题面试诸生。客籍请蓝拔奇与知县王肇渭沟通交流，蓝于是致信王，信中谓"建造书院，各府县皆准办理，原不待言，弟谓此种美举，本属多多益善。但只许以此培植人材，俾文风日上，即地方亦可增色。今该绅首等皆已允从专造书院，此外不预毫末。想福星垂照，必能成人之美也"。王于当日午间即刻回信，称："日前绅首所呈条规，因内中遗漏甚多，且有不妥之处，均须一一熟筹。至建造书院，诚如尊谕，本属美举，然皆系合县之事，并无土客之分。今蔚起书院既属创始，又以客籍自别，而且传单条据大多去秋，竟为完漕总局，三都人民凡有涉讼，皆称经投试馆等语，使弟进退为谷，不得已禀请各宪示遵。现在既奉抚宪批饬不准再事派捐添造房屋，词意严切，凡在官绅敢不凛遵？且昨日府宪批饬云云，弟现将原札存内，俟稍暇一二日，再邀该绅首面谈，原批抄录呈电。闻得绅首必欲兴工，此举万不可行，想其中为难情形，定能鉴悉。"

对此客籍马上作出回应，于二十五日禀县。呈词称："举等都内去秋沐恩新立蔚起书院，甄别生童八十一名，准延师肄业，作养人才，具征德意。缘去十一月将创院情由禀抚宪，已沐批准。旋于续禀条款内，另拟附近书院添设谷当乡约所二条，虽为便民起见，究恐有碍，当于条欵语次声明，现在未敢兴工，仰候批示等情。沐批不准，故自去腊至今并未兴工，坐落城中，难逃洞察。兹奉抚宪批饬并奉宪示晓谕在案，举等知另拟该项两条既属谬妄，目今兼值开课，各处绅首齐集，公同酌议，再不复萌兴造该项之意，即书院正工，亦现在议停，不敢造次。惟事经上禀，伏乞恩裁俯赐详销，免以该项无益之举，转碍书院栽培之雅，则感铭无已矣。"

同时，知县王肇渭通禀学政，称龙泉县土客两籍素不相协，客籍建造书院实为包漕阻捐，并敛费开设典当、饭店，而土绅愿捐同考，恐起争端。学政批示："添建书院，既经禀奉抚部院批准建立，本无不合。惟包漕阻捐一节，该县尽可禁止，若果有不法之徒相率为伪，亦不难查拿禀究，未便因噎废食，遽然裁撤，以阻作育。至称敛费开设典当、饭店等情，该绅既为欲与文教，即当于落成后合计费之盈亏，妥议考课章程，以资作育。何得情同市井，设意牟利，著即禁止。又称土绅愿捐同考，恐起争端一层。若客绅愿与捐租同考，亦广乐育之道；如其不愿，土绅既未相与创始，何得复有争竞？其余习染坏俗诸弊，全赖主教之山长督率之，县令加意整饬，自然人文蔚起，风俗不偷，其尚义堂、乡约，所非书院当立名目，即饬易去，另改讲堂字样。仰布经历呈堂转饬遵照，并录报抚部院查核暨候批示录报。"

六月，客籍禀学院，指出知县通禀裁撤书院，其原因在于土著百般阻拦，"龙邑衙门内书差均系土著预充，又出入衙门豪恶皆系土著，交结吏胥，朋比为奸，视三都如鱼肉，嚼噬已久。今见三都独建书院，恐难便其私欲，遂生嫉妒，日造浮言"。呈词称：

> 窃举等十七、二十一、二十三等三都嘉庆五年祖父手在邑城西公建试馆一所，并置宾兴田租一百七十余石，为作育人才之用。兵燹而后遭毁殆尽。上年三月公同修造，改为书院，八月沐县主取名"蔚起"，主场开考，甄别生童八十一名，十月禀奉各宪批准建立，檄行在县存案。本年三月关聘山长，兴国县蓝大吏拔奇来院主讲，于二十四开课。适奉县主出示，以举等借书院为名，具有别意。溯由来，原因龙邑衙门内书差均系土著预充，又出入衙门豪恶皆系土著，交结吏胥，朋比为奸，视三都如鱼肉，嚼噬已久。今见三都独建书院，恐难便其私欲，遂生嫉妒，日造浮言，暗耸县主，以预防把持为辞，又以虚捏未造之尚义堂乡约所指为既造，且称为希图挟制，通禀裁撤。不知书院专育人材名色，皆有从未闻有把持情事。若果把持公事，又何必专院？既称书院可以把持，又何必另立名色？诚如宪批，果有把持之人，亦不难立拿究办，岂有书院一兴而把持公事者遂得抗三尺法耶？举等前月十九日奔叩抚宪，沐批该县前禀尚义堂既修三四十间，足敷生童肄业，谕书院仅修就正屋二栋，后栋为崇祀文武二帝，前栋为出入门户，栋中并无窗房，惟左房

建屋一进，前面一进为山长会客之所，后面小房八间，每间横直不过一丈，仅容一人坐席。去年开考书院应课生童八百余人，沐县主甄取八十余名，亦须八十余间方敷肄业之坐。即如县主所禀三四十间亦虞不足，况仅有八间乎？三四十间是何意见？总云书院以广育为主，其室宜多不宜少，如谓多则把持公事，岂八间屋内不能容把持公事之人乎？或谓多则伤财，而此次修造经费各自绅民乐输，与国帑库饷毫无窒碍。况县主父师之责，凡振兴文教培养士子之事全仗栽培，若如此轻听浮言，改易初心，实出人意料之外者矣。本待遵谕停工，无如房屋少用，竟成废物，亦欲兴工赶造，无如示禁严切，必至无罪加罪，再三思推，惟有绘呈屋图加粘切结恭叩崇阶仰祈洞鉴，乞咨抚院，赏准委员查勘，无弊即饬兴修，书院得以落成，人材得养作育，则感德无既。倘查与图中间数丈尺不符及有把持情事，即请提案治罪。

客籍称："书院现成窗房实在止有八间，原不敷生童肄业居住，且山长讲堂及院斗爨夫住宿尚无其所，不得不事添造。如果既有三四十间，则肄业颇敷，举等何故为多事，晓晓争办，自干冒渎之咎？无奈邑有浮言，竟至以少作多，以无为有，此中不乏蛊惑架诬之处，难逃洞察，若非缕情再禀，则书院无成，在大宪虽有栽培之德，在多士仍无聚学之门，辜负初心，咸深惋惜。"为此，客籍绘明既造房屋图式，出具专建书院甘结，乞请委员查勘，恩准清捐添造。学政批示："增新不如践旧，既有原图可考，准准其按图起造，如以易名，书院不得通融改作，除前后两栋尚将就坐次十数人外，两旁无论新旧，准其建造斋房三十间或四十间，可坐两人。去秋甄别八十一人计之，已绰有余裕矣。惟既易名书院，此后只仅读书会文，不惟闲杂人等不准寓内，即完粮国课及所谓一切义举美事，亦不得寓内，庶与名义相符，且所以防流弊而杜后患。至随处皆有土客，务在联络圆融，不得各分畛域，动辄取形诸口舌笔墨，门户之间日深，门户之祸必烈，戒之戒之，思之思之。仰布政司即饬龙泉县查明办理，并传谕该绅等知照。"

七月，王肇渭向吉安府知府禀称："卑县三都绅民曾于道光初年在城内创造三都试馆，经卑前升县文海访知为结党营私之地，立将绅首驱逐，将试馆改为文昌宫，不准设立试馆。至今大门收尚镌有'文昌宫'三字。四十余年来安静如常。上年（注：同治七年）陈代令本濂任内，教职张春元、武职黄云龙等希冀冷灰复燃，遂以前创未成之试馆聚众派捐兴造，敛钱至千串之多，尚有已写未缴田租数千，价值巨万。缘该三都富户本未乐从，该绅首以从此钱漕可以减价，词讼可以作主煽惑乡愚，遍贴传单，以致数月间写捐既盈千累万，先造尚义堂三都会馆为包抗之地，动曰'三都公局'。后恐有干饬禁，复贴传单添设书院。去秋（注：同治八年）以卑职回任之初，该绅首吁求考试，实系借以敛捐派捐。卑职总以谓前次莅任三年有余，该绅等尚无滋事情形，是以深信不疑。即为取名考试，初不料为奸犯科之所，时未有一月毕露端倪。及卑职亲揭印版传单，密加访察，始知传闻非谬。正值新漕启征，该绅首恳求减价以为包揽之计。事虽未允，而既经写入书院之租捐户，借口田租既经写出，率皆拖欠不完。是上年三都应完漕米实较历届少完数百。旋经据实具禀，奉批，前因卑职正在遵批出示晓谕，该绅首再三求阻，其意深恐事机败露，不能敛捐。如果该绅首别无他意，应遵先后院批，将书院章程妥议呈由卑职核议详夺。一面由卑职聘请山长，方为正办。乃该绅首先既私延兴国县蓝翰林拔奇前来主讲，而蓝翰林已掌教赣郡，又掌兴国县书院，加以经理纂修兴国县志，何能再顾龙泉？而该绅首必欲其来此一行，且托其于卑职前屡次缓颊，大有挟制之意。蓝翰林小住旬日一课即返，若专为书院作育者，断不如此。实其处心积虑，原在彼而不在此。蓝翰林去后，该绅首又分投催捐并四处告知。既设三都公局，近来三都俱不知有官而知有局。卑职以立书院原为乐育成全，该绅首以并无讲堂必欲抗批修造。卑职面谕，既有大厅三间，可为讲堂，内现有房屋可住肄业生童。无如该绅首坚执不从，甚至动辄传单，邀人应课。其又以人多屋少为挟制，显而易见。现在盘踞书院内者，多非生童，半居武职捐衔并不安分之人。卑职再三催令将书院额租章程开呈议详，以便开课。该绅首非但置之不复，并闻于四月间，距城之四十里藻林黄云龙家聚集多人，敛钱千余串交张春元等晋省，希冀设法邀准添造，得遂其愿。现虽尚义堂乡约所等项不敢公然建立，其欲建造多屋者，实为暗图设立包揽把持而后已。本月读奉抚宪径批举人罗联曦等请准予添造一禀，始悉藻林聚议又非讹传。卑职诚恐下情难悉，鬼蜮难防，既确闻见，何敢不再为禀称。况卑职忝任斯邑前后五年，易俗移风固非易易，而养痈遗患实不敢稍事姑宽。至土籍屡请一并应课，均经卑职先后劝散，此后能否免鲜，此又非卑职愚昧所能知也。今将三都蔚起书院绅首违抗情形屡禀查核，并请迅速转禀。"

吉安府向江西巡抚转禀并请示：卑府覆查创建书院，振兴文教，本属众绅善举，士林盛事，若阳借作育之名，阴为营私之地，人情诈伪，变幻莫测，兼之土客歧视，各存界限，非特无益地方，更恐有碍公事。查核该县王令先后所禀各情，自非尽属无因。现在三都客籍公建蔚起书院，既经修造落成，故未便因噎废食，再令裁撤。惟慎始方能图终，因势尤须制宜。如由该三都绅士自行至持，不先明定章程，难免将来假公济私之弊。卑府管见，拟请按照通县五峰书院，所有聘请山长，甄别等第，课试生童，佥举绅董妥协办理，不许绅士独有擅专。其经费田租膏伙各款以及一切事务，亦由该县督饬，以昭限制。此后书院房屋足敷士子居住肄业，亦不准再行添造，并容留闲杂人等在内。倘有干涉钱漕词讼之人，即遵抚宪前批，立予详革严究名义相符，并以杜绝后患。而客籍无所希冀，土著无所猜忌，彼此可期和洽相安也。愚昧之见，是否有当，理合据情转禀，并将卑府查议缘由一并禀请大人俯赐查核批示，以便转饬遵办。

学宪徐批：查此案叠据该县官绅互禀，当与抚部院面商，准其建立，原为人才作育起见，今据详前情，惟书院废弛，非独本院应任其责，亦良有司所宜疚心。所称甄别生员，自应由官取录，其聘山长、筹膏伙，既称绅士捐输，即归绅士料理，亦无不合。总期官绅和衷共济为要。至书院房屋，自应遵照前批办理，如谓包揽情形，若果查有其人，即应指名拿究，不得借为口舌，仰布经历呈堂转饬遵照，仍候抚部院批示。

在蔚起书院兴建过程中，土客籍双方通过多种途径施加影响，以使事态朝有利于自己的方面发展。蔚起书院终于还是建造起来了，客籍如愿以偿。光绪元年（1875）三月十九日县试，二十一日蔚起书院考课童生，共得童生课卷 539 本。三月二十五日，知县刘昌岳揭榜晓谕。

客籍建造蔚起书院对于土著是一个巨大的刺激。光绪二年（1876），土著始合力捐资，于县城南门内创建五华书院。书院最终于光绪六年落成，并捐置有田租 1000 多担，店房多幢，光绪八年始延师训课。[①]

在长期的土客争斗与对抗中，至清末，五华、蔚起两书院分别成为土著

---

① 《遂川县志》第二十四篇《教育》，江西人民出版社 1996 年版，720 页。

与客籍族群认同的载体和标志。土、客双方分别自称"五华人""五都人"与"蔚起人""三都人"。①

由于有非常深厚的渊源、现实利益的冲突以及制度性的障碍，土客之间的矛盾与分别绝非短时间内可以消除。"冰冻三尺，非一日之寒"，解冻和消融还需要一个漫长的过程。

二、清末民初的土客关系

清末民初，社会风气日益维新，在地方官员的治理和士绅的响应之下，湘赣边区各县的土客关系有了进一步的松动。

光绪年间，龙泉县令何品玉为融合土客做出了很大的努力。何品玉，字锌璋，又字子璋，四川西昌县人，同治六年（1867）举人。初任江西龙南知县，光绪二十三（1897）年四月，调任龙泉知县。三年后，以疾罢归。

咸同年间的战乱对龙泉县的文教设施及体制造成了严重的破坏，何品玉担任龙泉知县期间，积极进行地方治理，努力融合土客，振兴文教，恢复各项文化教育设施，完善运行机制。主要举措有复兴书院，复举宾兴公会及兴办采芹公会等项。②

复兴书院、宾兴事业：光绪二十三（1897）年十一月，江西学政指示全面调查报告各厅县书院义学情况，包括书院几所、每书院田亩若干、坐落何处、每年收租若干、现归何人经理、每年何时考取甄别、一年官课几次、师课几次等详细情形。何品玉调查后详细禀覆了龙泉县书院义学情形并汇报了其发展计划。该县有三所书院，一为五华书院，系土著书院，起自光绪五年；一为蔚起书院，系客籍书院。两书院俱在城内，分门别户，不能合而为一，并且都因经纪不善，停聘已久。再有就是五峰书院，为全县合办。值得指出的是，这三所书院逐渐成为地方各种力量的认同标志和权力中心。如客籍人则称"蔚起"，土著则称"五华"，全县土客籍公共事务则在五峰。同治年间龙泉纂修县志，全县士绅"集试院之五峰书舍开馆兴修"。其余各乡乡

---

① 解放前，遂川的客家人叫"三根线"，本地人叫"五都拐"。

② 参见陈海燕：《〈两龙琐志〉的整理与研究》，江西师范大学 2012 年硕士学位论文。

塾有 13 所，都是经费单薄，有待筹办。①

何品玉认为，"卑县土、客之分，数百年来，牢不可破。因念士为四民之首，欲化其分而使之合，自当以士气为先，故于五峰书院殚尽心力，务复其旧者，以其为土、客公共之书院也"。三所书院中，五峰书院为根本，为土客公共之书院，五华、蔚起书院为枝叶，复兴五峰书院便可以化解土客之别，融合双方。"自应先根本而后枝叶，办理始为得宜。"故他带领土客籍士绅首先尽心尽力整顿五峰书院。五峰书院于乾隆十九年全县绅耆捐资创建，规模宏大，费七八千金。乾隆三十一年续捐银 1600 余两，先后置买田租共计一千余担，还有杉山一处，坐落北乡，面积颇大。嘉庆、道光年间发展良好，"邑中人材，皆从此出"。咸同兵燹以后多有荒废，"杉山既已埋废，佃户复多积欠，以致讲堂倾塌，学舍摧残，数十年来，无人过问"。② 何品玉大力整顿，革除此前弊端，首先聘请举人叶梦良为山长，并延两学为监院，先期甄别考取土客生童各 40 名，送院肄业。因五峰书院废弛已久，"已成为冷坛破庙"，不足以庇风雨，故暂借五华书院为讲课之地。并一面遴选殷实监生梁聚星等经理数目，查核书院公产，整顿积欠佃户，另招新佃于"车塅"杉山垦插杉苗，利息主六佃四；一面督促绅首鸠工饬材，修整讲堂学舍。至于山长束脩、诸生膏奖的数额，由于龙泉书院废弛已久，没有标准可以参考，何品玉遂仿照其任龙南县时的书院章程加以修订而成。至于复兴五峰书院的各项经费，除知县捐廉及书院尽其所有外，其余由五华、蔚起两书院派足其数。何品玉此后多次催办五峰书院之事。在他看来，"土著别立五华，客籍别立蔚起，居然割户分门"，而五峰书院，"土著客籍俱在"，"欲合之以泯前迹，故注意于此，不底于成不已也。"③光绪二十五年，修葺后的五峰书院焕然一新。另外，士绅叶梦良、梁聚星、王庭光、上官举等尽力经营两年以来，五峰书院学产渐丰，植基稳固，全县文风渐有起色。④

---

① 何品玉：《禀复遵查卑县书院义学各情形由》，《两龙琐志》卷一《禀》，光绪二十六年刊本，江西省图书馆藏。

② 同治《龙泉县志》卷六，《学校》；何品玉：《禀复遵查卑县书院义学各情形由》，《两龙琐志》卷一，《禀》。

③ 何品玉：《五峰书院联》，《两龙琐志》卷七，《杂联》。

④ 何品玉：《禀复遵查卑县书院义学各情形由》，《两龙琐志》卷一，《禀》。

何品玉还从经费方面入手，以复兴书院为契机，"将三书院存息合而为一"①，"其各项钱谷，并归一处，无分畛域"②，举办全县宾兴。此举"系统阖县而设，无分此疆彼界"，融合土客。其自谓"自接篆以来，所刻刻萦怀者，首在书院及宾兴各款"。③ 举办全县新宾兴公会，为何品玉治理地方、融合土客的关键措施之一，用力费力颇多。其谓"莅任以来，先举三大书院，认真整顿以植其基。后将采芹未尽事宜，会商两学，申详定案。独于宾兴一款，有志未逮，亦守土者之憾事"。他查得土著有宾兴名目，"佽助乡会试资斧，而客籍独无，未免情见势绌"，龙泉"虽有上、下两宾兴，要皆土著捐产，于客户无与，自经兵燹，田亩荒落，秋收既鲜起色，奖给亦甚单寒。要期名实相符，当思有所变计"④。故力除陋习，选派委任公正绅士等，分乡劝办，联成土客宾兴公会，以备学校公用。⑤ 具体仿龙南县成案，何品玉撰写《劝办宾兴公会引》并发布《龙泉宾兴公会示》，捐廉 200 银元首倡，给予印簿，专委郭聚奎等人妥立章程，会同地方正派士绅，分乡劝办。之后何品玉又数次催办宾兴之事，督促绅首下乡清理三所书院积欠款项，各都士绅各催各姓，将已捐者即刻催收，未捐者赶紧劝令一律捐输，随捐随缴，殷实富户捐额较多者到县署面写，各姓蒸尝及零星小户则由绅首劝办。在管理方面，委任举人郭聚奎为总理，教职冯辉昭为监理，委任监生梁聚星为经理，掌管钱谷出纳，知县及总理监理诸人，均不分毫沾手。⑥ 总的来看，何品玉复兴书院、兴办宾兴的效果颇为明显。

兴办采芹公会：采芹公会是"为新进诸生代奉两学束脩之费"的一种助学组织。道光三十年，龙泉县五乡士绅会商，公起采芹会，约计乐输三万余金。⑦ 其旧章"每逢岁、科两试，合计文武各生，分其户则上、中、下，上户十六串，中户十二串，下户八串。榜发后，由廪保派定，仍由本生备钱自

① 何品玉：《谕龙泉举贡》，《两龙琐志》卷五，《谕札》。
② 何品玉：《札谕五峰五华上宾兴学田首事》，《两龙琐志》卷五，《谕札》。
③ 何品玉：《致诰职张苇甘》，《两龙琐志》卷三，《启》。
④ 何品玉：《劝办宾兴公会引》，《两龙琐志》卷六，《杂文》。
⑤ 何品玉：《禀复遵查卑县书院义学各情形由》，《两龙琐志》卷一，《禀》。
⑥ 何品玉：《办宾兴札稿》、《谕三书院绅首公议书院宾兴章程酌定某某收管速禀采择》《札举人郭聚奎等总监五峰、五华两院及宾兴学租钱谷》《札委监生梁聚星等总司五峰、五华两院及宾兴学租钱谷》，《两龙琐志》卷五，《谕札》。
⑦ 同治《龙泉县志》卷六，《学校·合邑采芹会由》。

缴"。① 咸丰丙辰（1856）间遭遇太平军，损失很大，所存费用甚少，大量积欠，旧制无法继续施行。同治四年（1865）岁试起将"剩存各款交付新进诸公自行经收，除完国课外照依名数均分"②。至光绪十年（1884），邑绅商议复兴采芹公会，仿照四川学政张之洞《𫐉轩轩语》之中的方法，置办学田，从中收租，作为公会的经费来源。但因频繁更换知县，复兴采芹会之举经年办而未成，都无成效。

何品玉莅任后，土、客籍举人梁世淮、罗联曦、郭聚奎、李观澜、叶梦良，拔贡黄汝弼、巫占春，教职黄时之、张椿年、郭浩，岁贡上官体、古耀初、林泉香、刘佐尧，增贡叶鸿逵，附贡吕文芳，武举黄定中，廪生甘汝楫，附生梁作霖、李弼谐，监生上官佳、张星林等联名具禀，再兴全县采芹公会。何品玉谕令督饬绅董筹办，首先整顿会产，将贫瘠田地一律更换成膏腴之亩，每学又增租 80 担，前后每学共租 640 担，两学并计 1280 担，用三年的租谷作为岁、科两考的经费，并将此法刊入《尚义录》中。所置办的学田，都在离城 20 里之内，随即进行招佃承耕，并在两学署建造仓库作为储粮之所。随后督促士绅妥议章程条款，并且呈报上宪查核批示立案。③

案成后，应采芹局首之请，何品玉撰写了《采芹公会序》，其云：

> 龙泉主客之分，所由来者久矣。愈久则愈难合，合之之道，以书院为大宗。书院者，人才之渊薮也；人才者，地方之元气也，元气厚而后儒术美，儒术美而后教化行，教化行而后人心协。然而蔚起也，五华也，分其地，分其款，分其山长与其从学之士，则固依然分矣。意者，一分之后，果不可以复合与。自有采芹公会之设，举二百余年已定之分局，一旦而合而为一。夫既合而为一矣，可以不分矣。于此有人焉，从而鼓舞振兴，使之怡然涣然，相维相系，固结而不可解，岂非转移风气之一大关键乎！惜乎身其事者，未尝因势利导，坐听其流失溃败，而难乎为继也，于是乎向之自分而合者，几几乎有自合而分之势。余行且老矣，身又多病，以今年四月调补斯任，而大惧吾民之及吾身而仍分也，恒兢兢业业，虑不克有所裨益，为士民羞。视事之初，即留心于其

---

① 何品玉：《督绅劝办采芹公会已成订立章程详情立案》，《两龙琐志》卷一，《详》。
② 同治《龙泉县志》卷六，《学校·合邑采芹会由》。
③ 何品玉：《督绅劝办采芹公会已成订立章程详情立案》，《两龙琐志》卷一，《详》。

所谓三大书院者，久之得其要领，与其邦之贤者，往复熟筹，务使废者修、坠者举，以期复乎设立书院之本意，固未暇为采芹计也。又久之采芹局首，乃以申详立案请，并拟刊志录，问序于余。余嘉夫泉之士之能务其远者大者也，为之喜且欲狂。核其前后办理情形，则两学各奉租六百四十石，以其租息为岁、科两考新进束脩，其租官自为收，无假手于绅。又购租四百余于乡，则绅为收粜，而以钱遗府学，历经前县与前学，妥议章程十余则，亦可谓法良而意美者矣。其中有尚宜斟酌者，会同两广文招局绅复议。议既允，遂合词以牒大府，案乃大定。因总汇田亩，载明弓步，绘图贴说，并列捐名于简。为垂久计，今而后士之赋采芹者，莫不优游暇豫，束冠带慎容止，相率以谒其师；而其师亦惟进之以圣贤大学之道，无一言及其私者，斯则隆古之风也已。虽然，此犹凡有学田者之所同也，不足为泉异也。吾闻泉之未有此会也，榜发之夕，争来脩于其师之前者，互相袒护，至夜分不能休。盖彼此皆有一主客之见，横据于胸中，虽欲不分而不可得。自今以往，吾将见其合，而不见其分矣。其财可以相通，其力可以相助，其文章道谊可以相切磋。意气平，猜嫌化，形迹泯，由是士合于学，则农合于野，工合于肆，商贾合于道途，遂无之而不合矣。无之而不合，乃无之而或分也夫。①

何品玉对龙泉土客士绅能够致力兴办采芹之举、热心文教科举事业大加赞扬，并肯定了采芹章程及实施方法的可行性。同时，对此举寄予厚望，期望采芹公会可化解主客之分。在定期观风、按月扃课时，何品玉发现考棚苔藓满室，正房、东西号舍损坏漏雨，于是谕令采芹局首事督工整补修葺。②

在万载县，光绪末年，知县张之锐振兴学校实业，得风气之先，在龙河书院设立宏文师范馆，"此为两籍合学之始"。③尤其是土客籍"新士绅"阶层，他们之间的交往与联系非常紧密，对地方社会的土客融合起到了推动作用。如万载客籍士绅谢济沂，与土籍著名人士龙赓言、辛际唐、辛际周、卢兆蓉、卢贞木等人交往甚密，有良好的关系。他们就如何化除本县的土客矛

---

① 何品玉：《采芹公会序》，《两龙琐志》卷二，《序》。
② 何品玉：《谕采芹局绅》，《两龙琐志》卷五，《谕札》。
③ 民国《万载县志》卷六之二，《学校》。

盾、如何促进全县的公共事业发展等进行磋商。又如谢济沂的族弟谢旂章，也与辛际周神交已久，他在《辛心禅居士》中吟道："藉甚才名噪幼年，祖生已看着鞭先。相逢恨晚相知早，卅载神交互惘然。"诗后自注云：本县人，名济周，字翔云，年十四入泮，二十领乡荐，与旂年龄相上下。精英文，中年好佛，自署心禅居士。旂年十之四即闻其名，四十后始相识于南昌，心禅谓旂曰："未见子以前许子为我朋友矣。"① 再如客籍温佩谦，光绪戊子（十四年，1888）科举人，为本族族长，任东洲监学，与土著汤戍三极友善，"修家乘，汤君序牟其首，办理地方一切公益事，称莫逆焉"。②

　　清末民初，在地方政府融合土客、实现大同的过程中，万载土客籍士绅尤其是客籍士绅的吁求造势和积极努力起了重要的作用。以清末民国时期客籍领袖谢济沂为例，他通过各种方式与渠道屡屡指出这一大弊端，主张消除土客界限。谢济沂，"光绪三十四年奉江西提学使林扎委本邑劝学所总董兼县视学，江西铁路公司委办本邑铁路经理处事宜。宣统元年袁州府知府周委办袁州自治宣讲所事宜，九月，选举江西省咨议局议员……宣统二年，江西省咨议局选充常驻议员。宣统三年，江西提学使王委充本邑劝学所劝学员长，袁州府知府仓委充袁州府官绅会议所议绅。民国元年，选举本邑自治会议长，第一届江西省议会议员。江西教育司委充本邑中学校校长。今于民国三年二月取京师内务部第一届知事试验，请假回籍。八月假销，遵章入京师行政讲习所乙类第三班肄业，一年半期满，经毕业试验，取列最优等。民国七年，补任京师众议院代议士，简派全国政治善后讨论会委员、黎元洪总统府顾问。"③ 基于切身体验，他在清末即作《策问袁郡利弊》一文说："窃尝谓袁郡利弊有宜兴者七、宜废者八……袁郡夙号山城，地僻人稀，后以招垦生聚，四方偕来，先至者心存畛域，乾嘉间万邑遂分土客，悍子居尝讥之，然此特往事也。今宜邑染其习渐分新、老籍，萍乡染其习渐分大、杂姓，新籍补廪不准认保，子弟应童子试往往因挟嫌而阻其考，拂欲而蔽其保，或指为冒籍、泠籍④，群起攻之外，此勾当公事多存私见，乡里纷难虽曲亦直。此

---

① 谢旂章：《水荇风萍集》卷四，《诗类》。
② 民国《万载县志》卷一〇之二，《人物·列传二》。
③ 谢济沂：《鼎山山房集》前编《履历表》。
④ 泠籍，零籍，即凋零的、零落的、不重要的户籍种类。

四邑所受病极深者也。"① 清末万载的土客籍士绅曾有过"共图幸福"的行动，但"有良因而无善果"，之后谢济沂利用其影响力，继续出谋划策。他在《提议改良万载风俗案》中建议：

> 万之一邑分籍百余年矣，原因科举时代以分额细故……遂一邑同胞显分界域，通人讪笑，有识悲悯，已非一日，以时际改革，两籍同志诸公建议在考棚公地组织临时议事会，共图幸福，以保治安文明，举动实为前此所未有。乃公期一周，决事无几者，有良因而无善果。窃以为根本未定，而欲枝叶向荣，言论之易涉嫌疑、意见之动多窒碍，致有固然，亦势所必至也。查临时议事会章程，总要第一条曰联合两籍，第二条曰融化两籍。夫时至今日，两籍之宜融化固不待言，其次莫如联合，联合尚存界线治标法也，融化不留痕迹治本法也。二者性质不同，方法亦异。联合方法：甲、总设县自治联合会；乙、分设县自治会；丙、分设民治、财政、学务、警务各佐治机关。融化方法：甲、取消"土""客"字样、申禀立案；乙、城居；丙、联婚；丁、睦族；戊、学务。②

后来国民政府的改革方案基本上是以这个提议为基础的，由此可见谢济沂的个人影响及在化除土客矛盾的过程中所起的作用。

当然，这些行动也得到了不少土籍人士的支持。可见，土、客融合已是双方开明士绅的共识。谢济沂在致卢兆蓉（扶常）、辛际唐（述祖）的信中称："涉历以来，窃以县分籍界，真为我邑政事界一大障碍，名誉界一大缺点。无论直接、间接均不免以畛域未泯、彼此各保权利而生意见，因意见而难期和平，前途悠悠，何堪涉想。"他以邻县宜春为例，希望卢、辛等人携手化除土客界限，为桑梓造福："往阅宜春历史，亦分新老二籍，近得一二志士，组立大同公局，注册立案，举从前新老字样一洗如空之。种此良因，定获善果。兹事当属之强有力者，未审大君子热诚在抱，肯为梓里造特别之幸福否也。"③1913年，国民党讨袁"二次革命"失败后，谢济沂在《复卢君贞木、辛君翔云》信中说："弟前在邑中力持不党主义，二兄所知，嗣以述兄过爱，强挂弟名。然自设立分部以来，未入党门一步。""弟意对于地方仍以不党为

---

① 谢济沂：《策问袁郡利弊》，《鼎山山房集》卷五，《策案类》。
② 谢济沂：《提议改良万载风俗案》，《鼎山山房集》卷五，《策案类》。
③ 谢济沂：《致卢扶常内阁辛述祖同年》，《鼎山山房集》卷一二，《尺牍类二》。

是，凡事确守中立。所以然者，诚有如来函所谓'一邑之中，两党相竞，万无一幸；又一挂党籍，同舟敌国'，金玉之言，真耐人深长思也。鄱阳风云，解散国党，若就吾邑而论，未始非福。吾邑自有籍界区界交哄，至今倘党争不息，水益深而火益热。"他非常赞成卢、辛两人"趁此时机，欲除党畛，借以渐化区界籍界"。①

然而，客籍一方面在呼吁、推进土客联合融化，另一方面却在以"自强"为名，加强自身建设，实际上强化加深了固有的土客界限。直到同治年间，客籍虽拥有自己的一些机构，开始与土籍抗衡，但整体上仍然处于弱势，最严重的是全体客籍被排斥在地方政治权力之外。自清末新政以来，政府兴办教育，发展实业，颁布了一系列法令，新设了一批机构。客籍适应清末民初发生的社会变化和政治转型，凡一县机构，都要求土客分设，自己也拥有一套，以与土籍抗衡，争取和保护自身权益。作为客籍领袖，谢济沂清醒地认识到："根本解决（土客问题），不在外界为联合融化之空言，而在内界有完备健全之建设。"②回顾过去，他说："有清之季，愚在东洲力创中学，分设劝学所、教育会，盖意在自强，始有融化力量、和同地步。此第一步进行办法也。"③谢济沂向东洲旅京、旅省同乡会谈到两籍分设机构的必要和为难："自民国成立，上而京省下而郡县，大小团体莫不通力建设。独吾邑界线未泯，进退维谷，每举一事，合则受制，分则于法律上、事实上动相抵触，亦恐终制于人。"因而计划健全东洲机构，添设东洲实业、财政、商务等机构：

> 窃赏以均势主义通盘筹算，必于现有中学校、教育会外，更组织一农林分会，以振兴实业；一经征分局，以分握邑中财权；一公典商会，以开辟利源；一自治联合会，一同盟会分部，以交通声气，而后继续自存自立之机关始为完全。④

除上面提到的机构外，谢济沂本来计划设立的还有劝业所、纸公司、花爆公司、夏布公司等。他说："自前清立宪以来，逆知吾民在万（载），非自

① 谢济沂：《复卢君贞木、辛君翔云》，《鼎山山房集》卷一二，《尺牍类二》。
② 谢济沂：《复京省同乡会》，《鼎山山房集》卷一一，《尺牍类一》。
③ 谢济沂：《复东洲在会诸君子》，《鼎山山房集》卷一二，《尺牍类二》。
④ 谢济沂：《复京省同乡会》，《鼎山山房集》卷一一，《尺牍类一》。

立不足以争存，故争设教育会、劝学所、中学校以保教育权之自由。劝各区成立小学，劝各姓祠众津贴学费，以为教育之发展。其他如劝业所、纸公司、花爆公司、夏布公司、经征分局，则以赞成者少，谋而未就。谚所谓'岂能尽如人意，但求无愧我心'，凡皆为吾人自立计也。"①

光绪三十四年（1908），江西各县设立劝学所，管理各县学务以及官、公、私立之小学。实际上，宏文师范馆和县劝学所设立后，客籍对此合办并不满意，认为土籍均"总大权"，己方只是居于从属地位，毫无实权。谢济沂写信向知县反映："如宏文馆、劝学所均系合办，宏文馆监督、教员，土绅为之；劝学所总董、副董，土绅为之，东洲号称同事，实不过两记室之位置。"②认为"往岁合办宏文馆、劝学所，土则欲夺一邑公款而为之，我则慕名而应之，是故貌合神离，委屈以求相切，此真彼为直线，我为曲线也"③。故客籍各处书院改学堂后，着力进行整顿，"尽心力财力于方兴之学堂"。谢济沂认为"劝学一所，为学政总机关"，"权限最大"，如若不争，必至将来"陷其势力圈"，因此向县申请设立东洲劝学所：

> 万邑两籍学堂分办，济沂等积年兴改东洲，稍有成立，如正谊、高魁、正源各学堂，迭经禀报在案。第地方辽阔，烟火星罗，旧岁窃思推广于东洲，开议公举济沂为总董兼视学，黄斐生为副董，遵章试办，划分学区，各区均设劝学一员，以分责任义务……今组织有成效者，计高等小学堂九处，初等小学堂六十余处，合前今计之学堂较多，学务渐繁，研究调查急需有总汇、专司方能事归实际而责无旁贷。东洲为各区之中心点，兹拟因地制宜，暂就东洲设立劝学所，俟办有成效，再行推入考棚。至现在一切事宜遵章施行，以期收整齐推广之效。④

客籍还希望"他日圣清立宪，地方自治，能就东洲分设裁判各所"，如此则可势均力敌。且昨非今是，届时土客"相与同造幸福，同挽名誉，而切以相合，印化一大圆，毫无痕迹，界画诸缺点，千秋万载，皆大

---

① 谢济沂：《复赣省同乡会》，《鼎山山房集》卷一一，《尺牍类一》。
② 谢济沂：《覆邑侯郭子秩书》，《鼎山山房集》卷一一，《尺牍类一》。
③ 谢济沂：《复少韩弟》，《鼎山山房集》卷一一，《尺牍类一》。
④ 谢济沂：《万载创立劝学所案》，《鼎山山房集》卷五，《策案类》。

欢喜"。①

同时，客籍还通过各种途径扩大教育权益。昌黎书院在袁州府城，原为光绪年间袁州府四县共有共建，光绪末年改办袁州中学堂时，筹款困难。除昌黎书院原有学产外，四县按额派款，"每正额一名，每学年缴银一百二十两；副额一名，每学年缴学费洋三元"，每县正副学额由六名增至七八名不等，而万载客籍的学额、派款仅为土籍的四分之一，东洲最后照分二名而已。袁州府知府允许万载客籍于应派之款外，筹银一万两置业生息，另捐正副学额各十名，并捐建学堂学舍，以便同堂授课，分院办事。于是客籍集议捐银，增广学额，请府通禀立案，会名曰"登瀛堂"，建筑学堂学舍曰"小瀛洲"。照依东洲宾兴捐册，按户量捐。公举谢济沂为首士，主任其事，管理局务，住东洲宾兴局，三年一换。②

此外，清末万载客籍还另设东洲经理处，办理南浔铁路招股事宜，争永久利权。光绪三十年（1904）九月，江西籍京官李盛铎等111名官员联名上书清廷，呈请创办铁路，以"自保利权，杜绝列强觊觎"，获得批准，随后在南昌设立江西全省铁路总公司。次年，订立《江西通省铁路开办简明章程》，计划全省修建由北向南干线一条，由九江至南昌为第一段（南浔铁路），并开始招股。"本省官绅商民先行购买"，从本省各府开始，继又在各县设立经理处。万载县铁路招股工作，也是分籍分区办理。万载县派分客籍2500股份，合银圆达12500元。东洲士绅不欲权力专归土籍，禀报知县，称"万邑情形，实与他县不同，双方绅民，不能互相信用，与其专制而窒碍难行，曷若分任而招呼较便"，各方"不妨分设"。于是土客分设经理处，客籍以东洲为担保，另设东洲经理处。③ 知县委任谢济沂等承办铁路招股之事。

至民国前期，已知客籍设立的机构组织有劝学所、（铁路招股）经理处、中学、职业学校、教育会、教育局，皆集于东洲中学校内办公。在此之上的协调、管理机构，当为谢济沂理想之中的东洲公局。谢济沂不断强调："（东

① 谢济沂：《复少韩弟》，《鼎山山房集》卷一一，《尺牍类一》。
② 《万载东洲登瀛堂册》卷一《记》《备载》《规则》，民国三十二年刊本。
③ 谢济沂：《覆邑侯郭子秩书》，《鼎山山房集》卷一一。《尺牍类一》；《覆高等学堂生少韩茂才》，《鼎山山房集》卷十一《尺牍类一》。

洲）中学为教育重心，（东洲）公局为根本要地。"① 东洲公局已是客籍的自治组织和政治权力机关。

客籍在与土籍争权夺利、分设机构以图自强自立的同时，其内部矛盾也逐渐浮出水面，变得越来越尖锐。其实，早在筹办上述机构之初，客籍就因派款发生了分歧。设立机构需要经费，四区因户口较多，提议按丁分，其他各区则认为应按原来的各区平均派分。许多机构，或因土籍的阻挠而未设立，或因客籍本身"赞成者少，谋而未就"。② 随着形势的发展，东洲公局与原先一起联合为客籍争取权利的东洲旅省同乡会③ 之间发生了严重的分歧，二者之间的矛盾成为客籍内部的主要矛盾。东洲旅省同乡会要求在省城南昌添建旅馆，还对东洲公局的花红津贴发放、经费管理办法、选举制度、议事规程及领导地位、所起到的作用等诸多方面提出异议。④ 东洲中学有学生散布流言，诽谤谢济沂，并反对其为校长及公局主席，省城也有不少人附和。谢济沂就此事写信给族弟谢旂章，既表示愤慨，也表示担忧："现局中与旅省同乡互闹意见，兄欲居间调停，闻省垣亦有少数不满意于我者。前模范小学生范作新到县，以一人出名具禀，召集下流，思行专制。兄现置不与校，惟局中颇动公愤，难保终无决裂之一日。"⑤

谢济沂"自问生平一腔热血，洒向新学界者半，洒向公益界者半"，自信问心无愧，委曲求全，希望"对于局中破坏，不自我起；对于邑中失败，不自我开，于愿足矣"。他还多次写信给旅省同乡会，进行解释和调和。谢济沂表示："今调和大端，局中之所急在清查，省中之所急在旅馆，仆皆力促进行。惟对于邑中一切建设，则在权利平等，能否就绪，尚未可知。"⑥ 在给同乡会的信中，他感叹道："目睹局中、省中、邑中三方不和，将叫我有左右做人难之势，因宣言校务以外理乱悉置不闻。"为此，谢济沂多次告退，

---

① 谢济沂：《覆旅省同乡会》，《鼎山山房集》卷一二，《尺牍类二》。
② 谢济沂：《致赣省同乡会》，《鼎山山房集》卷一一，《尺牍类一》。
③ 谢济沂闻东洲旅省同乡会成立，"不胜欣慰"，视为"机关要津"，可力挽狂澜。谢济沂：《复范君懋修》，《鼎山山房集》卷十一《尺牍类一》。
④ 谢济沂：《复蓝君屯生》，《鼎山山房集》卷一二，《尺牍类二》。
⑤ 谢济沂：《复少韩弟》，《鼎山山房集》卷一一，《尺牍类一》。
⑥ 谢济沂：《复赣省同乡会》，《鼎山山房集》卷一一，《尺牍类一》。

要求公局另选高明，在各区代表挽留之下才又留任，并以"忍辱负重，欲速不能"与公局同志共勉。他致信东洲旅省同乡会代表，赞成"东洲为东洲人之东洲"，坚持全体客籍应相互体谅，相互尊重，不容决裂，不可"豆萁相煎"，"万不可自分界域"。[①] 东洲公局与万载客籍的其他组织尤其是东洲旅省同乡会之间的矛盾，将在民国时期国民政府进行治理、合办中学的过程中得到充分体现。

湘赣边区各县民间的土客争斗与摩擦也一直持续不断。如在土客冲突激烈的万载县大桥，辛氏幼房一支因为与客籍构讼多年而导致公财一贫如洗，家族的建设因此遇到了经济困难。其族谱记道："我涧公众在前清光绪甲申（十年，1884）以前，原有公财，虽不丰富亦颇可支持。讵料天降祸起，牟邨（即大桥）客民无端而与我族构讼，尔时曾有如昆、际辰、士范、华春、基延、在田、恒珍诸前辈出力，以作抵对，罄舍公财以为御侮捍患之资，越数载讼事方休，公众一贫如洗。"[②] 深塘钟氏为移民大族，分居各处的族人在与土著的交往过程中可谓斗智斗勇。衡斋公，以贸易起家，为大桥鸡冠石开基祖，"当时大族欺之甚，公先礼乐，不化，后动干戈，深塘诸前辈不呼而至，大族始帖然，至今相安乐"。绍卿公，迁居绍江，因其父业商大桥市，家政烦琐，他与继母"赞襄其间，措之裕如"。无奈当地土著巨族朱姓"屡次以横逆加之"，客籍曾姓又"突抢礼公尝谷，缠讼不已"。其父几遭不白之冤，幸亏他"多方调度，终屈于曾而疑始破，人皆异之"，于是"左右强邻亦不敢妄生觊觎焉"[③]。土、客双方经过一番较量之后会达成暂时的妥协。

而且清后期的土客矛盾更趋复杂化。这里以同治十三年（1874）万载县的一件案子为例加以分析。此案的始末与细节可见于万载县知县的批示：

> 查株潭天后宫原系乾隆二十九年林其鑫、周家煌、林瑞喜等八姓祖公所建，均系福建迁居万邑。其庙向系林瑞喜之叔林大江管理，当日出过仁礼钱二百吊，去年林瑞喜母亲病故，无钱用费，请杨赞成说合，愿

---

① 谢济沂：《复蓝君屯生》，《鼎山山房集》卷一二，《尺牍类二》。
② 民国《万载辛氏幼房谱》卷首，《序》。
③ 民国《钟氏宁房支谱》卷一四，《记》。

得仁礼钱转回空庙还众，林其鑫应允。复因本地龙清和要买此庙地基为祠，出价一千余吊，林瑞喜不肯退庙，托杨赞成说合。杨斥其不能私卖，缘此林瑞喜不退，经林其鑫控告株树司，断令林其鑫将仁义钱交清，林瑞喜空庙，各具结完事。

本年九月十七日林其鑫带工人六名进要修庙，而龙清和、周家煌等主令林瑞喜鸣锣聚众，说林其鑫将神像挖了腹脏，借此激众人出头，互相捆捉，一时纠集多人。株树司恐其滋事，即将林瑞喜、林观保二人送县，本县将二人暂押，次日因其患病即令取保调理。乃林瑞喜至廿一日因病沉重，即雇轿夫抬回，送到天后宫病故。龙清和、周家煌等带领数十人，将林瑞喜尸身抬至杨赞成店内，即帮林瑞喜之妻皮氏具报命案，经本县当即讯供……①

在此案中，林瑞喜串同龙清和谋买盗卖株树潭天后宫，交易不成遂制造事端。需要引起注意的是：

第一，天后宫是福建移民在外地的会馆②，其作为移民的信仰中心与公共场所起到的作用可能有所减弱，以及移民内部存在不可避免的贫富分化，这才导致此时移民的后裔欲将其卖与"本地"（土著）人建造宗祠。被移民杨赞成及族人控告株树司后，土著龙清和与移民林瑞喜的这桩买卖被加以制止。这又表明涉及土客之间的交易依然要深受土客关系与习俗的影响。当然，双方交易的失败可能还在于林瑞喜未能拥有完整的产权。而这一案件反过来又促使移民内部进行整合，如在此案发生后的第二年，林氏宗族即以集资合股的形式参与了天后宫的修复。其族谱中《天后娘娘像图记》曰："万载县株树潭于乾隆年间立庙祀奉，光绪乙亥我裕后祠进会一股，捐钱十千

① 光绪《袁郡学前林氏族谱》卷首，《案牍》。
② 在万载，较大的移民集聚中心，尤其是市镇如株潭、潭埠、大桥都有天后宫。据道光十二年《万载县志》卷二十六《祠庙》记载，客籍士绅马之骥等人最早于乾隆十年（1745）"建天后宫于牟村（即大桥）"。当地客家人有这样的说法，即本地人建一座万寿宫，客家人就建一座天后宫，今修水、铜鼓等县也有类似的故事。可见土客的竞争亦体现在民间祭祀、神明崇拜系统当中。2005年10月，我在潭埠万寿宫考察时发现了十几块嘉庆至光绪年间的碑刻。2006年12月，在中山大学历史人类学研究中心举办的第二期民间历史文献研讨班上，经郑振满教授指点，我隐约地感觉到这些碑刻其实在诉说一群来自广东、福建及赣南的移民如何借助修建万寿宫成为"江西人""万载人"的故事。关于万载及赣西地区的民间宗教信仰，拟专文论述。

文；又袍会一股，捐钱一千文。"① 而且，这次胜利在民国时期成为"客籍"的一种有利"资本"。

第二，株潭土著大姓龙氏能够联合移民后代周家煌等人一起多次找不同意交易的移民闹事，说明有些土著与移民实际上已经存在较为巩固的、密切的关系，同时移民内部也是矛盾重重。由于土著与移民这种"你中有我，我中有你"的复杂关系，面对这些矛盾，我们不能简单地用土客矛盾来加以概括与解释。

第二节　国民政府的政权建设与土客关系 ②

一、国家政权扩张下的地方社会

国民政府化除土客矛盾的努力是在现代化和国家政权建设的主题下进行的。到 20 世纪 30 年代中期，在国民政府"剿共""肃清赤化"及实行民族复兴的口号之下，自清末开始缓慢下移的国家权力终于使湘赣边区地方社会发生了显著的变化。这个变化表现在，伴随国家权力的扩张，政府治理成本急剧增加并主要由乡村社会负担。

南京国民政府在对苏区的"围剿"时期及主力红军长征以后的"善后"重建（同时还继续"清剿"红军游击队）时期，加强了对社会各种资源的汲取，加强了对民间力量的组织动员，加强了对社会生活各个领域的干预和控制。其主要政策包括实行保甲、保卫团、碉堡与经济封锁等政策。尤其是 1933 年国民政府确定对苏区的"围剿"新方略、发动第五次

---

① 光绪《袁郡学前林氏族谱》卷首，《墓志》。
② 20 世纪 20—30 年代由毛泽东等中国共产党人发动的土地革命运动，对湘赣边区的影响极为巨大而深远。同时，本区域的土客矛盾、地方主义、宗族主义等地方社会固有的社会矛盾与革命时期的阶级矛盾、党内路线斗争相互交织在一起，对苏区革命也产生了巨大影响。参考孙江：《革命、土匪与地域社会——井冈山的星星之火》（香港《二十一世纪》2003 年 12 月号），谢宏维、邹芝：《袁文才、王佐事件再研究——中共党史与社会史研究相结合的视角》（《中共党史资料》2008 年第 2 期）、谢宏维、叶丽燕：《湘赣边区的社会矛盾与苏区革命研究》（《江西师范大学学报》2013 年第 1 期）等。

"围剿"战争以来①，地方社会负担急剧沉重，老百姓要缴纳各种捐款摊派，地主为摆脱粮税捐款而低价抛售田地，乡村社会的经济基础遭到严重破坏。

保甲制度是国民政府以"剿共"为目的，吸取中国传统政治管理经验，改革基层行政体制的一项重要措施。江西省为民国时期全国第一个实行保甲制度的省份。这项措施，不仅有传统里甲、图甲、保甲之表，更重要的是具有现代社会控制之实。它在一定程度上，将国家权力延伸到了城乡底层，从而构建了国家的基层权力基础，形成了对基层社会的严密控制。② 以萍乡县为例，"保甲办法，颇为周严，除旧有组织条规外，月初驻军六十二师司令，又召集城区各保甲长联席会议，责成保甲，认真整理"。所议条件，多至28款，"一户违犯，连保即被株连"。其情节较重者有八款：一、拒绝加盟于保甲条约者。二、形迹可疑之人潜入时，不报甲长者。三、遇别处来客寄宿或家人出外经宿之旅行，及归来时不报甲长者。四、出生死亡，或其他事故，发生户口上之异动时，不报甲长者。五、填报户口不实，或任意毁灭门牌者。六、拒绝编入壮丁队者。七、凡经分配工作，而不遵办者。八、应缴保甲经费，而无故拒绝征收，或无故滞纳者。各户违犯其中之一者，"科以四元至四十元之罚金"。此外，全县钱粮地丁，"闻颇繁重，请示县府，县长科长，互相推诿，卒未查获"。③

碉堡政策是蒋介石"围剿"苏区的重要军事措施。筑碉修路是一项长期的、繁重的任务，民众不仅需自备工具作无偿劳动，而且被勒派材料，以至有不少庙宇、祠堂和民房因此被拆毁，民众对此怨声载道。"各部队修筑碉堡与工事，各种器具，多系借自民间，损坏既无赔偿，移防辄多携去。且

① 江西是国共两党"围剿"和反"围剿"战争的主要战场之一，蒋介石鉴于前面四次"围剿"的失败，用了半年多时间周密准备，形成第五次"围剿"的新方略全部。该方略以三分军事、七分政治为指导原则，吸纳历次"围剿"的经验教训和部分做法，形成一个以军事为主，包含政治、经济、交通、思想文化等各方面内容的"以武力为中心的总体战"战略。参见何友良：《蒋介石第五次"围剿"方略述要》，《江西师范大学学报》1989年第4期；黄道炫：《第五次反"围剿"失败原因探析——不以中共军事政策为主线》，《近代史研究》2003年第5期；何友良：《江西通史·民国卷》，江西人民出版社2008年版，第221—222页。

② 何友良：《江西通史·民国卷》，江西人民出版社2008年版，第241—243页。

③ 陈赓雅：《萍乡衰落之各面观》，《赣皖湘鄂视察记》，第35—36页。

士兵亲往民家搜借，更难保无违反纪律行为，影响军民恶感甚大。"① 而一些地方官员则趁机聚敛，萍乡北一区区长为建筑碉堡，"于地方筹集洋二万余元"，挪用寺庙砖木，"值洋约五百元，并不给价"。② 莲花县建筑公路，"各区各保，咸以摊派方式担任，不单工资无着，且须自备伙食。"此外，如派筑碉堡（闻派筑碉堡亦不供食不给资，且砖石亦系按人摊派送去），架设电话，与服役于军队之运输，一般壮年男女劳役几无暇日。③ 据《申报》记者亲历所见，由茶陵至莲花途中，"修公路，筑碉堡及担任检查之义勇队，全系男子及十三四龄之青年"。即使谭延闿故居，其屋宇也被毁，砖石亦多运筑碉堡，"凄凉景象，与罹难之民屋无二"。诸峰之巅数碉堡据险矗立，"大有凛然不可侵犯之势"。及过桐木坳，迎头有一规模宏大建筑坚固之碉堡，适当要冲。此时正兴工增修防御工事，被派挑运砖石之妇女，络绎不绝，问："供食否？"咸答："工资尚无，安得食！"问："每人派工几日？"答："余村八十三人，共派三千砖"云云。④

《申报》记者陈赓雅在《赣皖湘鄂视察记》中谈到江西万载县的情况："目前剿赤军事吃紧，地方负担加重，人民除纳良民捐（纵乞丐亦必照纳，始得发佩证章，出入城厢）、灶头捐、保卫队等捐款外，每季收获尚须抽私租十分之二，公租十分之三，以为保甲组织、义勇队等各种自卫经费。于是各祠公租，除应抽应捐及应缴之正附税外，入不敷出，已渐典卖及于精良桌几、门窗用具，而春秋祀典，尤多无形取消矣。此间称田之大小为若干'把'，每十把约可收谷二石。五年前上等田每十把之地价可售三十元，今仅在十元以下求售，尚无顾主。至于中下等者，地主企图摆脱粮税捐款，只欲收一两元代价即可成交，然亦无人顾问也。"⑤ 宜春"赤患现尚相当严重，捐税频繁，自所难免"。人民负担的轻重，以距离苏区的远近为比例，"距赤区愈近者，

---

① 《政训处长贺衷寒等转呈金文质呈拟对民众工作意见》（1934 年 2 月 28 日），《军政旬刊》第 13、14 期合刊。

② 《萍乡北一区福兴寺僧蔡鑫等具诉区长萧造时假公济私强挑建碉》（1934 年 1 月 15 日），《西路军公报》，（7）。

③ 赵可师：《赣西收复区各县考察记》（1934 年 7 月 11 日），《江西教育旬刊》，第 10 卷第 4、5 期合刊。

④ 陈赓雅：《由茶陵赴莲花途中》，《赣皖湘鄂视察记》，第 43—45 页。

⑤ 陈赓雅：《万载劫后之景象》，《赣皖湘鄂视察记》，第 26 页。

受害愈烈，而所负协剿责任亦愈巨"。宜春各区赋税负担不一，"以各区赋税论，第一区附近城邑，地处安全，计纳米折正税四元，地丁正税每两三元，附税为教育建设自治九角，手续费一角，保卫经费六元，义勇队费三元，共十七元，其他各区，则有纳至二十余元者。第十区等，则几纳四十余元。第六区全属赤区，保卫团义勇队所需一切经费，所谓羊毛出在羊身上，则概向赤化人民，武力征发。总计一二三四各区，每年随粮带征义勇队等经费，各为一万三千元至一万五千元，第八区为一万五千元以上，第七区二万元以上，五区三万元以上，第六区则无定。平均地丁一两，约占地面十二亩，可收谷四百桶，除佃户劳力播种资本应得半数外，地主约可收租二百桶，价值五六十元，缴纳正粮及附加税后所余已极为有限"。此外，"尚须与佃户等一律同科以筑公路修桥梁等捐费，其不髓尽骨枯者几希！"①国民党政权控制下的遂川县，苛捐杂税也大幅度上升。据原十六乡乡长李群芳统计，1934年田赋丁米每两正税三元，自治卫生附加四角五分，教育建设附加三角，地方团队附加一元二角，增收地方附加一角五分，手续料一角五分；米每石正税四元，自治卫生附加六角，教育建设附加四角，地方团队附加一元六角，增收地方附加二角，手续料一角五分，再加其他杂项，合计每石十六元余（此还不含修筑公路之壮丁捐）。②针对"围剿"时期江西的苛捐杂派情况，有人指出，当时有食盐附加捐、人丁户口捐及派征、殷富捐、米谷捐、消费通过捐、烟赌捐、屠宰附税、契纸附税、房铺捐、其他附加及杂捐等等，"其税目之繁重，征收方法之不当，税率之奇苛，负担之偏枯，混乱梦涊，……至于擅征私敛，违背法令，又其余事，谓之苛杂，宁为过词。""以至今日，各县人民对地方所担负之捐税，不但省政府财政厅无案可稽，即县政府财政局亦不能悉举其目，至于区村地方、机关团体之隐瞒擅征，又比比皆是，其庞杂程度，可谓尽租税之奇观。"③1934年6月第二次全国财政会议通过各

---

① 陈赓雅：《苛捐杂税与封锁赤区》，《赣皖湘鄂视察记》，第29—30页。

② 李群芳：《大汾特别区经济概况》，《经济旬刊》第4卷第5期，1935年，第53页。

③ 《江西剿匪期中各县地方之苛捐杂派》，江西省政府统计室编：《经济旬刊》第1卷第18期。又如仅省"协剿会"的募捐，即有各机关公务员二成工薪协剿捐、自由乐捐、各行业协剿捐、各业派认协剿捐、游艺募捐、筵资捐等等。也就是说，苛捐负担不但派至普通百姓，连公务员也要捐出二成工薪，而公务员工薪捐在省"协剿会"的筹款中占大头，1934年3月在"协剿会"120多万筹款中，公务员捐竟占95万银元。

省市废除苛杂办法后，江西被迫裁撤各县苛捐杂税即达 20 大类 298 种，可见人民负担之重。

国民党的这些政策在具体实施过程中虽遭遇重重困难，效果也大打折扣[①]，但还是在"围剿"苏区和红军过程中发挥了很大的作用，同时也使国家权力深入到基层社会和偏远乡村。

国民党政权强化基层政权建设的突出表现之一，是"善后"、建设时期对地方公产的处置。即在常态社会中，政府依照相关法律重新确定地方民间组织原有公产的所有权，发放管业证书，同时每年提取民间组织公产一定比例的收益，用于发展以乡村义务教育为主的地方公共事业建设。[②]具体来说，国民政府劝令宗族抽提祠产兴办、整顿族学以及提庙产兴办保学，建立族学校董会[③]，建立校产制度，采用近代教育制度与教育方法，使学校教育走向正规化。客观地说，"善后"、建设时期国民党中央和国民政府实施的这些重要举措，明显地受到了中共土地革命和革命根据地政策的深刻影响。

江西保学制度建立后，学校教育有较大的发展。[④]以万载县为例，1933年国民政府提庙产兴办保学 204 所。1934 年各姓先后提祠产办族学。当年全县小学 275 所，其中用族产、庙产、私人集资及原有学产所办的小学 271

[①] 如 1933 年 8 月，江西金溪县县长朱一民（朱琛）上书蒋介石，尖锐地指出："处处离开民众，任何良法适得其反。保甲造成土劣集团，保卫团成为地痞渊薮，建筑堡垒，徒劳民财，演成政府求治之心益切，而人民所受痛苦则日深。其原因均为政烦赋重，处处予贪污土劣剥削之机会，故欲扬汤止沸，莫如釜底抽薪也。"见《朱琛上蒋介石意见书》，傅莘耕：《金溪匪区实习调查报告》，载萧铮主编：《民国二十年代中国大陆土地问题资料》第 173 种，（台北）成文出版社 1977 年版，第 86111 页。

[②] 游海华以苏区革命后 1934—1937 年间赣闽边区的公产处置为中心，重点考察产权变革与社会秩序、政府职责之间的关系。他认为，经过地方公产处置规则的初步确定、处置规则的变更和实际处置三个阶段，最终，南京国民政府依照相关法律重新确定地方民间组织原有公产的所有权，同时每年提取民间组织公产一定比例的收益，用于发展以义务教育为主的地方公共事业建设。南京国民政府对地方公产的处置行为，体现了现代政府的基本职责，及其在特殊历史进程和环境下的抉择，对当时社会产生了积极的社会与经济效用。参见游海华：《苏区革命后赣闽边区地方公产处置研究》，《近代史研究》2013 年第 3 期。

[③] 这一时期还出现了族董会。民国《万载县志》卷首，《分序》载："向时有族长房长，举族之人而董率教导之，纠纷则排解之，今易名为族董会。公推族望素孚之数人董其事，而以一人为之长。一族之众，凡有口角忿争田土之故，得由族董处理之，可省传呼之劳、守候之苦。"族董会与校董会既密切联系又互相区别。

[④] 何友良：《江西通史·民国卷》，江西人民出版社 2008 年版，第 264—265 页。

所，占总数的98.5％。1935年省政府为普及义务教育，推行"一保一学"，私立小学纷纷争办代用保学立案手续，以取得政府教育经费的补助。1937年全县小学293所，其中保立小学214所，占总数的80％。[①] 由于国家权力机构扩展到乡、保两级，许多族学被国民党基层政权强行充当保立小学。

新族学可以视为国家政权与传统宗族组织的一个结合点和观察点。我们通过江西万载县三所族学来了解新族学及校董会的有关情况。

尚志私立初级小学校，"清光绪末年即由乡前辈联合潘、谢、梅、钟数姓组织尚志初级小学遵章办理，已备案在卷"。在国民政府的指令下，于1934年8月底召集各姓父老开会，组织校董会，公推潘奕钊为董事长，谢德辉为校长。9月份向慈化特别行政局呈请立案。该校的基本情况是，校董7人，其中谢姓3人、潘姓2人、梅姓1人、钟姓1人；校长为谢姓，教员1人亦为谢姓；学生33人，其中谢姓18人、潘姓11人、钟姓3人、梅姓1人，性别皆男；课目包括国语、公民、常识、算术、音乐、体育等；采用书籍为商务印书馆复兴教科书；每周教授时间为12小时；收支情况，收入总数"系由各尝及本校租谷售来者"，为110.5元，支出包括教员薪金80元，办公费17元，整理校舍5元，添置费6元，合计108元，余存2.5元，由校董会管理。可见，这其实是一所移民合办的乡族性质的学校，规模较小，合建姓氏为潘、谢、梅、钟四姓，其中谢氏和潘氏在提供经费、学生入学及校董会的组成等方面明显占最大的比例，表明这两族为该地较大的宗族。

吴姓私立承顺小学校，据1935年元月校董会董事长吴韶的报告，该校于1927年由吴祠提拨租产创办，呈经万载东洲教育局转呈省教育厅立案，1931年校舍复被焚烧化成焦土，仅余高级教室和自修室两间歪不堪容的破屋。"为秉承孙总理遗训，恢复民族精神之实施，培养青年刻苦勤劳之习惯，发扬教育普及，促进新生活运动之规律起见"，吴祠遵照上级明令，"恢复与兴办学校组织校董会以专责成"，召集吴姓全族绅董会议，决议"将本祠先年所拨十分之七资产仍作办学基金，当即公选等13人为校董"。该校校址为株潭上街吴姓祠。办学基金系将吴祠租产拨十分之七（约合田210亩，估价值7350元），常年可收息资洋1400余元以作常年办学开支。学费按学生

---

① 《万载县志》，江西人民出版社1988年版，第466页。

数量每名每学年征收洋一圆，初级免收。吴姓私立承顺小学校是一所移民大族开办的族学，资金较雄厚。吴氏当属"合同式宗族"，其族人分布于万载、宜春、萍乡等县。校董人数较多，达13人，平均年龄为32.8岁，显现出年轻化的现象。该校校董13人中，具有学界身份的为6人、商界身份的也为6人，医界身份的为1人。按照国民政府教育行政机关的规定，担任族学校董会董事必须有一定的新式教育学历，这就排斥了传统房族长势力进入族学校董会，而新乡绅[①]及地主兼商人往往接受过新式教育，他们具有较高的社会地位，能够进入、支配族学校董会。商人能够进入大量校董会并且在其中发挥重要作用，不单单是由于他们同时具有新式教育的背景与较高的社会地位，更决定于他们的商业财富。商人的捐资成为族学继续运作的最重要资源。

宋氏青阳小学为土著大族开办，其资金总额为3200元，由本族城南大祠捐洋400元，一、二、三、四、五、六、七、九、十共9房众捐洋2000元，秀四公祠、岐山众、庆台众、灯会、祭会清明会共捐洋800元，每年依照一分二厘行息，共息银384元。外族学生学费每学期初级收银一元，高级收银二元，本族子女及未婚媳妇一律免收学费，统计约可收银60元。该校校董以学、商为主，制定了严格的校董会章程。这一章程具有一定的代表性。兹列如下。

万载县私立城南宋氏青阳小学校校董会章程[②]

第一条　本会依据修正私立学校规程第十三条之规定组织之。

第二条　本会定名为私立城南宋氏青阳小学校校董会。

第三条　本会设校董九人，由本族城南宋氏分支九房各推举一人，内互推董事长一人，总理本会一切事务。

第四条　本会会址设于城南宋氏宗祠内，开会时由董事长召集之，校董不得无故缺席。

第五条　学校校长由本会选举，教职员由校长聘任。如校长有溺职

---

① 所谓"新乡绅"，是指以接受新式教育为特征的新士绅，其重要特征就是与国民党政权具有密切联系。参见林济：《新乡绅与近代宗族》，载《二十一世纪》（香港）2002年12月号。

② 江西省万载县档案局历史档案，全宗7，目录4，卷号18。

等事，本会得酌其情节轻重予以警告或罢免之。

第六条　学校经费由本族祠会捐助，本会对于经费应负本年度预算及审查上年度决算之责。

第七条　校中添置器具及修整校舍，得由校长造具预算书交本会，经议核后归本会办理之。

第八条　本族学生均免收学费，外族学生每学期初级收银一元，高级收银二元。凡学生成绩优良者，得由校长将其成绩汇报本会，经审核后分别奖励之。

第九条　校董任期为三年。期满即行改选，如有成绩者，得连选连任。

第十条　本章程如有未尽事宜，容再增修之。

上述章程系根据国民政府的规定，确立校董会负责选举校长、筹划族学经费、保管族学产款、审核族学预算及决算等权力，使校董会成为近代意义上的独立团体法人。新族学校董会拥有财产所有权，于是相当规模的宗族公产从房分宗祠向新族学校董会转移，在宗族公产转移的过程中，房分宗祠丧失了部分或全部的公产基础，削弱了房族长的权力基础，新族学校董会遂成为宗族新的权力中心。新乡绅在族学校董会中处于垄断地位。

在20世纪30年代新族学发展过程中，国民党政权与新乡绅具有较多的一致性，如国民党政权督促宗族公产向新族学校董会转移，对新族学的有限度监控，规定族学校董会及校长的资格、族学教员的资格，规范族学教材，规定族学定期向政府教育机关呈报有关情况，政权督促与有限度的监控并没有改变新族学的民间宗族自主性质，符合新乡绅的利益要求，同时有利于新乡绅对新族学及乡村宗族的渗透与控制，国家政权与新乡绅形成一股推动新族学发展的合力。

但是，国民党政权倡导新族学，其出发点是企图建立高度集权的国家体制，并非真正要营建一个新的乡村自治体制和发展空间。万载士绅对国民政府这种权力扩张的做法相当不满。民国年间纂修的县志详细述说了教育方面的情况与实际效果：

实事求是，古之教也。为为官者言之，即亦为为学者言之。学堂初起，小学毕业犹沿廪增附之名，其以书院改学堂者寥寥可数。既而提祠产之议起则族学兴焉，既而提庙产之事成则保学盛焉。保学之多，无过张县长任时一保一学，一学十数人，或二三十人，或一日而无一人在学，或日有数人在学，若日有二三十人在学者，几于无处可寻。此外，尚有区中小、保联中小、中山民校，具历年久而有成效，或历年不久而组织尚完备可得而数焉。民二十四年省府厉行教育普及，推行保立小学，以所在保之整个社会为施范围，全部民众为施教对象。七月县立保学师资讲席会学员百名，训练二周，分发各保办学。初提庙产为经费，保学日多，经费日绌，师资日浅，敷衍日盛。凡奉令筹集经费者，亦复时感困难。或以为保学教师待遇菲薄，然亦不免先自菲薄，求其实施教育不旷功课者殊不多见。每校学童酌中以五十人计，常有半数在校者亦不多见。农忙时节十日兼旬并无一人在校，又当别论矣。①

对于在任期间动作力度较大、"喜新"的张县长，修志的"守旧老人"龙赓言声称："老夫顽固，不能与官争言论自由，亦例所不禁也。"② 他说："前县长张芗甫硬行勒提历史悠久办有成效之学款以展拓茫无实际之保学，龙冈首当其冲，正谊次之，而幸免遇难。今则骎骎然，模范于远近，因民之利从民之欲。贤令尹所贵无扰也。保学期教育之普及，徒作纸上之空谈，其何能及，固不若名无虚。县款归实用，学不必求多，徒张一己之门面，见好于上官，地方即有阴受其病者反而求之，必有阴受其福者所望于实心为民之君子矣。"③

针对政府提取民间各项公产以及在此过程中产生的种种弊端，地方绅士也无不一一指出并作强烈吁求。如民国县志提到株潭中街的万寿宫时说："置有田产……提产说起，各裔将卖田以绝迹，龙崇城裔不然其说，今产已提，闻管理者不实不尽，亟宜清还改作慈善。"④ 而所谓的各种款产保管委员会的委员们，也是个个中饱私囊，层层盘剥：

① 民国《万载县志》卷六之二，《学校·高小》。
② 民国《万载县志》卷六之二，《学校·学宫》。
③ 民国《万载县志》卷六之二，《学校·县中》。
④ 民国《万载县志》卷二之一，《营建·祠庙》。

　　寺观，犹庙也，其产犹庙产也……今之所谓款产保管委员会者，方且经理有费，常住有费，开会有费，收租卖谷率各有费，一过手再过手，层累叠出，销耗已半。乡间未尝无一敢言之人，借官力压迫之，或设法以弥缝之。乌知夫此项款产滴滴皆农民之汗血也！于公有济乎？于学有益乎？不可得而闻也。即委员亦必不敢自保也。最可怪者，木桥有会年须修理，会款提去毁败不堪，情乎？理乎？不觉言之深长矣。①

　　仓储也有类似的情况，"今年取百分之几，明年又取百分之几，又明年又取百分之几，保长取资其间，有收至一五者，有收至二分者，有收乡桶而折算城斗者，人不敢言此，其中饱不可究诘也。"②

　　甚至，在提取公产的过程中还出现了使用武力压制的现象。万载民间有许多桥会，其产业为修缮桥梁之用，"善维持者且能以其资兼为慈善之事。年来因有提取公款公产添办学校之文，不复体会上意。如此，慈善事业亦因而取之以图苟得，闻有言者率用官力压制，持枪威吓，恐非上意也。"③

　　而在国家政权扩张下出现的各种"经纪人"④往往带有赢利性和掠夺性，如，"今则有区长，有联保，有保甲长，率有薪资，然不能保其不多取、不妄取也"。而且，他们任意勒索摊派，"不免以意为轻重，呼吸不灵，派枪索取，饥倾食米，寒撤睡衾"，其所作所为令人"言之寒心，闻之酸鼻"。⑤

　　可见，在从王朝政治体制向政党政治体制的转型过程中，国民党政权官僚机构迅速扩张，民间社会空间日趋萎缩。地方绅民所感受到的国家压力越来越大，传统意义上的官民、官绅关系也随之发生变化。

---

① 民国《万载县志》卷二之一，《营建·寺观》。
② 民国《万载县志》卷二之二，《营建·仓》。
③ 民国《万载县志》卷二之一，《营建·附论》。
④ 有关"经纪模型"与"经纪统治"的概念和论述，参见杜赞奇著，王福明译：《文化、权力与国家——1900—1942年的华北农村》，江苏人民出版社1996年版，第45—49页。在分析民国时期的国家政权与乡村社会的关系时，"经纪模型"似比"乡绅社会模型"更为确切，当然也不可一概而论。
⑤ 民国《万载县志》卷二之一《营建·附论》。

二、遂川萧家璧的地方经营与基层自治 [①]

1. 萧家璧、罗普权同时被处决

1949 年 11 月 11 日，江西省遂川县人民政府在县城水南大广场（今遂川中学操场）上举行公审大会，萧家璧与罗普权同时被押上审判台。井冈山地区方圆一百余里的 4 万多群众从四面八方赶来。中共吉安地委书记、吉安军分区政委李立首先在会上讲话，接着向剿匪有功人员授奖、公祭革命先烈。在群众代表控诉萧、罗罪行后，县人民法庭宣判其死刑，立即执行。随后，二人在 500 米外的一块河洲上被枪决。当晚，已掩埋在沙滩中的萧家璧尸体手足、耳朵被割。[②]

萧家璧与罗普权为何许人？为何二人的被杀在地方社会引起如此巨大的影响？

萧家璧[③]，又名圭如，清光绪十三年(1887) 生于遂川县大坑乡九田村，曾就读于县城蔚起书院、遂川高等学堂和南昌法政专科学校，1911 年，江西高等农业专门学堂肄业。历任大坑乡保卫团团总、遂川县靖卫团团总、县清党委员会主席、遂川县第四区署区长、永新县政府第一科（民政）科长、遂川县人民自卫委员会委员兼第五区署区长、县人民自卫大队副大队长、县党部常务监委、县党务计划委员、县参议长、井冈绥靖联防办事处主任、井冈绥靖区遂北反共第一纵队少将司令等职。

---

① 近年来，陈宗文、王才友两位年轻学者利用新材料，运用新方法，结合田野调查，对民国时期的遂川社会尤其是萧家璧做了细致深入、精彩出色的研究。参见陈宗文：《经营地方：乱世纷争与图强——以萧家璧为例考察民国地方精英与基层权力》，江西师范大学历史系 2007 年硕士学位论文。王才友：《"赤"、"白"之间——赣西地区的中共革命、"围剿"与地方因应》，第五章《地方士绅、政治分裂与"剿共"军事的转折》第 134—165 页，复旦大学历史学系 2011 年博士学位论文。王才友的主要成果以《"水炭不容，安敢协作"——江西"剿共时期"遂川县的区联自治与官绅矛盾》为题，发表于《近代史研究》2014 年第 1 期。

② 《遂川县志》第二十九篇《人物·传记三》，江西人民出版社 1997 年版，第 932—934 页；中共遂川县委党史工作办公室编：《中国共产党遂川历史》（第一卷 1919—1949），中共党史出版社，2011 年，第 213—215 页；鲁滨口述，钟书先记录整理：《惜别松江水　奔向井冈山——南下遂川工作纪实》，《遂川文史》第九辑，2005 年，第 50—60 页。

③ 本处关于萧家璧的情况介绍，如无特别注明，皆来自《遂川县志》第二十九篇《人物·传记三》，江西人民出版社 1997 年版，第 932—933 页。

萧家璧以"会剿"红军，顽固反共，屠杀革命群众而臭名昭著，成为 20 年代后期至解放前夕遂川以及井冈山地区反共力量的主要代表之一。1927 年 10 月 23 日，毛泽东率工农革命军主力，由湖南上井冈山途经遂川大汾时，萧即率靖卫团进行伏击，打死打伤红军多名。工农革命军遭遇了三湾改编以来最惨烈的一次劫难。此后，萧与共产党、红军一直公开为敌。12 月 16 日，工农革命军进攻大坑，萧靖卫团被击败，退至五斗江。1928 年 1 月，毛泽东再次经大汾进攻遂川县城。萧闻讯携靖卫团前往县城，力图阻击工农革命军，却相继在大坑、五斗江、衙前上镜等地遭遇惨败。红军占领县城后，毛泽东创立中共遂川县委，建立苏维埃政府，组织农民协会、赤卫队，打土豪，筹款子，革命风暴如火如荼。2 月，萧再败退至泰和，4 月，萧联合国民党军队攻打遂川，抢占了已被红军占领的遂川县城。此后，红军多次攻入遂川县城。遂川是井冈山革命根据地和湘赣苏区的重要组成部分，西部的黄坳、长坪、下七三乡一直是井冈山革命根据地的核心部分，北部的五斗江、新江、双桥、衙前是湘赣苏区军事力量——红六军团长征前夕的主要活动区域。①

井冈山革命根据地建立以后，萧家璧便与国民党军队一起，对根据地进行"经济封锁"与"政治围攻"，妄图使红军和人民断绝联系，失去给养；并勾结永新尹道一、万安郭明达、遂川罗普权等恶霸，积极参与国民党军队对根据地进行的大规模军事"会剿"，尤其是对苏区和苏区人民实行残酷的烧、杀、抢、抓，提出"石头过刀，茅厕过火，人要换种"，"抓一百杀一百，宁可错杀一千，不能放掉一个"的反动口号，其手段残忍无比。据新中国成立后统计，萧及萧靖卫团杀害的红军、苏区工作人员、解放军和无辜群众 2000 余人，烧毁房屋 5000 余栋，仅井冈、黄坳、下七、五斗江等地区，就杀死 1186 人，杀绝 203 户，因而，人们叫他"阎罗王""萧屠夫"。

为严密统治人民、控制地方，萧首先在其家乡大坑积极推行保甲制度，并于 1934 年 1 月，编印《遂川大坑保甲实验录》，其做法得到了蒋介石、何应钦的通电嘉奖。军事上，萧在大坑、西溪、堆前、草林、五斗江、大汾等处，建有大碉堡 30 座，小碉堡一百余座，尤以建在大坑河南岸的金城碉堡

---

① 《遂川县志》第四篇《苏区》，江西人民出版社 1997 年版，第 156—158 页。

为最，其工程巨大，哨位密布，武器、弹药、监狱、各种刑具齐全，还设有水牢。

遂川地方长期居住土、客两籍居民，萧家璧与县内另一地方势力的代表罗普权，政治上、经济上既互相勾结，又互相争夺，他们各自封为两籍居民的代表，利用两籍居民在县内居住时间和地域的差异，挑起派系斗争，他们则从中渔利。1945 年，萧在县城设福利部，以开旅社为名，挂牌则称"中国文化协进社遂川分社筹备处"。事实上，它与罗普权的"友联"一起，同是各自进行派系斗争的指挥所，以后萧借此选上了遂川县参议长。

在扩充政治、军事势力的同时，萧积极进行经济掠夺。县城设惠民油行、联昌油行，大坑鹅掌坪设利民店等，名为油行，实为地下钱庄；农民银行贷给县木联社月息为百分之三的 2000 万业务经营款，萧将其以百分之六的月息贷出，另加百分之三的手续费；地方上的土油槽，每开一槽须向萧纳税油 2 两，仅大坑乡 20 个油槽，3 年收油 35000 斤。另一方面，萧四处搜捕和绑架红军家属及无辜群众，敲诈勒索。通过各种剥削和敲诈勒索，到 1949 年，萧已据有大批财产。他在大坑马道尾、鹅掌坪、社背坑有房屋各一栋，在大坑南湖坂与萧德燕、在南昌与黄寅谷合伙建房屋各一栋，拥有耕地 93 亩，山场 37 块（约 12400 亩），农场 2 个，锯板厂 2 家，商店 3 家。

1949 年 8 月 2 日，遂川县城解放后，萧仍负隅顽抗，作垂死挣扎。他派靖卫团严密封锁大坑各道出入口，召集附近各乡地主豪绅、乡、保长等，筹划对策，任命乡长为情报组长，各保长为情报员，定期向其汇报；将骨干兵力集中作抵抗解放军的准备，另一部分则分散隐藏在群众中，等待时机，进行反扑；还到处造谣惑众，并叫嚣"你有千军万马，我有千山万岭"；同时，强迫人民订立连保切结，五户一结，十户一环，实行株连。9 月 23 日，中国人民解放军 142 师 425 团和县公安部门，开始对萧的残余力量进行清剿，9 月 28 日黎明，在大坑乡湖坑朱屋背山窝棚中，将萧抓获。

10 月 1 日，《江西日报》发表了题为《献给中央人民政府的厚礼》的社论："正当各地人民欢欣鼓舞，热烈庆祝中国人民政治协商会议的召开，中华人民共和国诞生之际，江西军区吉安军分区某部于 9 月 28 日拂晓，在遂川、宁冈之间的黄坳村附近，擒获了反动土匪首领萧家璧及其随员作为贺礼……"10 月 31 日，全县首届各界人民代表会议第一次会议在县城召开，讨论开展控诉萧家璧、罗普权的罪行，全面掀起反霸斗争。11 月 11 日，公审大会后，萧家璧与罗普权同时被处决于水南洲背。①

罗普权②，字徽钧，又名思澜。清光绪八年（1882）生于遂川县枚江乡枚溪村，清附生，江西省优级师范肄业。国民党员，曾任江西省议员、代理遂川县知事、遂川县一、二两区保卫团长、遂川县靖卫团团总、清乡委员、遂川县警察队队长、遂川县粮食管理委员会副主任、遂川县政府粮政科科长、江西省参议员、井冈山绥靖区遂南反共自卫第二纵队少将司令等职。

罗普权出身于大富豪家庭，是遂川县地方势力"四大金刚"（罗普权、谢际可、李应余、张砥安）之一。自 20 年代以来，与萧家璧和其他土豪劣绅，以及官府勾结一起，镇压革命运动，进行反共反人民活动，成为遂川县另一最大的恶霸地主。

在国共合作时期，1926 年，遂川人民在陈正人、王遂人等共产党员为骨干的革命组织推动下，开展了轰轰烈烈的工农运动，向土豪劣绅及贪官污吏展开了针锋相对的斗争。当时，江西省政府为赔偿北洋军阀在遂川造成的损失，拨给银洋 36000 元，"四大金刚"将这笔巨款进行贪污。经县农协会员代表大会公开予以揭露，并决定组织人员对"四大金刚"进行清算。1927 年四一二反革命政变后，以罗普权为首的"四大金刚"，趁机进行反攻倒算。他们网罗国民党右派军官组织"军界偕行社"，配合国民党右派把持的县政府，镇压共产党人及国民党左派，捣毁革命组织，绑架农会干部，捕杀共产党员。井冈山革命根据地建立后，罗普权以一、二两区保卫团长的身份，率领二百人枪，配合国民党军队对根据地进行"会剿""封锁"。红军离开县城后，罗普权又兼任清乡委员，率领保卫团(靖卫团)对红色村庄及革命干部、群众进行惨无人性的烧杀。

据解放后统计，仅遂川县的革命同志及其家属，被罗普权以枪杀、砍

---

① 《遂川县志》第二十九篇《人物·传记三》，江西人民出版社 1997 年版，第 932—933 页。

② 本处关于罗普权的情况介绍，如无特别注明，皆来自《遂川县志》第二十九篇《人物·传记三》，第 933—934 页。

头、水溺、割奶、剖肚、分尸等手段害死的达93名。罗普权除杀人外，1928年2月，在莲溪“清乡”时，一次就烧毁房屋137间，其他零星烧毁的房屋不计其数。

罗普权还以其把持的政治地位，以土籍人利益的代表者自居，与萧家璧一起制造土客籍矛盾，挑起派系斗争。1945年，罗普权在县城设立“友联”，作为他进行土客籍派系斗争的指挥所，以开设旅社为名，以后又挂牌称“罗普权竞选国大代表招待所”，与萧家璧设立的“福利部”对垒。罗普权借此选上了江西省参议员。

罗普权的保卫团每到一处，即对人民进行抢掠，下令凡参加过武装暴动的群众，每人罚款八吊钱。罗利用勒索来的款项，以及任遂川县粮食管理委员会副主任、遂川县政府粮政科长时贪污得来的钱财，新买田租210多石，建筑楼房35间。至解放前夕，罗拥有水田242亩，油茶山四块（约150余亩），历年收取地租700余担，在县城有店房一栋。

1949年夏，罗在病中还受命积极搜罗反动势力，组织反共纵队，作最后挣扎，但在遂川县城解放后的第三天，便被解放军生擒。11月11日，罗普权与萧家璧同时被处决。

对于萧、罗二人同时被枪决，除首要的政治原因即萧、罗二人一直与中共激烈对抗，进行反共反人民的活动之外，还有重要的社会原因就是萧、罗各为客籍、土籍的代表与领导人。当地老百姓仍较多认为中共以同时处决萧、罗二人来平衡土、客籍民众，并以此来结束土、客对抗。

如前所述，遂川县的土客籍矛盾由来已久，积怨很深，“互相造成了铁的界限”。自清末以来，虽有知县致力于消解土客矛盾，但皆因两籍矛盾太深而有心无力。至民国时期，土、客籍成为遂川最大的帮派，大大小小的组织可归结为土、客组织。《中国共产党遂川历史》指出，“遂川的土客籍矛盾由来已久，历史上因田地、山林等赖以生存的环境和政治权力相互争夺、倾轧，积怨甚深”。土客籍在居住地域上有着明显的区分。土籍人多居住在自然条件较好的城区、鹏抟、雩溪、万石等平原丘陵地区的一、二区；而客籍人多居住在草林、左安、堆前、黄坳、戴圣等山区的三、四、五区。到了解放前夕，以萧家璧、罗普权为代表的客、土籍的矛盾已相当尖锐。“客籍恶霸萧家璧、土籍恶霸罗普权则利用客、土两籍的矛盾，培养自己的势力，操纵全县局势。"①"在遂川为害最大的宗派斗争是土、客籍争权夺利的斗争。大恶霸萧家璧、罗普权各霸一方，土籍被罗普权所掌控，客籍被萧家璧把持。他们两人所操纵的土、客两籍，不但在政治权势上要平分秋色，而且经常挑起土、客之争从中牟利。除此以外，大小豪绅还以东、南、西、北、中的乡土界限来划分范围②，各占一方田地。东乡片（碧洲、雩田、枚江一带）被梁芳普、罗晓岚等人所把持；南乡片（草林、禾源一带）被黄礼瑞、郭朝宗等人所管辖；北乡片（大坑、衙前一带）被萧家璧、高孔迪等人所垄断；西乡片（大汾、堆前一带）被陈书勋、王济才等人所控制；中乡片（县城附近乡村）被谢际可、李应子、张砥安等人所操纵。这些土豪劣绅，一方面勾结军阀官吏，出入衙门，包揽讼事，逞强行霸；一方面相互之间勾心斗角，争权夺利，制造矛盾，挑起宗派纷争，大村吃小村，大姓欺小姓，遭殃的却是老百姓。"③

2. 客区自治与萧家璧的崛起

与其他豪绅相比，萧家璧的知名度与影响力要大得多，其人生历程也更为典型地体现了身处变革、革命的激流旋涡中地方士绅的应变。

萧家璧为移民后裔，富商之子。年少时就读于蔚起书院，科考废除后，接受新式教育，1911 年就读于江西高等农业专门学堂。辛亥革命爆发后，萧家璧奉父命回乡治家。青年时期的萧家璧性格暴躁、豪爽，争强好斗。据大坑乡民钟海东回忆，萧家璧在南昌求学期间，因挑起土客纠纷、煽动械斗被开除。④萧家璧从学校回乡后继承祖业，经营木材生

① 《中国共产党遂川历史》（第一卷 1919—1949），第 206—207 页。

② 是为东、南、西、北、中五乡。民国初年，遂川因此有五区建制，中乡为第一区，东乡为第二区，南乡为第三区，西乡为第四区，北乡为第五区。1934 年起，全县为六个区，基本上是按照上述地片划分，较大的变动是西乡分为四区、六区。参见《遂川一瞥（调查）》，《扫荡》1933 年第 4 期，1933 年 4 月 10 日，第 22—23 页；《遂川县志》第一篇《建置区划》，江西人民出版社 1996 年，第 61—62 页。

③ 遂川县公安局编：《遂川封建迷信组织及大小派别汇编》，1950 年油印本，前言；《中国共产党遂川历史》（第一卷 1919—1949），第 3—4 页。前引毛泽东《井冈山的斗争》、陈正人《创立湘赣边界"工农武装割据"的斗争》及《遂川县志》等著作对民国时期尤其是土地革命前后遂川的土客矛盾记述较多。

④ 钟海东：《井冈山下匪首大恶霸萧家璧》，中国人民政治协商会议江西省遂川县委员会文史资料研究委员会编《遂川文史资料》第 1 辑，1989 年印行，第 58 页；中国人民政治协商会议江西省委员会文史资料研究委员会编《江西文史资料——山大王的覆灭：江西匪患与大剿匪纪实》，第四十九辑，1993 年，第 135 页。

意。民国初年，由于三点会等会党土匪势力活跃于湘赣边界，在遂川县知事的允准下，全县办理团防，共设四十八局，萧被推为团绅，"主其事"。清末以来乡间"牛盗风炽"，地方倡办"惩盗会"，萧家璧被推为"惩盗会"主事。民国初年，兴办新式社团风行一时，萧家璧等人即将"惩盗会"先后改名为农林分会所、农林会，得到官府的批准。1924 年前后，又以改良农事为名，改立为大坑市农会，萧任首任会长。同时，鉴于县团防哨长对会党剿杀不力，萧家璧等大坑士绅认为"县中团防，不能造福地方"，于是以大坑村为单位，"请人教练前绿营操法"，自办团练，并成立大坑保卫团，出任团总。成效显著，"附近之匪，均不敢进犯大坑，那时井冈山之匪虽狡，大坑亦相安无事，故大坑团防，随军入剿井冈山之匪，达五次之多"[1]。乱世时期，萧家璧的这些举措得到了大坑民众的拥护，他在客籍区域声名大起。而且，他通过联姻、商业交往等途径，与遂川大汾、藻林等地的客籍大族建立了密切的关系。与此同时，萧家璧开始频频往来于县城与大坑之间，并于 1926 年前后成为县城客籍士绅的重要领导人。

　　1926 年 9 月，北伐军逼近遂川县城，黄埔军校毕业生、遂川客籍人罗振宗率兵攻下遂川城，推翻北洋军阀统治，被国民革命军委任为遂川县公署知事。此时，罗振宗和萧家璧联合起来。然而，两个月后新成立的国民党江西省政权任命新建人许乃猷为新任遂川县长。于是罗振宗带着大部分人马回到客区西溪老家，并随萧家璧组织团练。此后，南京国民政府委任的县长多与土籍士绅交好，以萧家璧为首的客籍士绅在对抗土籍，尤其是在客籍自卫、客区自治中发挥了重要的作用。

　　大革命时期，1926 年，萧万燮、王遂人等共产党员在县城组织开展革命活动，揭露豪绅罗普权、李应余等"四大金刚"贪污侵吞县救济款的罪行，成立共青团遂川支部，萧万燮、王遂人等人经组织同意以个人身份加入国民党。北伐军攻占遂川后，在县城成立了国民党县党部。同年冬，北伐军攻克南昌，中共江西地委派遣陈正人以国民党省党部指导员的身份回县组织国民党县党部和中共遂川地方组织。陈正人回到遂川，召集萧万燮、王遂人等

---

[1]　萧家璧：《遂川大坑保甲实验录》，南昌印记印刷所印，1937 年，第 5 页。

共产党员在县城自治局召开会议，传达中共江西地委的指示，建立了中共遂川县特别支部，发起组织了工会、农民协会、商民协会等群众团体，对土豪劣绅进行斗争。建立农民自卫大队和改编王佐绿林武装。第一次国共合作在遂川正式形成。在中共遂川县特支的直接领导和组织下，工农革命运动蓬勃发展。

1927 年四一二反革命政变后，以罗普权为首的"四大金刚"，趁机进行反攻倒算。他们网罗土籍退役国民党军官李用周、谢鸿恩等，在县长李焜的支持下，组织反动武装——军界偕行社（后改称军界同志会），配合国民党右派把持的县政府，镇压共产党人及国民党左派，捣毁革命组织，捕杀共产党员。与此同时，乡村地方势力也纷纷建立武装，萧家璧组建"大坑乡保卫团"，并内任团总，罗普权成立"枚江保卫团"，疯狂反扑农民运动。① 面对革命的开展，萧家璧曾当面训斥国民党县党部"只知道吃干饭"，建议停发党部的经费，并于 5 月份前往南昌请求省府干预，遭到时任南昌公安局局长朱德的扣押。②6 月，土著士绅代表联名向蒋介石发电文，要求通缉拿办陈正人等共产党人。七一五反革命政变后，遂川县进行反革命的清党清乡。7月下旬，陈正人与万安农民自卫军攻打遂川县城，营救出被捕同志。8 月，萧家璧成立了"遂川县清乡委员会"，逐区逐乡筛捕农协干部。同月，遂川县政府成立了保卫总团（靖卫团），县长兼任总团长，下设区乡团，由萧家璧任三、四区团团长，罗普权任一、二区团团长，各拥有武装 200 人枪左右，土、客"平分军权"。

---

① 《中国共产党遂川历史》（第一卷 1919—1949），第 29 页。
② 萧家璧于 1949 年被捕入狱后，在供述中说："至民国十六年五月，家璧经商南昌，有土籍人士王诗奏（当地方言，音同王次楼）、刘辛木等，参加共产组织甚为积极，正值国共宁汉分裂之会，（王、刘）报告江西全省警察总局（局长系朱德总司令），谓家璧有枪，以是捕押总局三次计四十一天。后宁汉事和平了决，家璧百余人始释放，此共产党员数加害家璧之开始也。是年八月，由省返遂，地方人士推璧为全县团总。"而《井冈之子——陈正人》（公仲、升阳编著，江西人民出版社 1993 年版）第 7 页、《陈正人传》（中共江西省委党史研究室编，中共党史出版社 2007 年版）第 9 页及《中国共产党遂川历史》（第一卷 1919—1949）第 27 页对此事记载说：萧家璧跑到南昌，找当时江西省公安局长朱德告陈正人的状，请求下令出兵平"乱"，朱德通过方志敏主办的农运干训班的遂川同志，了解到萧家璧和遂川的斗争情况，即借故将萧家璧扣起来并转告陈正人，陈闻讯即率领农民军一举捣毁了萧的老巢大坑。

3."剿共"困局与国共双方眼里的"土豪劣绅"

中共领导的土地革命使遂川县政、土客矛盾呈现更加复杂的局面。1927 年 10 月，毛泽东率领秋收起义部队到达遂川西部，并在客区大汾等地打土豪、筹措军粮。萧家璧得到消息后，写信威胁说这是他的防地，要工农革命军走，如果不走，明天早上枪刀相见。① 毛泽东对萧家璧的力量估计不足，对此不予理睬。23 日拂晓，工农革命军遭到萧家璧保卫团的突袭，被击败后撤往北乡黄坳一带，向井冈山一带转移。革命军遭遇了自三湾改编以来最惨烈的一次劫难。在王佐的迎接下，毛泽东率军进驻茨坪。1928 年 1 月，毛泽东亲自率领革命军，取道大汾，进攻遂川县城。萧家璧闻讯率保卫团阻击革命军，相继在大坑、五斗江、衙前等地遭遇惨败。红军占领县城后，发动群众，开展如火如荼的革命活动。在大坑，将萧家璧的房屋烧掉，没收萧的财产，分给当地贫苦农民。萧逃往泰和马家洲避难。部队在遂川开展活动时间较长，所获甚多。各路在乡下的部队回到遂川县城过农历年，还编了歌子唱："过新年，过新年，你拿斧子我拿镰，打倒萧家璧，活捉罗普泉（权）"。② 此时开展改造王佐部队的工作。2 月初，红军撤出县城，回师井冈山。上旬，袁文才、王佐部队由农民武装改编为工农革命军。国民党军队占领遂川县城后，萧家璧、罗普权等疯狂捕杀革命群众和家属。③《民国日报》对萧家璧抵抗红军作了两次报道，还刊登了萧电告遂川旅省同乡会，要求设法援救的电文。④ 此后，红军多次攻入遂川县城。遂川是井冈山革命根据地和湘赣苏区的重要组成部分，西部的黄坳、长坪、下七三乡一直是井冈山革命根据地的核心部分，北部的五斗江、新江、双桥、衙前是湘赣苏区军事力量——红六军团长征前夕的主要

---

① 谭政：《三湾改编前后》，《井冈山革命根据地》（下），第 141 页；《中国共产党遂川历史》（第一卷 1919—1949），第 41 页。

② 熊寿祺：《第一个农村革命根据地的创立》，《井冈山革命根据地》（下），第 47 页；谭政：《难忘的井冈山斗争》，《井冈山革命根据地》（下），第 447—448 页；《中国共产党遂川历史》（第一卷 1919—1949），第 29 页。《遂川县志》（江西人民出版社 1996 年版）第869 页载，革命歌谣《过新年》唱"过新年，过新年，今年不比往常年，共产党军来到了，要打倒萧家璧，要活捉罗普权"；《井冈山上笑声起》唱"红军到下七，吓坏萧家璧，听到枪声响，萧家璧跑软腿"。

③ 《中国共产党遂川历史》（第一卷 1919—1949），第 72 页。

④ 《民国日报》，1928 年 2 月 19、22 日。

活动区域。

土地革命的展开，使遂川客籍区域遭受的损失明显高于土籍区域，一方面由于客籍区域靠近井冈山革命根据地，便于红军打土豪；另一方面则与历任县长和军队的"剿共"策略有重要的关系。历任县长为保证县城安全，更倾向于任用土籍士绅。而客籍区域从 1928 年 2 月至 1930 年底，数次被红军占领，却没有得到县政府的支援；驻防遂川的十八师也只驻扎在县城附近，对客籍区域的红军并无实际的"进剿"。

对于萧家璧为首的客籍士绅来说，历任县长置客籍民众于不顾，不但不足以"剿匪"，实足以"造匪"。这引起了萧家璧等客籍士绅的强烈不满。1930 年，土、客士绅三十二人联名，电请国民党中央及蒋介石发兵"剿共"。这时，主力红军已撤出井冈山区，客籍区域暂时恢复平静。袁文才、王佐被杀后，其旧部反水，投靠萧家璧，成立保安团，进行反共活动。萧家璧认为此前与红军的对抗之所以会失败，主要由于地方团防的措施"只知注重武装，而忽略政治工作"。有鉴于此，他重新组织大坑保甲，效果卓著，附近村庄纷纷仿效。到 1932 年，江西省政府颁布《修正保甲条例》时，"大坑之网，早已织好"。[①] 1933 年间，萧家璧有意将整套大坑保甲推广到其他客籍区域。他在 1934 年编写的《大坑保甲实验录》开篇即指出，"保甲之原则维系，即是以地方人保地方，互相维系，互相连锁之义"。他的"地方人保地方"的"自治"精神，与国民党政府推行保甲制度，希望将权力强制地伸向基层、控制地方社会的思想大相径庭。萧家璧实际上是借助国民政府保甲之名，一以贯之地行其自治之实。

凭借保甲、碉堡和保卫团等组织措施，萧家璧等士绅实现了对客区的严密控制。在县府忽视客籍利益的情形下，为"统一财政、政治自卫力量，彻底铲除共匪"，1933 年 4 月，客籍士绅召开三、四、五区联合筹备会，另立区联财政局，并于 5 月召开区联成立大会，选举萧家璧为区联委员会主席，客籍区域走向自治。为保证经费，萧家璧充分挖掘联区内的资源，而这种行为打破了县府的财政格局，侵犯了县长潘毅然的

---

① 萧家璧：《大坑保甲实验录》，第 47 页，转引自陈宗文：《经营地方：乱世纷争与图强——以萧家璧为例考察民国地方精英与基层权力》，第 27 页。

利益。潘毅然试图以县财委会和行营军法官的"剿匪"司法特权[①] 来约束、打击客籍士绅，遭到萧家璧等人的强烈反对。潘毅然企图借助中央军，以"土豪劣绅"的罪名惩治萧家璧，但萧却成功利用粤军进入客区的机会使得潘毅然的计谋归于失败。萧家璧与潘毅然之间的官绅矛盾已势同水火。[②]

为妥善解决遂川的官绅矛盾，1933 年 9 月，以熊式辉为首的江西省政府不得不调离潘毅然，并以客籍士绅代理县政。1934 年 3 月底，省政府拟以大汾为中心暂设一特别区政治局，负责客籍区域的收复和治理[③]。4 月，南昌行营[④] 核准省府的呈请，委派客籍人罗元镇为大汾政治局局长。[⑤] 这是江西省政府对萧家璧等人的再次妥协。1935 年 3 月，省府重新对各政治局的归属进行调整，规定"以前划归政治局管辖各区，一律归还原县管辖"，并对各县划区治理。遂川设立黄坳联防区，大汾政治局由此撤销，被划为两个区，即第四区和第六区。[⑥] 分区设署后，萧家璧等客绅再次回归地方权力核心，4 月 9 日，省政府任命萧家璧为第四区区长，其亲信、原第五区游击队

① 1933 年 6 月，潘毅然赴省参加江西县长会议，蒋介石在会上即席授予县长因地制宜、因时制宜的特权，"即与法令词句稍有冲突，但求事能办通，如果有人告发，我来替你们负责，各县长如果遇到紧急的时候，可以行营军法官名义去做"。南昌行营随即颁布《剿匪区域各县县长兼军法官暂行条例》，赋予县长随时纠正、拘捕、审理"赤匪盗匪"和违反军令、政令者等司法权力。参见《县长会议闭幕蒋委员长训词补志》，《江西民国日报》1933 年 6 月 21 日；《剿匪区域各县县长兼军法官暂行条例》，《申报》1933 年 7 月 15 日。

② 参见王才友：《"水炭不容，安敢协作"——江西"剿共时期"遂川县的区联自治与官绅矛盾》，《近代史研究》2014 年第 1 期。

③ 《遂川属之大汾将设特别政治局》，《江西民国日报》1934 年 3 月 31 日，第 2 版。1933 年 7 月，江西省政府为"适应剿匪需要，增进行政效率"起见，特省内一些离县治较远，几县交界且"平时政治力量，已有鞭长莫及之患"地区划出，加设特别区，就近控制。其行政组织为"特别区政治局"，隶属于南昌行营和江西省政府，负责"处理全区一切行政事务"，级别"与县政府同"。

④ 南昌行营全称为"国民政府军事委员会委员长南昌行营"，成立于 1933 年 5 月，是蒋介石指挥第五次"围剿"的最高指挥机关，江西省主席熊式辉兼任行营办公厅主任。这次组织的南昌行营，是历次"围剿"中规模最大、为时最长的一次，并且由于蒋介石经常驻在江西，引至国民党政治军事中心的转移，而使南昌行营具有至高无上的显要地位。参见何友良：《江西通史·民国卷》，第 218—219 页；史成雷：《军事委员会委员长南昌行营政治剿共研究》，南京大学 2013 年硕士学位论文。

⑤ 《行营已核准遂川大汾设特区　委罗元镇为政治局长》，《江西民国日报》1934 年 4 月 14 日，第 2 版。

⑥ 《各特区政治局撤销后　决定设置联防区署》，《江西民国日报》1935 年 3 月 18 日，第 3 版。

队长陈书勋被任命为第六区区长。[1] 据称，萧家璧从此便与省政府关系密切，他甚至开始与熊式辉、罗卓英等国民党要员一起合股做生意。[2] 遂川的官绅矛盾就此告一段落，这标志着省府与客绅在地方治理上共谋的开始。

4. 掌控全县木材运销合作社联合社和全县合作社联合社

自 1934 年 8 月红六军团从遂川横石突围西征后，遂川红色区域尽被国民党军队占据，中共遂川中心县委及地方组织解体，少数红军游击队在碧洲山上坚持艰苦的游击战争。"善后"与建设成为国民政府的主题。江西在省政府主席熊式辉的主持下，力行革新，大力进行经济社会的重建工作。抗日战争时期，江西三迁省会，尤其是 1939 年底迁至与遂川相邻的泰和县，对遂川地方社会影响很大。抗日战争胜利后，中国又进入一个重要的转折时期，各地方又开展经济社会的复兴与重建工作。萧家璧在不同的历史阶段都进一步扩大了权势，成为遂川最有影响的强权人物之一，牢牢控制着地方社会。

20 世纪 20—30 年代，为复兴农村经济，政府及社会各界提倡在农村推行合作运动。1930 年江西颁布合作社暂行规程，属开展较早的省份。1931 年，南昌行营党政委员会设立地方赈济处，以办理农村合作社作为"剿匪"的善后工作。1932 年，江西省主席熊式辉将农村合作运动列入复兴江西的六大要政之一，专门成立江西省农村合作委员会，主管全省农村合作事宜，在全省推行农村合作运动。[3] 合作组织在解决农村金融困难、推销农产品、扩大农村消费和发展农业生产方面，起了良好的作用。1935 年以后，促进农村经济建设是合作运动的主要任务，颁布了《江西省政府新订合作组织普及农村合作事业计划》。抗战时期，江西合作事业更有发展。新的合作事业计划，将全省合作县划分为模范县、推广县和普通县，分工推进。遂川于 1936 年被列为推广县。[4] 在此背景下，遂川县兴办合作社。萧家璧于 1937 年始任

---

① 《委任萧家璧为遂川县区长》(1935 年 4 月 9 日)，《江西省政府公报》第 164 期，第 23 页。

② 参见陈宗文：《经营地方：乱世纷争与图强——以萧家璧为例考察民国地方精英与基层权力》，第 50、63 页；郭赣生：《遂川城乡的传统经济》，刘劲峰、耿艳鹏编：《吉安市的宗族经济与文化》(下)，国际客家学会、海外华人资料研究中心、法国远东学院联合出版，2005 年，第 417—418 页。

③ 何友良：《江西通史·民国卷》，第 254 页。

④ 江西省政府建设厅编印：《江西省合作事业概况》，1938 年 7 月，第 9、12 页。

遂川县木材运销合作社联合社理事主席，1941 年出任遂川县合作社联合社理事主席，主持全县合作事业十余年。

木材为遂川大宗特产和商品，木材贸易历史悠久，非常繁盛。1934 年，鉴于木材生意"操诸外来商人之手"，"遂州人虽间有经营者，资本亦不多"，遂川县组织了"木材运销合作社"，萧家璧的家乡大坑乡和西部的七岭乡率先组织了两个分社。此后，堆前、衙前、桥头三乡先后组织分社，五个分社共同成立了"木材运销合作社联合社"，后南江、大旺坑（今属新江乡）组织分社，也加入联合社。1937 年 11 月，七个分社正式组织成立"保证责任江西省遂川县木材运销合作社联合社"（简称木联社），各分社成为木联社的社员社，选举理监事，制定社章、业务规则、社务细则，发行社股。① 萧家璧历充木联社最高权力的执行者，即理事主席，"总理本联社社务，对外代表本联社"。萧家璧坚决捍卫木联社的利益，从两件事上可见一斑。第一件事是，随着抗战的持续，木业经营日渐困难，萧家璧代表社员向农林部、财政部等部门呈请救济遂川木业，最终得到批准，获得贷款。第二件事是，木联社下属的南江口社员与南澳陂及沿河居民发生纠纷，萧以理事主席的名义出面活动，据理力争，维护木联社的权威和社员的利益。②

1940 年，国民政府颁布《县各级合作社组织大纲》，要求建立新县制下的保、乡（镇）合作社组织，并统一组成县合作社联合社。遂川县于 1940 年 12 月组织县合作社联合社，选举理监事及省联代表共 19 人，其中土著 10 人，客籍 9 人，以客籍萧家璧为理事主席，土著罗小杨为经理，土著萧又何为副经理，客籍林宝华为司库。其他职员中，确知族群归属者客籍 4 人，土著 6 人；另外不明所属者 6 人，其中 4 人曾在萧家璧任副大队长的保警大队任职，外县籍 2 人。但木联社却不统属于县合作社联合社，在业务上也是独立的、平行的。这意味着遂川最大宗贸易的联合组织，始终由客籍人独自掌控，并未纳入土、客联合的县合作社联合社统一经营。

此外，萧还致力改良和试验农林作物，创制杭山绿茶，成功栽培除虫

---

① 萧家璧：《为遂川木材社员呼吁请求政府设法救济》，木材运销台作社档案，遂川县档案馆藏，卷宗 13—46/47，第 63 页。

② 参见陈宗文：《经营地方：乱世纷争与图强——以萧家璧为例考察民国地方精英与基层权力》，第 45—52 页。

菊，并以它为原料生产蚊香和除臭虫粉。萧对此成果颇为得意，极为珍惜，1949 年被捕后他还希望通过捐献菊圃和贡献栽种技术，减轻人民政府对他的惩罚。

5. 联合"土""客"萧氏，领导合修全县萧氏祠谱

萧氏是遂川人口较多的姓氏，分布广泛，"星罗棋布几百余所"，分为"土著"和"客籍"。"土著"萧氏人口众多，力量强大。"土著"萧氏于道光间即"谋欲纠合而建祠，惜其事未果"。同治年间，"土著"萧氏石牌、石锅、中州、禾源、上洲各派各房在县城合建宗祠并修纂了祠谱，"置祭田，修主谱，备器用，构店房为垂远计"。① 到光绪十三年（1887），各派各房"咸有同心"，先后重修了祠堂、祠谱，在祠中设置书院。其时，有人提议"土著"和"客籍"合修祠堂、祠谱，"联宗盟，冀以化其一邑畛域也"。但因"龙泉素有土著、客籍之分，前辈好事辄互齮龁"，故此议未能成功。②

至光绪二十二年（1896），"土""客"萧氏士绅在府城内共同谋求置地建"试寓"，继而"遂起合祠之议"。在"客籍"士绅大汾派、赤坑派士绅的大力倡议下，大坑、卜侯等"客籍"支派纷纷响应。③ 而"上乡各派（客籍）以前此未合邑祠，又添主二十余座"。④ 客籍以捐主费、添祀位的形式"入股"土著所建的宗祠。至此，土、客籍萧氏合祠成功。客籍士绅欣喜之情溢于言表："吾祠向所歉然，二十余年而未合者，今则彼此一家矣！"⑤ 至于祠谱的合修，则未完成，"原期三修主谱，昭示同源共本之亲，第因捐项流连，暂行延搁。"加之"数年以来经理首事，用人不慎，靡费甚多，故虽产业既增，而入不符（敷）出"。宗族发展面临困境，"有江河日下之势"。⑥ 此后，萧氏总祠经过石牌派、中洲派士绅的经营，"祠内遂有起色"，至宣统元年（1909），有"中兴之气象"，于是三修主谱。但主谱修纂完成之后却未能刊

① 彭振宗：《始修萧继述堂总祠记》，《萧氏大宗祠主谱》（又题《遂川萧继述堂三修主谱》），不分卷，民国三十年（1941 年）刊印本，第 10 页。
② 萧廷彬：《三修主谱序》，《萧氏大宗祠主谱》，第 3 页。
③ 萧廷彬：《三修主谱序》，《萧氏大宗祠主谱》，第 3 页。
④ 萧澍霖：《三修主谱跋》，《萧氏大宗祠主谱》，第 89 页。
⑤ 萧廷彬：《三修主谱序》，《萧氏大宗祠主谱》，第 3 页。
⑥ 萧澍霖：《三修主谱跋》，《萧氏大宗祠主谱》，第 89 页。但据光绪二十四年（1898）主讲蔚起书院的永新萧廷彬所作《龙泉萧氏继述堂三修主谱序》和宣统元年（1909）石锅派萧澍霖所撰《三修主谱跋》，主谱应已陆续修纂完成，但并没有公开刊刻。

刻，没有得到普遍认可。萧家璧在 1941 年公开刊印的祠谱中说："我祠主谱已经三修，规模大备，先辈煞费经营，因第三次续修时，间有不明大义之人，违背众议，私自改钻，使将成之谱从而中辍，未免可惜。"① 石牌房萧念祖（荫孙）也认为三修主谱过程中，"因有少数人昧于大义，违反公议条例章程，以故终止进行，未收效果"，"诚为憾事"。② 到底是什么人不明大义，违背众议，违反了公议条例章程哪一条，具体情况不得而知。

1940 年冬祭日，遂川萧氏各派绅董聚祠，"佥以我祠主谱年湮代远，沧桑多变，一切条例章程必须重新删改，以合时宜"。于是开会讨论，当经决议三修，并将祠内原有章程因革损益，斟酌变通，修订妥善，全体通过。在修祠谱的同时，新建了包括代表会章程、族董会章程、奖学贷金办法在内的宗族制度。萧家璧是此次祠谱纂修及宗族建设的五位负责人之一，也是其中的领导者。1941 年冬，祠宇焕新，添置器皿，增加田产，举办求学贷金，萧氏宗族有"中兴之气象"。期待已久的祠谱终于修成，封面由时任县长曹起鹏题写"遂川萧氏主谱"六字。土、客籍萧氏自光绪年间合祠以来，至此成功地合修刊印祠谱。萧家璧领导萧氏最终完成了"前人未竟之业"，标志着土、客籍萧氏的融合。新议章程开篇强调："今后凡我族人，宜念同源共本之亲，勿存土著客籍之见。"③ 章程还有一条涉及土著、客籍利益的条文，"祠内于光绪甲辰年（三十年，1904）冬月，曾将吉安马步前横阔三丈二、直长一丈八尺之基土，永捐与吉郡朝宗堂。当时土客业已合祠，乃查朝宗堂宣统初元重修之主谱第十八页，配享主位所列继述堂主位之下，误缀'龙泉土著派'字样，俟其三修时应请其更正，以符事情。"④ 新章程专列一条特意指出这个问题，并要求日后更正，可见客籍对相关权益高度重视，也反映出土、客合作之中的分歧。

民国年间遂川土、客萧氏之所以能够联宗合祠、合修主谱，是因为"客籍"力量的增强特别是萧家璧拥有的权力和威望，土客联合可以为双方带来更多的利益。土著萧氏与其他土著大族之间的矛盾，也是促使土、客萧氏土

---

① 萧家璧：《遂川萧氏继述堂三修主谱序》，《萧氏大宗祠主谱》，第 2 页。
② 萧念祖：《三修萧氏总祠主谱跋》，《萧氏大宗祠主谱》，第 90 页。
③ 《三修主谱修改总祠公议章程》，《萧氏大宗祠主谱》，第 12 页。
④ 《三修主谱修改总祠公议章程》，《萧氏大宗祠主谱》，第 16 页。

绅联宗结盟的重要因素。

　　6.参与县立中学款产整理，化除土客矛盾

　　上海私立江西中学在遂川城西李、冯、萧、曾四姓宗祠设立遂川分校，1940年7月改组为遂川县立中学，10月呈准江西省政府备案。教育部派员视察学校后，给予了好评，并引起了蒋经国的关注。次年，县政府成立了"县立中学基金劝募委员会"，由县长、国民党县党部书记、县中代表及土、客士绅各6人组成。[①] 1942年1月，迁校址于县城郊水南洲背五峰书院，校名仍旧。此时，国民政府要求地方整顿公产公款，将地方社会的财力物力收归政府，用以发展文教等公益事业。1943年初，遂川县第一次行政会议决定将五峰、五华、蔚起书院及道德会、利涉亭会、济川桥会等公产收归为县中款产，以扩充办学基金。

　　为进一步推进工作，1943年5月，遂川县政府成立了由21人组成的"县中款产管理委员会"，县长杨耕经任主任委员，萧家璧和刘春林分别任副主任委员，下设总务、调查、审核三组。郭仁、黄人骏为总务组正、副组长，罗普权、刘赞唐为调查组正、副组长，罗峰藻、上官毅为审核组、副组长。[②] 最初公布的款产管理委员会委员为19人，由县长、代理校长和10名土著士绅、7名客籍士绅组成。10天后，增聘了两名"客籍"精英，共计21人。[③]

　　款产管理委员会的这种人事安排与权力配置意味着什么呢？遂川县政府为整理款产，扩充县中基金，共召开过三次委员会议和一次各公产经理人座谈会，均由县长亲自主持。需要进行整理的公产有蔚起书院、五华书院、乐善石桥会、济川桥会、利涉亭会、道德会（含宏化文社、关帝庙、城隍庙、育婴堂）及农林促进会的所有款产，数量巨大。年初在第一次行政会议中提到的五峰书院款产，在县中款产管理委员会第一次会议中，与宾兴会、采芹会一起"由县政府继续清查"。其他七大项公产的经理人，除蔚起书院之

① 刘孟秋：《抗战中崛起的遂川中学》，《遂川文史》第六辑，1995年，第82—100页。
② 萧家璧，客籍；刘春林，土著，时任县党部书记长；郭仁，土著，后辞职，改委谭杏堂代其职；黄人骏，客籍；罗普权，土著；刘赞唐，客籍；罗峰藻，土著；上官毅，客籍。
③ 《遂川县政府、县立中学关于县中款产文件》，遂川县档案馆藏，全宗2，卷497，第1—7页。

外，均为土著。可见，在政府整理的款产之中，土著的资产比客籍的资产要多很多。故在款产管理委员会当中，土著多一个名额，且负具体事务的组长皆由土著担任。同时，我们也看到，县政府并没有过于倾斜土著，而是维持了土、客的相对平衡。这也是县政府整理款产的一个重要目的。县长杨耕经在主持人报告中说："遂川各方面，如财力、人力、物力都很好，惟教育不甚发达。地方人士为求提高地方文化，一致希望扩充遂川中学。且遂川素有土、客之分歧，故有收五华、蔚起两书院公产并入遂川中学之议。"五华书院代表萧荫孙提出，五华书院款产提拨为县中基金之后，如何处置向来由五华书院款产办理的五华小学，县长的答复是："五华改为遂中附小。盖遂川有五华、蔚起两书院，形成两大壁垒，为化除（土客）畛域，故五华、蔚起实在有根本取消之必要。"[①] 可见，地方政府以款产整理为契机，希望通过此项治理，一举消除土客界限，从根本上化解土客矛盾。1944 年 10 月，县临时参议会决议，铲剔五华、蔚起两书院匾名，换挂遂川县政府、遂川县参议会牌匾，以消除数百年流传土客籍之恶习。[②] 相邻的宁冈县，1939 年创办宁冈县县立初级中学，以调和、化解土客矛盾。在众多人士协议下，土籍请陈家骏为代表出面，客籍推举黄底靖出面，创建宁冈初中，设龙江书院内。宁冈初中的校长由县长兼任，黄底靖任总务主任，陈家骏为教导主任，陈、黄两人同心协力，办学很有特色，受人欢迎。

7. 实际统领全县保安警察，担任县参议会议长与"国大"代表，掌控地方军政大权

抗日战争爆发后，遂川县的地方武装改称人民自卫大队，由县长兼任队长，萧家璧任副大队长。1942 年，自卫大队改称保安警察大队，仍由萧任副大队长。直至 1946 年，萧出任县参议会议长时才辞去副大队长职务，但实际上还掌握保安警察大队的指挥大权。任职期间，萧致力于维护地方治安，严禁烟赌，破除迷信，捕杀会党，镇压反抗政府者。

1943 年底，国民政府行政院通过《限期成立县参议会完成地方自治案》，要求各省于 1944 年内成立县参议会或县临时参议会。遂川于 1944 年 8 月成

① 《遂川县政府、县立中学关于县中款产文件》，遂川县档案馆藏，全宗 2，卷 497，第 42—44 页。
② 《遂川县志》，《大事记》，第 22 页，江西人民出版社 1997 年版。

立县临时参议会。议员按乡镇和职业团体选举，正、副参议长由省民政厅在上报的议员名单中指定，且分别由战时避难回到家乡的土、客籍人士担任，谢兆熊①任参议长，王秋云②任副参议长，黄人骏任秘书。议员共计28名，除外县籍2人外，其余26人土、客平分秋色。1945年12月，遂川县正式成立参议会，议长的选举成为土、客双方关注的焦点。结果，萧当选为参议会议长，推举罗普权族弟罗峰藻为副议长③，省政府任命萧的姨侄黄人骏为参议会秘书长（非参议员）。同时，在议员中推选罗普权为省参议员，萧的外侄上官毅为候补省参议员。38个议员席位当中，土著比客籍多一名，但非参议员的参议会秘书长为客籍，故土、客双方的权力分配十分平衡。客籍参议员多为萧的好友亲信，土著参议员中也有多人与萧有较密切交往。这样，萧实际上掌控了参议会的大权。

1947年底，国民政府酝酿召开国民大会，"国大"代表成为地方士绅和各派力量角逐新热点。萧家璧本人本来无参选意愿，并公开称不参加竞选。国民党省党部收到县党部上报的推荐候选人名单后，见遂川客籍无人参选，基于平衡地方土、客关系的考量，建议萧家璧参选。④省党部执行委员会委员、永新人谭之澜甚至亲自致信与萧，"敬祈积极进行，及时争取，深望毋以等闲视之"。⑤

分别代表客籍、土著力量的萧家璧、罗普权为筹办竞选，各自在县城成立了竞选"指挥部"。萧在泉江路古氏书舍设立"中国文化合作协进社遂川分社筹备处"，罗则在泉江路庆生盐行公开设立"罗普权竞选国大代表招待所"，以此为竞选集会场所。双方矛盾愈演愈烈，几近械斗。最后，萧家璧当选为"国大"代表。

---

① 谢兆熊，瑶厦乡卜村人，其时任抗战期间创办于江西泰和的国立中正大学教务总长。参见《遂川县志》第二十九篇《人物·传记二》，第924—925页。

② 王秋云，大汾乡枧下人，其时任吉安阳明中学代理校长。参见《遂川县志》第二十九篇《人物·传记二》，第941页。

③ 《遂川县志》（江西人民出版社1997年版）第230页载，副议长为王秋云，可能所记有误。

④ 钟熹致萧家璧信，1947年8月9日，载《萧家璧书信》，遂川县人民法院藏，第306—307页。

⑤ 谭之澜致萧家璧信，1947年7月13日，载《萧家璧书信》，遂川县人民法院藏，第240页。

此时，随着抗战期间暂时避难于遂川的各界人士纷纷离县，地方政府中的各种职位主要由当地人担任，再度引起土、客双方激烈争夺地方权力。1947 年 6 月，来文华任遂川县长，到县后即与萧、罗协商，决定政府机关中准用遂川籍职员 30 人，其中土、客籍各 15 人，科长、科员，股长、股员都要一边一个地搭配，所谓"平分秋色"。县中校长是土籍，县师范校长是客籍；党部书记是土籍，秘书是客籍。① 黄咸一、钟书贤、萧子才等客籍士绅在给萧的书信中多次谈及地方人事变动及客籍人员安排问题。钟书贤在信中说："三益、左安、南江、黄坑、北乡等乡，少人立足，声气难通，意见各别，为将来失败之远因。他方近提拔后进，不遗余力，要津之争取尤为积极。今对峙局面已成，幸再三留意□□□，"② 1947 年 8 月，萧家璧因与土著议员发生争执，愤然请求辞职。对此，萧的亲信萧子才、古镜、上官毅、钟书贤等均忧心忡忡，先后来信劝说萧不要放弃，信中称"蔚起人士，大多惟公马首是瞻"，引退将致"群龙无首"。③ 萧家璧已成为客籍"领袖"。

1948 年，萧家璧领导了遂川地方人士控告县长来文华贪污渎职一案。来文华，吉林扶余县人，1947 年 6 月，由万安县长调任遂川县长。其原任内有部属亲信 200 余人，皆陆续随同来遂川。来文华将原县政府及所属机关职员全部撤换，县政府各机构人员编制为 70 人④，而规定只准用遂川籍职员 30 人，其余职位皆安插其亲信。因带人过多，便因人设事，巧立名目，增设机构和额外人员。尤其是以整理乡政为名，将应由本籍人担任的乡长亦撤换部分，由其带来的人员担任。来文华任职期间，任用亲信，大肆贪污渔利，引起地方人士的不满及愤慨。⑤ 1948 年 6 月，萧家璧以县参议会的名义，联合地方知名人士如县立师范校长客籍黄人骏、旅省同乡会会长客籍上官言及县中校长土著沈影等，分别向省政府具呈讼状，并派沈影为代表亲赴省府

---

① 遂川县公安局编：《蒋匪社会基础》，1952 年，第 203 页。转引自陈宗文：《经营地方：乱世纷争与图强——以萧家璧为例考察民国地方精英与基层权力》，第 58 页。

② 钟书贤致萧家璧信，1947 年 7 月 23 日，载《萧家璧书信》，遂川县人民法院藏，第 101—102 页。

③ 《萧家璧书信》，遂川县人民法院藏，第 54—55、58 页。

④ 《遂川县志》第六篇《政务·县政府》，第 227 页。

⑤ 《遂川县志》第二十九篇《人物·传略四》，第 944—945 页。

控诉。① 萧家璧的呈文指控来文华犯有"非法派购公粮""擅自组建军队""庇护部属贪污""经收各种税款项目从不入库""滥用私人""擅卖公产谷""勒索僚属送礼""施政错误"及"擅行借垫中央赋谷"等 9 项罪名。上官言指控来文华"聚赌""吞吃保警队空额""用人朝令夕改"。沈影则指控来"时而联乙倒甲、时而联甲倒乙",煽动土、客矛盾,"贪污赋谷","性嗜赌","于才于德不堪作一县之宰"。② 江西省府派人来遂川调查。8 月,来文华被撤职调离遂川,由萧春溥代理县长。10 月,来文华奉令回遂办理移交,回县后贿赂萧春溥,因此来文华并未办理移交,而于同月 28 日脱逃。萧家璧等人于是再次向省政府控告,江西省第三区行政督察专员公署派员调查后,省府于 1949 年 3 月决定将"贿纵前任县长来文华脱逃"的萧春溥"停职",并函请江西高等法院检察处"依法侦办"。③

萧家璧领导控告县长一案,显示了他在地方上的巨大影响力及其能量。④ 在此前后,萧家璧的权势达到顶峰。⑤

1949 年 4 月,人民解放军突破长江天堑,进军江西,国民党政权土崩瓦解,地方社会旧有秩序随之颠覆。萧家璧错误地估计了形势,在 8 月遂川县城解放后仍负隅顽抗,与人民为敌,9 月底终被剿匪部队抓获,11 月被处以极刑。

晚清以降,无论是国家权力扩张下移,还是乡村社会重建,都是中国近代社会的新事物和大趋势。在社会转型时期、大变革时代,地方士绅和传统社会的治理方式扮演了关键的角色。萧家璧是民国地方士绅的一个颇具代表性的"反面"典型。他既是农民、知识分子、商人、乡绅,又是军人、官僚,

---

① 对于此次行动,《遂川县志》(江西人民出版社 1997 年版)第 945 页记载:"县内政界知情人士向江西省政府控告来文华贪污渎职。"

② 《来文华贪污案控诉卷》,遂川县档案馆藏,卷宗号 2—451,第 6—10,12—15,16—18 页。

③ 《遂川县志》第二十九篇《人物·传略四》,第 945 页。

④ 陈宗文指出,在本案中,萧家璧公私两利,于公是驱逐了危害县政、坑害百姓的贪官,于私则有其个人权力和价值选择的考虑。参见陈宗文:《经营地方:乱世纷争与图强——以萧家璧为例考察民国地方精英与基层权力》,第 66—67 页。

⑤ 陈宗文以 1947 年 5 月萧家璧六一寿庆为个案,细致地展示了萧的社会关系网络及其权势与影响力。参见陈宗文:《经营地方:乱世纷争与图强——以萧家璧为例考察民国地方精英与基层权力》,第 58—63 页。

集多种角色、新旧因素于一身。从偏僻的小山村到繁华的城市，萧渐渐达至权力的核心，成为地方社会最有权势的人物。土客关系对遂川地方社会的发展影响至深，萧家璧在很大程度上利用土客矛盾来获取其权势地位。他既运用传统士绅的资源经营地方，又以强权和武力控制基层社会，在不同的时期利用各种机会，始终努力维持着地方的自治与"安宁"。对于萧家璧这样的地方士绅和强权人物来说，"地方"永远是"生于斯，长于斯"的乡绅们的"地方"，会党、共产党及红军、国民党及"剿共"军队，以及外县籍官员等各种力量，都是"外来者"和"陌生人"，都是地方祸乱之源。但革命力量介入后，以前所未有的力度与速度，极大地改变了地方社会的土客关系和社会结构。

民国时期，随着国家政权建设的推进，国家权力不断向下扩张，渗透到基层社会，民间社会不断萎缩，地方士绅的生存发展空间受到挤压，但并未因此丧失领导地位。在乱世中，他们"以不变应万变"，利用传统社会的各种资源和治理方式，同时借助国家政策所提供的各种机会掌控地方权力，维护自我权威和当地人的利益。而国家也要向地方士绅授权分权，双方达成某些妥协，才得以实现其治理目标。

三、"合不如分"与万载客籍东洲学产案

1. 东洲中学的改组与谢济沂的经营

清末，万载客籍东洲书院先是改办东洲小学，后在客籍小学较多的情况下，于光绪三十四年（1908）呈请改办中学，宣统元年（1909）正月正式开学，"恭请宪台莅堂开学"。谢济沂担任中学首任监督与校长。历经民国初年，至1926年，东洲中学进一步扩大规模，已增至三班，图书、仪器价值万余元。由于办学效果良好，1928年东洲中学获得江西省教育厅丙等补助，1929年获得乙等补助。土地革命时期，万载为湘鄂赣苏区一部分。地方遭遇战火，东洲中学的校舍、用具、图书、仪器损失净尽，遭受重创。谢济沂在信中提到：

> 东洲局、校此次受害最烈，不特图书仪器化为乌有，即板壁地砖亦毁坏殆尽。设非有钟旅长稍加维持，上下几成焦土……局董亲至敝寓，敦促大会，复全场一致以散会为要求，势难恝然，乃允回局。惟筹备职

业，经济、师资两感困难，现拟改良纸业为第一步工作，一面集股，一面选送师生，实地学习。①

1935 年，东洲公局修建校舍，重新开学，改办初级职业学校，名为"万载私立东洲初级职业学校"。从校董会给县政府的立案呈报表可知，此时学校的资产包括原有东洲中学款产、东洲宾兴、登瀛、敬教、舒翘、育才、友文、同文、文昌会等租产，计租 5000 石，年收入约 15000 元，并准备另行募集股款 50000 元附设实习工厂。学校的资金与规模已经超过县城的龙河中学，居全县学校之首。从成员的情况来看，东洲职业学校校董会无疑集中了客籍最有影响的精英人物（参见表 4-2）。校董会成员 15 人，9 人受新式教育，3 人为旧制中学或师范毕业；中受新式教育的 9 人中，2 人留学日本，这说明东洲公局集中了较多新型专门人才来发展客籍教育。在以后的办学过程中，东洲职业学校以改良万载的主要传统产业如夏布、表芯、花爆、纸业等为目标，同时发展陶瓷业。此表值得注意的还有两处：第一，15 名校董中有 3 人的住址不在万载境内，从谢济沂、叶荣耀和王冕周三人的情况看，他们都已移居宜春（谢的情况更为特殊），故可认为东洲职业学校的实际影响已经超出万载县的范围。万载、宜春两地的移民关系尤为密切。第二，所有的校董都不居于县城内，即使像时任省党部干事的李德毅和曾任县视学的谢庭玉也都住在城南。联系到乾隆年间的"客籍不得城居案"，可以知道这一现象并非出于偶然。这一限制如此严格，致使一两百年之后移民后裔尚不能"越雷池半步"。在调查采访中，现居县城的谢启勇谈道："听父亲说，爷爷解放前想在万载县城买间店面做生意，但因为是客籍，遭到了土籍的阻拦，打官司打到东洲，直到解放时还没有结果。"②

表 4-2　万载私立东洲初级职业学校校董会

姓名	性别	年龄	职业	经历	职务	住址
谢济沂	男	60	学	曾充本县劝学所所长、东洲中学校长	董事长	萍乡桐木

---

① 谢济沂：《覆家尚廉侄孙》，《鼎山山房集》卷一一，《尺牍类》。
② 笔者对谢启勇先生的访谈记录，江西万载县城，2006 年 10 月 25 日。

续表

姓名	性别	年龄	职业	经历	职务	住址
蓝文彪	男	33	学	私立江西法政专门学校毕业	常务董事	大桥
邹向荣	男	42	学	江西甲种农业学校毕业	常务董事	高城
杨劭盦	男	33	学	曾任江西省立第十三中学训育主任兼教员	校董	潭埠
李牧光	男	50	学	曾充东洲中学校校长兼东洲教育会会长	校董	本县城东
彭子衡	男	35	学	江西省立第五师范毕业，历充万载县督学及小学校长、教员	校董	潭埠
邱一隽	男	35	学	日本明治大学毕业	校董	三百兴
李德毅	男	40	学	东洲旧制中学毕业，历充小学校长、教员，时任县党部干事	校董	本县城南
曾钧衡	男	45	学	国立北京大学	校董	高城
范文彬	男	38	学	日本东京高等师范毕业	校董	卢家洲
谢庭玉	男	46	学	袁州旧制师范毕业，曾充万载县视学	校董	本县城南
叶荣耀	男	41	学	北平大学毕业，时充宜春乡师教员	校董	宜春
王冕周	男	43	学	武昌高等师范毕业，时充宜春乡师教员	校董	宜春
范懋修	男	48	学	江西公立法政专门学校毕业	校董	卢家洲
叶肇康	男	47	学	袁州旧制中学毕业，历充小学校长及教员	校董	高城

资料来源：江西万载县档案局历史档案，全宗 2，目录 4，卷 22。

从东洲中学到东洲职业学校，意味着万载客籍以重振教育为契机，在新的形势下进行了一次大的资源整合。实际上，这次整合也是一次新的权力分配，与东洲公局关系极为密切。

如前文所述，清代后期万载移民形成了以东洲书院为中心的"东洲籍"认同，至民国初年，则形成了以东洲中学为中心的东洲公局（或称东洲局、东洲公团）。杨品优的研究表明，东洲公局既是万载客籍的宾兴组织，又是地方自治权力机关。① 万载的土客籍矛盾及客籍自身的努力促成了东洲公局的形成。

清末民初以来，政府在追求民族复兴、实现大同的目标下，万载县的土客矛盾愈来愈成为政府力求解决的问题之一。在此过程中，万载客籍绅士的吁求造势对政府的决策起了重要的作用。以清末民国时期最有影响力的谢济沂为例，他通过种种方式实现客籍自强，消除土客界限。对于分设东洲教育局，谢济沂尤为努力。

至民国十四年（1925）左右，奉教育部的通令，江西各地的劝学所已改为教育局。此时客籍也呈请教育部分设教育局，未得同意。东洲人士不愿全县教育行政权被土籍掌握，"誓死不愿挈教育大权付之素相敌视之人，任其口雌黄而手上下，重入黑暗地狱"，于是公推代表呈请万载县转呈省教育厅。同时，谢济沂致信并面陈教育厅厅长朱念祖，恳请分设东洲教育局：

> 现在东洲成立中小学校总计七八十所，比较本省中县有过之无不及，教育经费收入达一万五千元以上，已在钧厅施行细则乙等县份之例，教育行政机关实有分设之必要……伏思立法、行政二者均以便民为主旨，今之教育局性质原无异于昔之劝学所，昔以分设两所为便，今以改组两局为宜。譬如人身原具两手两足，无论如何，改组并存则全体皆灵，偏废则半身不遂，此不待智者而决。故在他县或以分设而纷歧，在万邑则以分设而统一。况教育局规程无限制分设之正条，有特别变通之

① 杨品优对清中期至民国时期江西的宾兴组织有深入的研究，其中以万载东洲公局为中心论述宾兴组织如何转变为基层自治组织。参见杨品优：《科举会社、州县官绅与区域社会——清代民国江西宾兴会的社会史研究》，中国社会科学出版社2018年版，第168—192页。

明文者乎。我公以掌乡邦教权，法学泰斗，因地制宜，回天有力。倘蒙根据习惯先例，依照通令原则体察特别情形，赐晏子之仁言，挥范公子妙笔，嘘枯吹生，消患于未萌，造福于将来，岂惟东洲十数万生灵，永受其赐，即万载亦沾恩靡既矣。①

谢济沂又致信教育部次长吕剑秋（吕复），极力申明分设教育局之必要："此项机关虽小，权限实大，关系存亡。当畛域未化之时，骤加裁并，欲使东洲若干自立学校、自有学款，不获自由而受治于素相敌视之人，旧例新章两失其据，不将重坠黑暗地狱乎？"②

谢济沂一边与省部联系，一边派人打听教育部的意见。听说教育部让省教育厅决定是否分设的消息之后，谢济沂于是要求在省诸君密切注意情况，务使两局分设。就在不知能否分设东洲教育局的时候，又有农部将令各县设立实业局的消息，因此，万载客籍又面临设立实业分局的难题。故谢济沂感觉"一波未平，一波又起"，"共和新政一似独与我人为难者"，"尚希群策群力，妥为筹备"。③激励同志坚持不懈，努力为东洲客籍争得权利。

次年春，谢济沂致信在京同乡，告知万载公团学界已分别由县、省转呈文教育部，同时邮寄一份给在京士绅，要在京同乡打听省厅公文已否到达，一同投递给教育部。客籍同时致电教育部，公推代表面陈情形，并拟以旅京、旅省同乡会名义分别呈部请愿，以壮声势。谢济沂发现有人从中作梗，导致教育部批驳，于是又想尽一切办法疏通关节。他致信在京士绅，望同仁应不惜一切代价动员在京力量，以达到分设教育局的目的。他说："现在敬、紫两公在京，少卿、雨农可竭力面恳援手，或别有师友着实可托可靠者，不妨直接、间接请其疏通当路，总以达到目的为盼。如需酒席车马之费，尽可登记，由局开支。"④

至民国时期，已知客籍设立的机构组织有劝学所、（铁路招股）经理处、中学、职业学校、教育会、教育局，皆集于东洲中学校内办公。在此之上的

---

① 谢济沂：《致朱君念祖教厅长书》，《鼎山山房集》卷一一，《尺牍类一》。
② 谢济沂：《致教育部次长吕剑秋书》，《鼎山山房集》卷一一，《尺牍类一》。
③ 谢济沂：《复蓝君屯生》，《鼎山山房集》卷一一，《尺牍类一》。
④ 谢济沂：《致京同乡》，《鼎山山房集》卷一二，《尺牍类二》。

协调、管理机构，当为谢济沂理想之中的东洲公局。谢济沂不断强调："（东洲）中学为教育重心，（东洲）公局为根本要地。"[①] 东洲公局已是客籍的自治组织和政治权力机关。

客籍在与土籍争权夺利、分设机构以图自强自保的同时，其内部矛盾也逐渐浮出水面，变得越来越尖锐。东洲公局与万载客籍的其他组织尤其是东洲旅省同乡会的矛盾，将在之后的学产案中得到充分体现。

就在土客严重对峙、客籍进行整合的时候，以"复兴""建设"为中心工作的国民政府亦在酝酿新的举措。实际上，万载县的土客矛盾，尤其是在教育方面近乎恶性的竞争及后果，江西教育界及教育行政部门已经极为不满。省教育厅主管的《江西地方教育》发表了一篇题为《儿童福音：万载县即将增办小学二百余所》的文章，内容如下：

> 据（民国）二十二年万载县初等教育统计表所载，公私立小学仅二十校，入学儿童只七六一人，较之上年度少七校，五四一人呈倒退现象。按该县人口约有二十八万，以学龄儿童占人口十分之一计，当有二万八千人。依现状论，失学儿童竟达百分之九十七以上，殊属骇人听闻！而该县拥有中学二所，一名私立龙河初级中学，系土籍人创办；一名私立东洲中学，系客籍人创办，原已停办多年，近有改办职业（中学）之议。小学既如是之少，姑不论民间之经济能力如何，小学毕业生是否均可升入中学，中学招生必感极大困难。过去中学之未易发达以此。且县办学校教育，当以小学为主，该县不免轻重倒置。省府有鉴于此，特令饬万载县政府停办龙河初级中学，东洲中学亦不必续办，即将该两校原有经费，拨归扩充小学教育之用。据熟悉万载教育经费者云，该两中学及各区宾兴原有款产，统计不下一百万元，年可收入六七万元之谱。以之普设小学，每校以三百元计，可添设二百余校，以每校容学生四十人计，当可容八千余人，即可减少八千余失学儿童，是诚失学儿童之福音云。[②]

可见，江西省政府已经开始从教育方面着手解决万载的土客问题。

---

① 谢济沂：《覆旅省同乡会》，《鼎山山房集》卷一二，《尺牍类二》。

② 《儿童福音：万载县即将增办小学二百余所》，《江西地方教育》（创刊号），1934年。

2.东洲学产案与客籍的抗争

1936年秋，江西省教育厅厅长程时煃专门巡视万载，进行实地调查。11月16日，江西省政府宣布施行由教育厅拟订的《万载土客界限化除办法》：

> 本省万载县民向分土、客两籍，界限綦严，如客民不准城居、彼此禁通婚媾、教育款产各自保管，形成对立，积习于沿。每因意见发生纠纷，虽经历任县长设法调处，但终无良策根本泯除此嫉忌恶习。程教厅长前次巡视该县，深悉个中情形，特拟定化除土、客根本办法，签呈熊主席转饬施行。兹觅得其办法如下。
>
> 一、公有土地准许客民尽先承购建筑居住，应由县政府调查县城内公有土地，指定一部分按照时价，布告晓谕，准许客民尽先承购建筑房屋住居。全县城内私人所有土地房屋并准买卖自由。
>
> 二、严申禁令，不准妨碍婚姻自由，应由县政府剀切布告，并由县政府会同县党部切实宣传，其有因土客通婚而受干涉讥评者，县政府应依法保护并制止。
>
> 三、重修县志，将旧日土客区别记载悉予删除，应由县政府遵照内政部通令妥筹经费，延聘名宿（不分籍别），依照奉颁条例重修县志，不准再有土客区别记载。以前查禁之《土著志》仍应查禁焚毁。
>
> 四、归并龙河中学、东洲初级职业学校，改办县立初级中学。该两校土客对峙，显分畛域，实际上并无分设之必要。前经饬令该县县长以龙河校地校舍均不合用，应另选相当地点集合全县之力，共同建筑新校舍，以化除土客意见而维久远。在案。应由县政府妥为计划，将两校归并改办县立初级中学，并遵令召集全县士绅筹备经费，就该县土客共有之旧考棚改建新校舍，将中学迁入。在二十五年度新校舍未落成以前，县立初级中学暂就龙河原校址办理，东洲地方姑准就原校址设立分校。校长一职由县长兼任以资整理。无论本校与分校招收学生不得稍存界域之见。自二十六年度起本校分校应实行归并于新建校舍内，不准再行分设。校长一职，即由县长、政府遴选合格人员呈请委任。至该中学所需经费，指定以龙河中学、原有学宫、宾兴等项款产全部租息，及东洲职校原有基金充用，东洲职校所有款产并应依照龙河中学成案一并列入预算，由财务委员会统筹。惟暂准组织县立初级中学款产保管委员会，受

县政府之监督，负保管出纳及整理之责云。①

不难看出，省府的"一揽子"计划保留了谢济沂《提议改良万载风俗案》的痕迹，但比后者要详细、具体得多，尤其是第四点成为本政策的中心与关键。

出乎意料的是，客籍首先作出了激烈的反应。11 月 20 日，由蓝鼎中、巫宗咸、谢树珊、曾上珍等 25 人组成的万载东洲学产捐户代表团同时向万载县政府与江西省政府上书，认为东洲学产属财团，恳请政府依法保护、恢复原立东洲中学以重民法，以维学产。

该文出自居住在省城南昌、年近 60 岁的著名律师蓝鼎中②之手，依据法律充分有力地表述了捐户代表的意愿，实属珍贵的材料。兹录全文如下。

> 东洲学产法属财团恳请依法保护恢复原立中学以重民法而维学产事。案查万载东洲中学校最初为东洲书院，系清道光七年由代表人等先祖捐助设立，名曰东洲宾兴堂，聘请山长，使其子孙入院肄业，束修膏火借此开支，非捐助者之后裔不得入院。又因科、岁两考入泮时两学束修追呼迫切，于是又复捐资设立敬教堂，为捐助人后裔入学束修花红之用，非捐助者之后裔不能沾此利。盖继因乡、会两试川资重要，寒士往往裹足不能前进，乃又捐资设立舒翘堂，为捐助人后裔赴京省考试川资之用，非捐助者之后裔不能给领。光绪末年科举停办，遂由各捐助人议决，以东洲书院宾兴堂、敬教堂、舒翘堂学产以设立东洲小学校并赴京省各大学津贴之用。光绪三十一年，袁州中学开办，各县名额仅正副各七名，府宪傅钟麟谕依照部章，自备经费，准予增额，于是捐资设立登瀛堂，缴纹银九百六十两于袁州中学得增额十六名。依捐得额，原与公司股份得息无异，未几，袁州中学停办，经捐助人决议，以宾兴、敬教、舒翘、登瀛四堂学产以开办东洲中学校，并为各省各中大学肄业津贴之用。设立十余年毕业者十班，共计一千数百人，历得教厅乙等补助成绩，亦颇可观。只因民国十九年以来万载大桥迭被匪陷，东洲中学亦

---

① 《万载土客界限化除办法》，《江西民国日报》1936 年 11 月 16 日，第 6 版。
② 据 1994 年《蓝氏七修族谱》卷尾《名位》：蓝鼎中，号屯生，光绪三十二年丙午咨送留学日本，入早稻田大学豫科，日本中央大学法律专门科。曾任江西高等法院推事，湖口县司法委员。民国二十七年曾督修并纂辑《蓝氏六修族谱》。

遭蹂躏，破坏不堪，莘莘学子不得受课，所有田租均被赤匪占去因而停顿五年。自二十三年冬，匪迹稍敛，四堂捐户齐集会议，一面设立款产保管委员会以清理田租，一面设立职业学校以救济捐助后裔失学，一面筹备恢复中学，以符捐户捐助学产宗旨。近阅江西民国日报十一月十六日登载似有以东洲学产合并龙河之意。此则捐户等以为未可，不得已陈明理由如左。

东洲四堂均属捐资成立，其分子于万载客籍固居多数，但客籍未经捐助者亦复不少，外县如宜春、分宜、萍乡、铜鼓、修水、宜丰、上高、浏阳八县均有捐户。凡未捐助者即不得享其权利，各堂规定甚严，从无假借。在昔所聘山长携带子弟来院读书，亦不得享受膏火、花红、奖品。自来四堂后裔有一堂未捐者即不得享该堂利益，显与现行民法财团法人规定相符。除办理教育依照法令外，其内部聘请校长教员、用人行政一切支配，均由捐助人本人或其直系继承人依法会议选举办理。则是东洲学产不能为融化万载土客意见之用，至为明显。此其一。

民法第六十二条财团组织及其管理方法由捐助人以捐助章程定之。东洲四堂各有册集，详载捐户捐额及章程具在，一切教育进行及与原定章程宗旨不相违背者，自当由捐助人意思自由行动，何能由他人恃强违法吞并？中华民国有五千年历史文化种族，决不能受日本大亚西亚主义侵略；东洲捐户亦有百年历史，决不能受"万载县主义"包并。事实相同，彰明较著。此其二。

民法第六十五条因事情变更致财团之目的不能达到时，主管官署得斟酌捐助人之意思，变更其目的及必要之组织或解散之。东洲中学之停顿，不过因于匪乱不能进行，并非不能到达目的可比，则不能不吁请钧府俯顺捐助人之意思，依法维护督促，限年恢复原状，何能由万载一部分人以侵略野心，违背民法之规定？此其三。

民法规定，财团法人不能达到目的时，若欲变更目的及必要之组织，均须斟酌捐助人之同意，不能由捐助人所委托之管理人少数意见违背捐助人原章及共同意思，以妨碍主权，更不能受他人强暴胁迫欺凌该管理人，以变更目的，尤属法律上之正义。此其四。

东洲学产现有正当目的，循循进行，并无变更改组之必要。捐户后裔饱受赤匪扰攘，东奔西窜，不得受学，已经数年。自二十三年冬匪迹已匿，难民归乡，流离困难，笔难罄书。衣食均极窘迫，受学更属难言，苟非借有宗先捐助之余荫具在，则失学之嗟，谁与问闻，则是以东洲四堂学产以救济其后裔失学尚且粥少僧多，何能有分给他人之能力？此其五。

退一步言，万其财团法人不能达到目的，只有解散一法。但是解散之时应由捐助人自由清算解散，亦不能受他人违法干涉。民主国家，法治为本，则无论谁何亦不得抹煞捐助人意思以摧残法人，而悖章制。此其六。

基上理由，除呈江西省政府，理合吁请钧府俯赐查核，准予依法保护财团法人，明令限期恢复原立东洲中学，以重法律，以维学产而普教育。伏乞批示，只遵不胜，迫切待命之至。①

11 月 27 日，东洲款产保管委员会开会决议，认为东洲中学款产未捐入者尚多，纯系私有性质，加上宜春、萍乡、浏阳等县也有捐户，不能为县立中学之用。况且，县立中学经费，已有两籍公款，如考棚、学宫、育婴各会等尽可充用，如不足时，可临时开会商议。

可是，在国民政府的治理目标下，客籍士绅的经济利益与国家的政治利益已经发生了严重抵触，政府不可能接受客籍士绅提出的这一条件。

11 月 29 日，万载县政府批示，该学产为团体法人财产，非私有财产，江西省政府有权加以处置，要求东洲学产代表遵照法令：

查东洲宾兴、敬教、舒翘、登瀛……自系公学款产之一种，法律亦有明文规定：其动产与不动产，既经捐助人捐与社会，一经捐出，另组团体保管支配，即丧失其私人所有权，而不能与集股经商同日而语……对此团体法人之财产，国家至必要时，自可实行监督管理之权。即使其捐户后裔散处宜（春）、萍（乡）、分（宜）、万（载）、修（水）、铜（鼓）、上（高）等处，亦不出本省范围，江西省政府为全省最高行政机关，凡属江西人民公有之款产，自可加以处分。

---

① 江西万载县档案局历史档案，全宗 2，目录 4，卷号 1136。以下未特别注明的文件都出于此。

江西省政府接到东洲捐户代表的呈文后，给万载县政府发来电报称：
"东洲旅省士绅来呈已严予驳斥，除另令饬遵外，仰即遵照原办法切实
办理。"

12月8日，省府给万载县县长张芗甫下达指令：

　　查该项学产是否为该具呈人等之先人捐助，无从证明，即确系该具
呈人等先人捐助，一经捐出，则私人所有权早不存在。又自经捐助人决
议改办东洲中学，收容非捐资人子弟，则此项学产之性质，早显与各县
地方之采芹、宾兴等款产无异，当属教育款产之一，自不与私有财团法
人牵混。本府为整理教育起见，将龙河中学、东洲初级职业学校合并改
办县立初级中学，并以龙河中学学产业经列入二十五年度县地方预算，
即东洲教育款产历年均已列入，自应查照成案，将龙河中学原有学宫、
宾兴等项款产全部租金及东洲职校原有款产亦并列入县预算以充县立中
学经费，俾维久远，并非如来呈所称"以东洲学产合并龙河"。文，"凡
个人以一定目的捐施其财产供公众之用者，除于捐施之初保留其所有权
外，该财产即为有特定目的之独立财产，不能复认为原施主之所有。故
虽其当初所定之目的归于消灭，亦仅能依据法例改供他项用途，而不容
原施主及其后人复行处分。"业经大理院上字第一〇八九号判例载明。
该项学产原系用诸教育，现在仍供教育用途，既以谋其改进，兼以化除
土客之恶感，正赖地方人士仰体政府意旨，一致协助进行。乃该具呈人
等断断为非法之争持，有违复兴民族之本旨，殊属不合。所请恢复东洲
中学一节，应毋庸议。除令万载县政府仍遵前发办法，并令第二区行政
督察、专员、公署知照外，仍遵原办法，切实办理，毋稍瞻徇为要。

针对东洲捐户代表的呈文，省府阐述了上述理由并令万载县政府遵照原
办法切实办理。县府遵照省府的指示，开始强力推进合办县中的工作。县府
除将省政府办法分别传令、张贴布告外，于12月16日召集全县土客两籍士
绅，会商化除土客意见一切办法。次日，根据县长张芗甫的手令，县府草
拟了县立初级中学筹备委员会委员名单，土客双方委员各占一半。①20日，
县府即向东洲初级职业补习学校下达了训令：

---

① 江西万载县档案局历史档案，全宗7，目录4，卷号322。

转奉江西省政府训令办法……校长一职暂由县长兼任，委任卢奋孙为本校校务主任，李祖谦为分校校务主任……兹将该两校合并后应行注意各点分别指示：一、本分校合并后经费，本学期仍按原预算，分向原机关支领。二、本分校合并后，一切对内对外行文一律以兼校长名义署名，校务主任并应副署，以明责任。三、分校本学期学生表、教职员表、学校概况表，即从新换造，送由本校加盖钤记，连同本校各项表册汇齐呈报核转。四、县立龙河初级中学及东洲初级职业学校以前所有校具仪器、标本、图书，应即专案造册，分别一律县立初级中学接收，并呈报本府备案。①

为利于进行龙河、东洲两校的合并工作，经决议组织县立初级中学筹备委员会，其经费收支保管，暂不另设保管委员会，概由筹备委员会负责办理。②24 日，县政府聘请土客籍各 9 人一共 18 人为县立初级中学筹备委员会委员。客籍 9 人为杨劢盦、李祖谦、彭子衡、蓝文彪、叶少菁、邱少豪、叶肇康、黄文渊、刘昭。③9 人之中，4 人为东洲职校校董会成员，无东洲旅省同乡会成员。

1937 年 3 月 7 日和 12 日，由县长张芎甫创办的《万载县前导周刊》公布了"县立初级中学校务计划"，大力宣扬政府改革，为合并龙河、东洲两校，设立县中大造舆论。周刊称："本县前奉江西省政府化除万载土客界限办法，于打破城居、互通婚姻、同修县志外，合办教育，设县立初级中学，建筑新校舍于县城，所须经费指定以龙河中学原有宾兴、学宫等款产全部租息及东洲职校原有基金充用。二十六年度两校归并办理，迁入新校舍，实行授课。施行计划如左（略）。"④

面对政府的强势推进，1937 年 3 月 6 日，以东洲旅省同乡会为核心的客籍不服政府处理，向江西省府递交了一份近 4000 字的诉愿书。这份诉愿书亦由蓝鼎中执笔，依法逐条驳斥了 1936 年 12 月 8 日江西省府下发的指令。诉愿书的中心是用事实和法律来证明东洲学产的私有性质，以请求江西省府

---

① 江西万载县档案局历史档案，全宗 2，目录 4，卷号 430。
② 萍乡市档案馆历史档案，全宗 3，目录 3，卷号 15。
③ 江西万载县档案局历史档案，全宗 2，目录 4，卷号 322。
④ 民国《万载县志》卷六之一，《学校·学宫》。

依法予以保护，可谓东洲私有业主对国民政府的一份"民告官"的公开"宣言"。诉愿书法理性强，逻辑严密，论证有力，措辞激烈，气势逼人，文风老辣，是一份弥足珍贵的文献。兹引如下。

原批"查该项学产是否为该具呈人等之先人捐助，无从证明……"窃（蓝）鼎中高祖德权公于道光七年捐入东洲书院，有册可证。光绪三十年袁州中学以按照部章岁缴纹银六十两者即得增额一名，东洲岁缴九百六十两得增额十六名。是岁鼎中亲手以德权公名义加捐东洲登瀛堂，然后始得投考，当蒙录取，是秋由东洲小学升入袁州中学。经年月考第一无间。光绪三十一年府宪傅公钟麟、教员马公天翮以鼎中成绩优异咨送抚学藩臬会考合格。光绪三十二年以东洲学产咨送留学日本，民国元年归。所有六年经费均由东洲汇交学务处转汇东京留日学生监督处发给。苟非先为捐资，何能与考袁州中学？何能得东洲学产咨送留学？学务处有案，留日学生监督处有案，学部有案，均可旁证。若（巫）宗成则由祖诚公于道光七年捐入东洲书院，于光绪三十年加捐东洲登瀛堂，因而族兄绍咸、族侄峡得入袁州中学增额肄业，可为铁证。若（谢）树珊则由先祖挺芳公于道光七年捐入东洲书院，于光绪三十年加捐东洲登瀛堂，族叔宗泌（廪庠生）监理东洲款产十余年，于东洲登瀛四堂捐户规条莫不了如指掌，树珊亦在东洲中学毕业，考入北京朝阳大学，历领川资津贴，可为铁证。若现在留学日本帝国大学范希陶则由先祖德安公于道光七年捐入东洲书院，于光绪三十年以德安公之祖宣二公加捐东洲登瀛堂，因而希陶之父范懋修得入袁州中学增额肄业，希陶及其弟范希仁于东洲中学毕业后，先后以私费留学日本，希陶之叔父文彬亦系私费留学日本，其在未得官学之前均由东洲学产津贴，每年各一百元，可为活证。其他无论何人，属于东洲籍者均能指证其捐名捐额。《万载东洲旅省同乡会章程》第一条本会由万载东洲籍内旅省人士组织而成，故定名为"万载东洲旅省同乡会"。第三条凡籍东洲者得加入本会。由是可证东洲旅省同乡会会员即东洲学产之主人翁，其所购同乡会址由雷姓出业契载"卖与万载东洲四堂承买"，亦足旁证。不过四堂册籍因连年赤匪蹂躏，多致焚毁现正从事搜索。此不特东洲册籍为然，即各姓契据谱牒莫不皆然，何能便说无从证明。且自该书院成立以来，非已缴东洲捐者则不得投考入院读书，已非缴敬教捐者则不得免缴两学束脩及领花红津贴之利益，非已缴舒翘捐者则不得领科、会两试川资之利益，非已缴登瀛捐者则不得入东洲中学肄业。自来科岁两考即须先报捐名，查对无讹，然后由东洲廪保盖戳送考，否则不准应考。苟非有直系先祖之捐名则必临时补捐，且须四堂同时并捐。严格章程，虽改中学，世守不失，显属私产，适合民法财团且属特别财团，与普通捐资一经捐出则私人所有权早不存在之性质有天渊之别。依照大理院二年上字第三三八号判例，乃教育厅违背法例以摧残法人，殊不可解。

原批"又自经捐助人决议改办东洲中学，收容非捐资人子弟，则此项学产之性质，早显与各县地方之采芹、宾兴等款产无异，当属教育款产之一，自不与私有财团法人牵混。"查袁州中学增额停办，东洲小学以登瀛堂款产为东洲中学经费，投考学生必须先报捐名，与前投考书院无异，无捐名者不得投考。其有捐名早已移居立籍宜春、分宜、萍乡、浏阳、铜鼓、宜丰等县者，则仍许其投考入学享有种种权利，否则必须补缴学费始得入校，则与省会心远、赣省、鸿声、剑声、志成、江西章江、章贡、匡庐各私立中学无异。此外，纵无容纳非捐资人子弟入校同学享有捐名各项之利益者，省会心远等中学无碍其为私有财团，东洲中学又何摒居私有财团之外？且"容纳非捐资人子弟入校"一语，有历年呈报表册及毕业证书存根具在，一经查阅，洞若观火，究不知其何所据而云然？乃教育厅谬加"牵混"二字，武断处分，殊属违法已极。

原批"为整理教育起见，将龙河中学、东洲初级职业学校合并改办县立初级中学……"查自宣统末年开办，为校长者谢济沂、李有甲、张耀辰、李祖谦、刘俊民、陈益新，均系由东洲学产捐户开会选举聘任，纯属私有性质。民国十九年因赤匪肆扰，地方不靖，校舍、图书、器具毁坏不堪，以致停顿，二十三年冬匪乱稍平，二十四年改立东洲职业学校。历年经过，案牍具在，何得称"东洲教育款产历年均已列入县地方预算"？教育厅对于民法第六十二条、第六十三条、第六十五条"捐助人"三字竟熟视无睹，殊属强为合并，故意侵害财团。

原批引大理院五年上字第一〇八九号判例，尤为错误。独不思该判例有"施主"二字，则明属寺产讼争，与东洲学产性质不特风马牛不相及。且东洲学产固属财团，其捐户与公司股东相同。盖历来管理人四人，三年一任，由捐户、学界推举得连举连任，与社团社员恍惚相似。捐户借有捐名以入院读书，借有捐名以领花红津贴，借有捐名以领考试川资，借有捐名以投考入学肄业，实在捐助之初即以保存其永远所有权，既非捐施，亦非为公款产各户未捐入者尚多，纯系私有性质；兼之宜、萍、浏、铜等邑亦多捐户，此项款产不能据为县立中学之用。至县立中学经费，自有两籍公款如考棚、学宫、育婴各会及吴公讲堂尹公助款、九江、万安栈租金等尽可充用，如不足时可临时开会商议，等语。此为东洲学产经众之用，此岂可与寻常檀越檀那相提并论？教育厅引用不适法则以妨害私有财团，教育何由以发展，学术何由以精深，法治何由以进展？此不能不为痛哭流涕。东洲四堂学产以改办中学，其名曰"私立东洲中学校"，已经二十余年，教育厅档案可稽，历年考试入学毕业呈报表册可证。此项私立东洲中学财团法人，不特教育厅有案，即教育部亦莫不有案。则是私立东洲中学早经政府认许其为法人，且经登记有案。依照大理院二年上字第二三八号判例、司法院二十年院字第五〇七号解释，私立东洲中学不特已经登记，且民国十六、七两年受政府丙等补助，十八年受政府乙等补助。"补助"二字惟私立学校有之，既经补助，尤足证明其为私立私有。二十四年改办私立东洲职校，则为教育厅长本任备案之事，反曰"历年均已列入县地方预算"，则是教育厅签呈办法批令均属法外行动。二十五年十一月二十七日东洲款产委员会开会决议，东洲中学理人之表示，亦即东洲学产捐户之意思。则是教育厅以私立东洲职校款产列入县地方预算，合并龙河，显然与捐助人意思不合，亦即与民法规定相背。

原批"该项学产原系用诸教育，现在仍供教育用途，既以谋其改进，兼以化除土客之恶感，正赖地方人士仰体政府意旨，一致协助进行……"窃谓化除土客恶感为一事，维持私有财团又为一事，决不能以破坏私有财团为化除工具。例如万载城内有辛、彭、宋、郭四大族姓，辛者必不可使彭、宋、郭者皆为姓辛，姓彭者亦必不可使辛、宋、郭者皆失却其本性。姓宋郭者不能不有与姓辛彭者发生恶感，恶感发生之后各姓不能不维持其固有私姓。土客恶感本属国内寻常之事，原与辛、彭、宋、郭分姓无异，且比较各县巨族互相械斗者，尚属和平。东洲学产归并之后便无恶感，则恐辛、彭、宋、郭四族悉皆姓程，亦不能不永无恶感。煮豆燃萁，早咏于前史；斧声烛影，传疑于赵家；周公管蔡，亦不能一心，此天地间无可奈何者也。明乎此，则化除恶感自有其道，又何须违背法典，用挖肉医疮之术强而求之？况化除恶感办法四项，除以东洲私产合办中学部分不同意外，其余皆无不十二万分遵令实行，东洲款产委员会亦已议决在案。至谓教育用途云云，但将东洲私有学产被并吞后，则捐户所有权已不存在，吾辈后裔求学川资津贴及留学经费完全不能由我支配，管理人不能由我自由选举，则是东洲学产捐户之私权、自由被所侵害净尽。依照民法第十七条自由不得抛弃，吾辈立于青天白日旗帜之下，并非苏联管辖，虽欲不为断断争持，已为法律所不许。况民族复兴，端在进展法治。

基上理由，提起诉愿，请求除遵批以副本邮寄万载县政府外，请求钧府依法决定，确认东洲学产为财团法人，恢复固有自由兴学目的，将教育厅以东洲学产合并龙河开办县立中学部分之违法签呈办法批令，悉予撤销，仍由捐户自由决议办法维持，以维法治而保私权、三民主义。幸甚。谨呈江西省政府主席熊、教育厅长程。（附呈东洲款产保管委员会会议记录一件，删）

3月19日，省政府受理诉愿，诉愿书副本送万载县政府，要县政府作出答辩。5月10日和6月1日，省政府、教育厅两次催促万载县尽快答辩，以便作出决定。

实际上，万载县政府对客籍的反对和诉讼几乎置之不理，一直在强力推进合并两校、设立县中的工作。6月，第三次县立初级中学筹备委员会会议通过了"修正万载县县立初级中学校务计划"，强调民国二十六年（1937）要实现两校归并办理，迁入新校舍，实行授课。县政府向东洲职校（县立初级中学分校）发出代电，言二十五学年度即将结束，二十六学年度即将开始，要该分校准备结束，听候合并办理，并通知学生及家长。

7月31日，江西省政府主席熊式辉正式委任张芗甫兼任万载县立初级中学校长。由县长兼任校长，政府的重视与县中的重要由此可见。

万载县政府之所以能够如此强势推进合并两校、合办县中的工作，很大程度上是因为得到了以谢济沂为首的东洲公局的支持。迫于形势，谢济沂等东洲公局成员召开会议，为求自保，决定让出一部分东洲学产交县府管理，其余产业仍留为东洲办理教育。谢济沂等人代表同意合办的客籍与江西省政府、省教育厅进行交涉。经过谈判，双方达成了妥协，省教育厅与万载县政府同意东洲保留部分学产，资助客籍学子。可见，面对政府的强势治理，客籍内部产生了分歧与分化，东洲职校校董，亦即东洲公局主要成员，与东洲旅省同乡会的看法与做法并不相同。以蓝鼎中为首的东洲旅省同乡会与以谢济沂为首的东洲公局展开了对东洲学产的"主人翁"和合法代表的激烈争夺。在万载本地的客籍人与在外地的万载客籍人之间围绕权益发生了矛盾。显然，东洲公局依然是客籍公认的领导机构，谢济沂等人还是实际的领导人。

而反对合办的客籍还在动用在京人士继续向省教育厅、县政府施加压力。1937 年 8 月 12 日，东洲旅京同乡会人士黎新民等致函省教育厅，极力反对提拨东洲学产。省教育厅对此进行了驳斥，并从法、理、情三方面加以开导：

> 查东洲、龙河两校，既经并为县立，则两校原有学产皆应化为县有方为合法。关于提拨东洲学产一节，前据该籍士绅谢济沂君等在东洲学社召开会议，当议决将东洲一部分学产充县府管理，并由谢绅等四人代表与本厅接洽，比经允许并为转知张县长，准将其余产业仍留为东洲办理教育事业之用，是政府处理此案于斟酌法理之中，而又勉从地方士绅之公意，自无不合。东洲人士凡希望化除土客籍畛域之见者，理应极端赞同，乃来函故作种种危辞，冀图推翻该籍代表之决议，阻碍校务之进行。此或另有好事者从中蛊惑挑拨，诸君爱乡，决不出此。

在江西省政府多次催促万载县政府答辩，而县政府久未答辩的情形下，11 月 10 日，江西省府主席熊式辉签发了省政府决定书，驳回客籍诉愿。其文如下。

> 主文：诉愿驳回。
>
> 事实：缘万载县民向有土著、客籍之分，界限綦严，互相歧视，积习相沿，迄今未改。关于教育，土民则就龙河学产办理龙河中学，客民则就东洲学产办理东洲中学，彼此对峙，自成畛域，实际上并无分设两校之必要。民国十九年东洲中学因遭匪乱停办，二十四年改组为东洲初

级职业学校，未经教育厅核准立案，二十五年十月教育厅签拟根本化除万载县土客界限办法，经由本府令饬万载县政府遵照办理。该办法第四项，万载县奉令后经即分别函令布告，并召集土客两籍士绅开会决议，组织县立初级中学筹备委员会，负责进行其经费收支保管，暂不另组保管委员会，概由筹备委员会办理。呈报本府，核准在案。该诉愿人不服此项处分，提起诉愿到府。

理由：本案系万载县政府遵奉本府命令执行之事件。依照司法院院字第一一六七号解释，查各县书院以及宾兴、采芹等款产，多系地方募集或由地方人士捐助，自科举废后均已先后收为学产以充办理教育事业之用。该东洲学产系由东洲书院财产递嬗而来，性质与之相同，自属地方教育公产，与财团法人迥别。且龙河中学与东洲初级职业学校合并改办县立中学，其经费就龙河、东洲原有学产分别拨充，系主管行政机关为整理改进教育起见，本于职权之所为。万载县政府亦经召集该县士绅开会，斟酌其意思，共同讨论议决。退一步言之，就如诉愿人所称东洲学产为财团法人，该项处分亦与民法第六十五条之意旨相符，不能谓为违法。复查修正私立学校规程第二十三条末段载：学校停办、校董会失其存在时，其财产得由主管教育行政机关处置之，等语。该东洲学产即系私立东洲中学财产，东洲中学十九年即已停办，校董会早失其存在。其后于二十四年间虽据先后呈请东洲初级职业学校并未核准在案。所有东洲中学财产主管教育行政机关自可依法处置，原处分并无不当。

综上论结，诉愿人之诉愿为无理由，合依诉愿法第八条上半段，决定如主文。如不服本决定，得于收受决定书之次日起三十日内向教育部提起再诉愿。

这样，省政府亦通过法律途径了结此案。随后，虽然反对合并东洲学产的客籍再向教育部上诉，但悬而未决，结果遥遥无期。实际上，省政府的决定已无改变的可能，此时反对合并的客籍在法律上和事实上已完全归于失败。

发人深思的是，政府和客籍都依据"事实"和法律为自己辩护，但却如何得出截然相反的结论？或者说，双方如何从"事实"出发、利用法律得出有利于自己的结论？这就需要分析双方各自提供的法律文本本身。前引的诉愿书无疑是客籍一方的最佳文本，上引的江西省政府决定书则为政府一方最具效力的法律文件，故从这两份文本入手进行分析。

客籍的诉愿书是在反驳 1936 年 12 月 8 日省政府指令的基础上形成的。首先，它证明东洲学产为私有财产，依照大理院二年上字第 338 号判例，指控教育厅违法。接着，以东洲与省会各私立中学无异为由，指出"省会心远等中学无碍其为私有财团，东洲中学又何摒居私有财团之外"，控告教育厅"武断处分，殊属违法已极"。第三，依据民法第 62 条、第 63 条、第 65 条指控教育厅"殊属强为合并，故意侵害财团"。第四，指出省府指令错误援引大理院上字第 1089 号判例，依照大理院二年上字第 238 号判例、司法院二十年院字第 507 号解释进一步证明东洲中学为私立私有。还指出"改办私立东洲职校，则为教育厅长本任备案之事"，则"教育厅签呈办法批令均属法外行动"。第五，指出"化除土客恶感为一事，维持私有财团又为一事，决不能以破坏私有财团为化除工具"，并依照民法第 17 条，称"吾辈立于青天白日旗帜之下，并非苏联管辖"，政府不得剥夺"东洲学产捐户之私权、自由"。

省政府的决定书则坚持前发指令的精神，并专门针对上述客籍诉愿书而成文的。第一，它依照司法院院字第 1167 号解释，判定东洲学产属地方教育公产，与财团法人迥别。第二，合并龙河、东洲两校改办县立中学，系主管行政机关的职权。第三，即使东洲学产为财团法人，"该项处分亦与民法第 65 条之意旨相符，不能谓为违法"。并根据《修正私立学校规程》第 23 条末段及东洲初级职业学校并未核准在案的事实，判决"所有东洲中学财产主管教育行政机关自可依法处置，原处分并无不当"。

可见，双方辩论的焦点都在于东洲是否为私有和东洲初级职业学校是否重新核准在案。双方皆"引经据典"，依据不同的法律条文，甚至依据相同的条文即民法第 65 条，推导出不同的结论。关于东洲初级职业学校是否已批准备案，双方也是各有各的说法。在此较量中，"事实"已不是"客观存在"的事实，而是可以争论的对象；"法律"也具有了弹性，成为可以解释的对象，二者实际上都成为双方"各取所需""为我所用"的资源与工具。东洲和国民政府"公说公有理，婆说婆有理"，都朝有利于自己的方向解释。当然，最终有"理"、有解释权的一方还是国民政府。这起"民告官"的案件以客籍败诉而告终。至此，国民政府依法完成了对东洲学产的处置。

11月29日，县府向省府呈送东洲分校本年度下学期概况表。可见至1937年底，客籍对政府的决定已无力再作激烈的抵制，基本承认既定现实。东洲客籍士绅组织了东洲教育款产管理委员会，以谢济沂为委员会主席。其后，土、客之间围绕县中的经济纠纷又浮出水面，合并之事并未真正完成。各种矛盾真是此起彼伏。

客籍对政府融化土客的效果不满意，对合办中学的弊端百出尤为不满，在东洲公局召开大会激烈地讨论对策与出路，认为"合不如分"，并提出分办中学。会议期间，委员会多次敦促谢济沂来局相商。在东洲学产案中，谢济沂进退两难，扮演着极为复杂的角色。一方面，他作为东洲教育款产管理委员会主席，是客籍最有影响力的人物之一[1]，为客籍各项事业的发展付出了巨大的努力，从实际利益和情感方面他均不愿意把东洲学产交与县府管理；另一方面，他又深知政府的强力治理已不可阻挡，土客融合是大势所趋，不能固守既得利益。在《复东洲在会诸君子》的信中，他道出了其中的委曲情节并通过宜春县的例子，表达了自己的意见：

> 接函敬悉壹是"融化"两字，万载幸福双方真可为无量颂也。列列思深虑远，勿遍徇一得之愚，务请郑重裁决可否，至要至盼。弟家宜春历世已久，尝以一邑分界，甚不以为好现象，重以强弱异势，犹觉无味之至。当有清之季，愚在东洲力主创办中学，分设劝学所、教育会，盖意在自强，始能有融化力量和同地步，此第一步进行办法也。现在此项办法业经政府取消，四分一公款早年又自放弃，（东洲）职业（学校）亦无成绩，教育厅长来查，乃有合办中学之举，以为融化张本。而愚则主张先修县志，以为融化根本。龙赞老亦注意修志，表示大同。愚方欲进行先修县志，后合中学，适省方自动起诉，而张前县长急欲以兴学邀奖，先行出示公布，取消土客及两中学，遂成今日局面，始知民族时代官民均主张脱化为是。愚前到县中学，见双方学生感情尚好，心中颇为一快。近因战事关系，学生回家，亦事势所必然也。若无故先行自求脱

---

① 罗香林说："万载之有客家，则是根据民国十年广州所开客系大同会到会的代表名录推知的，当时万载代表是谢子春君（谢济沂）。"载《客家研究导论》第115页。此亦可见谢济沂为万载客籍的领袖。

离，不特为他方所笑，且恐为上峰所不许。况现在学款为双方所当檄者……小不忍则乱大谋，见小利则大事不成。

愚意请提出大会决议，划定田亩，毅然决然交由县管，一劳永逸，且免完粮收租一切事件，而后大众一心，保存旧有，发展新益，此除旧维新，不可谓非远大至计也。用敢直抒鄙意，望诸君注意斟酌之为要。宜春旧亦分新老籍，新籍在文昌宫捐款，只收九十九串，老籍满收一百串，可专牌崇祀，可每年饮酒。新籍补廪不准认保，中举不准在宜阳书院掌教，老籍则无所不可。清季经易子猷、谢燮臣诸君决议，开办大同公局，专向新籍各姓写捐，集款至九万金有奇，始行罢免一切苛例，解除一切旧习。今我邑融化旧习，开办中学，合筹学款，双方均不过三千余金，较之宜邑经济上、名誉上超出万万，愿诸君熟思而审处之，则善之善者也。①

在其后的《再复东洲在会诸君》一信中，他进一步强调自己的想法并分析了其中的利害：

融化方针，愚初以修志为第一步办法，察其有无诚意，而后以合学为第二步办法，今则当以合办中学为第一步矣，其他徐徐听其自由进化可也。融化成则永久和平，利益必大，盖以昔为万邑劣习犹可，今为民族污点则大不可也。故愚尝言，宜春化除新老籍是良好结果也②，目前虽似吃亏，日后两造都有文明幸福也。此虽是愚个人浅见，而实为三十万生灵安全计也。年年送三千金钱与总总划送一份田亩，利害何如？学宜春化除界限与永留民族祸根，厉害何如？望诸公三思之。③

但是，大部分与会成员并不认同政府的做法，"三思"之后并没有采纳谢济沂的建议，身为委员会主席的谢济沂也只得服从大多数人的意见。1938年9月24日，东洲教育款产管理委员会以合办中学弊端百出、龙河中学欠缴谷款甚多为由，恳请县府准予分办中学。呈文如下：

---

① 谢济沂：《复东洲在会诸君子》，《鼎山山房集》卷一二，《尺牍类二》。
② 民国《宜春县志》卷四《氏族志·附大同局纪略》载："宜邑自宣统元年公开大同局，劝捐主位并祀兴贤堂，已无新老之分。同时并开东南厢西北厢新四图，凡未入宜籍者，均得捐赀共隶版图，土客之别又已化除畛域。世界大同，潮流所趋，自应因时势为转移。"
③ 谢济沂：《再复东洲在会诸君》，《鼎山山房集》卷一二，《尺牍类二》。

为违反原议恳请分办以重教育而息纠纷由。窃查本县籍分土客，界限綦严，二百余年迄未融化。前此程教育厅长于二十五年间签呈融化土客办法四点，经省府饬前县长张通令遵照，并先从合办中学入手，借资测验。惟合办中学固属融化土客界限之一端，而厅长签呈之城居、通婚、修志诸问题，亦为目前当务之急，乃二三年来未见丝毫进展，而于合办中学、对于收款缴款更属弊端百出。不平则鸣，此职等难安缄默者也。

查张前县长进行合办中学时，为审慎将事起见，曾由双方遴选富有声誉士绅各八人，以县长为主席，组织合办中学筹备委员会，缜密研讨，其校务计划均由该会拟定。关于经费预算收入方面，龙河计收实租九百石，应缴谷价一千八百元；东洲计收实租一千九百石，应缴谷价三千八百元；考棚计收实租二百石，应缴谷价四百元；学宫计收实租八百石，应缴谷价一千六百元，学费计可收七千六百元；又地方教育附加拨补二千六百元，共计一万二千元。早经呈明教厅核准施行，有案。近查龙河等应缴谷款短收甚巨，县预算仅编二千八百八十元，所有田赋全部在内完纳，统计短缴在一千七百元左右，而于东洲方面派缴之数则照数收取，田赋仍系私自负责，实与原议不符。揆诸事理，岂得谓平？似此呈准之案可以藐玩不遵，规章预算可以任意更改，将来纠纷自无待言。吾恐欲借此以融化界限者，反因此而界限愈深。故自二十五年冬东洲捐户代表对于合办中学力持异议，曾经提起诉愿，再诉愿案悬教（育）部，尚待解决。如以现实情况观之，则实合不如分之为愈矣！钧长秦镜高悬，当能明察，理合将不平之点缕呈鉴核，恳请令饬龙河等欠缴之款如数补足，并恳请将东洲所派部分租谷赋税统由公家负担，并于下期准予分办，教育前途曷胜利赖！

10月4日县府收文，第二天新任县长即批示道："政府为化除土客籍界限而合办中学，即系从教育着手，收效必宏且亦有成案。所请分办碍难准行，惟负担如确有不平，应候再召开会议商讨，务使公允，俾学校得以维持久远，土客借以水乳交融，敦目前之乡谊，造善因于后昆，胥在与于此。"①

① 江西万载县档案局历史档案，全宗2，目录4，卷号465。

很显然，万载县政府决不会改变省政府的决定，决不准许土客双方再次分办教育，其主要工作就是努力调和双方的矛盾以便顺利进行，创造地方的和谐局面。

关于万载县立中学此后的发展情况，据民国县志记载："（民国）二十七年十月遭日军空袭，迁万岁桥，二十八年迁东洲，复迁龙云，或者学宫，非初中所宜居。天意若在有意无意之间欤？其经费则就龙河原有资产由县府经征处征收，东洲一部自行管理。二十八年县长姜怀素倡议整理，二十九年成立初中学产管理委员会，将拨充该校田产以县中名义过粮立户，由县府聘请正副主席及委员，并将章程转呈省府备案"。[①]1940 年暑假，县立中学款产保管委员会组织成立，"召集双方当事，公同定议，所有两中学原有办学基金均行规定交出，双方公选贤能"，共计土、客委员 11 人，内举常务董事 2 人，驻校办理收租粜谷事宜，年终会议一次，三年开大会改选。订立简章，由县呈请省教育厅备案。[②]

以下这份章程是县政府于 1941 年 7 月遵照省政府指令修正之后的正式文件，是政府、土、客籍三方相互谈判、协调的最终成果，因而它无疑是一份重要的文件。兹全录如下：

万载县立初级中学款产保管委员会章程

一、为统一及整理万载县立初级中学学产，永奠该校基础起见，特由本县政府组设万载县立初级中学款产保管委员会（以下简称本会）。

二、本会以县属前私立龙河中学学产、前私立东洲中学学产（每年约各收实租谷一千三百担）及县考棚财产之全部为基金，过粮立户确定为万载县立初级中学业权。

三、本会设委员十三人，除由县长为当然主席委员外，其余由县长斟酌地方情形聘任之。由委员中互推二人为常务委员驻会处理日常事务，经理钱谷出纳。委员任期三年，连聘得连任。

四、本会受县政府之监督，除将本校学产并契据簿籍等件交常务委员负责管理外，并执行左列职务。

---

① 民国《万载县志》卷六之二，《学校·县中》。
② 谢济沂：《致省教育厅程柏翁厅长》，《鼎山山房集》卷一二，《尺牍类二》。

1. 保管出纳及整理本校全部款产；

2. 会同校长编制本校预算书并审核其决算；

3. 依自治原则得推选本校校长候委人三人，呈请县政府圈定，转请省政府核委；

4. 本校校长如不称职，本会得呈请政府予以处分，或撤职另委；

5. 管理一切应管理之事项。

五、本会常务委员薪俸由本会会议决定之。此外，非特殊事故经会议决定不得另支其他各费。其他委员均为无给职，但出席会议时得按照路途远近各给旅费实报实销。

六、本会常务委员如出售当年新谷，须会同校长商得委员之同意始得出售。无论何时售谷，于售出后须即时详将数量及价格分别报本会各委员，并公告于本校以示公开。

七、本会会议分常年会议与临时会议两种。常年会议于每年寒假或暑假中举行之，临时会议由常务委员或委员二人以上之提议经主席委员召集之。

八、本会收支实数每年除由常年会议审核外，须向万载县政府、万载县财务委员会及地方相当机关分别列表呈报或函告。

九、本会办公费及临时费由会议决定，实销实支，力戒浮滥。

十、本会对各庄佃户一律不收租鸡，除看禾议租在必要时嘱其俭备饭食外，所有折席并其他陋弊一并革除。

十一、本会办事细则另订之。

十二、本会以本校为会址。

十三、本章程如有未尽事宜，得由本会随时修正呈报县政府核转省政府备案。

十四、本章程由县政府呈报省政府核准施行。①

由上列条款可见：

一、国家权力和制度安排成为主导性的因素。政府已经获得了对县立中

---

① 江西万载县档案局历史档案，全宗2，目录4，卷号465。又载民国《万载县志》卷六之二，《学校·附县中案》。

学的控制权和监督权，在权力资源的配置中居于支配地位，校长的任免权归县政府，县长为当然主席委员，成为县立中学的法人代表。可以说，原属私有性质的龙河、东洲两校学产出现了一定程度的"公有化"或"国有化"。

二、在此前提下，地方社会亦拥有一定的自治权，尤其在人事与经济方面拥有较大的自主权。这一点正是土、客双方最关注和认可的，也正是地方社会最终能向政府妥协的关键所在。客籍士绅谢济沂的理解是："此章程系遵照国府教育经费独立案，由龙河、东洲选定县立中学管理员十一人，会同决议，永远自行管理。款为私款，不属其有，如增添班级或开办高中，欲向县政府帮助经费，皆正当办法，经姜县长确立有案。"[①] 他在信中也谈及，两校合并前夕，教育厅厅长与督学来万载调查时表示，"东洲与龙河可各就原校改办初级中学，不用'东洲''龙河'字样，资产各自保存"。[②] 土客双方一直对县立中学拥有绝对的经济权力，国民政府不得任意剥夺。直到新中国成立前夕，国民政府还对土客籍的这些权利予以承认和尊重。1949 年 6 月万载县长钟国桢的训令称："县立中学校款产委员会委员任期届满，依照规定应予改组，今征得龙河、东洲两书院后裔之同意，聘定彭协之等十一人为委员，参加本月二十五日委员会议。"[③]

三、章程强烈地体现了土客双方平分秋色、势力均衡和互相制约的原则。这从双方的委员和常务委员的人数上可以得到证实，也可从议事的程序得知。此后，虽然委员会的总人数有所改变，时多时少，但双方各自的人数总是保持相等，重大决策总是需要双方委员的一致同意才能生效。

此外，县立中学款产保管委员会成立之后，1940 年 10 月，客籍以东洲登瀛各堂余款又设立了"万载大桥登瀛津贴联合会"，"分别津贴各堂有分后裔肄业中学以上学校者"，推选董事，制定了联合会章程和联合会津贴办法，并呈请万载县和江西省备案。联合会设董事 5 人，由登瀛、敬教二堂各选出 2 人，舒翘堂选出 1 人，由 5 人内互选常务董事 2 人主持一切会务，任期三年。至 1943 年，联合会管理人员 15 人，具体组成情况为：董事长为谢济沂，

---

① 谢济沂：《鼎山山房集》卷五，《策案类》。
② 谢济沂：《覆省同乡会》，《鼎山山房集》卷十二《尺牍类二》。
③ 江西万载县档案局历史档案，全宗 7，目录 4，卷号 465。

常务董事有彭继明、刘济民，董事为李德毅、罗作梅、彭子衡、曾拜飓，候补董事为冯澄、谢庭玉，监事为巫宗咸、邹向荣、蓝文彪、刘文甫、卓子文，候补监事为杨劭盦。① 可见，东洲公局士绅依然主导联合会。

3.地方士绅的评说

对于万载县历史上这场重大的改革，参与者与县人的评价不一，态度复杂甚至前后自相矛盾。如土籍士绅龙赓言（1853—1940），清光绪十六年（1890）中进士，与文廷式、蔡元培同榜。曾任安徽望江、宣城、桐城等县知县，湖北安陆代知府，随州知府等。辛亥革命后免职，赴上海任教。1935年回县，1937年开始筹编县志，任纂修，为之呕心沥血。其子龙榆生为20世纪最负盛名的词学大师之一。对于融合土客的工作，龙赓言"以世界大同、县内不应存畛域之见"，为之鼓吹，力赞其事。1937年秋，他在私修的《万载乡土志》中说："书院改学堂，奚啻驾轻而就熟，以原有之款产办方兴之学堂，迩者龙河、东洲合办中学，以求化除偏见而仰瞻百世之师，趋走门墙升入堂室，是则文化事业之大进步，乡先辈固梦不到此者哉！"② 可见他对政府合办中学之举评价极高。而在1940年刊印的《万载县志》中龙赓言则自称"顽固老人"，对县长张芗甫的改革多有微词。他在"县中"条后面有这样的议论："县款归实用，学不必求多，徒张一己之门面，见好于上官，地方即有阴受其病者反而求之，必有阴受其福者所望于实心为民之君子矣。"③ 可见他对改革带来的弊病有些不满。

按照刚开始合办县中的政策，东洲应缴谷款为3800元，几乎占县中预算经费总数的三分之一，是出资最多的一方，但却不能得到相应的地位，客籍不能享受相应的权益；而龙河应缴谷款尚未达东洲的二分之一，且可获得实际上的县中地位。故对于东洲来说，合办相当不利，因此一开始客籍即有强烈的反对。当然，除了这项不利于自己的方法之外，其余三项"皆无不十二万分遵令实行"。于龙河而言，合并则是件有利的事情，因而起先土著并未有太多抵制。但是，由于县政府需要拨付五分之一的办学经费，在资金短缺的情况下县府遂将学宫（孔庙）改为学校。这一举动引起了土著士绅的

---

① 《万载东洲登瀛堂册》卷一《序》，民国三十二年刊本。
② 民国《万载乡土志·编辑大意》。
③ 民国《万载县志》卷六之二，《学校·县中》。

强烈反对。在龙赓言等人的鼓动下，1937 年 3 月间万载县宋、辛、郭、汪、龙、谭等族士绅几十人两次向省府上书，谓县长张芗甫"醉心新学"，不"仰体蒋委员长维持旧道德之苦心"[1]，而"敢于违背正义，破坏学宫，诚不知是何肺肠，作何理想，冒天下之不韪"，呈请制止就学宫改建中学。省府的回复是："该县利用孔庙房屋为县立中学校舍，核与法令相符，自属可行。"[2]多年以后龙赓言对此依然耿耿于怀，在县志中他说："合办中学之议起，当路必欲择城内适中地新建校舍，仓卒无资，窃以为旧日龙河书院近山临水，仍旧贯而加筑之，有何不可？所不可者，谓龙河犹是城外，不若城中之破除习见，考棚基好，已改县仓。当时暗主之者，意在孔庙而不敢明言。有绅商学二十人，名为筹备委员，迎合一偏之见，开融化之先路，独顽固老人坚持不可。曾与中校主任切实言之，屡以缓缓转移为辞，不得已邀请绅学四十人迭请命于当道，奉批'事属文化，可行'，则不敢再请……昔何谨严，今何宽大，毋亦仁智之用，所见有不同欤？窃思改革以还，圣庙之颓废不修者，到处有之，以合办中学而始修圣庙则必为万载所独。张县长喜新而老人守旧，文化事业冶新旧于一炉……科举停办，学宫颓废，地方官有能修葺者至为可喜，若借学宫之名而以为县立中学之用，万载独开先例……老夫顽固，不能与官争言论自由，亦例所不禁也。二十九年十一月病中孤怀抑塞，书此以告后之读志者。"[3]1938 年，万载县宾兴款产委员会以宾兴款产为万载一、二、四、五区土籍所有，认为不能列入地方预算，呈请县府予以剔除。[4]

相比之下，另外一位土籍士绅龙济海对合办中学的态度则显得非常冷静，其《万载县立中学记》道："民国纪元之二十五年，信丰张侯芗甫来宰是邑，秉省主席熊公天翼之旨，以融洽民意为先务，甫下车并龙河、东洲为县立中学，先进龙蜕庵、谢籽莘（春）先生均以世界大同、县内不应存畛域之见，力赞其事。桂平卢侯奕农、丹徒姜侯怀素继之，成立县中基金保管委员会，将东洲、龙河款产划归专管，计年可收稻谷二千三百石。初以学宫为

---

① 1934 年 2 月蒋介石在江西省会南昌发起了一个以恢复中国"固有道德"为内容，以求"民族复兴"的"新生活运动"，他出任"新生活运动促进总会"会长。
② 江西万载县档案局历史档案，全宗 7，目录 2，卷号 322。
③ 民国《万载县志》卷六之一，《学校·学宫》。
④ 江西万载县档案局历史档案，全宗 2，目录 21，卷号 55。

校舍，卢沟桥战争发生后徙大桥之东洲，防敌机盲目轰炸，使士子安心于学也。乙酉秋日寇宾服，金谋迁回县城，翌年醴陵刘侯莅任，极主其议，而学宫已为县府办公地，图别新其校舍，相附郭无适宜者，就龙河之右扩建五间，中为厅，事经始丙戌之季春，越五月而工竣，费法币三千万元有奇。是役也，主计者张君伯龙，董其事者郭君怀准，龙君象宗佐之。初拟全部撤新，值大乱之后疮痍未苏，集赀不易，可仍者修之。"①

对于这一重大事件，作为像龙赓言一样为土客融合极力呐喊的主要人物，谢济沂更是百般斡旋于政府与客籍之间，左右为难，委曲求全。他在不同场合、不同阶段发表的看法大不一样。如1938年9月他在给县府的呈文里大鸣不平，称"厅长签呈之城居、通婚、修志诸问题，亦为目前当务之急，乃二三年来未见丝毫进展；而于合办中学、对于收款缴款更属弊端百出"，极言政府改革毫无成效。1940年他在致省教育厅厅长的信中则说："丙子（1936年）之秋惠临东洲渥聆训示，创办县立初级中学，实行融化主义。晚奉以周旋，不料双方有人反对且有上诉上峰者，晚与同志只得以退为进，委曲求全，宣布先行合办以验双方父老有无诚意、多数学子能否同心。迄今三年，敬业乐群，师弟相亲相爱，宛有大同良好规模，同人皆大欢喜。本年暑假期内始召集双方，当事公同定议，所有两中学原有办学基金均行规定交出，双方公选贤能，照依厅长前令，组织管理款产委员会，共计会员十一人……获底于成，化二百余载之陋习，开亿万年之新运，正本清源，实由厅长思深虑远，盛德美意，造文明无疆之幸福也。"②俨然为改革高唱赞歌。而在私下里，谢济沂流露出来的情感与前面两种态度都不相同。他在文集中记道："此章程（学产管理委员会章程）系遵照国府教育经费独立案，由龙河、东洲选定县立中学管理员十一人，会同决议，永远自行管理。款为私款，不属其有，如增添班级或开办高中，欲向县政府帮助经费，皆正当办法，经姜县长确立有案。此章程公举龙君忘鹄起草，公同通过立案后，虽请官到会，皆表面文章也。"③

在合办中学的同时，新县志的纂修也在酝酿之中。纂修新志固然是政府

---

① 龙济海：《寄吾庐诗稿续存》，民国三十五年刊本。
② 谢济沂：《致省教育厅程柏翁厅长》，《鼎山山房集》卷一二，《尺牍类二》。
③ 谢济沂：《鼎山山房集》卷五，《策案类》。

化除土客界限的行政命令之一，同时也是万载土客双方力量发生对比、重新分配文化权力的必然要求。自同治年间修志以来，历经六十余年，其间西学东渐，辛亥革命爆发，"潮流激荡，百度维新，而政治典制与社会文化悉易旧观"。万载"虽一隅之地，其随时代变革递嬗之迹，实亦继往开来，能不采辑，光诸志乘以备后之观览也哉？"① 县人皆认为"山川不改，时代迁移，风土不殊，礼俗迥异，因革而损益之，不可不一新其书"②。龙赓言回到家乡后本欲独力私修县志，了此夙愿，③ 但"费不足而中辍"，且因战乱散失稿本。之后他应万载县政府及县人之请重行编辑县志，但"又以费绌而辍"。万载土客籍开明士绅认为合修县志对于化除土客矛盾有重要的意义。谢济沂"主张先修县志，以为融化根本"，"龙赞老亦注意修志，表示大同"。④ 1940年县政府争取到上级的财政支持，于是再次开馆续修县志。获知此消息后，客籍方面以为，"我邑议修县志，自是当务之急，惟积重难返，双方须得眼光远大、力量弘毅者主持其间，或能得良好结果。"⑤ 这部新县志是土客籍双方共同努力的结晶，"县志为国史之基"，"吾县志会逢其适，真良好机缘，可纪念也"。⑥ 在人事安排及编纂程序上，体现了政府兼顾土客双方利益的意愿与努力。参与此次县志的编修工作共有35人，其中客籍7人，占修志总人数的五分之一。谢济沂成为第一位为本县县志写"跋"的客籍人士，其才情与欣喜溢于言表：

> 民国以还，民族复兴，风俗期于至善，治化进于大同，自一县以至一省一国皆大道为公，与民更始……今民国姜侯庚止热心民事，毅然筹款，继前任张侯修志为先务，亟请龙蜕庵先生（龙赓言）任纂修，辛秋舫先生及余任编修，而协修龙济海、经理汤克勋、校勘蓝文彪、辛熏

---

① 民国《万载县志》卷尾，《后序》。
② 民国《万载县志》卷首，《序》。
③ 龙赓言在民国《万载县志》卷首的"序"中道："民国初年窃有私修县志之举……今又二十有五年矣。而刘氏洪辟之昭萍志略义仿断代，意谓民国之事稍俟后时可也……窃期期以为未可也。"萍乡刘洪辟与龙赓言有相似的经历，龙氏与刘氏的修志观念可能存在分歧，但其实刘氏之志记有许多民国之事。
④ 谢济沂：《复东洲在会诸君子》，《鼎山山房集》卷一二，《尺牍类二》。
⑤ 谢济沂：《复东洲局蓝邹两常委》，《鼎山山房集》卷一二，《尺牍类二》。
⑥ 谢济沂：《复县志局同事汤克勤、辛薰陶、蓝文彪诸君》，《鼎山山房集》卷一二，《尺牍类二》。

陶、李淑元诸君，通力勾当，开会决议，化除前清争考分籍陈迹，彻底融合，续修县志，创立县中学，袪三百年之锢习，开亿万年之景运。旧邦新命，要非邑多君子，又得龙、辛诸公同心同德，讵易有此事功超出寻常万万者哉！余不敏……又获与龙、辛二老同修邑乘……近之造吾邑万年有道之基，远之即弘吾国万世大同之福。一以贯之，康乐万载，万载康乐，岂不懿与！①

对于双方极为敏感的一些问题，新县志处理较为稳妥。谢济沂在给县籍友人的信中说："县志现已竣工，前清争考奏案，概行削除，仅叙事实数百字，两无妨碍。入民国来，化进大同，皆龙蜕老公平主张。"②

更为重要的是，纂修者还首次把"万载人"的提法写入了县志，如《氏族》之后的"按语"道："分之为氏族，合之则万载人，相亲相爱，相长相养。"③这意味着土、客双方开始具有新的认同和归属——万载人。万载县志公开刊印后，县人有极大的兴趣和热情。客籍按事先约定领取240部，但"少数尚多"，欲领志者只得与"各姓多接者商之，看能让步否"。④

不论两校合并之后实际的操作难度和效果如何，在国民政府的强制和土、客士绅的配合下，国家、土著与客籍三方毕竟达成了一致与妥协。县立中学的创办与万载县志的重修，标志土、客双方在形式上和制度上基本实现了融合，也象征国家基本完成了其治理目标。

4.难圆之梦

然而，从某种程度上说，这一时期的土客彻底融合似乎只是一个难圆之梦。

在合并龙河、东洲两校时，谢济沂等客籍与县政府达成了协议，除将东洲部分学产归县府管理外，其余产业仍留为客籍办理教育。其后在县立中学校产保管委员会成立后，客籍又设立了"万载大桥登瀛津贴联合会"，将所余东洲各堂款产"专用于津贴中等以上学校有分之肄业学生"。

这里再以正谊高小与龙冈高小的"恩怨"为例。龙冈高小即原来的龙冈

---

① 民国《万载县志》卷尾，《跋》。
② 谢济沂：《复范君毅为兼致辛君祥云》，《鼎山山房集》卷一二，《尺牍类二》。
③ 民国《万载县志》卷三，《氏族》。
④ 谢济沂：《覆蓝秉雄贤文棣》，《鼎山山房集》卷一二，《尺牍类二》。

书院，为三区土籍的中心学校，民国时期"渐次修复，学生课程完备，步伐整齐，无一越轨之行、不良之习，咸以为一县之冠"。正谊高小即原来的正谊书院，光绪初谢大舒、曹瑞祥等倡建，宣统三年（1911）谢济沂、杨守洛等改办高小。正谊高小是一所客籍学校，在规模和影响上仅次于东洲中学。由于它也位于三区，被客籍誉为"一区之文化机关"①，其兴起与龙冈高小构成了争夺三区中心地位的竞争。为此，国民政府在合并龙河、东洲的时候，亦多次命令两校合办，但最终归于失败。对此，民国县志只是简要地提到："县府屡次强迫办有成效之龙冈小学及正谊小学提款合办，争之既久，区自为政，龙冈、正谊款已归于独立地位。"②隐然可见两校未能合并的原因其实在于二者的种种矛盾，这一点当然县志不会明载。

1933 年值战乱时期正谊高小因其"僻处乡间"，为了安全起见，也为了谋求进一步的发展，欲由距离株潭十里的荻富搬迁到株潭市天后宫。而原本地处株潭东北一里开外的龙冈因战时借用天后宫，此时还未搬走。两校因此发生纠纷乃至诉讼，双方关系遂成白热化。以下由谢济沂代作的《万载正谊学校覆龙冈学校》，能够反映双方争夺的焦点及各自采用的手段。全文如下：

径复者，顷准贵校公函，内开对于天后宫庙宇，似以敝校不察事实、不明是非、意图混占，致引起地方纠纷，认为不幸事件，善哉乎？谓平心言之，而我辈以劫后余生，各承地方推任校务，履后土而戴皇天，尤宜凭良心主张之真，不可无故挑衅，为地方生事也夫。

闽人之有天后宫，犹赣人之有万寿宫，凡辗转他乡谋团结生活者，皆自集资建设之例，非该地方人所敢混占，尤非该地方人所得认为公共产物。各省客民皆有此，又不独闽、赣然也。来函既知天后宫原始创自闽人，则所有权当然属闽人。在贵校为校外客民，在敝校实校内股东也，根本上与地方人毫无关系，此事实上可察者一也。

查现在闽人尽来于客，即如株（潭）镇一隅，闽人在贵校皆为校外无分者，在敝校则皆校内股东也。此事实上可察者二也。

前清某年龙姓祠混争天后宫地址，经闽人杨某等控，经层宪断令收

① 江西万载县档案局历史档案，全宗 7，目录 2，卷号 1。
② 民国《万载县志》卷六之二，《学校·高小》。

回，案卷犹存，嗣经闽人林、巫数十姓复集资修理，旧册具在。此事实上可察者三也。

至前清光绪年间令提寺产补助兴学，闽人某等开会决议，将天后宫捐入正谊（书院）管理，至今数十年无异。此事实上可察者四也。

综上各事实，天后宫业权绝对为闽人所有，而敝校所有权实由闽人全权者依法移转所付与，准情酌理，其是非似不待智者而明。来函所谓无理混占，引起地方纠纷，其咎当有所归矣。又况国家设立政府，所以核事实、定是非，非尽可欺朦者。自贵校混占以来，敝校依法行动，根据事实历诉政府。前区长龙保衡，为贵校重要分子，曾呈明慈化政治局限贵校于去年暑期后退出矣。省教育厅亦迭令慈化白局长转饬贵校示意归还矣。而白局长因贵校提起诉讼且明白批饬贵校"因借用而进谋占有，世风如此，殊堪浩叹"云云。至现在张县长查明敝校种种关系，文件奉批"确系闽人林、巫数十姓集资建筑，依法不得无故侵占"，特令黄区长执行启封，饬敝校修理开学。凡此，长官岂尽不明察、尽可欺朦者乎？窃以为贵校诸君子能凭良心主张公道，则此种不幸事件不难消归于无，何有之矣。

又，贵校原址所在地方安宁，校舍清洁，闻已决议迁回，而敝校获富地尚危险，愿贵校有以成其美而勿助其虐也。学校与科举皆文明场舍，前此部落思想酿成籍界，因果循环，受害已久，今之谈者未尝不叹息痛恨二三老辈之无识。而三区号多君子，素相亲善，前不忘后事之师，以故连日对于贵校言动卒忍而不较，幸勿以区区闽寺明知其非而强以为是，则双方受赐多矣。①

从以上可以知道，双方争夺的对象即为株潭天后宫。龙冈凭借已经占用天后宫的事实，以天后宫为地方公共产物为由，指责正谊"不察事实、不明是非、意图混占，致引起地方纠纷"。而正谊则根据几个事实证明"天后宫业权绝对为闽人所有"，其所有权已由闽人依法转移给正谊；然而，龙冈竟然不顾政府的裁决，仍然侵占天后宫，挑起争斗，故龙冈要负引起地方纠纷的责任。依此情况，龙冈在这场纠纷中当处于理屈的被动地位。但地方官员

---

① 谢济沂：《万载正谊学校覆龙冈学校》，《鼎山山房集》卷一二，《尺牍类二》。

似乎表现无力，致使此案悬而不决。谢济沂在给朋友的信中说："正谊学校拟设天后宫，业权所有，本无问题，彼方野心，无理取闹，而地方官瞻徇情面，不愿得罪巨室，悬案不决。"①

双方的冲突实际上加强了各自的族群认同。正谊是包括福建移民后裔在内的客籍学校。从逻辑和策略上讲，正谊为了证明天后宫属于自己，就先要证明天后宫属于闽人所有，结果无疑强化了全体客籍的认同。虽然客籍深感"部落思想酿成籍界，因果循环，受害已久"，"未尝不叹息痛恨二三老辈之无识"，但是在与龙冈争夺天后宫的过程中，为了整合内部资源以在争夺中居于有利地位，客籍的"籍界"就会不可避免地凸显出来。就如在正谊所列举的第三个事实中，福建移民在清末与土著的冲突中增强了内部的团结，"复集资修理（天后宫）"。客籍的行为无疑又刺激了土著。双方互相存有成见，表现之一就是民国县志"有意无意"地保留了多处"旧日土客区别记载"。这些都致使土、客双方在短时期难以彻底融合。

1933 年，罗香林先生在《客家研究导论》中将平江、浏阳、修水、铜鼓、万载、萍乡、遂川等县称为"非纯客住县"。② 湘赣边区各县存在大量的"客家人"，时至今日，本区的"客家"文化已成为一种独具风情、引人注目的现象。③

1988 年纂修的《万载县志》在"'土客'渊源"条下记道：

> 本县人口史上，有过土籍、客籍之分……清朝中叶，朝廷因学额取进分配不公，常起争端，造成"土客"分歧，发展至不准"客民"迁居城内，互不缔结婚姻等。延至民国时期，本县"土客"分歧阴影尚存。为化除"土客"界限，土地革命时，县苏维埃政府颁布的《政纲》中，明确规定必须"彻底打破'土客'界限"。1936 年，县政府又明令打破城居，互通婚姻，同修县志，合办教育。新中国成立后，党和政府通过多方面的工作，已消除"土客"分歧。④

这是在新的历史条件下，国家政府对土客问题所作的简要记载和交代。

---

① 谢济沂：《鼎山山房集》卷一二，《尺牍类二》。
② 罗香林：《客家研究导论》，上海文艺出版社 1992 年影印本，第 94、97 页。
③ 参见周建新等：《江西客家》、杨宗铮：《湖南客家》，广西师范大学出版社 2007 年版。
④ 《万载县志》第三卷，《人口》，江西人民出版社 1988 年版，第 65—66 页。

第五章　结　语

一、和而不同：土客关系的演变轨迹与内在机制

1. 土客关系是本书的初始关系和基本关系，其演变经历了以下几个阶段：移民进入──→土客冲突──→族群认同──→外界冲击──→国家治理──→土客融合

明末清初，尤其在康熙中后期，大量闽广、赣南移民涌入湘赣边区，掀起了开发湘赣边区的高潮。移民的进入，不仅改变了本区的人口、经济格局，而且也改变了地方社会的权力格局，土客矛盾渐成为主要矛盾之一。由于移民的生存环境比较脆弱，加上平时他们与土著的关系紧张，在明清鼎革之际，他们乘机起事，参与各种政治力量的角逐以获取自己的利益。土著所谓的"棚乱"既是政治大动乱，又是土客大械斗。动乱给湘赣边地方社会带来了严重的破坏。更重要的是，移民参与动乱的社会事实逐渐转化为土著的"集体记忆"。"棚乱"在后来的土客关系演变过程中具有重要的象征意义。当发生土客矛盾的时候，这种"集体记忆"就会被土著不断有意地重温、强化与创造，成为一种可持续利用的资源。

在土客的争斗中，清前期土著一直占据上风。至清中期，经过一百多年的发展，移民在人口、经济、文化等方面已基本具备与土著抗衡的实力，再也不是最初那种"搭棚居住"意义上的"棚民"。他们"涵濡圣化，户习诗书，置产立业，俨同土著，较之昔日棚栖情形迥异"。实际上移民已经开始"土著化"。此时土著明显感觉到了资源的紧张与来自移民方面的竞争压力，并采取了相应的措施，移民的"土著化"进程受到严重的阻碍。土著对移民的压制和排斥体现在各个方面，如阻挠移民入籍和入学，不许移民迁居城内，不与移民通婚，在文化与身份上歧视移民。土著通过严查户籍、重新分额分

考、编修《土著志》等方式，确立了"土著"的边界，完成了自我区分。《土著志》的出台，标志着土著集团的形成。它的形成一方面有利于加强其内部团结，另一方面又促进客籍集团的形成。移民"因土著不与为伍，遂于同籍之人愈加亲密，而于土民亦存彼此之见"。为了对抗土著，移民益加自强不息。在合力共建东洲书院的过程中，移民逐渐产生了自己的族群认同，形成了以"东洲籍"为权力中心的客籍集团。土客双方长期全面而激烈的冲突最终导致了两大族群的出现，呈现"不和亦不同"的状态。

清代中后期，湘赣边区各县土客双方在遭遇外来的太平军时，开始了空前的大联合。由于战争中双方的协同作战及移民力量的进一步增强，战后双方出现了一定程度的融合。这直接反映在战时的合作和战后县志的纂修上。不过，这种融合相当艰难、有限，其进程非常缓慢，来自土著方面的阻力依然十分顽强。"冰冻三尺，非一日之寒"，由于有现实利益的冲突和制度性的障碍，土客之间的隔阂与成见绝非短时间内可以消除。清末科举制度的废除使土客分额的制度壁垒也随之自动消除。民国初年，在社会风气日益维新的影响下，地方官员倾力治理，湘赣边区的土客关系有进一步的松动。尤其是在民间，土、客籍"新绅士"阶层的交往与联系非常紧密，对地方社会的融合起到了积极的推动作用。遂川萧氏联宗建祠，联合吸纳土著，并取得主导权。

土地革命时期，在湘赣边区革命化的过程中，原有的族群冲突以阶级斗争的形式表现出来，土客矛盾从属于阶级矛盾。这一历史阶段土客关系的演变，既有中国共产党的政治动员、阶级意识的灌输与强化及阶级路线的宣传与执行等"外在"因素的推动，同时又受到当地的生态环境、经济结构与社会习俗等内在因素的制约。之后在国民政府追求民族复兴、实现大同的治理目标下，湘赣边区的土客矛盾成为政府所力求解决的社会问题之一。如万载县通过实行客籍城居、土客通婚、同修县志、合办县中等办法，土客双方在形式和制度上基本实现了融合，双方开始拥有新的认同和归属——万载人。直到新中国成立后，党和政府通过多方面的工作，才彻底消除土客分歧。

2. 土客关系的演变也深受国家政策的影响与制约

雍正初年发生在万载县的"温上贵事件"促使清廷出台了"棚民"政策，至迟到雍正后期，国家与移民已经相互取得认同，而国家对移民的认同加剧了土著与移民之间的矛盾，二者的矛盾构成了地方社会的主线。在土著的激烈抵制下，国家承认现实，最终于雍正九年（1731）在万载实行"一县两制"。由此，国家政策成为土客冲突的制度根源，强化了土客户籍与教育系统的区别。乾隆前期鉴于全国政局的稳定和时势的变化，清朝政府开始调整相关政策。乾隆二十八年（1763）的合额政策是国家为消除"主客之籍"与"彼此之分"所作的努力。这一制度安排对土著的处境是雪上加霜，对土客双方本已紧张的关系更是火上加油。此后万载发生了达45年之久的学额纷争案。国家政策的变更是这次学额纷争的直接原因。原本属于土棚双方的矛盾在嘉庆年间激化为土著与国家的对峙，土著的过激与违法行为使清朝中央政府不得不对部分土著士绅进行惩治。但同时土著士绅也通过各种正式或非正式、合法甚至非法的途径影响了国家决策，终于使国家于嘉庆十三年（1808）重新实施土客分额制度。清政府在处理这场学额纠纷时的表现与变化，并非为了维护某一特定阶层、群体的利益，而是为了维护其统治秩序和国体尊严。在万载县土客发展的历史进程中，雍正九年（1731）、乾隆二十八年（1763）与嘉庆十三年（1808）分别是土客分额、合额与分额的年代，具有特殊的意义。清中期土客冲突最为激烈，地方政府只能承认现实，国家力量显得苍白无力，无助于土客矛盾的化除。

太平天国运动期间，土著世家与移民大族都积极响应清朝中央政府的号召，督办团练，保境安民。外部局势的动荡与国家政权的努力客观上促进了土客双方的初步融合。清末民初随着客籍力量的增强及国家制度障碍的消除，土客融合的倾向在民间社会更加明显。土地革命时期共产党政权为了阶级斗争的需要，努力打破土客籍的界限。苏区的革命政策有利于缓和土客矛盾。在追求现代化和建设国家政权的主题下，国民政府致力于化除土客矛盾。在国民政府的强制与土、客士绅的配合下，国家、土著与客籍三方通过讨价还价，终于达成了妥协与一致。国民政府基本完成了其治理目标，土客双方基本实现了融合，万载县至此"祛三百年之锢习"。

一方面，湘赣边区土客矛盾的长期存在，源于双方对有限资源的争夺，有其自身发展的逻辑。土客关系发展的内在机制其实就是个人与个人之间、一群人与一群人之间乃至集团与集团之间等关系发展的一般规律。本课题关于湘赣边区的研究，只是展现了一个基于普遍性的特殊现象。另一方面，国家的治理目标和政权力量，在不同的时候，对这一矛盾也起了一定的加剧、延缓或化除的作用。在清政府"一县两制"政策的主导下，土客两大族群属于"排他性利益集团"，双方各自为政，面临的是"分割蛋糕"的问题。在一定程度上，清政府的"一县两制"能暂时缓和国家与土著之间的紧张关系，但从长远来看则不利于国家、土著与移民的发展。所以，总的来说，历史上各个政权都在极力消除土客界限，化解土客矛盾，使双方由先前的"排他性利益集团"转化为休戚与共的"相容性利益集团"，互惠互利，把"蛋糕做大做强"。[①] 如能这样，无疑将有利于土客双方在相互合作与竞争中实现共同的利益，也有利于国家的安定团结与社会经济的稳定发展。

二、化干戈为玉帛：政权的治理能力与技术

1. 政策与对策：上、下级政府的博弈

"国家"并非铁板一块，代表国家的各级官员在行使国家权力的时候都有自身的利益追求和个性。在处理基层社会的矛盾时，各级政府与官员内部的矛盾也会暴露出来。所谓"上有政策，下有对策"就是对上、下级政府博弈的形象概括。

由于上级交给下级政府的任务不仅是多方面的，而且常常还是无法协调甚至直接冲突的，同时，也由于下级政府在责任、权力与利益上又存在严重的不对称，所以下级政府官员往往不可能完全按上级的意图执行政策。这样，"变通"就成为下级政府常用的权力技术之一。[②] 雍正初期中央出台的"棚民"政策，虽然具有一定的准确性与有效性，但同时也具有模糊性甚至自相矛盾之处，因此，各省根据实际情况不得不进行变通处理。江西地方官员的实际操作使万载等县移民归入了与土籍相区别的"棚籍"或"客籍"系统，由此造成日后该地区土客长期对立。

雍正、乾隆、嘉庆年间的学额纷争案，一方面体现了土客之间的激烈矛

---

① 参考［美］曼瑟尔·奥尔森：《集体行动的逻辑》，上海三联书店 1995 年，第 6 页。
② 变通有以下几种基本形式：重新定义政策概念的边界；调整制度安排的组合结构；利用制度约束的空白点；打擦边球等。参见王汉生等：《作为制度运作方式的变通》，载《中国社会科学季刊》（香港），1997 年冬季卷。

盾，另一方面也体现了官员内部的复杂关系。官员们对此案的不同意见和处理，既源于不同的个人气质与理念，同时也源于各自的官场利益。同时，政府官员也不可避免地被卷入土客矛盾与土著内部矛盾的旋涡之中。在处理地方的土客矛盾时，中央政府一般能对土客双方一视同仁，持中立客观的态度，尽量"化干戈为玉帛"；而地方官员则由于治理的需要，一般都迁就和偏袒土著，站在土著一方打压移民。在移民根据中央精神屡屡状告地方政府违法办案时，实际上地方政府与中央政府也在进行不断的博弈。事实上，每项事关地方利益的中央政策的出台与贯彻，从来都是中央、地方与基层社会互动的结果。

此外，"拖延"也是地方官员的对策之一。拖延一般仅仅被看成传统官僚体制运转过程中的低效率表现，实际上它几乎已被制度化了。① 不了了之成为常态。清代官员的拖延程度主要视皇帝的专制权力②和问题的严重性而定。雍正元年发生在万载的"温上贵事件"，事涉赣西北山区的"匪乱"问题及台湾朱一贵起义，引起了励精图治的雍正帝的高度重视，官员们自然也不敢怠慢。从雍正元年（1723）四月到雍正三年（1725）七月的两年多时间里，经过多方的比较充分的接触与反复切磋，最后中央出台了影响深远的"棚民"政策。但接下来省级、县级政府对中央政策的贯彻执行就明显放慢了速度，直到雍正九年（1731）万载移民的应试和入学政策才具体落实。在达45年之久的学额案中，各级办案官员更是相互推诿，不断延搁敷衍。即使是在接奉嘉庆帝的谕旨后，地方有关官员还是借口"不得不须时日"，"延令一载有余"。直至土著士绅出现集体罢考的违法行为时，在嘉庆帝的严厉斥责下，督抚、学政才加快办案速度，顺利了结此案。相比之下，民国时期在执行省政府的政策时，万载县政府则显得灵活高效，历时一年就完成了东洲、龙河两校的合并，为土客的融合排除了最大的障碍。

2."问题化"与合法抗争：弱者的武器

应该说，对于国家政权来说，地方的土客矛盾只是民众的内部矛盾，一

---

① 参见应星：《大河移民上访的故事：从"讨个说法"到"摆平理顺"》，三联书店2001年，第370页。

② 孔飞力以"叫魂案"为例，分析了清代君主的专制权力与官僚的常规权力之间的关系。参见孔飞力：《叫魂：1768年中国妖术大恐慌》，上海三联书店1999年版，第246—250页。

般情况下国家对此并不会高度重视。因此，土、客籍士绅并不是简单地将自身遭受的困境描述给国家就可以使问题得到解决。面对强大的国家政权，地方士绅无疑是弱者。弱者要使自己的具体问题纳入国家的议事日程中，就必须不断运用各种策略和技术把自己的困境建构为国家本身真正重视的社会秩序问题。①

从本书的案例来看，"问题化"的技术表现形式有：呈请、控告、京控及罢考等。这四种技术的强度由低到高，前三者属于合法抗争，而罢考则是违法行为。

在学额案初期，土著士绅与地方官府交涉时多采用呈请的方式。在这个过程中，土著士绅常常利用人情、关系、面子与私交等多种因素进行诉苦，地方政府大多偏向土著一方。客籍士绅则依据国家法律和中央的政策向上级政府控告土著与基层政府。在民国时期的东洲学产案中，客籍亦先通过呈文的方式恳请政府依法保护，遭到失败后则以法律为武器，状告地方政府违法处分私有财产。这两种形式都是公开的、合法的、制度化的抗争形式。

京控是一种更具有主动性的、同时也是合法的抗争手段。据《清史稿·刑法志》载，军民人等遇有冤抑之事，应先赴州县衙门具控，如初审不服，应逐级上诉。"其有冤抑赴都察院、通政司或步军统领衙门呈诉者，名曰京控。"由于京控制度在本质上维护至高无上的皇权，是清代皇帝视为与基层社会建立直接联系、对地方官员构成某种监控的重要渠道，因此清朝中央对京控的态度一般都比较宽容，而地方官员则用监禁和拖延的恐吓来劝阻民众不要卷入诉讼，尽力减少和消除其辖区内京控事件的发生。事实上，在一个厌讼的传统社会中，琐碎的上诉会在时间漫长、成本高昂的过程中被阻止，只有真正的受害者才会将京控坚持到底。② 他们秉承的理念是：地方"父母官"已不可信赖，虽然"天高皇帝远"，但还是有望获得浩荡皇恩。清代中期嘉庆帝广开言路，对京控制度进行了重大的改革，规定有关部门"遇有各省呈控之案，俱不准驳斥"，以防相关官员"瞻顾情面，压搁不办，恐

---

① 前引应星著作，第 318 页。
② 参见欧中坦：《千方百计上京城：清朝的京控》，载高道蕴等编：《美国学者论中国法律》，中国政法大学出版社 1994 年版，第 506 页。

启贿嘱消弭之渐"。①

万载客籍士绅于嘉庆六年（1801）径赴京城向提督府控诉江西巡抚及土著的违法行为，但遭到地方官员的报复，反获"故违不遵，复捏词越控"的罪名。其后土著士绅的京控从一次发展到多次，从个人行为发展到集体行动，这显示了土著要求分额的决心和顽强。在迟迟得不到满意结果的情况下，部分土著士绅甚至不惜牺牲个人利益，罢考示威，以此过激行为迫使清朝中央政府再次实施土棚分额制度。土著士绅频频越级京控，客籍士绅也再三控告当地政府，这种不满表明地方政府作为国家权威和利益的代理人形象受到了严重的挑战。就清朝政府而言，政治稳定是首要任务，为此，任何破坏社会安定和动摇其政权基础的社会冲突都必须加以控制。本来，土客纷争已令地方官府大为头疼，而土客的京控和缠讼也已使清朝中央政府不堪重负。在政府看来，增加学额"已属曲顺舆情"，这种变通已经是对土著作出了让步；但土著竟得寸进尺，"赴京仍请分额取进"，"又抗不赴县考"，这使清政府非常尴尬。如果说土著的京控和缠讼尚属"合法的反抗"，清廷还能忍受、不便发作的话，那么土著的罢考闹事则把清政府推到了无法下台的窘境，土著的行为已经越过了国家控制的界限。在此情况下，清朝中央政府不得不将部分土著士绅加以"阻考"的罪名进行惩治。

另一方面，地方士绅赴京控告，甚至是采用罢考的激烈方式，依然表明他们认同国家权威，且欲寻求其保护。因为清中期的地方士绅大抵按传统思想和取士标准铸就，其利益与思想从根本上与中央政府保持一致。② 他们毫不怀疑既有权力支配秩序的合法性，认为中央政府不肯恢复分额是因为"舆情不能上达"，是因为地方官员、中间环节出了问题③，因此必须采取措施让中央政府了解事情的真相。所以，土客士绅这些"合法的、有限的反抗"并

①　《清仁宗实录》卷五〇，嘉庆四年八月甲寅。
②　在此次学额纷争中，万载辛氏就与组织罢考的士绅发生了激烈冲突，即使是后来被定为罢考罪的士绅也还是一直否认这是"阻考"。
③　《学额纷争案》，嘉庆十年十一月二十日，江西巡抚秦承恩等为万载土童拒考并现在办理情形事奏折。又，直至民国年间纂修的《万载县志》还提到这件"今日都成往事"的学额案。在论及被清朝政府定为"阻考主谋"之一的孙馨祖时，修志者指出其获罪原因是"地方官各有所见，遂致大臣亦各有所属"。又说："一王之治，政归独断，而俯顺舆情，则天下古今大公至当不易之理也。"见民国《万载县志》卷一〇之二《人物·列传二》。

不会削弱国家统治的基础，皇权也并未受到体制内的挑战。在学额案中，尽管部分士绅受到了清朝中央政府的惩罚，但毕竟士绅集团的整体利益得到了维护。清朝中央政府通过恩威并施的方式，增强了国家的正统性和合法性。与之相似，针对客籍士绅的不满与依法诉愿，国民政府也通过法律与强制的手段完成了其治理目标，国家意志因而得到体现。

因此，正是在土客士绅"问题化"与合法抗争的过程中，人情、面子与私交等"弱者的武器"得以发挥作用。地方士绅通过运用呈请、控告、京控与罢考等权利技术对国家权力进行了微弱的反抗，促使国家正视并力图解决基层社会的问题和矛盾。同时，正是在国家与社会正面遭遇的时候，权力的合法性和有效性不断地再生产出来。

三、斯土斯民：土客冲突、区域社会与时代变迁

明末清初大量移民进入湘赣边区，影响了本区此后几百年间的社会变迁。在特定的时空背景下，土客冲突构成了清代及民国时期湘赣边区的重大社会问题。正如毛泽东同志在 1927 年到达井冈山后不久，即看到这一存在已久的突出现象："（湘赣）边界各县还有一件特别的事，就是土客籍的界限。"化解土客矛盾也成为历代政权与地方官府的治理目标之一。在此期间，以土客矛盾为中心，移民与土著、移民与国家、土著与国家、移民内部、土著内部、国家官员内部，以及中央政府和地方政府之间的权力关系，错综复杂，极为微妙，时时引发剧烈的矛盾与冲突。

明清之际，本区的大量移民首先参与、卷入了社会衰乱和王朝更替时期的大动乱，给原本残破的湘赣边地方社会带来了严重的破坏。"三藩之乱"后，清廷以军队为主，在土著的支持下，联合展开了一次大规模的驱逐"棚民"的军事运动。大量棚民被驱逐之后，劳力缺乏，对本已衰败的地方社会经济来说，无疑是雪上加霜。康熙中期以后，地方政府不得不招民垦荒。政府除招徕本地的逃亡人口外，也招徕来自闽、粤、赣南的移民。战乱造成的广阔空间、人口流失造成的田地荒芜以及国家采取的优惠政策，吸引外地移民义无反顾地涌入湘赣边区，掀起了本区开发的又一个高潮。移民的丘陵山地开发使本区的经济发展更加均衡。

　　清前期，移民与土著的人口数量、人口结构与经济格局发生了巨大变化，地方社会的权力格局也发生改变，土客矛盾逐渐成为主要矛盾之一。应当指出，在湘赣边地区，土客矛盾并不是地方社会唯一的社会矛盾，不是孤立地表现出来，而是与生态压力、经济文化冲突及阶级矛盾等诸多因素并存，甚至重叠交织，相互影响。地方社会发生的许多突发性事件，是多重矛盾的叠加和发酵，原因错综复杂，多与土客问题相关。土客问题日益凸显，并与经济、政治、文化等问题相互交织，呈现出特殊性、复杂性。本区的土客矛盾涉及多方利益和多个领域，是地方政府极为头疼的问题。

　　清前期，土著维持强势的经济实力和文化优势。地方政府对于里甲组织的重建，对于赋役的分派，都受到了土著的抵制。移民在清初被纳入国家统治体系后，与土著在土地、户籍、科举考试等问题展开了激烈的冲突。土著对移民的压制和排斥是全方位的，如阻挠移民入籍和入学，不许移民迁居城内，不与移民通婚等，移民的"土著化"进程受到严重的阻碍。至清代中后期，土客双方长期全面而激烈的冲突最终导致了两大族群的出现，双方甚至形成了各自的权力中心进行全面对抗。而面对外来的太平军和社会动荡，土客双方一度联合起来，一致对外，客观上促进了双方的初步融合。

　　清末民初以来，社会风气日益维新，政府在追求民族复兴、实现大同的目标下，湘赣边区的土客矛盾愈来愈成为政府力求解决的问题之一。在地方官员的治理和士绅的响应之下，湘赣边区各县的土客关系有了进一步的松动。土地革命时期，土客矛盾对阶级斗争造成了很大的不利影响，故中共努力打破土客籍的界限，"变土、客籍的斗争为阶级斗争"。此后，国民政府在追求现代化和建设国家政权的时代主题下，继续致力于化除土客矛盾，推进土客融合，基本完成了其治理目标。

　　特定时空背景下的土客矛盾一旦形成后，就有了超越时空的特性，不仅会长期存在，在一定时期还可能会继续发展。300 余年间，湘赣边区经历了几个不同的政权，从传统社会步入现代社会，而土客矛盾一直是地方社会的重大问题。在现代社会转型时期，国家强力推进治理这一恶习，消除土客对立的基础与根源，实现其治理目标。及至今日，时过境迁，本区的客家文化已经成为一种具有独特魅力、惹人注目的景观。

　　清末以来，国家权力扩张，或是乡村社会重建，都是近代中国社会的新事物和大趋势。在社会转型时期、大变革时代，连接、沟通国家政权与基层社会的地方士绅扮演了重要的角色。民国时期，随着国家政权建设的推进，国家权力不断向下渗透到基层社会，民间社会不断萎缩，地方士绅的生存发展空间受到压迫和挤压，但仍具有强大的力量和重要的影响。对于素有"自治"传统的地方士绅来说，"地方"永远是"生于斯，长于斯"的乡绅们的"地方"。他们"以不变应万变"，利用传统社会的资源和治理方式，同时灵活运用国家所提供的各种机会掌控地方权力，维护自我权威和本地人的利益。而国家也要向地方士绅授权分权，双方达成妥协与共谋，才得以实现其治理目标。

参考文献

一、档案官书

中国第一历史档案馆藏：宫中档朱批奏折法律类审办项、文教类科举项。

中国第一历史档案馆译编：《雍正朝满文朱批奏折全译》，黄山书社1998年版。

中国第一历史档案馆编：《雍正朝汉文朱批奏折汇编》，江苏古籍出版社1991年版。

台湾"故宫博物院"编：《宫中档乾隆朝奏折》，台北"故宫博物院"，1984年。

中国第一历史档案馆编：《嘉庆道光两朝上谕档》，广西师范大学出版社2000年版。

中国第一历档案馆编：《嘉庆朝江西万载县土棚学额纷争案》，《历史档案》1994年第1期。

江西万载县档案局藏历史档案，全宗2目录4、全宗7目录2。

江西遂川县档案局藏历史档案，全宗2，卷497；全宗13，卷4、5、46、47。

江西萍乡市档案馆历史档案，全宗3，目录3。

《清实录》，中华书局1986年影印本。

《清史列传》，中华书局1987年点校本。

《清会典事例》，中华书局1991年影印本。

中国第二历史档案馆：《国民党政府政治制度档案史料选编》上、下册，安徽教育出版社 1994 年版。

《中华民国档案资料汇编》第 5 辑第 1 编，江苏古籍出版社 1994 年版。

中央档案馆、江西省档案馆编：《江西革命历史文件汇集》，1923—1934 年各册，1986 年内部印行。

井冈山革命根据地党史资料征集编研协作小组等编：《井冈山革命根据地》，中共党史资料出版社 1987 年版。

湘赣革命根据地党史资料征集协作小组编：《湘赣革命根据地》，中共党史资料出版社 1990 年版。

湖南、湖北、江西省档案馆编：《湘鄂赣革命根据地文献资料》，人民出版社 1985 年版。

江西省档案馆等编：《中央革命根据地史料选编》，江西人民出版社 1982 年版。

二、地方志

于成龙、杜果等：《江西通志》，康熙二十二年刻本。

白潢、查慎行等：《西江志》，康熙五十九年刻本。

谢旻、陶成等：《江西通志》，雍正十年刻本。

刘坤一、刘铎等：《江西通志》，光绪七年刻本。

吴宗慈、辛际周等：《江西通志》，民国三十六年。

陈兰、谢启昆等：《南昌府志》，乾隆五十四年刻本。

谢应铼、王之藩等：《南昌府志》，同治十二年刻本。

达春布、黄凤楼等：《九江府志》，同治十三年刻本。

施闰章、袁继梓等：《袁州府志》，康熙九年刻本。

陈廷枚、熊日华等：《袁州府志》，乾隆二十五年刻本。

陈乔枞等：《袁州府志》，咸丰十年刻本。

骆敏、黄恩浩等：《袁州府志》，同治十三年刻本。

黄廷金、萧浚兰等：《瑞州府志》，同治十二年刻本。

李兴元、欧阳主生等：《吉安府志》，顺治十七年刻本。

卢崧、朱承煦等：《吉安府志》，乾隆四十一年刻本。

定祥、特克绅布等：《吉安府志》，光绪二年刻本。

李文县、易学实等：《续修赣州府志》，康熙二十三年刻本。

黄汝铨、张尚瑗等：《赣州府志》，康熙五十二年刻本。

李本仁、陈观西等：《赣州府志》，道光二十八年刻本。

魏瀛、鲁琪光等：《赣州府志》，同治十二年刻本。

黄鸣珂、石景芬等：《南安府志》，同治七年刻本。

杨錞等：《南安府志补征》，光绪元年刻本。

班衣锦、戴云章等：《宁州志》，康熙十九年刻本。

张耀曾、陈昌言等：《宁州志》，乾隆二年刻本。

曾晖春、冷玉光等：《义宁州志》，道光四年刻本。

王维新、涂家杰等：《义宁州志》，同治十二年刻本。

常维桢、汪映极等：《万载县志》，康熙二十二年刻本。

汪元采、杨言等：《万载县志》，雍正十一年刻本。

卫鹓鸣、郭大经等：《万载县志》，道光十二年刻本。

辛辰云等：《万载县土著志》，道光二十九年刻本。

金第、杜绍斌等：《万载县志》，同治十一年刻本。

张芗甫、龙赓言等：《万载县志》，民国二十九年刻本。

龙赓言等：《万载乡土志》，民国二十六年活字本。

王光烈、周家祯等：《宜春县志》，康熙二十二年刻本。

江为龙、李绍莲等：《宜春县志》，康熙四十七年刻本。

程国观等：《宜春县志》，道光三年刻本。

路青云、李佩琳等：《宜春县志》，同治十年刻本。

谢祖安、苏玉贤等：《宜春县志》，民国二十九年石印本。

尚崇年、谭诠等：《萍乡县志》，康熙二十二年刻本。

胥绳武、欧阳鹤鸣等：《萍乡县志》，乾隆四十九年刻本。

陈建勋等：《萍乡县志》，嘉庆十六年刻本。

黄濬等：《萍乡县志》，道光三年刻本。

锡荣、王明璠等：《萍乡县志》，同治十一年刻本。

刘洪辟：《昭萍志略》，民国二十四年活字本。

李其昌等：《莲花厅志》，乾隆二十五年刻本。

李其昌、张树萱等：《莲花厅志》，同治四年增补乾隆本。

王翰、陈善言等：《永新县志》，乾隆十一年刻本。

萧玉春、陈恩浩等：《永新县志》，同治十三年刻本。

赖能发等：《永宁县志》，乾隆十五年刻本。

孙承祖、黄节等：《宁冈县志》，道光二年刻本。

杨辅宜、萧应乾等：《宁冈县志》，同治十年修，十三年刻本。

邓南骧、邹代藩等：《宁冈县志》，民国九年修，二十六年续修铅印本。

杜一鸿、周埙等：《龙泉县志》，乾隆三十六年刻本。

文海、高世书等：《龙泉县志》，道光四年刻本。

王肇渭、郭崇辉等：《龙泉县志》，同治十二年刻本。

贾文召、蔡泰均等：《上犹县志》，乾隆五十五年刻本。

欧阳楫瑞等：《上犹县志》，道光三年修抄本。

叶滋澜、李临驯等：《上犹县志》，光绪七年修，十九年校补刻本。

上犹县县志编修局：《上犹县志》，民国三十五年稿本。

汪报闰、陈世玮等：《崇义县志》，咸丰六年刻本。

汪宝树、胡友梅等：《崇义县志》，同治六年刻本。

廖鼎璋等：《崇义县志》，光绪二十一年刻本。

陈宏谋、范咸等：《湖南通志》，乾隆二十二年刻本。

卞宝第、李瀚章、曾国荃等：《湖南通志》，光绪十一年刻本。

湖南省文献委员会：《湖南省志稿》，民国三十七年稿本。

曾继梧等：《湖南各县调查笔记》，民国二十年铅印本。

辜天佑等：《湖南乡土地理教科书》，宣统二年石印本。

谢目度等：《湖南省乡土地理》，民国三十二年刻本。

苏佳嗣、谭绍琬等：《长沙府志》，康熙二十四年刻本。

吕肃高、张雄图等：《长沙府志》，乾隆十二年刻本。

福昌、谭锺麟等：《茶陵州志》，同治十年刻本。

朱偓、陈昭谋等：《郴州总志》，嘉庆二十五年刻本。

查庆绥、谢馨槐等：《郴州直隶州乡土志》，光绪三十三年刻本。

周仕议、李呈焕等：《直隶桂阳州志》，嘉庆十年增刻本。

饶佺、旷敏本等：《衡州府志》，乾隆二十八年刻本。

张培仁、麻维绪、李元度等：《平江县志》，同治十三年刻本。

曹鼎新、韩爆、龙昇等：《浏阳县志》，康熙十九年刻本。

谢希闵、王显文等：《浏阳县志》，嘉庆二十四年刻本。

王汝惺、邹焌杰等：《浏阳县志》，同治十二年刻本。

徐淦、江普光等：《醴陵县志》，同治九年刻本。

陈鲲、刘谦等：《醴陵县志》，民国三十七年铅印本。

傅熊湘等：《醴陵乡土志》，民国十五年铅印本。

王元凯、严鸣琦等：《攸县志》，同治十年刻本。

福昌、谭锺麟等：《茶陵州志》，同治十年刻本。

林愈藩、段维翰等：《酃县志》，乾隆三十一年刻本。

唐荣邦、周作翰等：《酃县志》，同治十二年刻本。

刘华邦、郭岐勋等：《桂东县志》，同治五年刻本，民国十四年木活字重印本。

何闳烈等：《桂东县乡土志》，光绪三十三年刻本。

常庆等：《桂阳县志》，嘉庆二十二年刻本。

钱绍文、孙光燮等：《桂阳县志》，同治六年刻本。

《宁冈县志》，中共中央党校出版社 1995 年版。

《遂川县志》，江西人民出版社 1997 年版。

《酃县志》，中国社会出版社 1994 年版。

《永新县志》，新华出版社 1992 年版。

《茶陵县志》，中国文史出版社 1993 年版。

《攸县志》，中国文史出版社 1990 年版。

《莲花县志》，江西人民出版社 1989 年版。

《萍乡市志》，方志出版社 1996 年版。

《万载县志》，江西人民出版社 1988 年版。

《浏阳县志》，中国城市出版社 1994 年版。

《平江县志》，国防大学出版社 1994 年版。

《铜鼓县志》，南海出版社 1989 年版。

《修水县志》，海天出版社 1991 年版。

三、民间文献

《潭溪谢氏族谱》，民国二十五年宝树堂刻本。

《万载南田王氏族谱》，民国九年三槐堂刻本。

《万载李氏续修族谱》，道光七年陇西堂刻本。

《万载西源王氏族谱》，民国十四年三槐堂木活字本。

《万载何氏族谱》，光绪三十一年庐江堂刻本。

《万载辛氏幼房谱》，民国三年刻本。

《万载辛氏六房谱》，民国二十五年刻本。

《万载司背宋氏族谱》，清刻本。

《袁郡学前林氏族谱》，光绪二十八年忠孝堂刻本。

《万载东隅袁氏族谱》，嘉庆十六年汝南堂刻本。

《万载田下郭氏族谱》，民国二十七年刻本。

《万载唐氏续修族谱》，光绪九年晋阳堂刻本。

《万载陈氏族谱》，道光十四年德星堂刻本。

《袁郡黄皆贤堂主谱》，同治十三年刻本。

《万载潭溪黄氏族谱》，民国六年刻本。

《万载北门巢氏族谱》，民国二十二年凤来堂刻本。

《万邑大桥刘汉昌祠主谱》，民国十三年刻本。

《义井龙氏族谱》，民国二十七年忠孝堂刻本。

《万载昌田钟祠宁房谱》，民国二十四年刻本。

《杨氏族谱》，光绪二十七年刻本。

《梁氏族谱》，光绪十八年万邑黄茅泉源堂刻本。

《万载珠树汤氏族谱》，光绪二十五年刻本。

《万载白水毛氏宗谱》，民国三十八年西河堂刻本。

《万载源头刘氏族谱》，民国三十七年刻本。

《蓝氏三修族谱》，道光二十九年汝南堂刻本。

《小库村王氏族谱》，清光绪二年木活字本。

《昭萍王氏族谱》，民国十三年刻本。

《萧氏大宗祠主谱》，民国三十年刊本。

《湖南平江谢氏族谱》，民国二十七年中文梓局木活字本。

《湖南平江湛氏五修族谱》，民国三十三年豫章堂木活字本。

《平山井头刘氏四修族谱》，民国二十五年刻本。

《醴陵罗田贺氏五修族谱》，民国二十二年儒宗堂木活字本。

《罗田妙泉李氏四修族谱》，民国三十三年刻本。

《醴西黄冈方氏三修族谱》，民国三年光启堂木活字本。

《楚攸麒山廖氏七修族谱》，民国二十三年麒山堂刻本。

《甘氏族谱》，民国三十年旧学堂木活字本。

《浏东廖氏族谱》，民国二十八年世采堂木活字本。

《浏邑邱从祥祠族谱》，光绪三十年木活字本。

《浏阳南乡何氏族谱》，民国二十六年五美堂木活字本。

《良源张氏十一修族谱》，光绪二十七年孝友堂木活字本。

《桂阳李氏续修族谱》，光绪三年登龙堂木活字本。

《林氏族谱》，民国十五年忠孝堂木活字本。

《万载田下郭氏族谱》，1994 年铅印本。

《万载辛氏族谱》，1995 年铅印本。

《萍浏醴宜谢氏联谱提要》，1995 年陈留堂油印本。

《万载县志都图里甲籍贯册》，同治十一年刻本。

《萍乡十乡图册》，嘉庆十六年首刊，民国年间抄本。

《宜春县图册》，道光二十二年刊本。

《宜春宣南图名册》，光绪三十一年刻本。

《宜邑修仁乡奉化二图丁户册》，光绪十三年刻本。

《宜邑东隅二图八甲总帐本》，清末抄本。

《万载宾兴堂册》，光绪七年刻本。

《东洲义学宾兴册》，道光年间刻本。

《东洲宾兴册》，光绪七年刻本。

《东洲登瀛堂册》，民国三十二年刊本。

《正宜书院册》，光绪十六年刻本。

《集贤书院会册》，宣统二年刻本。

《龙云书院册》，道光三十年刻本。

《梯云书院志》，同治二年刻本。

《重修梯云书院志》，光绪十八年刻本。

《续修奎光书院志》光绪二十八年刻本。

《凤巘书院志》，光绪元年刻本。

《鄮县梅冈书院捐簿》，道光二十二年刻本。

《浏东洞溪书院志》，光绪二十五年刻本。

《醴邑东城南华宫志》，光绪年间刻本。

《华国堂志》，光绪二十年刊本。

《蔚起书院版图成案》（不分卷），民国时期南昌府学前街裕成刷印公司印刷。

江西井冈山市龙市镇龙江书院道光年间捐款名单碑刻，现嵌于龙江书院墙壁。

江西万载县潭埠镇万寿宫嘉庆至光绪年间捐款名单碑刻，现嵌于万寿宫墙壁。

四、文集笔记

蔡士英：《抚江集》，续修四库全书本。

凌焘：《西江视臬纪事》，续修四库全书本。

施闰章：《学余堂诗集》，四库全书本。

钱仪吉：《衎石斋记事稿》，续修四库全书本

吴自肃：《我堂存稿》，清抄本。

李荣陛：《厚冈集》二十四卷，嘉庆二十五年亘古斋刻本。

辛从益编，辛桂云等补辑：《寄思斋藏稿》十四卷，咸丰元年刻本。

辛师云：《思补过斋遗稿》六卷，道光三十年刻本。

辛绍业：《敬堂文稿》《敬堂诗稿》，嘉庆二十年刻本。

何品玉：《两龙琐志》，光绪二十六年刊本。

刘洪闢：《学余轩诗文稿》，民国五年重印本。

龙赓言：《蜕庵诗存》三卷，民国十四年铅印本。

谢济沂：《鼎山山房集》十四卷，民国三十年刻本。

谢大舒:《春草草堂集》十八卷,民国三十年刻本。

谢旂章:《水荇风萍集》四卷,民国三十一年刻本。

龙济海:《寄吾庐诗稿续存》,民国三十六年刻本。

辛际周:《灰木诗存》六卷,民国三十二年铅印本。

辛炳乔:《月台剩稿》,民国十年万载辛氏幼房谱局印。

萧家璧:《遂川大坑保甲实验录》,民国二十六年南昌印记印刷所印。

五、报刊资料

《申报》,上海书店出版社 20 世纪 80 年代影印本。

《民国江西日报》,江西省图书馆藏。

《上海民国日报》,上海图书馆藏。

《江西省政府公报》,江西省图书馆藏。

《经济旬刊》,江西省图书馆藏。

《江西教育旬刊》,江西省图书馆藏。

《江西地方教育》,江西省图书馆藏。

《军政旬刊》,江西省图书馆藏。

《扫荡》,江西省图书馆藏。

陈赓雅:《赣皖湘鄂视察记》,民国二十三年申报月刊社印。

《万载文史资料》第一、二辑,1988 年印行。

《铜鼓文史资料》第一辑,1987 年印行。

《萍乡文史资料》第一辑,1984 年印行。

《遂川文史资料》第一辑,1989 年印行;《遂川文史》第九辑,2005 年。

《江西文史资料选辑》第一辑,江西人民出版社 1980 年版。

《江西文史资料选辑》第四十九辑,1993 年。

六、著作论文

曹树基:《中国移民史》(第五、六卷),福建人民出版社 1997 年版。

陈孔立:《清代台湾移民社会研究》,厦门大学出版社 1990 年版。

陈世松：《大迁徙："湖广填四川"历史解读》，四川人民出版社 2005 年版。

陈支平：《近五百年来福建的家族社会与文化》，人民出版社 2011 年版。

程美宝：《地域文化与国家认同：晚清以来"广东文化"观的形成》，生活·读书·新知三联书店 2006 年版。

方志远：《明清时期湘鄂赣地区的人口流动与城乡商品经济》，人民出版社 2001 年版。

傅衣凌著，陈支平主编：《傅衣凌著作集》，中华书局 2008 年版。

湖南图书馆编纂，寻霖主编：《湖南氏族迁徙源流》，岳麓书社 2010 年版。

郭松义：《伦理与生活——清代的婚姻关系》，商务印书馆 2000 年版。

何炳棣：《明初以降人口及其相关问题：1368—1953》，生活·读书·新知三联书店 2000 年版。

黄志繁：《"贼""民"之间：12—18 世纪赣南地域社会》，生活·读书·新知三联书店 2006 年版。

科大卫：《皇帝与祖宗：华南的国家与宗族》，江苏人民出版社 2009 年版。

梁方仲：《中国历代户口、田地、田赋统计》，上海人民出版社 1980 年版。

梁勇：《移民、国家与地方权势：以清代巴县为例》，中华书局 2014 年版。

刘平：《被遗忘的战争——咸丰同治年间广东土客大械斗研究（1854—1867）》，商务印书馆 2003 年版。

刘正刚：《东渡西进：清代闽粤移民台湾和四川的比较》，江西高校出版社 2004 年版。

刘志伟：《在国家与社会之间——明清广东里甲赋役制度研究》，中国人民大学出版社 2010 年版。

罗香林：《客家研究导论》，上海文艺出版社 1992 年版。

毛泽东：《毛泽东农村调查文集》，人民出版社 1982 年版。

毛泽东：《毛泽东选集》，人民出版社 1991 年版。

谭其骧主编:《中国历史地图集》,地图出版社 1987 年版。

王铭铭:《社会人类学与中国研究》,生活·读书·新知三联书店 1997 年版。

韦庆远:《明代黄册制度》,中华书局 1961 年版。

吴晗、费孝通等:《皇权与绅权》,天津人民出版社 1988 年版。

谢宏维:《和而不同:清代及民国时期江西万载县的移民、土著与国家》,经济日报出版社 2009 年版。

杨国安:《国家权力与民间秩序:多元视野下的明清两湖乡村社会史研究》,武汉大学出版社 2012 年版。

杨吉安:《民国时期万载县基层政权建设研究(1934—1945)》,中国社会科学出版社 2014 年版。

杨念群主编:《空间·记忆·社会转型——"新社会史"研究论文精选集》,上海人民出版社 2001 年版。

杨念群:《中层理论——中西方思想会通下的中国史研究》,江西教育出版社 2001 年版。

杨品优:《科举会社、州县官绅与区域社会——清代民国江西宾兴会的社会史研究》,中国社会科学出版社 2018 年版。

杨宗铮:《湖南客家》,广西师范大学出版社 2007 年版。

应星:《大河移民上访的故事:从"讨个说法"到"摆平理顺"》,生活·读书·新知三联书店 2001 年版。

余伯流、何友良主编:《中国苏区史》上、下册,江西人民出版社 2011 年版。

余伯流、陈钢:《井冈山革命根据地全史》,江西人民出版社 1998 年版。

张国雄:《明清时期的两湖移民》,陕西人民教育出版社 1995 年版。

张研、牛贯杰:《19 世纪中期中国双重统治格局的演变》,中国人民大学出版社 2002 年版。

张仲礼:《中国绅士——关于其在 19 世纪中国社会中作用的研究》,上海社会科学院出版社 1991 年版。

赵世瑜:《小历史与大历史:区域社会史的理念、方法与实践》,生活·读书·新知三联书店 2006 年版。

郑锐达：《移民、户籍与宗族：清代至民国期间江西袁州府地区研究》，生活·读书·新知三联书店 2009 年版。

郑振满：《明清福建家族组织与社会变迁》，中国人民大学出版社 2009 年版。

钟起煌主编：《江西通史》，江西人民出版社 2008 年版。

周建新等：《江西客家》，广西师范大学出版社 2007 年版。

饶伟新：《生态、族群与阶级——赣南土地革命的历史背景分析》，厦门大学 2002 年博士学位论文。

罗艳春：《宗族、祠堂与地域社会：以十六世纪以来的江西万载为中心》，南开大学 2007 年博士学位论文。

陈宗文：《经营地方：乱世纷争与图强——以萧家璧为例考察民国地方精英与基层权力》，江西师范大学 2007 年硕士学位论文。

徐伟：《从"棚民"到"归德"——江西省奉新县清代移民研究及相关文献的初步整理》，江西师范大学 2010 年硕士学位论文。

王才友：《"赤"、"白"之间——赣西地区的中共革命、"围剿"与地方因应》，复旦大学 2011 年博士学位论文。

陈海燕：《〈两龙琐志〉的整理与研究》，江西师范大学 2012 年硕士学位论文。

曹树基：《明清时期的流民和赣北山区的开发》，《中国农史》1986 年第 2 期。

曹树基：《湖南人由来新考》，《历史地理》第九辑，上海人民出版社 1990 年版。

曹树基：《赣闽粤三省毗邻地区的社会变动和客家形成》，《历史地理》第十四辑，上海人民出版社 1997 年版。

陈春声：《三山国王信仰与台湾移民社会》，《中央民族研究所集刊》第 50 期，1996 年。

程美宝：《区域研究取向的探索———评杨念群著〈儒学地域化的近代形态〉》，《历史研究》2001 年第 1 期。

段从光：《赣西棚民的抗清斗争》，《历史教学》1955 年第 1 期。

傅衣凌：《中国传统社会：多元的结构》，《中国社会经济史研究》1988

年第 3 期。

郭松义：《玉米、蕃薯在中国传播中的一些问题》，《清史研究》第七辑，中华书局 1986 年版。

郭于华：《"弱者的武器"与"隐藏的文本"：研究农民反抗的底层视角》，《读书》2002 年第 7 期。

何友良：《农村革命展开中的地方领导群体》，《近代史研究》2009 年第 2 期。

江西省社会科学院客家问题研究课题组：《江西客家概述》，《江西社会科学》1995 年第 2 期。

科大卫、刘志伟：《宗族与地方社会的国家认同——明清华南地区宗族发展的意识形态基础》，《历史研究》2000 年第 1 期。

罗艳春：《祠堂与宗族社会》，《史林》2004 年第 5 期。

罗艳春：《教育、族群与地域社会——清中叶万载书院初考》，《中国社会历史评论》第七卷，2006 年。

李恭忠：《客家：社会身份、土客械斗与华南地方军事化——兼评刘平著〈被遗忘的战争〉》，《清史研究》2006 年第 1 期。

梁洪生：《从"异民"到"怀远"——以"怀远文献"为重心考察雍正二年宁州移民要求入籍和土著罢考事件》，《历史人类学学刊》第 1 卷第 1 期（2003 年 4 月）。

梁洪生：《重评清初"驱棚"——兼论运用地方性史料对清史研究的检讨》，《社会科学》2013 年第 5 期。

李文良：《从"客仔"到"义民"——清初南台湾的移民开发和社会动乱（1680—1740）》，《历史人类学学刊》第 5 卷第 2 期（2007 年 10 月）。

刘敏：《论清代棚民的户籍问题》，《中国社会经济史研究》1983 年第 1 期。

刘秀生：《清代闽浙赣皖的棚民经济》，《中国社会经济史研究》1988 年第 1 期。

刘永华：《宋元以来闽西社会的土客之争与佃农斗争》，《中国社会经济史研究》1993 年第 2 期。

刘志伟：《地域社会与文化的结构过程——珠江三角洲研究的历史学与人类学对话》，《历史研究》2003 年第 1 期。

刘志伟：《"移民"——户籍制下的神话》，《华南研究资料中心通讯》第 25 期，2001 年 10 月。

饶伟新：《论土地革命时期赣南农村的社会矛盾——历史人类学视野下的中国土地革命史研究》，《厦门大学学报》（哲学社会科学版）2004 年第 5 期。

饶伟新：《区域社会史视野下的"客家"称谓由来考论：以清代以来赣南的"客佃"、"客籍"与"客家"为例》，《民族研究》2005 年第 6 期。

邵鸿：《利益与秩序：嘉庆二十四年湖南省湘潭县的土客仇杀事件》，《历史人类学学刊》第 1 卷第 1 期（2003 年 4 月）。

孙江：《革命、土匪与地域社会——井冈山的星星之火》，《二十一世纪》（香港）2003 年 12 月号。

孙立平：《"过程—事件分析"与当代中国国家—农民关系的实践形态》，《清华社会学评论》（特辑），鹭江出版社 2000 年版。

谭其骧：《中国内地移民史·湖南篇》，《史学年报》第 1 卷第 4 期，1932 年；《湖南人由来考》，《方志月刊》第 6 卷第 9 期，1933 年。

王才友：《"水炭不容，安敢协作"——江西"剿共时期"遂川县的区联自治与官民矛盾》，《近代史研究》2014 年第 1 期。

谢宏维：《棚民、土著与国家——以清中期江西省万载县土棚学额纷争案为例》，《中国史研究》2004 年第 2 期。

谢宏维：《清中晚期及民国时期江西省万载县的土客冲突与国家应对》，《江西社会科学》2004 年第 2 期。

谢宏维：《化干戈为玉帛：清代及民国时期江西万载的移民、土著与国家》，《历史人类学学刊》第 3 卷第 1 期（2005 年 4 月）。

谢宏维：《文本与权力：清代及民国时期江西万载县历修方志分析》，《史学月刊》2008 年第 9 期。

谢宏维、邹芝：《袁文才、王佐事件再研究——中共党史与社会史研究相结合的视角》，《中共党史资料》2008 年第 2 期。

谢宏维、叶丽燕：《湘赣边区的社会矛盾与苏区革命研究》，《江西师范大学学报》2013 年第 1 期。

薛瑞录：《清初赣西棚民起义领袖朱益吾的籍贯和反清活动》，《清史论丛》第六辑，中华书局 1985 年版。

万芳珍:《清前期江西棚民的入籍及土客籍的融合和矛盾》,《江西大学学报》1985 年第 2 期。

张建民:《清代湘赣边山区的棚民与经济社会》,《争鸣》1988 年第 3 期。

张永:《红军与中央苏区创建初期土匪问题研究》,《近代史研究》2010 年第 4 期。

赵世瑜:《传说·历史·历史记忆——从 20 世纪的新史学到后现代史学》,《中国社会科学》2003 年第 2 期。

赵世瑜:《祖先记忆、家园象征与族群历史——山西洪洞大槐树传说解析》,《历史研究》2006 年第 1 期。

郑喜夫:《雍正元年江西万载县"棚民"抗清事件初探》,《台湾文献》第 29 卷第 4 期（1978 年 12 月）。

郑振满:《明清福建的里甲户籍与家族组织》,《中国社会经济史研究》1989 年第 2 期。

袁海燕:《清代江西的乡绅、望族与地方社会——新城县中田镇的个案研究》,《清史研究》2003 年第 2 期。

Susan Naquin, Millenarian Rebellion in China: the Eight Trigrams Uprising of 1813, Yale University Press, 1976.

Elizabeth Perry, Rebels and Revolutionaries in North China,1845—1945, Standford University Press, 1980.

Susan Naquin and Evelyn Rawski eds., Chinese Society in the Eighteenth Century, Yale University Press, 1987.

Stephen C. Averill,"The Shed People and the Opening of the Yangzi Highlands", Modern China 9.1（1983）:84—126.

Frederic Wakeman and Carolyn Grant eds. ,Conflict and Control in Late Imperial China, Uiversity of California Press, 1975.

Joseph W. Esherick and Mary Backus Rankin eds., Chinese Local Elites and Pattern of Dominance, University of California Press, 1990.

Helen F. Siu, Agents and Victims in South China: Accomplices in Rural Revolution, Yale University Press, 1989.

David Faure,"The Lineage as a Cultural Invention: The Case of the Pearl

River Delta", Modern China 15.1（1989):4-36.

David Faure and Helen F. Siu, eds., Down to Earth: The Territorial Bond in South China, Stanford University Press, 1995.

Joseph Esherick and Backus Rankin eds., Chinese Local Elites and Patterns of Dominance, University of California Press, 1990.

Hilary Beattie, Land and Lineage in China:a Study of Tung-cheng County, Anhwei, in the Ming and Ching Dynasties, Cambridge University Press, 1979.

Sow-Theng Leong, Migration and Ethnicity in Chinese History: Hakkas, Penmin, and Their Neighbors; edited by Tim Wright:with an introduction and maps by G. William Skinner, Stanford University Press, 1997.

James C. Scott, The Art of Not Being Governed: An Anarchist History of Upland Southeast Asia, Yale University Press, 2009.

［美］杜赞奇：《文化、权力与国家——1900—1942 年的华北农村》，江苏人民出版社 1996 年版。

［美］柯文：《在中国发现历史——中国中心观在美国的兴起》，中华书局 1989 年版。

［美］孔飞力：《中华帝国晚期的叛乱及其敌人——1796—1864 年的军事化与社会结构》，中国社会科学出版社 2002 年版。

［美］施坚雅：《中国农村的市场和社会结构》，中国社会科学出版社 1998 年版。

［日］菊池秀明：《広西移民社会と太平天国》，（日本）风响社 1998 年版。

［日］濑川昌久：《客家：华南汉族的族群性及其边界》，社会科学文献出版社 2013 年版。

［日］森正夫：《民众反乱、社会秩序与地域社会观点——兼论日本近四十年的明清史研究》，《历史人类学学刊》第 5 卷第 2 期（2007 年 10 月）。

［日］山田贤：《移住民の秩序——清代四川地域社会史研究》，（日本）名古屋大学出版会 1995 年版。

［澳］梁肇庭：《中国历史上的移民与族群性：客家人、棚民及其邻居》，社会科学文献出版社 2013 年版。

责任编辑：赵圣涛

责任校对：吕　飞

封面设计：胡欣欣

图书在版编目（CIP）数据

斯土斯民：湘赣边区移民、土著与区域社会变迁：1600—1949 /
　谢宏维　著 . — 北京：人民出版社，2019.3

ISBN 978 - 7 - 01 - 020287 - 7

I.①斯…　 II.①谢…　 III.①湘赣革命根据地 - 社会变迁 - 研究 -
　1600—1949　 IV.① K269.407

中国版本图书馆 CIP 数据核字（2019）第 004903 号

斯土斯民

SITUSIMIN

——湘赣边区移民、土著与区域社会变迁（1600—1949）

谢宏维　著

人民出版社 出版发行

（100706　北京市东城区隆福寺街 99 号）

北京中科印刷有限公司印刷　新华书店经销

2019 年 3 月第 1 版　2019 年 3 月北京第 1 次印刷

开本：710 毫米 ×1000 毫米 1/16　印张：26

字数：430 千字

ISBN 978 - 7 - 01 - 020287 - 7　定价：69.00 元

邮购地址 100706　北京市东城区隆福寺街 99 号

人民东方图书销售中心　电话（010）65250042　65289539